Cómo usar tu libro *Fuente de escritura para Texas*

Con tu libro *Fuente de escritura para Texas* aprenderás mucho sobre la escritura. El libro contiene una gran cantidad de información útil que puedes consultar, en especial la sección "Guía del corrector", que se encuentra al final del libro, donde se explican todas las reglas del lenguaje y la gramática.

El libro también incluye tres unidades principales que describen los tipos de escritura que pueden darte para completar en las pruebas del estado o del distrito. Al final de cada unidad, hay ejemplos y sugerencias para la escritura en el ámbito de las ciencias, los estudios sociales o las matemáticas.

Con tu libro *Fuente de escritura para Texas* también podrás ejercitar otras destrezas de aprendizaje, como dar una prueba, tomar apuntes o hablar y escuchar. Por eso el libro *Fuente de escritura para Texas* es una guía de escritura y aprendizaje muy valiosa para todas tus clases.

Guías de *Fuente de escritura para Texas*

Con un poco de práctica, podrás usar las siguientes pautas como guía para buscar información en este libro y encontrarla con rapidez.

En la tabla de **CONTENIDO** se enumeran las secciones principales del libro y los capítulos que conforman esas secciones.

En el **ÍNDICE** (que comienza en la página 646) aparecen los temas del libro ordenados alfabéticamente.

Usa el índice cuando quieras saber dónde encontrar información sobre un tema específico.

El **CÓDIGO DE COLORES** es una guía para que puedas encontrar fácilmente las secciones importantes como "Gramática básica y redacción", "Recursos para el escritor" y "Guía del corrector".

Las **REFERENCIAS DE PÁGINA ESPECIALES** del libro te indicarán a dónde ir si quieres obtener más información sobre un tema determinado.

TEXAS
FUENTE DE
ESCRITURA

Autores
Dave Kemper, Patrick Sebranek y Verne Meyer

Autora de consulta
Gretchen Bernabei

Ilustrador
Chris Krenzke

GREAT SOURCE®

 HOUGHTON MIFFLIN HARCOURT

TEXAS
Fuente de
escritura
En línea
www.hmheducation.com/tx/writesource

Guía rápida

Contenido

Fuente de escritura para Texas

Las formas de escritura

ESCRITURA DESCRIPTIVA

ESCRITURA NARRATIVA

ESCRITURA EXPOSITIVA

RESPUESTA A LA LECTURA DE TEXTOS

ESCRITURA CREATIVA

ESCRITURA DE INVESTIGACIÓN

Las herramientas del lenguaje

Gramática básica y redacción

TRABAJAR CON LAS PALABRAS

ESCRIBIR ORACIONES EFICACES

ESCRIBIR PÁRRAFOS

Recursos para el escritor

Guía del corrector

¿Por qué escribimos?

Quizá pienses que la escritura no es más que una tarea escolar. Sin embargo, hay muchas otras maneras de ver la escritura.

La escritura . . .

- **ejercita el cerebro.** La escritura mejora la comprensión de lo que estás aprendiendo en la escuela.

- **ordena tus experiencias cotidianas.** Un diario personal te ayuda a ordenar tus pensamientos y sentimientos acerca de las cosas que pasan a tu alrededor.

- **te acerca a los amigos.** Las cartas y los mensajes de correo electrónico te ayudan a comunicarte con las personas que quieres.

- **te lleva de viaje por el tiempo y el espacio.** Los poemas, los cuentos y las obras de teatro te transportan a cualquier lugar que te imagines.

Recuerda . . .

Para ser escritor, lo único que tienes que hacer es escribir. Algunas personas parece que han nacido para ser escritores. Otras llegan a ser escritores exitosos mediante la práctica y la determinación. Dedica un poco de tiempo cada día a escribir y habrás emprendido el camino para convertirte en un escritor estupendo.

El proceso de escritura

Enfoque de la escritura

- **Cómo usar el proceso de escritura**
- **Comprender las características de la Escritura en Texas**
- **Evaluar tu redacción**

Aprendizaje del lenguaje

Trabaja con un compañero. Lean los significados y respondan juntos las preguntas.

1. Un proceso es una serie de acciones que llevas a cabo para hacer algo.
   Describe el proceso de prepararte para ir a la escuela.

2. Una característica es una cualidad de alguien o de algo.
   ¿Qué característica quieres que tenga un amigo? ¿Por qué?

3. Cuando respondes, contestas o reaccionas sobre algo que se dijo o se hizo.
   ¿Cómo responderías si tu equipo favorito ganara un campeonato?

4. Cuando sigues instrucciones, realizas acciones una después de la otra, o paso a paso.
   ¿Qué pasaría si intentaras construir una bicicleta sin seguir las instrucciones paso a paso?

Cómo usar el
proceso de escritura

Los atletas olímpicos se entrenan durante años. Hacen ejercicio, levantan pesas, comen alimentos especiales y practican su deporte. El proceso de entrenamiento ayuda a los atletas comunes a convertirse en competidores de talla mundial.

Los escritores también siguen un proceso. Leen mucho, escriben un diario personal y siguen los pasos del proceso de escritura. Si te "entrenas" de la misma manera, ¡puedes convertirte en un escritor de talla mundial!

A continuación

- **Convertirse en un escritor**
- **El proceso de escritura**
- **El proceso en acción**
- **Trabajar con las características de la Escritura en Texas**

Convertirse en un escritor

Las siguientes sugerencias pueden ayudarte a ser un buen escritor.

¡Sigue leyendo!

Leer es una de las mejores maneras de aprender acerca de la escritura.

> "El placer de escribir es el mismo de leer, sublimado por unas gotas de intimidad".
>
> Stendhal, escritor francés del s. XIX

Diviértete con la escritura.

En casa, mantén un diario donde escribas todo lo que se te ocurra. Trata de escribir poemas, cuentos o incluso un guión para la televisión. ¡Busca un amigo por correspondencia!

> "A un autor le complace siempre su propia obra".
>
> Ovidio, poeta latino del s. I a.C.

Juega con las palabras.

El español está lleno de palabras deslumbrantes. ¡Disfrútalas!

> "Yo atrueno en el torrente,
> y silbo en la centella
> y ciego en el relámpago
> y rujo en la tormenta".
>
> G. A. Bécquer, poeta español del s. XIX

Escribe acerca de una cita. Dedica de tres a cinco minutos a escribir acerca de lo que significa para ti una de las citas. Comenta tus sentimientos con un compañero.

El proceso de escritura

Algunos escritores intentan hacer todo al mismo tiempo. Sin embargo, es mucho mejor componer tu redacción paso a paso.

Los pasos del proceso de escritura

 Prepárate Al comienzo del proceso, piensa en el propósito y en el público para decidir cuál es la forma de escritura más adecuada. Luego escoge un tema, recopila detalles sobre ese tema y desarrolla un plan para organizarlos.

 Escribe Vuelca todas tus ideas sobre el papel para planificar un primer borrador. ¡Qué emoción!

 Revisa Después de revisar el primer borrador, piensa en el propósito y en el público para agregar detalles nuevos, suprimir las ideas que sobran y modificar las partes que no quedaron claras.

 Corrige A continuación, lee el borrador revisado en busca de errores en la gramática, la estructura de las oraciones, las convenciones mecánicas (puntuación y uso de las letras mayúsculas) y la ortografía.

 Publica ¡Presenta la versión final a tu público!

 Piensa en la escritura. Comenta los pasos anteriores con un compañero. ¿Qué parte te resulta más difícil? ¿Qué parte es la más sencilla? ¿Por qué?

El proceso en acción

Usar el proceso de escritura es como seguir una receta. En las dos páginas siguientes encontrarás información sobre lo que hay que hacer en cada paso del proceso.

sugerencia En el siguiente gráfico se muestra cómo se avanza y se retrocede durante el proceso de escritura. Por ejemplo, retrocedemos cuando recopilamos más detalles después de desarrollar un borrador.

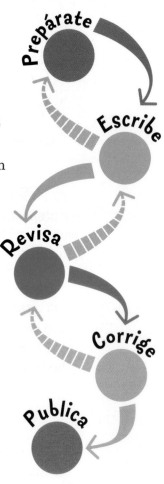

Prepararse

Escoger un tema

- Piensa en la tarea: ¿Qué debes conseguir con tu redacción? ¿Quién es tu público? ¿Qué forma o género de escritura usarás?

- Haz una lluvia de ideas con otros o piensa en algo que realmente te interese para escoger un tema de escritura (o de investigación).

Recopilar detalles

- Busca detalles interesantes relacionados con tu tema y anótalos.

- Busca un enfoque para tu redacción, es decir, lo que quieres destacar sobre el tema.

- Categoriza tus ideas.

Desarrollar un borrador

Desarrollar el primer borrador

- Escribe con libertad y vuelca tus ideas sobre el papel.

- Mientras escribes, usa los apuntes que preparaste antes de escribir.

- Incluye un comienzo, un desarrollo y un final.

Revisar Mejorar la redacción

- Lee tu redacción en voz alta. Luego léela en silencio.
- Revisa tu redacción concentrándote en el enfoque y la coherencia, la organización, el desarrollo de las ideas y la voz. Pregúntate:
  1. ¿Atrae mi comienzo el interés del lector?
  2. ¿Apoyan mi enfoque los datos, los detalles y las explicaciones?
  3. ¿Aporta el final algo importante sobre el tema?
  4. ¿Están organizados los detalles de un modo lógico para el lector?
  5. ¿Están conectadas las oraciones y las ideas?
  6. ¿Parezco interesado en el tema?
- Pide a un compañero, a un familiar o al maestro que lea tu trabajo y lo comente.
- Para mejorar tu trabajo, agrega, suprime, mueve o reescribe según las reacciones recibidas.

Corregir Comprobar que se respeten las convenciones

El proceso de escritura
Escribir es un proceso que se realiza paso a paso.

- Corrige errores en la gramática, la estructura de las oraciones, las convenciones mecánicas (puntuación y uso de las letras mayúsculas) y la ortografía.
- Pide a otra persona que te ayude a revisar los errores.
- Escribe una versión final en limpio con tu mejor caligrafía, en letra de molde o en letra cursiva. Comprueba que no haya errores.

Publicar Presentar tu redacción

- Presenta la redacción acabada a tu público.
- Guarda tus mejores redacciones en un portafolio.

 Estudia el proceso. Escoge un paso del proceso de escritura y da dos razones de su importancia.

Trabajar con las características de la Escritura en Texas

Los escritores deben responder muchas preguntas acerca de las características de la escritura. El proceso de escritura ayuda a los escritores a concentrarse en cada pregunta en el momento adecuado. Por ejemplo, las **ideas** son muy importantes al principio de un proyecto de escritura, mientras que la **voz** adquiere más importancia después.

¿Cómo puedo expresar la idea principal de forma clara?

¿Qué palabras de transición me ayudarían a conectar una idea con la siguiente?

¿Cómo pueden ayudarme los detalles a clarificar mi idea?

¿Refleja mi escritura cómo soy?

¿He comprobado que no haya errores en la gramática, la estructura de las oraciones, las convenciones mecánicas y la ortografía?

Repaso del proceso de escritura

Usa el proceso. Carlos escribió un ensayo sobre los delfines. En una hoja aparte, une las acciones de Carlos con el paso correcto del proceso de escritura.

____ **1.** Corrigió un error ortográfico: "delfinés".

____ **2.** Investigó sobre los delfines en la biblioteca.

____ **3.** Agregó detalles al borrador.

____ **4.** Pidió a Ana que leyera el ensayo terminado.

____ **5.** Escribió un comienzo, un desarrollo y un final.

A. Prepararse

B. Desarrollar un borrado

C. Revisar

D. Corregir

E. Publicar

El proceso de un escritor

Para crear una pieza de cerámica, hay que seguir varios pasos. El alfarero debe preparar la arcilla, modelar la pieza, cocerla en un horno y vidriarla. Todos los pasos influyen en la calidad de la pieza terminada.

Para escribir, también hay que seguir varios pasos. Los pasos del proceso de escritura incluyen *prepararse, desarrollar un borrador, revisar, corregir* y *publicar.* En este capítulo verás cómo usó Fumi el proceso de escritura para escribir un ensayo acerca de una actividad que le gusta: ¡hacer piezas de cerámica!

A continuación

- Dar un vistazo a los objetivos
- Prepararse
- Desarrollar un borrador
- Revisar
- Corregir
- Evaluar la versión final
- Evaluar y analizar tu redacción

Dar un vistazo a los objetivos

Como tarea para la clase, Fumi debía escribir un ensayo de instrucciones acerca de una actividad que le gustara. Antes de comenzar a escribir, estudió los objetivos de la tarea.

Enfoque y coherencia

Escoge una actividad con pasos precisos que puedas explicar sin dificultades. Relaciona con claridad el propósito de cada paso con el tema. No olvides ningún paso.

Organización

Describe los pasos en el orden en el que se deben seguir. Usa palabras de transición que indiquen tiempo y orden para clarificar el orden de los pasos.

Desarrollo de las ideas

Usa sustantivos y verbos de acción precisos para apoyar los detalles. Asegúrate de que los lectores puedan imaginar fácilmente cómo funciona el proceso que estás describiendo.

Voz

Usa tus propias palabras para contar a los lectores por qué te gusta el proceso que estás describiendo.

Convenciones

Asegúrate de que no haya errores gramaticales. Usa oraciones completas. Corrige los errores en el uso de las letras mayúsculas, la puntuación y la ortografía.

Responde las siguientes preguntas acerca de la tarea de Fumi. Explica tus respuestas a un compañero. Asegúrate de comentar tus opiniones e ideas.

1 ¿Qué tipo de tema debe escoger Fumi?

2 ¿Cómo sabrá si su trabajo está organizado de manera lógica?

3 ¿Cómo debería estar presente su voz de escritora en el ensayo?

Prepararse **Escoger un tema**

A Fumi le dieron la siguiente tarea: *Escribe un ensayo expositivo en el que expliques cómo hacer una actividad que te gusta.* Para pensar en temas, Fumi hizo una lista.

Lista

Actividades que me gustan	
jugar al fútbol	preparar sushi
pintar	acampar
* hacer piezas de cerámica	nadar

Fumi decidió escribir acerca de cómo hacer piezas de cerámica. Sabía que el proceso tenía pasos claros que ella era capaz de explicar.

Recopilar y organizar detalles

Ahora que ya tenía un tema, Fumi debía recopilar y organizar los detalles relacionados con el tema. Escribió una cronología con los pasos principales del proceso para hacer piezas de cerámica.

Cronología

	Hacer piezas de cerámica
Primero	Preparar la arcilla
Luego	Modelar la vasija
Después	Cocer la vasija en un horno
A continuación	Vidriar la vasija
Por último	Volver a cocer la vasija en el horno

 **TEKS** 4.18A(i-ii), 4.20A(viii)

Desarrollar un borrador
Completar el primer borrador

Cuando Fumi escribió su primer borrador, trató de volcar todos sus pensamientos sobre el papel. Usó la cronología (de la página 11) como guía básica. (Hay algunos errores en el primer borrador de Fumi).

¿Alguna vez pensaste que pellizcar sería divertido?

Yo lo descubría cuando aprendí a modelar una vasija a

pellizcos. <u>Los pasos para hacer este tipo de vasija son</u>

<u>cuatro.</u>

Primero, prepara la arcilla. Las burbujas pueden

hacer que la arcilla explote cuando se está calentando

en el horno. GOLPEA la arcilla contra la mesa un par de

veces. Cuanto más fuerte, mejor. ¡Esta es la parte más

ruidoza del proseso! Si hay un grupo grande de personas

haciendo vasijas, ¡verás qué alboroto!

Luego, moldea la vasija. Haz rodar una bola de

arcilla sobre la mesa. Unde el pulgar en el centro de la

bola. Continúa pellizcando y girando la arcilla poco a

poco. Cuando la vasija tenga la forma deseada, aplana el

fondo sobre una mesa.

El párrafo inicial incluye una oración temática (subrayada).

Los párrafos intermedios apoyan el tema porque en ellos se explican claramente todos los pasos del proceso.

Fumi usa palabras de transición que indican tiempo y orden para mostrar el orden de los pasos y presentar los detalles de forma organizada.

Si se explican los términos desconocidos, los lectores comprenden mejor el proceso que se describe.

Pide a un adulto que ponga tu vasija en un horno de alfarería. La arcilla se endurece en el horno. Una vez cocida, la vasija se pone de color blanco pálido. Ya está lista para vidriarla. Vidriar una pieza de cerámica consiste en darle un barniz llamado vidriado.

Los detalles sensoriales ayudan al lector a imaginar el proceso.

El vidriado es una especie de pintura exstraña. Cuando lo aplicas a la vasija, es gris. Pide al adulto que vuelva a poner la vasija en el horno. El vidriado saldrá suave como el vidrio. ¡Y será de un color totalmente distinto!

En la oración de conclusión (subrayada) Fumi cuenta lo que piensa de la actividad.

Me encanta ver una vasija terminada. Me hace sentir casi tan bien como cuando la estoy haciendo. ¡Me gusta tanto trabajar la arcilla a pellizcos que, cuando termino, solo pienso en volver a empezar!

Práctica

Repasa los objetivos de enfoque y coherencia, organización, desarrollo de las ideas y voz de la página 10. ¿Logra Fumi estos objetivos en su primer borrador? Explica tus ideas y opiniones a un compañero.

TEKS 4.15C

Revisar Mejorar la redacción

Después de revisar el primer borrador, Fumi hizo los siguientes cambios.

¿Alguna vez pensaste que pellizcar sería divertido?

Yo lo descubría cuando aprendí a modelar una vasija a , que es una técnica sencilla para hacer recipientes de arcilla pellizcos. Los pasos para hacer este tipo de vasija son

cuatro.

> Se clarifica una idea que tal vez los lectores no conocen.

Primero, prepara la arcilla. Las burbujas pueden

hacer que la arcilla explote cuando se está calentando en el Para eliminar las burbujas, horno. GOLPEA la arcilla contra la mesa un par de veces.

> Se agrega una explicación para dar coherencia.

Cuanto más fuerte, mejor. ¡Esta es la parte más ruidoza

del proseso! ~~Si hay un grupo grande de personas haciendo~~

~~vasijas, ¡verás qué alboroto!~~

> Se suprime un detalle innecesario.

Luego, moldea la vasija. Haz rodar una bola de arcilla

sobre la mesa. Unde el pulgar en el centro de la bola. para formar los lados del recipiente Continúa pellizcando y girando la arcilla poco a poco.

Cuando la vasija tenga la forma deseada, aplana el fondo

sobre una mesa.

> Se combinan dos oraciones sencillas en una oración compuesta.

> Se agrega un detalle para que los lectores conozcan el propósito del paso.

Práctica

Revisa los cambios que hizo Fumi. ¿Qué cambio te parece más importante? Explica tus ideas y opiniones a un compañero.

Revisar **Cómo usar los comentarios de un compañero**

Fumi pidió a un compañero que comentara sus reacciones al leer el ensayo. Luego hizo más cambios para mejorar su trabajo para otros lectores.

¿Alguna vez pensaste que pellizcar sería divertido?

Yo lo descubría cuando aprendí a modelar una vasija a

¿Cuáles son los cuatro pasos?

pellizcos, que es una técnica sencilla para hacer recipientes

de arcilla. Los pasos para hacer este tipo de vasija son
~~preparala, darle forma, cocerla y vidriarla.~~
cuatro.

esto implica eliminar todas las burbujas.
Primero, prepara la arcilla. Las burbujas pueden

¿Qué significa preparar la arcilla?

hacer que la arcilla explote cuando se está calentando en

el horno. Para eliminar las burbujas, GOLPEA la arcilla

contra la mesa un par de veces. Cuanto más fuerte, mejor.

¡Esta es la parte más ruidoza del proseso!

Luego, moldea la vasija. Haz rodar una bola de arcilla

sobre la mesa y unde el pulgar en el centro de la bola.

¿Por qué se aplana el fondo sobre la mesa?

Continúa pellizcando y girando la arcilla poco a poco para

formar los lados del recipiente. Cuando la vasija tenga la

Así, el recipiente se mantendrá derecho.
forma deseada, aplana el fondo sobre una mesa.

Práctica

Comenta las siguientes preguntas con un compañero. ¿Cómo ayudaron a Fumi las reacciones, o los comentarios, de su compañero? ¿Qué reacción de las anteriores te parece la más útil? ¿Por qué?

Corregir Comprobar que se respeten las convenciones

Antes de escribir la versión final, Fumi revisó la gramática, la estructura de las oraciones, las convenciones mecánicas (puntuación y uso de las letras mayúsculas) y la ortografía del ensayo. (Consulta las marcas editoriales y de corrección en el interior de la contracubierta).

> ¿Alguna vez pensaste que pellizcar sería divertido? Yo lo descubrí cuando aprendí a modelar una vasija a pellizcos, que es una técnica sencilla para hacer recipientes de arcilla. Los pasos para hacer una vasija son cuatro: prepararla, darle forma, cocerla y vidriarla.
>
> Primero, prepara la arcilla. esto implica eliminar todas las burbujas. Las burbujas pueden hacer que la arcilla explote cuando se está calentando en el horno. Para eliminar las burbujas, GOLPEA la arcilla contra la mesa un par de veces. Cuanto más fuerte, mejor. ¡Esta es la parte más ~~ruidoza~~ *ruidosa* del ~~proseso~~ *proceso*!
>
> Luego, moldea la vasija. Haz rodar una bola de arcilla sobre la mesa y ~~unde~~ *hunde* el pulgar en el centro de la bola. Continúa pellizcando y girando la arcilla poco a poco para formar los lados del recipiente. Cuando la vasija tenga la forma deseada, aplana el fondo sobre una mesa. Así, el recipiente se mantendrá derecho.

Se corrige el tiempo de un verbo.

Se corrigen los errores de puntuación.

Se corrigen los errores en el uso de las letras mayúsculas.

Se corrigen los errores ortográficos.

Práctica

Revisa las correcciones de Fumi. ¿Cometes algunos errores del mismo tipo? ¿Cómo usas las marcas de corrección?

La versión final de Fumi

Fumi estaba orgullosa de su ensayo terminado, que describía claramente cada uno de los pasos del proceso de hacer piezas de cerámica.

Fumi Akimoto

Pellizcar es divertido

¿Alguna vez pensaste que pellizcar sería divertido? Yo lo descubrí cuando aprendí a modelar una vasija a pellizcos, que es una técnica sencilla para hacer recipientes de arcilla. Los pasos para hacer una vasija son cuatro: prepararla, darle forma, cocerla y vidriarla.

Primero, prepara la arcilla. Esto implica eliminar todas las burbujas. Las burbujas pueden hacer que la arcilla explote cuando se está calentando en el horno. Para eliminar las burbujas, golpea la arcilla contra la mesa un par de veces. Cuanto más fuerte, mejor. ¡Esta es la parte más ruidosa del proceso!

Luego, moldea la vasija. Haz rodar una bola de arcilla sobre la mesa y hunde el pulgar en el centro de la bola. Continúa pellizcando y girando la arcilla poco a poco para formar los lados del recipiente. Cuando la vasija tenga la forma deseada, aplana el fondo sobre una mesa. Así, el recipiente se mantendrá derecho.

Akimoto 2

Después, pide a un adulto que ponga tu vasija en un horno de alfarería. La arcilla se endurece en el horno. Una vez cocida, la vasija se pone de color blanco pálido. Ya está lista para vidriarla. Vidriar una pieza de cerámica consiste en darle un barniz llamado vidriado.

Vidriar la vasija es el último paso. El vidriado es una especie de pintura extraña que, cuando la aplicas a la vasija, es gris. Para fijarla, pide al adulto que vuelva a poner la vasija en el horno para cocerla una vez más. El vidriado saldrá suave como el vidrio. ¡Será de un color totalmente distinto!

Es emocionante ver la vasija terminada. Es casi tan divertido como hacerla. ¡Me gusta tanto trabajar la arcilla a pellizcos que, cuando termino, solo pienso en volver a empezar!

Evaluar la versión final

El maestro usó la rúbrica de calificación de las páginas 34 y 35 para evaluar la versión final de Fumi. Un 4 es la calificación global más alta que un escritor puede recibir en una redacción. El maestro también incluyó comentarios útiles sobre su redacción.

Fumi, tu redacción es muy buena y merece una calificación de 4 puntos. Está enfocada y tiene un propósito claro: enseñar al lector un proceso en particular. Los detalles que incluyes me sirvieron para comprender con exactitud cada paso del proceso. La organización es correcta porque usas bien las palabras de transición que indican tiempo y orden para conectar un paso con el siguiente. Sin embargo, tu redacción tiene muchas oraciones cortas, por lo que, de ahora en adelante, deberías tratar de variar la longitud de las oraciones. Me gusta que hayas escogido algunos verbos atractivos, como "golpear", "moldear", "hundir" y "aplanar". Estas palabras te ayudan a desarrollar las ideas. Apoyan los detalles que incluyes y me permiten imaginar que yo mismo estoy siguiendo cada uno de los pasos del proceso. Escribes con entusiasmo y haces que el tema parezca divertido. ¡Se nota que te gusta mucho hacer piezas de cerámica! Hiciste un excelente trabajo de corrección; no encontré ningún error importante en la gramática, las convenciones mecánicas ni la ortografía. ¡Buen trabajo, Fumi!

 Comenta la evaluación con un compañero. ¿Estás de acuerdo con el maestro de Fumi? ¿Por qué? ¿Qué partes del ensayo te gustan? ¿Habrías escrito alguna parte de otra manera?

Evaluar y analizar tu redacción

Una vez terminado el proceso, Fumi completó una hoja de análisis. Así pudo pensar en cómo escribiría su próxima tarea.

Analizar lo que escribiste te ayuda a encontrar maneras de mejorar como escritor.

Fumi Akimoto

Mi ensayo expositivo

1. La mejor calificación para mi ensayo expositivo es . . .
   4.

2. Es la mejor calificación porque . . .
   mi ensayo está enfocado, es coherente y tiene una buena organización. Además, mejoré el desarrollo de mis ideas y el uso de las convenciones.

3. La mejor parte de mi ensayo es . . .
   la descripción de cada paso del proceso para hacer piezas de cerámica.

4. La parte que aún debo mejorar es . . .
   la longitud de las oraciones.

5. Lo más importante que aprendí acerca de escribir un ensayo expositivo es . . .
   que es importante usar términos específicos. Las palabras como "cocer", "horno de alfarería" y "vidriado" son importantes para que el lector comprenda.

Comprender las
características de la Escritura en Texas

Piensa en uno de tus amigos. ¿Cuánto mide? ¿Qué ropa le gusta? ¿Qué lo hace reír? Para describir a las personas, puedes mencionar sus características físicas y de personalidad.

Ahora piensa en un ensayo o un cuento que hayas escrito. ¿En qué idea o tema específicos está enfocado? ¿Cómo están organizadas las ideas? ¿Qué detalles ayudan a desarrollarlas? ¿Tiene voz la redacción? Para describir tu trabajo, puedes mencionar las características de la escritura. En este capítulo se explica cómo hacerlo.

A continuación

- Presentar las características de la Escritura en Texas
- Comprender las características de la Escritura en Texas

Presentar las características de la Escritura en Texas

La escritura tiene cinco características, o cualidades, principales. Si conoces estas características, podrás ser mejor escritor.

Enfoque y **coherencia**

Las mejores redacciones están enfocadas en una idea o tema principal. La introducción, los detalles de apoyo y la conclusión se relacionan directamente con la idea principal y permiten que el lector perciba cómo están conectadas las ideas.

Organización

Las buenas redacciones están organizadas de forma lógica y son fáciles de leer. Las ideas fluyen con claridad de oración en oración y de párrafo en párrafo. Las palabras de transición permiten que el lector pase de una idea a otra.

Desarrollo de las ideas

Las mejores redacciones contienen ideas que están bien elaboradas y explicadas. Los detalles específicos enriquecen la comprensión de las ideas.

Voz

Las buenas redacciones tienen una voz atractiva que "suena" como el escritor. Los lectores perciben que el escritor tiene una perspectiva única sobre el tema.

Convenciones

Las buenas redacciones respetan las reglas de la gramática, la estructura de las oraciones, las convenciones mecánicas (uso de las letras mayúsculas y puntuación) y la ortografía.

Sugerencia

¡No olvides la presentación! Asegúrate de que la versión final sea legible, es decir, que se pueda leer con facilidad. Usa tu mejor caligrafía, ya sea en letra cursiva o letra de molde.

Comprender el enfoque y la coherencia

Todos los escritores quieren compartir sus ideas con los demás. Los *buenos* escritores saben dar un enfoque claro a sus ideas y expresarlas de forma coherente, es decir, de manera completa y comprensible. Si la escritura está enfocada y es coherente, el lector sentirá que entiende perfectamente lo que estás diciendo.

¿Cómo se logra una redacción enfocada y coherente?

Las redacciones enfocadas y coherentes son fáciles de comprender. Después de leerlas, sientes que has aprendido algo que no sabías acerca de un tema o una idea específicos. Estas redacciones no se desvían del tema en muchas direcciones confusas que no se relacionan entre sí.

Estas son algunas cualidades de las redacciones enfocadas y coherentes:

- En una redacción enfocada se presenta una idea principal y se la desarrolla sin desviarse hacia otros temas.

- Se incluye una introducción en la que se enuncia claramente el tema o la idea principal.

- Los detalles de apoyo brindan más información acerca del tema específico y no presentan ideas que no se relacionan con él.

- Todos los detalles se conectan en una conclusión que permite que los lectores comprendan cómo se relacionan los detalles con la idea principal.

Práctica

Escoge una redacción que te haya gustado escribir hace poco. ¿Cuántas de las cuatro cualidades anteriores tiene? ¿Piensas que la redacción está enfocada y es coherente? Comenta tus respuestas con un compañero.

¿Cómo puedo lograr que mi redacción esté mejor enfocada?

Todos los escritores escriben con un objetivo específico, o propósito, que desean comunicar a su público. Cuanto mejor enfocada esté tu redacción, mejor alcanzarás tu objetivo. Piensa en el propósito con el que escribes y asegúrate de que el tema esté directamente relacionado con él.

La siguiente lista te ayudará a seleccionar los mejores temas según la forma de escritura que te hayan pedido.

Para la escritura descriptiva

Propósito: Mostrar cómo es algo

Recordatorio: Escoge personas, lugares o cosas que conozcas bien.

Tema de ejemplo: Describir a tu tía favorita

Para la escritura narrativa

Propósito: Compartir una experiencia

Recordatorio: Escoge experiencias que recuerdes bien.

Tema de ejemplo: Contar una aventura en un campamento

Para la escritura expositiva

Propósito: Compartir información, explicar

Recordatorio: Selecciona temas que realmente te interesen.

Tema de ejemplo: Contar cómo cuidar una tarántula como mascota

Para la escritura persuasiva

Propósito: Convencer a alguien para que esté de acuerdo contigo

Recordatorio: Selecciona temas sobre los que tengas opiniones claras.

Tema de ejemplo: Persuadir a alguien para que practique un deporte

Práctica

En una hoja aparte, haz una lista de dos temas posibles para cada uno de los géneros de escritura anteriores. Asegúrate de que los temas se relacionen con el propósito del género.

Comprender la organización

Si ordenas las ideas de manera lógica, ayudas a los lectores a seguir tus pensamientos. El escritor Russ Freedman dice: "Debes lograr que el lector se sienta transportado, como si viajara, de oración en oración".

¿Cómo debo exponer mis pensamientos?

Los buenos escritores elaboran una estrategia de organización para que sus composiciones tengan un comienzo, un desarrollo y un final bien definidos.

Ordena las ideas.

Cuando escribes, debes decidir cuál es la manera más lógica de ordenar la información. Algunas posibilidades de organización son las siguientes:

Tiempo: Cuenta cómo un evento lleva a otro, por ejemplo, la manera en que se ordenan los pasos de un proceso.

Espacio: Describe los elementos en orden espacial, por ejemplo, las cosas que hay en un cuarto.

Comparación: Busca las semejanzas y las diferencias, por ejemplo, una comparación entre las tres ciudades más grandes de Texas.

Conecta los pensamientos.

Las palabras y las frases que conectan las ideas se llaman palabras de transición. Ayudan al lector a seguir los pensamientos del escritor y conectan las ideas de manera que tengan sentido. Algunos ejemplos de palabras de transición incluyen:

Tiempo: *primero, segundo, tercero, antes, luego, de repente, más tarde*

Espacio: *cerca de, encima de, al lado, alrededor, debajo*

Comparación: *además, también, por otro lado*

Práctica

Escribe un párrafo acerca de lo que hiciste cuando llegaste a la escuela esta mañana en el que utilices palabras que indiquen tiempo y orden. Incluye palabras de transición.

¿Cómo puedo lograr que mi redacción sea fácil de seguir?

Las buenas redacciones muestran una progresión clara de las ideas. Las ideas están ordenadas de manera que la información fluye de una forma lógica de oración en oración y de párrafo en párrafo.

Sé preciso.

Las repeticiones y el exceso de palabras pueden interferir en la fluidez de las ideas. Enuncia las ideas directamente y evita decir las cosas más de una vez.

> Información repetida (subrayada)

Todos los Días de Acción de Gracias, mi familia va a la casa de la tía Isabel. Es muy divertido porque ella prepara una comida deliciosa y puedo ver a todos mis primos. <u>Por eso es divertido.</u> Después de comer, todos jugamos al futbol. Más tarde, es hora de despedirnos hasta el año próximo.

Usa distintos tipos de oraciones.

La escritura organizada es fluida y controlada. Las palabras y las ideas fluyen cuando usas tanto oraciones sencillas como compuestas. Además, puedes incluir diálogos para agregar variedad y hacer que tu redacción sea más fácil de leer.

> Las oraciones son de distinto tipo y longitud.

Ricardo, mi hermano, me sacudió el hombro.
—Beatriz, despierta —susurró.
Yo lo ignoré, tomé mi edredón y me di vuelta.
—Es sábado —dijo Ricardo subiendo un poco la voz. De repente, mis ojos se abrieron de par en par. ¡Hoy era el día de la Carrera del condado de Brewster, y estaba segura de que yo iba a ganar!

Práctica

Revisa un párrafo o un cuento que hayas escrito. Vuelve a escribirlo usando distintos tipos de oraciones. Usa oraciones sencillas y compuestas, y diálogos.

Comprender el desarrollo de las ideas

Si deseas escribir bien, la manera en que presentas las ideas es tan importante como comenzar con buenas ideas. Como escritor, te corresponde expresar tus ideas de manera que los lectores puedan seguirte.

¿Qué detalles explicarían las ideas?

Los detalles específicos ayudan a explicar las ideas. Los detalles que uses para desarrollar a fondo tus ideas dependerán de la tarea de escritura.

Para la escritura descriptiva

■ Haz una lista de todo lo que recuerdes. Si puedes, ve a observar lo que debas describir para reunir aún más detalles.

■ Completa un gráfico de los sentidos. (Consulta el ejemplo de la página **59**).

Para la escritura narrativa

■ Anota todos los detalles que recuerdes acerca de la experiencia. Pregunta a otras personas lo que ellas recuerdan.

■ Completa el gráfico recordatorio de las cinco preguntas. (Consulta el ejemplo de la página **79**).

Para la escritura expositiva

■ Escribe las preguntas que tengas acerca del tema antes de investigar los detalles. (Consulta el ejemplo de la página **336**).

■ Para presentar la información o explicar los pasos, completa un diagrama de detalles, una red o una cronología. (Consulta los ejemplos de las páginas **502** y **503**).

Para la escritura persuasiva

■ Anota lo que piensas y lo que sientes (tu posición) acerca del tema. Luego busca datos y detalles sobre el tema.

■ Completa un diagrama en forma de tabla. (Consulta el ejemplo de la página **199**).

Práctica

Haz una lluvia de ideas de detalles para uno de los temas descriptivos o narrativos que escribiste en la página 24. Luego completa un organizador gráfico para ese tema.

Escritura en Texas

Comprender la **voz**

Las redacciones que tienen "voz" son tan emocionantes y originales como una conversación real. Como dice el escritor Peter Elbow: "Las redacciones que tienen una *voz verdadera* tienen el poder de captar tu atención".

¿Por qué es tan importante la voz?

La voz hace que quieras leer todos los libros que haya escrito tu autor favorito. Las redacciones que tienen una voz definida son auténticas e interesantes. La voz te permite identificar más fácilmente la perspectiva única del autor acerca de un tema.

Escritura sin voz

Vi un ciervo en el camino. Se me acercó. Era genial.

Escritura con voz

¡Pum! Un inmenso ciervo macho saltó de entre los árboles. En el acto, se detuvo a solo diez yardas de mí. Parecía que el corazón se me iba a salir del pecho. Antes de que pudiera darme cuenta, el ciervo había desaparecido otra vez entre los árboles.

¿Cómo puedo escribir con voz?

Puedes practicar la **escritura libre**. Es una de las mejores maneras de descubrir tu voz para escribir. Lee estos pasos antes de usar la escritura libre:

1. Piensa en algo que te haya pasado hace poco.
2. Dedica de tres a cinco minutos a escribir acerca de esta experiencia sin detenerte.
3. Cuando hayas terminado, lee lo que escribiste en voz alta. ¿Suena como si estuvieras hablando con un amigo? ¿Puede imaginar el lector lo que sentiste con la experiencia?
4. Practica la escritura libre todos los días para encontrar la voz de tu escritura.

Práctica

Dedica de tres a cinco minutos a escribir sin detenerte sobre este tema: *un momento que recuerdo*. Luego subraya dos o tres ideas que reflejen quién eres realmente.

Comprender las convenciones

Las convenciones son las reglas de la gramática, la estructura de las oraciones, las convenciones mecánicas (puntuación y uso de las letras mayúsculas) y la ortografía. Cuando sigues estas reglas, tus redacciones son más efectivas.

¿Por qué es importante seguir las convenciones?

Es difícil comprender una redacción que tiene errores en las convenciones. Es posible que el lector se fije más en los errores que en las ideas que el escritor trata de comunicar. Si comprendes las reglas de las convenciones, podrás identificar los errores y corregirlos de modo que no distraigan al lector.

¿Cómo corrijo errores en el uso de las letras mayúsculas?

Para el lector, las letras mayúsculas son una señal de que estás escribiendo acerca de una persona, un lugar o una cosa especial. Sigue las reglas del uso de las letras mayúsculas para evitar errores.

Antes de corregir

El tratado de guadalupe hidalgo se firmó en 1848, y puso fin a la guerra mexicano-estadounidense.

Regla: Utiliza las letras mayúsculas en los nombres de eventos históricos (la Guerra Civil, la Revolución de Julio) y de documentos históricos (la Constitución de Estados Unidos, la Declaración de Derechos).

Después de corregir

El Tratado de Guadalupe Hidalgo se firmó en 1848, y puso fin a la Guerra mexicano-estadounidense.

Práctica

Trabaja con un compañero para hacer una lluvia de ideas sobre dos documentos históricos y dos eventos históricos que deban escribirse con letras mayúsculas. Luego escribe una oración con cada uno. Asegúrate de utilizar correctamente las letras mayúsculas.

TEKS 4.15D

¿Cómo me puedo asegurar de que mi redacción sigue las normas?

Una rúbrica de convenciones como la siguiente te servirá de guía para corregir y mejorar tus redacciones. Cuando no estés seguro acerca de una regla, consulta la Guía del corrector. (Consulta las páginas **526** a **637**).

Convenciones

 No tengo ningún error o casi ninguno en la gramática, la estructura de las oraciones, las convenciones mecánicas (uso de las letras mayúsculas y puntuación) y la ortografía. El lector puede concentrarse en lo que digo.

 Tengo errores de poca importancia en la gramática, la estructura de las oraciones, las convenciones mecánicas (uso de las letras mayúsculas y puntuación) y la ortografía.

 Varios errores hacen que mi redacción sea difícil de leer. Debo corregirlos.

 Debo corregir muchos errores en la redacción.

Práctica

Vuelve a leer la redacción con la que trabajaste en la página 26. Decide qué descripción de la rúbrica se ajusta mejor a tu escritura. ¿Cómo podrías mejorar los errores en las convenciones? Comenta tus ideas con un compañero.

Aprendizaje del lenguaje

Las **convenciones mecánicas** de la escritura son reglas acerca del uso correcto de las letras mayúsculas, la puntuación y el estilo. Cuando sigues las convenciones mecánicas en una redacción, tus lectores pueden comprender exactamente lo que estás diciendo. ¿Cuáles de los errores que acabas de corregir eran errores en las convenciones mecánicas? Pide a un compañero que lea y revise tu redacción para comprobar que no haya errores en las convenciones mecánicas.

Evaluar tu redacción

Durante las revisiones médicas, los doctores escuchan cómo respiras, controlan tu pulso, revisan tus oídos, dan golpecitos en tus rodillas y toman una muestra de tu sangre para analizarla en el laboratorio. Estas revisiones le dan información al doctor sobre nuestra salud general.

Como escritor, puedes usar una **rúbrica**, o pauta de calificación, para controlar la "salud" de tus cuentos y ensayos. Una rúbrica es un gráfico en el que se enumeran las características de una redacción buena y de una redacción pobre. Una vez que hayas aprendido a usar la rúbrica, comprenderás la importancia de las características de la redacción, como el enfoque y la coherencia, el desarrollo de las ideas y las convenciones.

A continuación

- **Entender la calificación global**
- **Leer una rúbrica**
- **Rúbrica de calificación de** *Fuente de escritura*
- **Ensayo de ejemplo**
- **Evaluar un ensayo**

Entender la calificación global

Cuando terminas una comida, probablemente sepas enseguida si te gustó o no. Puedes detectar si las verduras son frescas, si el pan está caliente o si la sopa es sabrosa. Sin embargo, no podrías comer el pan si estuviera demasiado cocido o crudo. Las verduras y la sopa estarían sosas si no las hubieran sazonado bien. En una gran comida, todas estas características funcionan en conjunto y se realzan unas a otras.

La calificación global funciona de la misma manera: tu redacción se evalúa como un todo. La voz y el dominio de la gramática y las convenciones mecánicas influencian el enfoque, la organización y el desarrollo de las ideas. Estas características individuales de la escritura funcionan juntas para formar la impresión general.

La maestra usó la calificación global y las características de la Escritura en Texas para evaluar el ensayo que Pablo escribió sobre quedar olvidado (de las páginas 36 y 37). Esto es lo que escribió.

Pablo, escribiste una narración muy conmovedora que permitió a los lectores compartir contigo tu experiencia de "quedar olvidado". Tu redacción tiene una calificación de 4 puntos porque usaste detalles bien pensados para describir cada momento de tu experiencia y hacer que tu voz se destaque en todo el ensayo. ¡Realmente sentí tu desesperación! Te mantuviste enfocado en el tema de quedar olvidado y con cada evento ayudaste a los lectores a comprender mejor tus sentimientos. El ensayo sigue un orden cronológico claro y tu descripción de la casa silenciosa y del grifo que goteaba contrastaba muy bien con la atmósfera de desesperación que rodeaba a José y su herida. Me gustó especialmente la manera en que usaste el diálogo interno para transmitir tus sentimientos con emoción. Tienes un excelente dominio de la gramática, las convenciones mecánicas y la ortografía. Por último, tu final fue coherente. Siempre es lindo saber que te extrañan. Me gustó mucho leer tu ensayo. ¡Muy lindo trabajo!

Leer una rúbrica

La rúbrica de calificación de las páginas 34 y 35 tiene filas de distintos colores para cada calificación. En cada fila se describen las cinco características en función de la calificación. Esto te ayudará a evaluar la calidad de tu redacción de manera global.

Rúbrica de calificación de *Fuente de escritura*

Calificación

Descripción de las características

4

Una redacción con esta calificación es muy buena.

Enfoque y coherencia
El enfoque se sostiene en todo el texto. Las ideas guardan una relación estrecha unas con otras y con la idea principal. La introducción y la conclusión son coherentes y dan profundidad a la composición.

Organización La organización es la más adecuada para el propósito y el público. Las ideas están conectadas con fluidez y coherencia por transiciones que facilitan la lectura.

3

Una redacción con esta calificación es bastante buena.

Enfoque y coherencia
El enfoque se sostiene durante la mayor parte del texto. La mayoría de las ideas guardan una relación estrecha unas con otras y con la idea principal. La introducción y la conclusión son coherentes y dan bastante profundidad a la composición.

Organización La organización es bastante adecuada para el propósito y el público. En general, las ideas fluyen, pero faltan algunas transiciones. Algunas palabras no se relacionan con la idea principal o son repetitivas.

En detalle

Cuando leas las calificaciones de la rúbrica, sigue estos pasos.

1 Primero lee las descripciones de una calificación de 3 puntos. (Un 3 significa que la redacción es bastante buena).

2 Decide si tu redacción debería obtener 3 puntos.

3 Si no es así, lee las descripciones de las calificaciones de 4 puntos y de 2 puntos hasta hallar la que mejor se ajuste a tu trabajo.

4 Si todavía estás en la etapa de revisión y tu calificación es de 2 puntos o menor, haz los cambios necesarios para mejorar tu calificación.

Repasa la rúbrica de calificación. Lee la rúbrica de las páginas 34 y 35. ¿En qué características puedes obtener fácilmente una calificación de 3 ó 4 puntos? ¿Qué características serán más difíciles para ti? Comenta tus respuestas con un compañero.

Rúbrica de calificación de *Fuente de escritura*

Usa las descripciones de cada calificación para evaluar de forma global tu redacción o la de un compañero.

Una redacción con esta calificación es muy buena.

Enfoque y coherencia
El enfoque se sostiene en todo el texto. Las ideas guardan una relación estrecha unas con otras y con la idea principal. La introducción y la conclusión son coherentes y dan profundidad a la composición.

Organización La organización es la más adecuada para el propósito y el público. Las ideas están conectadas con fluidez y coherencia por transiciones que facilitan la lectura.

Una redacción con esta calificación es bastante buena.

Enfoque y coherencia
El enfoque se sostiene durante la mayor parte del texto. La mayoría de las ideas guardan una relación estrecha unas con otras y con la idea principal. La introducción y la conclusión son coherentes y dan bastante profundidad a la composición.

Organización La organización es bastante adecuada para el propósito y el público. En general, las ideas fluyen, pero faltan algunas transiciones. Algunas palabras no se relacionan con la idea principal o son repetitivas.

Una redacción con esta calificación es relativamente buena.

Enfoque y coherencia El enfoque solo se sostiene en algunas partes. Hay saltos bruscos de una idea a otra, pero mantienen la relación. Algunas ideas no aportan nada. La introducción y la conclusión no dan profundidad al texto.

Organización La organización no es adecuada para el propósito y el público. Las ideas no siempre fluyen y a veces no tienen sentido. Hay palabras sueltas o repetidas que interfieren con las ideas.

Una redacción con esta calificación es pobre.

Enfoque y coherencia No hay enfoque. El texto incluye gran cantidad de información que no guarda ninguna relación con la idea principal. Falta una introducción y/o una conclusión.

Organización No hay organización, o no es coherente. No hay transiciones, o no tienen sentido. Hay palabras sueltas o repetidas que interfieren con las ideas.

Desarrollo de las ideas
Todas las ideas están
bien expuestas con
detalles de apoyo
específicos. Se incluyen
ideas profundas o
creativas que añaden
calidad al texto.

Voz La voz logra captar
la atención del lector a
lo largo de todo el texto.
Es original y refleja la
personalidad y el punto
de vista del escritor.

Convenciones El manejo
de las normas de
gramática, estructura
de las oraciones,
convenciones mecánicas
y ortografía es muy
bueno.

Desarrollo de las ideas
Todas las ideas están
bien expuestas,
pero faltan algunos
detalles de apoyo.
Probablemente haya
ideas profundas pero
poco creativas o
viceversa.

Voz La voz logra captar
la atención del lector
durante la mayor parte
del texto. Es original y
refleja el punto de vista
del escritor.

Convenciones El texto
presenta pocos errores
de gramática, estructura
de las oraciones,
convenciones mecánicas
y ortografía.

Desarrollo de las ideas
La exposición de ideas
es general o poco
profunda. A veces, solo
hay una lista de ideas de
apoyo. Falta información.
El mensaje puede no ser
claro.

Voz La voz capta la
atención del lector en
algunas partes del
texto. Solo es original
en ciertos lugares y no
refleja un único punto de
vista.

Convenciones El texto
presenta varios errores
de gramática, estructura
de las oraciones,
convenciones mecánicas
y ortografía. Los errores
pueden impedir la
comprensión.

Desarrollo de las ideas
Las ideas no están
bien expuestas o la
exposición es poco clara.
Se omite información
importante. El mensaje
es poco claro.

Voz La voz no capta la
atención del lector. No
es original y no refleja
un único punto de vista.

Convenciones El texto
presenta errores graves
de gramática, estructura
de las oraciones,
convenciones mecánicas
y ortografía. Los errores
impiden la comprensión.

Ensayo de ejemplo

Este ensayo es un ejemplo de redacción que se ajusta a una calificación de 4 según la rúbrica de calificación de *Fuente de escritura*. Lee la descripción de una calificación de 4 en las páginas 34 y 35. Luego lee el ensayo. Recuerda que has de pensar en la calidad general de la redacción. Decide cómo hubieras descrito y calificado este ensayo. Luego lee la evaluación del maestro de este trabajo en la página 32.

Una redacción con una calificación de 4 es muy buena.

Se enfoca en una experiencia.

Las transiciones organizan la información.

Olvidado

La casa estaba en silencio. Todos se habían ido al hospital con mi hermanito José, que se había lastimado la muñeca mientras jugaba al béisbol con nuestros primos. Estábamos celebrando una reunión familiar con la familia de mi papá.

Yo había entrado a tomar un poco de limonada cuando José se lastimó. Escuché muchos gritos. Mamá estaba muy preocupada. Papá salió corriendo y puso en marcha la camioneta. Todos se metieron en sus carros y partieron hacia el hospital. Nadie se dio cuenta de que me habían dejado olvidado.

Tan solo unos minutos antes, estaba en medio de mi familia desesperada, que corría a causa de la emergencia. Ahora estaba solo en la casa silenciosa y vacía. Hasta podía escuchar el agua que goteaba del grifo de la cocina.

Al principio, simplemente me quedé allí. Estaba al borde de un ataque de pánico; mis padres nunca me habían dejado solo. Después me di cuenta de lo que había pasado: ¡Todos se habían olvidado de mí! Se me llenaron los ojos de lágrimas y me preguntaba durante cuánto tiempo tendría que esperar solo.

La emoción y el diálogo interior mejoran la voz.

De repente, me sequé las lágrimas. Me sentía muy mal por ser tan egoísta. ¿Cómo podía pensar en mí mismo? José era quien estaba herido; yo estaba bien. Me serví un vaso de limonada, fui a mi cuarto y me senté a leer el libro que había empezado el día anterior.

Al cabo de un rato sonó el teléfono.

—¡Pablo! ¿Estás bien? —resonó la voz de papá.

Buen control de las convenciones.

—Claro —le respondí y le conté lo que había estado haciendo desde que mi familia se había ido al hospital. Entonces mi papá me dijo que los doctores ya casi estaban terminando de curar la muñeca de José y que todos volverían a casa pronto.

El perro escuchó los carros antes que yo. Una masa de pelos amarillos saltó hacia la puerta de entrada y comenzó a ladrar y brincar. Desde la ventana vi la camioneta y corrí a abrir la puerta.

En poco tiempo, la casa se llenó con mi ruidosa familia. José vino corriendo hacia mí. Me preocupé cuando vi su brazo en un cabestrillo. Dijo que le había encantado cómo la doctora atendió su muñeca. Me contó que le había tomado una radiografía y luego le había mostrado la imagen del hueso roto. Hasta pudo elegir el color del yeso. Después corrió hacia afuera.

Observé que todos volvían afuera.

Los detalles bien pensados desarrollan las ideas y mejoran el relato.

—Disculpa que todos nos hayamos ido tan rápido sin ti —dijo el abuelo. Se inclinó y me dio un fuerte abrazo.

—Está bien —le dije y también lo abracé. Se levantó y dijo:

—Ahora vayamos a jugar un rato a la pelota, ¿sí?

Evaluar un ensayo

Lee el siguiente relato personal y presta atención a los puntos fuertes y a los puntos débiles de la redacción. Luego sigue las instrucciones al final de la página.

Un día lluvioso

Miré por la ventana y le pregunté a mi papá:

—¿Por qué tiene que llover hoy?

Se suponía que íbamos a salir de campamento. Lluvia horrible.

—Podríamos acampar aquí mismo, en la sala —dijo papá.

Me di vuelta. Estaba desenrollando los sacos de dormir. Los puso frente a la chimenea. Luego sacó la mesa pequeña de campamento y la puso en el rincón. No era lo mismo que acampar afuera, pero de todos modos parecía divertido.

Más tarde nos sentamos junto al fuego crepitante. Papá salió corriendo bajo la lluvia para traer más madera. Asamos salchichas y malvaviscos. Tomé jugo de manzana caliente que mamá había puesto en un termo. Apagamos todas las luces. Papá leyó un libro a la luz de la lumbre. Me estaba empezando a gustar acampar dentro de casa.

Más tarde esa noche, me hice un ovillo en el saco de dormir. Observé las brasas calientes que brillaban en la chimenea. Escuché la lluvia afuera. Susurré en la oscuridad:

—¿Papá? ¿Podemos acampar otra vez la próxima semana?

Usa la rúbrica de calificación de *Fuente de escritura*. Evalúa la narración que acabas de leer usando la rúbrica de las páginas 34 y 35. Anota tus calificaciones y comentarios en una hoja aparte.

Comentar el trabajo de los compañeros

¿Alguna vez preparaste una sopa y pediste a alguien que la probara? La reacción de esa persona te habrá indicado si la sopa estaba tan sabrosa como esperabas. Así también, es de gran ayuda pedir a otros que "prueben" tus redacciones.

Tus compañeros pueden leer tus redacciones y decirte qué está bien y qué podría estar mejor. En este capítulo, se explica el proceso de presentar las redacciones en las conferencias para comentar el trabajo de los compañeros.

A continuación

- **Pautas para comentar el trabajo de los compañeros**
- **Hacer comentarios constructivos**
- **Hoja de comentarios sobre el trabajo de los compañeros**

Pautas para comentar el trabajo de los compañeros

Para reaccionar acerca del trabajo de los compañeros, o comentarlo, es necesario trabajar en equipo. El escritor tiene un papel, y los compañeros, otro.

El papel del escritor

Como escritor, debes presentar algo que hayas escrito. Si es posible, haz una copia para cada compañero. Luego sigue estas pautas:

- **Presenta la redacción**, pero no des muchos detalles.
- **Lee en voz alta tu trabajo** o invita a tus compañeros a hacerlo en silencio.
- **Pregunta si alguien quiere hacer un comentario.** Escucha con atención.
- **Anota** las sugerencias para poder recordarlas.
- **Pide consejos** sobre problemas específicos.

El papel del compañero

Como compañero, sé amable y respetuoso, y comenta las reacciones que sean útiles. Sigue las siguientes pautas:

- **Escucha (o lee) con atención.** Toma notas.
- **Menciona lo que te gustó** del texto. Sé específico. *(Respuestas de ejemplo: Me gusta cómo explicas las palabras nuevas. Los personajes parecen muy reales).*
- **Haz preguntas** si no estás seguro acerca de algo o si piensas que algo se puede mejorar.

sugerencia Sé conciso. La frase "¡Buen trabajo!" es alentadora, pero no será útil para que el escritor mejore la redacción.

Hacer comentarios constructivos

Los compañeros que comentan mejor el trabajo de los demás son los que hacen preguntas que llevan al escritor a encontrar maneras de mejorar la redacción.

Haz preguntas específicas

Evita hacer preguntas que puedan responderse con sí o con no. En cambio, haz preguntas que realmente ayuden al escritor a pensar en lo que escribió.

- ¿Por qué te interesó este tema?
- ¿Cuál es tu detalle preferido?
- ¿Qué idea quieres que recuerde el lector?

Haz preguntas positivas

Las preguntas negativas no ayudan mucho al escritor.

Preguntas negativas	Preguntas positivas
X ¿Por qué no diste más detalles sobre el faro?	✔ ¿De qué tamaño es la luz del faro?
X ¿Por qué los verbos son poco descriptivos?	✔ ¿Qué verbos atractivos podrías usar?
X ¿Cuál es el final?	✔ ¿Qué otra idea podrías incluir en el final??

Práctica

Entre todos, analicen las reacciones, o comentarios, que son más útiles para los escritores durante las sesiones para comentar el trabajo de los compañeros. Hagan un gráfico con las reacciones más útiles y colóquenlo en el salón de clases.

Hoja de comentarios sobre el trabajo de los compañeros

Puedes usar una hoja como la siguiente como guía para hacer los comentarios a tus compañeros. Teresa completó esta hoja sobre el ensayo expositivo que Tomás escribió sobre los faros.

Hoja de comentarios sobre el trabajo de los compañeros

Escritor: Tomás Juárez   **Compañero:** Teresa García

Título: "El faro, el mejor amigo del barco"

Lo que me gustó de tu redacción:

* Me gusta que hayas comenzado el ensayo con una frase sobre los faros tomada de una canción de marineros.

* No sabía que los faros fueran tan importantes.

* Me gusta la cita del guardián de faros.

Mis preguntas...

* ¿Cuántos faros todavía tienen guardianes en los Estados Unidos?

* ¿Qué tipo de combustible se usaba en los faros antiguos?

Práctica

¡Ahora es tu turno! Intercambia una redacción con un compañero. Lean la redacción y luego completen una hoja de comentarios como la anterior. Comenten juntos lo que escribieron.

Publicaciones y portafolios

Una vez que hayas terminado una tarea de escritura, ¡es hora de publicarla! Debes enriquecer el trabajo para que se vea lo mejor posible. También puedes colocarlo en un portafolio, que es algo parecido a un álbum de fotos para redacciones. Cada ensayo o cuento del portafolio muestra un aspecto importante de tu escritura. En este capítulo, se explica el proceso de publicación y los distintos tipos de portafolios que hay.

A continuación

- Diseñar la redacción
- Tipos de portafolios
- Partes de un portafolio
- Análisis del portafolio

Diseñar la redacción

Puedes usar una computadora para que tu trabajo se vea grandioso. En las siguientes pautas se explica cómo hacer el diseño final de tu trabajo.

Tipografía

- Usa un tipo de letra simple (estilo de fuente sencillo) en la mayor parte del trabajo.
- Usa letra resaltada en negrita para los encabezados.
- Crea títulos y encabezados breves.

Espaciado y márgenes

- Deja márgenes de una pulgada en los cuatro lados.
- Escribe con espacios dobles.
- Deja sangría en la primera línea de cada párrafo.
- No dejes un encabezado ni la primera línea de un párrafo al final de una página. Inclúyelos al principio de la página siguiente.

Elementos gráficos

- Haz listas para destacar los puntos importantes.
- Incluye una ilustración o un gráfico si clarifican una idea.
- Agrega rótulos si es necesario.

Aprendizaje del lenguaje

Los **elementos gráficos** son una excelente manera de que los lectores se formen una imagen clara de una idea. Pueden ser dibujos, fotos, gráficos, diagramas y cualquier otra cosa que represente las ideas con imágenes. Escoge solo los elementos gráficos que ilustren mejor los puntos clave de la redacción. Demasiados elementos gráficos pueden distraer al lector.

Observa un ensayo que hayas escrito. Comenta con un compañero el tipo de elementos gráficos que podrías usar para ilustrar los puntos clave de tu ensayo.

Un diseño eficaz en acción

Juan Campos

Una visita a San Antonio

Si te gustan los botes taxi, te interesa el arte y quieres aprender sobre la historia y la cultura de Texas, entonces ¡San Antonio es para ti! Esta sorprendente ciudad se encuentra al suroeste de Texas.

El tipo de letra es fácil de leer.

Arte, historia y cultura

San Antonio, la tercera ciudad más grande de Texas, ofrece muchas atracciones grandiosas.

Una lista ayuda a organizar el ensayo.

- **El Paseo del Río:** Da un paseo por el río San Antonio o toma un bote taxi. Todo el año se realizan eventos especiales a orillas del río, como muestras de arte, exposiciones de artesanías y conciertos.
- **Museo Alameda:** Las exhibiciones de este museo de color rosado fuerte se centran en las experiencias de los latinos en los Estados Unidos. Muchas de las obras de arte del museo pertenecen a la colección del Instituto Smithsoniano.
- **El Álamo:** Originalmente llamado la Misión de San Antonio de Valero, El Álamo fue el lugar donde se libró una famosa batalla de la Revolución de Texas. Visita el museo para aprender sobre la historia del lugar y la República de Texas.

¡A batear!

San Antonio es la cuna del San Antonio Missions, un equipo de las ligas menores de béisbol de Texas que toma su nombre de la misión de El Álamo. Los fanáticos del béisbol pueden visitar el estadio municipal Nelson W. Wolff, ubicado al sur del centro de la ciudad, para conocer a las futuras estrellas de las ligas mayores.

La página se ve mejor cuando tiene espacio en blanco.

Planifica una aventura

Las personas que quieran visitar San Antonio pueden acercarse a la ciudad de diferentes maneras.

1. Llegar a la ciudad en tren
2. Conducir hasta San Antonio por una carretera interestatal o nacional
3. Volar hasta el Aeropuerto Internacional de San Antonio

Una lista numerada hace que sea más fácil leer el ensayo.

Miles de personas visitan San Antonio todos los años y disfrutan de los museos, los conciertos, los paseos por el río, los parques y los sitios históricos de la ciudad. Haz tus sueños realidad. ¡Organiza pronto una visita a San Antonio!

Tipos de portafolios

Un portafolio es una colección de redacciones recopiladas con un propósito específico. Existen cuatro tipos básicos de portafolios.

Portafolio de selecciones

Un portafolio de selecciones contiene ejemplos de tus mejores redacciones. Los maestros evalúan tu trabajo con estos portafolios. (Consulta la página 48).

Portafolio personal

Un portafolio personal contiene las redacciones que son importantes para ti, para tus amigos y tu familia. Es un buen lugar para guardar tus ideas, poemas, cartas, páginas de diario y otras redacciones ya terminadas.

Portafolio cronológico

Un portafolio cronológico muestra cómo mejoró tu redacción a través del tiempo. Te permite observar tu progreso como escritor a lo largo del año porque puedes comparar diferentes ensayos y cuentos.

Portafolio electrónico

Un portafolio electrónico se sube a una página web o se guarda en un disco o en el disco duro. Contiene redacciones, elementos gráficos y, a veces, hasta sonidos y animaciones. Los portafolios electrónicos te permiten compartir tu trabajo con muchas personas.

Práctica

Escoge el tipo de portafolio que más te guste. Piensa en dos o tres redacciones que te gustaría incluir en este tipo de portafolio. Explica a un compañero por qué escogiste estas redacciones.

Partes de un portafolio

Es posible que tengas que preparar un portafolio de selecciones. Debes incluir las siguientes partes.

- Una **tabla de contenidos** enumera la selección de redacciones que incluiste en el portafolio.

- Una **introducción** (puede ser un párrafo, un ensayo corto o una carta) cuenta cómo creaste el portafolio y lo que significa para ti.

- La **selección de redacciones** muestra las mejores redacciones. En algunos casos, quizás tu maestro quiera ver cada paso (la planificación, los apuntes de investigación, los borradores, la revisión, las correcciones y la versión final).

- Las **hojas de análisis** o las **listas de control** muestran lo que has aprendido en cada proyecto.

- Una **portada creativa** con dibujos, letras especiales y tal vez un poema reflejará tu personalidad única.

Recopilar sugerencias

- **Guarda todo tu trabajo.** Conserva los apuntes que tomas antes de escribir, los primeros borradores y las revisiones. Asegúrate de que todo tenga fecha.

- **Conserva tus redacciones en una carpeta pequeña.** Es más fácil armar un portafolio cuando todos los trabajos están en un solo lugar.

- **Enorgullécete de tu trabajo.** El portafolio debe reflejar tus mejores destrezas de redacción.

Práctica

a una portada original para un portafolio de selecciones. Escribe tu nombre,
v dibujos o elementos gráficos.

Ejemplos de análisis del portafolio

Escribe un análisis para cada ensayo o cuento de tu portafolio. Observa los siguientes ejemplos.

Análisis de los estudiantes

Después de escribir el ensayo "Pellizcar es divertido", descubrí que me queda mucho por aprender sobre alfarería. Durante la investigación, leí sobre distintos tipos de maneras de decorar la cerámica, como los vidriados con soda y sal. Apenas vea a mi abuelo, le preguntaré sobre estas cosas.

Fumi Akimoto

Escribí "Una visita a San Antonio" porque nos divertimos mucho allí con mi familia. No sabía sobre qué escribir, entonces miré nuestro álbum de fotos. Tomé apuntes mientras miraba las páginas. Los apuntes eran sobre distintos lugares y eso fue lo que escribí. Cuando lo leo, siento que estoy otra vez en San Antonio.

Juan Campos

Análisis profesionales

"El estilo que tengo me es natural y sin afectación ninguna. Escribo como hablo; solamente tengo cuidado de usar de vocablos que signifiquen bien lo que quiero decir".

Juan de Valdés, escritor español del s. XVI

"No basta con saber qué debemos decir, sino que es necesario saber también cómo decirlo".

Aristóteles, pensador griego del s. IV a.C.

TEXAS
Fuente de
escritura
En línea
www.hmheducation.com/tx/writesource

Escritura descriptiva

Enfoque de la escritura

- **Párrafo descriptivo**
- **Ensayo descriptivo**

Aprendizaje del lenguaje

Trabaja con un compañero.
Lean los significados y respondan
juntos las preguntas.

1. La escritura descriptiva permite que el lector se imagine una experiencia como realmente fue. En las descripciones se incluyen las imágenes y los sonidos de la experiencia.
   En una redacción sobre pasar el día en un parque, ¿qué tipos de descripciones esperarías encontrar?

2. Los detalles son datos o información sobre algo.
   ¿Qué detalles recordarías sobre un día que estuviste en un parque?

3. Los detalles sensoriales describen la apariencia, la textura, el gusto, el olor o el sonido de algo.
   ¿Qué detalles sensoriales del parque te harían sentir que has estado allí?

4. Un ensayo es una redacción corta.
   ¿Qué tema escogiste la última vez que escribiste un ensayo?

Escritura descriptiva

Párrafo descriptivo

¿Cuál es tu lugar preferido? ¿El gimnasio de la escuela o tu recámara? ¿Una calle concurrida o un jardín tranquilo? ¿El zoológico local o un centro comercial enorme?

En este capítulo, aprenderás a usar detalles sensoriales para describir tu lugar preferido. El objetivo es incluir imágenes, sonidos, olores y otros detalles sensoriales para llevar a tus compañeros a recorrer ese lugar especial.

Pautas para escribir

Tema: Tu lugar preferido

Propósito: Describir un lugar que conoces bien

Forma: Párrafo descriptivo

Público: Tus compañeros

TEKS 4.18A(i-iii)

Párrafo descriptivo

Tu párrafo descriptivo tendrá detalles sensoriales que crearán una imagen precisa de un lugar. La **oración temática** presenta la idea central y debe indicar cuál es tu lugar preferido. Las **oraciones secundarias** contienen detalles específicos, datos y explicaciones. La **oración de conclusión** cierra la descripción. En el siguiente párrafo, Jorge describe el jardín de su casa y los comederos de pájaros que tiene.

Oración temática (subrayada)

Oraciones secundarias (detalles, hechos, explicaciones)

Oración de conclusión (subrayada)

El restaurante del jardín

Nuestro jardín es un restaurante para pájaros. Entre las lilas que están junto a la ventana de la cocina hay pegadas unas cuantas medias mandarinas. A las oropéndolas negras y anaranjadas les encanta comer las frutas y beber su dulce jugo. Junto a las lilas, un manzano silvestre sostiene una estrecha bolsa de tela. Los luganos se cuelgan de la bolsa y arrancan semillas de cardo de unos agujeritos. Del otro lado del árbol, un poste sostiene un comedero para pájaros, que es de metal verde. Una ardilla salta encima y el comedero se cierra de golpe. La ardilla gime y chilla porque no alcanza las semillas de girasol. Debajo de la ardilla, cardenales y urracas buscan las semillas que cayeron al suelo. Si yo fuera un pájaro, el restaurante de nuestro jardín sería mi lugar preferido.

Responde a la lectura. Responde las siguientes preguntas en una hoja aparte. Luego comenta tus respuestas con un compañero.

- **Desarrollo de las ideas** (1) ¿Qué detalles le sirven al lector para imaginarse el restaurante del jardín?

- **Organización** (2) ¿Qué palabras y frases de transición te ayudan a imaginar la ubicación de cada detalle?

- **Voz** (3) ¿Qué palabras específicas indican que la voz del escritor demuestra entusiasmo por el tema?

Prepararse Escoger un tema

Piensa en algunos de tus lugares preferidos. Puedes hacer una lluvia de ideas para escoger un lugar para describir. A continuación encontrarás parte de la lluvia de ideas de Jorge.

Lluvia de ideas

> ¿Qué lugares conozco? Me gusta la tienda de bicicletas de Bruno, pero creo que no la conozco tanto. ¿Y el centro comercial? Es demasiado grande. ¿Conozco algún lugar pequeño? El jardín de casa es muy pequeño. Solo hay algunos comederos de pájaros. Es divertido ver los pájaros y las ardillas que lo visitan. . .

Escoge un tema. Dedica de tres a cinco minutos a hacer una lluvia de ideas para escoger un lugar que conozcas lo suficiente para describirlo en un párrafo.

Recopilar y organizar detalles

Una buena descripción contiene detalles sensoriales, que ayudan al lector a sentir que está en el lugar. Jorge usó un gráfico de los sentidos para recopilar los detalles en categorías.

Gráfico de los sentidos

Vista	Oído	Olfato	Gusto	Tacto
morado	gemir	lilas	mandarinas	suave
lilas	chillar	mandarinas	semillas de girasol	metal
cardenales	golpe			
urracas			jugo dulce	
luganos				

Crea un gráfico de los sentidos. Escribe *Vista*, *Oído*, *Olfato*, *Gusto* y *Tacto* en la parte superior. Para cada sentido, haz una lista de detalles relacionados con el tema que escogiste.

Desarrollar un borrador **Crear el primer borrador**

En un primer borrador, vuelcas tus ideas en el papel. La oración temática incluye la idea principal y presenta el lugar. Debes incluir detalles sensoriales en las oraciones secundarias. Usa palabras de transición para conectarlas. Termina con una oración de conclusión que tenga una reflexión final.

Escribe el primer borrador. Asegúrate de incluir una oración temática que presente la idea principal, así como detalles sensoriales que ayuden al lector a sentir que está en el lugar. Termina con una oración de conclusión.

Revisar **Mejorar el párrafo**

Cuando revisas el párrafo, haces cambios para mejorar tu trabajo. Puedes añadir, volver a acomodar o eliminar detalles.

Mejora el párrafo. Usa las siguientes preguntas.

1. ¿Mi oración temática incluye el lugar que voy a describir?
2. ¿Uso palabras y frases de transición?
3. ¿Parece que conozco el lugar que describo?
4. ¿Usé oraciones completas y fluidas?
5. ¿Termina el párrafo con una oración de conclusión?

Corregir **Comprobar que se respeten las convenciones**

Después de que hayas revisado el párrafo, revisa la gramática, la estructura de las oraciones, las convenciones mecánicas (puntuación y uso de las letras mayúsculas) y la ortografía. Corrige los errores que halles.

Comprueba que se respeten las convenciones. Las siguientes preguntas te servirán de ayuda.

1. ¿Usé correctamente la puntuación y las letras mayúsculas?
2. ¿Escribí las palabras sin errores de ortografía?
3. ¿Usé las palabras correctas (*casa*, *caza*)?

Escritura descriptiva
Ensayo descriptivo

Todo el mundo tiene un cuarto preferido. Tal vez te guste el salón de arte de la escuela por el mural del amanecer y los móviles que cuelgan del techo. Quizás te guste el taller de tu tío por el olor del aserrín, el sonido de las sierras, el golpeteo de los martillos y las cosas hermosas que hace con madera.

Cualquiera que sea tu cuarto preferido, un ensayo descriptivo puede ser el medio para explorarlo. En este capítulo, encontrarás ayuda para escribir un ensayo descriptivo. Cuando lo termines, el lector podrá "irse de excursión" a tu cuarto preferido.

Pautas para escribir

Tema:	El cuarto preferido
Propósito:	Describir un lugar
Forma:	Ensayo descriptivo
Público:	Tus compañeros

Ensayo descriptivo

En un ensayo descriptivo, se describe a una persona, un lugar o un objeto. Comienza tu ensayo con una **oración temática** que presente la idea central en el primer párrafo. Los párrafos de **apoyo**, o intermedios, deben apoyar la idea central con explicaciones y detalles relacionados con el tema. Termina con una **oración de conclusión** en el último párrafo.

En el siguiente ensayo, Julio describe su cuarto preferido. Las notas al margen te ayudarán a comprender las diferentes partes del ensayo.

Una cabañita en el bosque

Oración temática (subrayada) El autor presenta el cuarto que va a describir.

Quizá pienses que debe ser duro vivir en una cabaña de madera de un solo ambiente. Yo pensaba igual, hasta que fui a un campamento de verano en el lago Norton. Al principio, me parecía que era una cabañita a medio terminar, ¡pero ahora es uno de mis lugares preferidos!

Desarrollo En el primer párrafo intermedio se da una descripción general.

La cabaña cuenta con un solo cuarto grande. Las paredes están hechas con troncos verdaderos que alguien cortó y apiló sin clavos. Los bordes de los troncos tienen marcas de hacha desparejas, pero el piso de madera es suave por las pisadas de los campistas. Como hay tanta madera, la cabaña huele a pino. Solo la polvorienta chimenea de piedra no es de madera, ¡pero huele a cenizas de madera!

En el segundo párrafo intermedio se presentan los detalles en orden espacial.

En la cabaña hay muebles antiguos. Contra las paredes, cerca de la chimenea, están las literas. Tienen colchones con olor a humedad apoyados sobre tablas de madera. En la pared que está frente a la chimenea, hay una ventana y un fregadero blanco oxidado. Arriba tiene una bomba, y es divertido bombear para sacar agua. La cabaña no tiene baños, ¡pero hay un excusado en la base de la colina!

En el tercer párrafo intermedio se describe una parte específica del cuarto.

Lo mejor de la cabaña es la mesa plegable. Está al lado del fregadero y se levanta y se sujeta a la pared. Cuando la mesa está abierta, los campistas se sientan en los bancos hechos con mitades de troncos y se entretienen con juegos de mesa. Cuando la mesa está cerrada, se sientan en los bancos y conversan o cuentan cuentos durante la noche.

Oración de conclusión (subrayada) En el final, el autor cuenta qué piensa sobre el cuarto.

Los consejeros dicen que la cabaña es "rústica". Antes pensaba que esa palabra significaba "derrumbada". Ahora sé que quiere decir que tiene solamente lo necesario y nada más. <u>Cada vez que siento olor a leña quemada o a pino, me dan ganas de regresar a la cabaña del bosque.</u>

Responde a la lectura. **Responde las siguientes preguntas sobre el ensayo. Luego comenta tus ideas y opiniones con un compañero.**

- **Desarrollo de las ideas** **(1) ¿Qué detalles te ayudan a ver, oír, sentir u oler los objetos de la cabaña?**

- **Organización** **(2) ¿Qué palabras y frases te indican dónde se encuentra cada cosa en la cabaña?**

- **Voz** **(3) ¿Qué palabras reflejan lo que piensa el autor sobre la cabaña?**

Prepararse Escoger un tema

Puedes usar una lista de temas, que es un tipo de organizador gráfico, para escoger el cuarto preferido que describirás en el ensayo.

Lista de temas

Cuartos de la vida cotidiana	Cuartos divertidos
recámara	estación de trenes
auditorio de la escuela	heladería
sala de la abuela ✳	

Haz una lista de temas. Usa el ejemplo anterior como guía. Pon un asterisco (✳) junto al cuarto sobre el que quieras escribir.

Dibujar el cuarto

Puedes dibujar un plano para tener una vista desde arriba de tu cuarto.

Plano

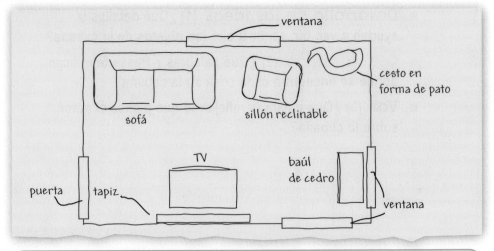

Dibuja un plano. Haz un dibujo de tu cuarto visto desde arriba. Rotula las partes del dibujo.

Hacer un gráfico de los sentidos

Después de que hayas dibujado el plano de tu cuarto, debes recopilar los detalles sensoriales que lo describen. El siguiente gráfico de los sentidos puede servirte de ayuda.

Gráfico de los sentidos

Vista	Oído	Olfato	Tacto	Gusto
ventanas	CD de jazz	piñas, naranjas	tapiz	
sofá	maullido	ramas de canela	tejido	
cesto		manzanas perfumadas		

 Prepárate

Crea un gráfico de los sentidos. Haz un gráfico de los sentidos como el anterior para recopilar detalles sobre el cuarto que describirás.

Crear una lista organizada

Observa el plano que dibujaste y haz una lista como la siguiente para organizar los detalles.

Lista organizada

Menciona el lugar. La sala de la abuela

Describe el cuarto en general.
1. cuarto pequeño, ventanas anchas, luz del sol

Describe los detalles en orden espacial.
2. sofá, sillón reclinable, cesto en forma de pato, TV

Describe una característica en particular.
3. baúl de cedro donde se guardan los rompecabezas y se sienta el gato

 Prepárate

Haz una lista organizada. Sigue las instrucciones anteriores y escribe tu propia lista organizada.

Desarrollar un borrador

Comenzar el ensayo

Tu párrafo inicial debe llamar la atención del lector y presentar el enfoque central: el cuarto que describirás. A continuación encontrarás dos maneras de comenzar el ensayo.

Párrafo inicial

■ **Haz una pregunta al lector.**

> ¿Cuál es el lugar más acogedor que conoces? El lugar más acogedor que conozco es la casa de mi abuela. Voy allí en las vacaciones y durante el verano. El mejor cuarto de la casa de mi abuela es la sala.

■ **Comienza con un dato sorprendente.**

> Mi abuela nació en la casa donde vive, por eso no me sorprende que la quiera tanto. Yo sólo voy de visita, pero también la quiero. Mi lugar preferido de la casa es la sala.

Escribe el párrafo inicial. Puedes comenzar con alguna de las ideas anteriores o con una idea tuya. Menciona el cuarto que describirás en una oración temática. Si no estás conforme con tu primera versión, escribe otra.

Enfoque en las características de la Escritura en Texas

Voz La forma especial que tienes de expresarte es tu *voz*. Las palabras que escogiste, los detalles que incluyes y la manera de conectarlos definen tu voz.

Elaborar el desarrollo

Los párrafos intermedios presentan los detalles que escribiste en la lista organizada. En las notas al margen que están a continuación se indica lo que incluye cada párrafo.

Comienzo

Desarrollo

Final

Párrafos intermedios

Primero, la autora hace una descripción general del cuarto.

La sala es pequeña, pero tiene ventanas grandes en tres paredes. La abuela dice que este cuarto es como su alhajero porque brilla con la luz del sol. Las ventanas son tan altas como las puertas. Los móviles de cristal de las ventanas forman arco iris sobre las paredes amarillas y la alfombra verde.

Luego da detalles en orden espacial.

Los muebles son antiguos pero cómodos. La abuela tiene un sofá enorme con una manta floreada. Yo siempre me siento allí, pero a ella le gusta el sillón reclinable que está al lado del sofá. Junto al sillón reclinable, hay un cesto en forma de pato. El cesto tiene piñas, naranjas secas, ramitas de canela y manzanas de madera perfumadas. Del otro lado del cuarto, la abuela tiene una TV antigua y grande. Arriba de la TV hay un tapiz con ranas, aneas y libélulas.

Por último, describe su parte preferida del cuarto.

La mejor parte del cuarto es el baúl de cedro. Está ubicado debajo de la ventana más grande. Adentro tiene rompecabezas, y por eso me gusta. Merlín, el gato de la abuela, se sienta en el baúl para ver los pájaros y las ardillas que pasan por el comedero de afuera. Algunas veces, también se acurruca en el tejido de la abuela si ella lo deja encima del mueble.

Escribe

Escribe los párrafos intermedios. Usa tu lista organizada para escribir los párrafos. Explica cómo se conectan los detalles.

TEKS 4.15B-C, 4.15E, 4.18A(iii), 4.21A

Desarrollar un borrador
Terminar el ensayo

Tu párrafo final debe concluir el ensayo explicando qué piensas sobre el lugar que describiste.

Párrafo final

> **La autora cuenta lo que piensa del cuarto.**
>
> La sala de la abuela puede ser pequeña, pero la luz del sol hace que parezca más grande. Me gusta sentarme en el sofá y leer o sentarme junto al baúl de cedro y acariciar a Merlín. En realidad, me gusta más estar en la sala de la abuela que en cualquier otro lado.

Escribe el final. Incluye una oración de conclusión que cuente al lector por qué este cuarto es tan especial para ti.

Revisar y corregir

Mejora tu descripción. Usa las siguientes preguntas como guía cuando hagas cambios en el ensayo.

- **Enfoque y coherencia** ¿Están conectados todos los detalles que usé con el cuarto que describí?
- **Organización** ¿Siguen un orden lógico el comienzo, el desarrollo y el final?
- **Voz** ¿Le cuento al lector cuánto me gusta el cuarto?
- **Convenciones** ¿Son fluidas mis oraciones?

Revisa la descripción. Usa la rúbrica de convenciones de la página 30 como guía. Luego escribe una versión final en limpio en letra cursiva o de molde. Pide a un compañero que la lea y te dé su opinión.

Escritura descriptiva

Conexión con otras materias

"¿Qué hiciste en las vacaciones?" Los amigos y la familia siempre quieren saber qué cosas viste y qué hiciste. ¿Cómo ves tú el mundo? ¿Qué sonidos tiene? ¿Cómo lo sientes? Para que lo comprendan, es importante que sepas describir bien las cosas.

A menudo es necesario usar la escritura descriptiva para las tareas de la escuela. En estudios sociales, puedes describir un lugar histórico; en ciencias, puedes describir una planta o un animal. En este capítulo aprenderás a escribir descripciones que reflejen el mundo que te rodea.

A continuación

- **Estudios sociales:** Describir un lugar histórico
- **Ciencias:** Describir una planta

Estudios sociales:
Describir un lugar histórico

Tu maestro puede pedirte que escribas sobre un lugar histórico. Observa cómo se utiliza la escritura descriptiva en el siguiente ensayo.

En el **comienzo** se menciona el nombre del lugar.

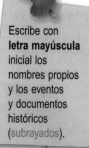

Escribe con **letra mayúscula** inicial los nombres propios y los eventos y documentos históricos (subrayados).

En el **desarrollo** se describe el lugar y por qué es interesante.

El **final** presenta una última reflexión sobre el lugar.

El Parque Histórico Nacional L. B. J.

Lyndon Baines Johnson fue nuestro 36.° presidente. La semana pasada, mi madre y yo hablamos de los presidentes de EE. UU. El resultado de la charla fue una visita al Parque Histórico Nacional Lyndon Baines Johnson, que está cerca de la población de Johnson City.

En una tarde, pudimos ver muchos lugares que fueron importantes en su vida. Visitamos la casa polvorienta donde nació y la primera escuelita donde tomó clases. Vimos la enorme casa de campo, conocida como la Casa Blanca de Texas, que disfrutó de adulto. Me encantaron las colinas redondeadas, la hierba de las praderas, los matorrales y el ganado.

Durante nuestra visita, aprendí sobre las personas que caracterizaron la región central de Texas: los indígenas norteamericanos, los alemanes y los inmigrantes de habla hispana. Me enteré de que algunas personas recuerdan a L. B . J. porque asumió la presidencia cuando murió John F. Kennedy. Otros lo recuerdan como el presidente que gobernó durante la Guerra de Vietnam. Otras personas, como mi madre, lo relacionan con la Ley de Derechos Civiles de 1964, ya que fue él quien la impulsó. Con esta ley, se prohibió la segregación y se aseguró la igualdad de derechos para los afroamericanos y otras minorías.

Yo no sabía mucho sobre L. B. J. antes de nuestra visita. Después, me puse muy contento de haber aprendido más sobre un hombre tan extraordinario e interesante.

Sugerencias para la redacción

Antes de escribir . . .

- **Escoge un lugar histórico.**
  Escoge un lugar que hayas visitado o estudiado, o que puedas visitar.

- **Investiga.**
  Busca información sobre el lugar. Observa ilustraciones. Si es posible, visita el lugar. ¿Por qué es importante históricamente?

- **Toma apuntes sencillos sobre la información que encuentras.**
  Concéntrate en los detalles físicos más importantes que hacen que este lugar sea único e interesante.

Mientras desarrollas el borrador . . .

- **Organiza los detalles.**
  Presenta el tema en el comienzo, da detalles en el desarrollo y termina con una reflexión final.

- **Muestra, no cuentes.**
  Incluye oraciones que apoyen la oración temática con datos sencillos, detalles y explicaciones.

- **Aplica las reglas del uso de las letras mayúsculas.**
  Escribe con mayúscula inicial las palabras que forman parte de nombres propios, eventos históricos y documentos.

Después de escribir el primer borrador . . .

- **Comprueba que el texto esté completo y no tenga errores.**
  Asegúrate de que haya suficientes detalles para que el lector se forme una imagen clara del lugar. Luego corrige los errores.

- **Revisa el uso de las letras mayúsculas.**
  Asegúrate de que todos los nombres propios estén escritos con mayúsculas.

 Planifica y escribe un ensayo. Escoge un lugar histórico y escribe una descripción detallada del lugar siguiendo las sugerencias para la redacción.

Ciencias: Describir una planta

Los botánicos son científicos que se dedican a estudiar y describir los distintos tipos de plantas del mundo. Describir una planta en particular te sirve para comprenderla mejor.

La flor del estado de Texas

La flor del estado de Texas es el lupino. El nombre científico es <u>Lupinus texensis</u>. El lupino crece al costado de muchas carreteras en el estado. Estas flores sobreviven en el suelo seco de la pradera de Texas.

Los tallos redondos y aterciopelados del lupino llegan a medir de 12 a 24 pulgadas de alto. Las hojas brotan del tallo en grupos, y cada uno se abre en abanico desde un tallo. Las hojas son finas y de puntas redondeadas. ¡Parecen orejitas de conejo color verde!

La parte superior de la planta tiene un tallo con flores pequeñas y de olor dulce. Las flores son de color morado azulado y el centro es blanco. Estas florcitas son las que explican el nombre de la planta en inglés: se llama "sombrero azul" porque las flores parecen sombreritos antiguos.

Cuando las personas visitan Texas y ven vastos campos de flores azules, saben de qué se trata. Son los lupinos de Texas, la flor del estado.

En el comienzo se presenta la planta y su nombre científico.

En el desarrollo se describe la planta y sus partes.

El final contiene una última idea sobre el tema.

flor

tallo

grupo de hojas

Sugerencias para la redacción

Antes de escribir . . .

- **Haz una lluvia de ideas para generar temas.**
  Con un compañero, haz una lluvia de ideas para enumerar las plantas que hayan estudiado o que conozcan. Luego escoge una planta de la lista para describir.

- **Investiga sobre la planta.**
  Haz un plan de investigación. Sigue el plan para recopilar información acerca de la planta en textos de consulta, en el Internet y por medio de entrevistas a expertos.

- **Haz una lista de las ideas principales que quieras incluir.**
  Describe la planta y todas las características especiales que tenga.

Mientras desarrollas el borrador . . .

- **Escribe un comienzo, un desarrollo y un final bien definidos.**
  Presenta la planta en el comienzo, descríbela en el desarrollo y finaliza con un resumen o un comentario personal.

- **Organiza los detalles.**
  Describe la planta por completo. Incluye oraciones secundarias de apoyo con datos sencillos, detalles y explicaciones.

- **Usa palabras específicas.**
  Escoge palabras que permitan que el lector se forme una imagen clara de la planta.

Después de escribir el primer borrador . . .

- **Comprueba que esté completo.**
  Agrega detalles para clarificar el tema.

- **Comprueba que no tenga errores.**
  Corrige los errores en la puntuación, el uso de las letras mayúsculas, la ortografía y la gramática.

Describe una planta.
Usa estas sugerencias como guía para escribir.

www.hmheducation.com/tx/writesource

Escritura narrativa

Enfoque de la escritura
- Párrafo narrativo
- Relato personal

Enfoque gramatical
- Pronombres reflexivos
- Verbos regulares e irregulares

Aprendizaje del lenguaje

Trabaja con un compañero. Lean
los significados y respondan juntos las preguntas.

1. Una narración es un cuento.
   ¿Cuál es tu narración favorita?

2. Una experiencia consiste en la vivencia de uno o más
   eventos.
   Relata una experiencia maravillosa que hayas tenido.

3. Siempre se recuerdan las cosas o las personas inolvidables.
   **¿Alguna vez conociste a alguien que te resultó
   inolvidable? ¿Por qué?**

4. Turnarse para hacer algo significa que primero una persona
   hace algo y luego otra persona hace lo mismo.
   **¿Para hacer qué tarea de la casa se turnan las
   personas?**

Escritura narrativa

Párrafo narrativo

¿Qué te hace reír? ¿Qué experiencias divertidas has tenido con tu familia o tus amigos? Si haces un poco de memoria, verás que puedes contar muchas historias graciosas. Narrar esas historias puede resultar muy divertido.

La narración de una experiencia personal es un tipo de escritura narrativa. Las buenas narraciones hacen que la experiencia cobre vida para el lector. En las siguientes páginas, aprenderás a escribir un párrafo narrativo sobre algo divertido que te haya pasado.

Pautas para escribir

Tema: Una experiencia divertida

Propósito: Entretener

Forma: Párrafo narrativo

Público: Tus compañeros

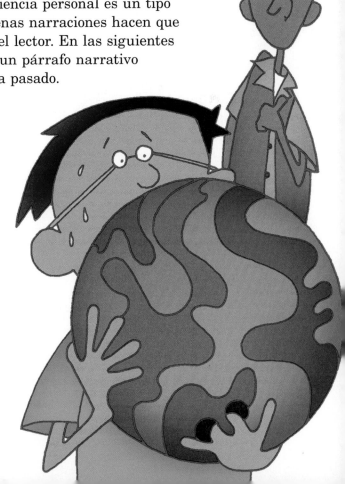

Párrafo narrativo

Un relato personal es una redacción en la que se cuenta algo importante o interesante que le haya pasado al escritor. En este relato, Perla cuenta una experiencia graciosa sobre la primera vez que fue a jugar a los bolos.

Oración temática (subrayada)

Oraciones secundarias (detalles)

Oración de conclusión (subrayada)

Aterrizaje forzoso

<u>La primera vez que fui a jugar a los bolos, me llevó mi papá.</u> Tenía cinco años. Cuando papá lanzó, me pareció que jugar a los bolos era muy fácil. Observé cómo su lanzamiento potente hizo que la bola se deslizara por la pista a toda velocidad. ¡Pum! Los diez bolos se desparramaron en el suelo. Entonces fue mi turno. Estaba segura de que yo también iba a hacer una chuza. La bola parecía pesar mil libras, pero la sostuve con fuerza. "Vamos, bola, vamos", dije mientras corría unos pasos y hacía mi lanzamiento. La bola aterrizó en el piso fuertemente y empezó a rodar muy despacio. Yo seguía diciendo: "Vamos, vamos". Pero la bola se detuvo y se quedó inmóvil. ¡No lo podía creer! Papá tuvo que llamar al encargado para que la pusiera en el carril. <u>La experiencia en el momento fue una gran desilusión, pero ahora que la recuerdo, me parece realmente graciosa.</u>

Responde a la lectura. Responde las siguientes preguntas en una hoja aparte. Luego comenta las respuestas con un compañero.

- **Enfoque y coherencia** (1) ¿Cuál es el tema del párrafo?

- **Organización** (2) ¿Perla presenta los detalles en orden cronológico o espacial?

- **Voz** (3) ¿Qué palabras y frases reflejan la personalidad de la autora? Menciona dos.

Prepararse Escoger un tema

Perla usó una red para recordar algunas de sus experiencias personales importantes. Decidió incluir solo las experiencias graciosas.

Red

Crea una red como la anterior. Incluye experiencias importantes que te hayan ocurrido en casa, en la escuela y en otros lugares. Pon un asterisco (✳) junto a la experiencia sobre la que quieras escribir.

Recopilar detalles

Hacer preguntas es una buena manera de recopilar y organizar los detalles. Perla usó un gráfico para recopilar los detalles para su párrafo.

Gráfico de detalles

¿Cómo comienza el relato?	¿Qué eventos ocurren antes del momento más gracioso?	¿Cuál es el momento más gracioso del relato?
Fui a jugar a los bolos con mi papá.	Mi papá hizo una chuza. Pensé que yo también iba a poder. No lancé la bola con la fuerza. suficiente.	La bola aterrizó fuertemente, rodó muy despacio y se detuvo.

Recopila detalles. Haz un gráfico como el de arriba. Complétalo con detalles sobre tu experiencia.

Desarrollar un borrador **Hacer el primer borrador**

Presenta la historia en la oración temática. En las oraciones secundarias de apoyo, añade detalles sobre lo que pasó. Haz un resumen en la oración de conclusión.

 Escribe el primer borrador. Escribe como si le estuvieras contando la historia a un amigo. Muestra tu personalidad.

Revisar **Mejorar el párrafo**

Aquí tienes dos sugerencias útiles para la revisión.

- **Revisa la organización de las oraciones secundarias.** Asegúrate de que los detalles estén en orden cronológico.

- **Muestra las acciones.** En lugar de escribir "Papá hizo una chuza", escribe "¡Pum! Los diez bolos se desparramaron en el suelo".

 Revisa el párrafo. Usa las sugerencias anteriores cuando hagas cambios para mejorar el primer borrador de tu párrafo narrativo.

Corregir **Comprobar que se respeten las convenciones**

Busca y corrige errores en la gramática, la estructura de las oraciones, las convenciones mecánicas (puntuación y uso de las letras mayúsculas) y la ortografía.

 Corrige y mejora tu trabajo. Usa las siguientes preguntas para revisar y corregir tu párrafo narrativo.

1. ¿Usé la forma correcta de los verbos en pasado (*sostuve, detuvo*)?
2. ¿Concuerdan el sujeto y el verbo en todas las oraciones?
3. ¿Usé las letras mayúsculas correctamente?
4. ¿Terminan con un signo de puntuación todas las oraciones?
5. ¿Escribí todas las palabras sin errores de ortografía?

Escritura narrativa
Relato personal

Todas las personas han tenido experiencias inolvidables. Algunas experiencias pueden ser alegres o emocionantes. Otras pueden ser tristes o incluso aterradoras. Puedes escribir sobre tus experiencias en un relato personal, que es una forma de escritura en la que se cuenta una historia verdadera de una experiencia personal importante.

En este capítulo, escribirás un relato personal acerca de una experiencia inolvidable. Aprenderás cómo hacer que tu historia sea tan interesante para el lector como lo es para ti.

Pautas para escribir

Tema: Una experiencia inolvidable
Propósito: Contar una historia verdadera
Forma: Relato personal
Público: Tus compañeros

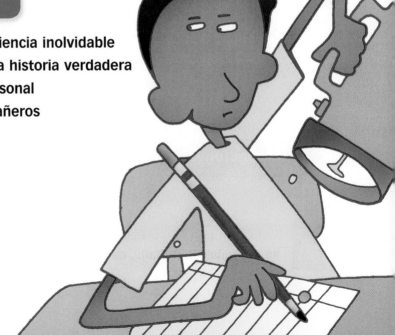

Comprender el objetivo

En este capítulo, tu objetivo es escribir un relato personal acerca de una experiencia inolvidable. Las características que aparecen en el siguiente gráfico te ayudarán a lograrlo. También te puede ayudar la rúbrica de calificación de las páginas 34 y 35. Consúltala con frecuencia para mejorar tu redacción.

Enfoque y coherencia

Escribe acerca de algo que recuerdes bien. Para ayudar al lector a entender la historia, no omitas ningún evento importante. Capta la atención del lector al comienzo y resume la historia al final.

Organización

Relata los eventos en orden cronológico. Usa palabras y frases de transición para que el lector comprenda el orden. Asegúrate de no repetir eventos ni detalles.

Desarrollo de las ideas

Describe los eventos en detalle. Usa sustantivos específicos y verbos de acción. Haz que la experiencia cobre vida para el lector.

Voz

Mantén la atención del lector a lo largo de toda la narración. Refleja tu personalidad y la de los otros personajes.

Convenciones

Asegúrate de que la gramática sea correcta. Escribe oraciones completas. Revisa el uso de las letras mayúsculas, la puntuación y la ortografía.

 Conexión con la literatura: Encontrarás un ejemplo de relato personal en el Capítulo 1 de *Manu, detective,* de Pilar Lozano Carbayo.

Relato personal

En este relato personal, Juan cuenta sobre un día sorprendente que pasó con su papá.

Comienzo
En el comienzo se presenta la experiencia.

Desarrollo
Los eventos están en orden cronológico.

Desarrollo
Los detalles sensoriales (en azul) hacen que los eventos cobren vida.

Un día inolvidable

De vez en cuando, mi papá dice: "¡Es hora de hacer un viaje de padre e hijo!". Me encanta que diga eso porque siempre me lleva a lugares como el Parque Nacional Big Bend y la playa de Port Aransas. Pero en esta ocasión me dijo:

—Vamos a conocer la capital del estado.

—¿No podemos hacer algo divertido? —pregunté. Me contestó que iba a ser divertido, pero yo no estaba tan seguro. Aun así, preparé mi mochila, y papá condujo hasta Austin.

Recorrimos el edificio del Capitolio de Texas, que es más alto que el del Capitolio de los Estados Unidos. A papá le gustó, pero yo pensé: "¿No habrá un parque acuático cerca?".

Cuando terminamos, nos sentamos afuera, en el césped. Papá había llevado sándwiches de rosbif, apio crujiente con crema de cacahuate y refrescante té helado. Tenía tanta hambre que devoré el sándwich en apenas un minuto. Hasta me comí tres pedazos de apio, aunque no soy muy amigo de la crema de cacahuate.

Entonces papá sacó los bizcochos de chocolate y dijo:

—No lo demuestras, pero sé que la estás pasando bien.

Yo me preguntaba si no habría una pista de carritos de carreras adonde ir.

Después de la merienda, caminamos por un patio descubierto donde había una banda de música. Tenían gaitas, algunas guitarras y un contrabajo que parecía un violín enorme.

El bajista hacía girar el contrabajo cuando tocaba.

—Por eso me gusta Austin; no solo es la capital de Texas, ¡también es la capital mundial de la música en vivo! —dijo papá.

Pero la mejor parte vino un poco después, cuando caminábamos por el puente que está sobre el lago Lady Bird. Yo me estaba aburriendo y preguntándome si podríamos ir a ver un partido de béisbol de la universidad, cuando de repente, ¡salieron volando de debajo del puente un montón de murciélagos! Al principio, había cientos; después miles y millones que cubrían el cielo rojizo.

—¿Qué ocurre? —grité, mientras oía los chillidos.

—Este es el puente de los murciélagos. Ninguna ciudad de América del Norte tiene tantos murciélagos —contestó papá.

Estar parado en ese puente entre tantos murciélagos volando fue una experiencia maravillosa. Fue más maravillosa que cualquier parque acuático o pista de karts. Y lo mejor de todo fue estar ahí con mi papá.

Responde a la lectura. Responde las siguientes preguntas sobre la redacción. Luego comenta tus ideas y opiniones con un compañero.

- **Enfoque y coherencia** (1) ¿Qué experiencia inolvidable cuenta Juan?
- **Organización** (2) ¿Cómo organiza los eventos del relato?
- **Voz** (3) ¿Qué detalles muestran la personalidad de Juan? Menciona dos.

Prepararse

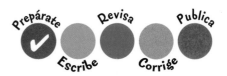

Primero, debes escoger una experiencia inolvidable sobre la que quieras escribir. Luego debes hacer una lista de los eventos y detalles que recuerdes.

Claves para prepararte para escribir

1. **Piensa** en algunas de las experiencias inolvidables que hayas tenido.

2. **Escoge** una experiencia sobre la que quieras escribir.

3. **Usa** una cronología para organizar los eventos.

4. **Recopila** detalles sensoriales para que la experiencia cobre vida para el lector.

Prepararse Escoger un tema

Andrés hizo una lluvia de ideas para su relato personal anotando algunas experiencias personales importantes en una lista con el encabezado "Recuerdo cuando...".

Lista

> Algunas de las mejores historias surgen de nuestros recuerdos.

Recuerdo cuando. . .

representé a un sapo en la obra de teatro de primer grado.

la maestra se jubiló y yo le leí un poema.

estuvimos con mi familia un fin de semana entero sin TV.

mi conejillo de Indias se metió en el autobús escolar.

nevó y construí un fuerte con nieve.

me rompí la muñeca al caerme de la bicicleta.

Prepárate

Haz una lluvia de ideas para escoger un tema. En una hoja aparte, haz una lista con el encabezado "Recuerdo cuando..." como ayuda para escoger una experiencia. Ten en cuenta lo siguiente:

1 Escribe tu lista libremente. Escribe rápido, sin detenerte para revisar lo que escribiste. Sigue escribiendo hasta que no se te ocurran más ideas.

2 Lee las ideas y encierra en un círculo la que te parezca mejor para un relato.

Ampliar el tema

Un buen relato incluye eventos interesantes y muchos detalles. ¿Cuánto recuerdas acerca de tu experiencia inolvidable? ¿Quiénes estaban? ¿Qué sucedió? ¿Cuándo, dónde y por qué sucedió? ¿Qué dijeron las personas que estaban allí? Para recordar más, categoriza tus recuerdos en un gráfico recordatorio de las cinco preguntas.

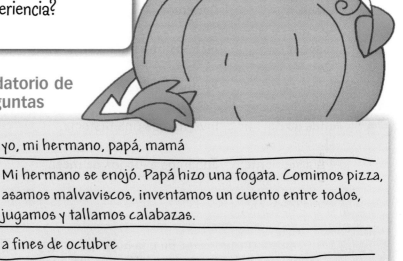

¿Recuerdas suficientes eventos y detalles de tu experiencia?

Gráfico recordatorio de las cinco preguntas

¿Quién?	yo, mi hermano, papá, mamá
¿Qué?	Mi hermano se enojó. Papá hizo una fogata. Comimos pizza, asamos malvaviscos, inventamos un cuento entre todos, jugamos y tallamos calabazas.
¿Cuándo?	a fines de octubre
¿Dónde?	el patio, la cocina, la sala
¿Por qué?	sin TV durante todo un fin de semana

Prepárate

Crea un gráfico recordatorio. Haz un gráfico como el anterior para categorizar tus recuerdos. Escribe todo lo que puedas sobre tu experiencia.

Prepararse Ordenar los eventos

Las narraciones suelen estar organizadas cronológicamente (temporalmente). Las palabras y frases de transición (*primero*, *en segundo lugar*, *después de*, *entonces*, *al poco tiempo*) sirven para poner los eventos en orden. Observa la lista que hizo Andrés.

Cronología de transición

Primero ↓	Mis padres decidieron que no habría TV durante un fin de semana.
Luego ↓	Cenamos.
Después ↓	Hicimos una fogata en el patio.
Entonces ↓	Asamos malvaviscos.
Antes de dormir ↓	Inventamos una historia.
Al día siguiente	Jugamos a juegos de mesa.

Prepárate

Crea una cronología. En una hoja aparte, haz una lista como la de arriba. Usa palabras de transición que indiquen tiempo y orden para escribir los eventos importantes en el orden en que ocurrieron.

Enfoque en las características de la Escritura en Texas

Organización Puedes usar palabras o frases de transición que indiquen tiempo y orden cuando planeas la redacción. Al incluirlas en tu narración, ayudarás al lector a seguir los eventos fácilmente.

Recopilar detalles sensoriales

Una buena narración también incluye imágenes, sonidos, olores, sabores y detalles sobre las sensaciones que producen las cosas al tocarlas. Estos detalles hacen que la historia cobre vida. Puedes recopilar detalles sensoriales y categorizarlos en un gráfico como el siguiente.

Gráfico de los sentidos

Imágenes	Sonidos	Olores	Sabores	Tacto
chispas que vuelan	el sonido del timbre	leña ardiente	malvaviscos	chaquetas calentitas
llamas anaranjadas	el chisporroteo del fuego	aire fresco	pizza con condimentos	brisa fresca
cielo estrellado	Mamá empieza a contar un cuento.			malvaviscos calientes y pegajosos

Piensa en el aspecto de las cosas, su sonido, su olor, su sabor y qué sentiste al tocarlas.

Prepárate

Crea un gráfico de detalles sensoriales. Piensa en tu experiencia inolvidable. Luego categoriza las palabras y frases sensoriales que sirvan para que el relato cobre vida.

Prepararse Pensar en el diálogo

El diálogo hace que el relato cobre vida para el lector. El siguiente gráfico muestra las tres cosas más importantes que puede lograr el diálogo. El gráfico también muestra cómo queda un relato con y sin diálogo.

		Sin diálogo	Con diálogo
1	Muestra un rasgo de la personalidad del hablante.	Estaba enojado. ¿Cómo iba a sobrevivir sin TV?	—¿Qué? —grité—. ¿Nada de televisión? ¿Cómo voy a sobrevivir sin TV?
2	Agrega detalles.	Sabía que iba a extrañar el fútbol americano del domingo por la tarde.	Miré a papá y le pregunté: —¿Y el partido de fútbol americano del domingo por la tarde?
3	Hace que progrese la acción.	No me importaba que estuviera oscureciendo.	"¿A quién le importa?", pensé.

Planifica los diálogos. Piensa en lo que se dijeron las personas de tu relato. Piensa en lo que te dijiste a ti mismo. Asegúrate de que el diálogo suene natural.

Enfoque en las características de la Escritura en Texas

Voz La voz que usas para escribir es como una huella digital. Es tuya y de nadie más. Si escribes con tu voz, tu relato será interesante y creíble.

Desarrollar un borrador

¡En línea!

Ahora que has planificado tu relato personal, estás listo para escribir el primer borrador. El objetivo es poner por escrito todo lo que pensaste acerca de tu experiencia inolvidable.

Prepárate · Escribe · Revisa · Corrige · Publica

Claves para desarrollar un borrador

1. **Escribe** un párrafo inicial convincente.

2. **Usa** una cronología para organizar los eventos.

3. **Incluye** detalles interesantes sobre los eventos.

4. **Usa** diálogos para mostrar las distintas personalidades.

5. **Escribe** un final interesante.

Desarrollar un borrador

Tener una idea general

El siguiente gráfico muestra las partes de un relato personal y cómo se relacionan. (Los ejemplos fueron tomados de las narraciones de las páginas 85 a 88). Estarás listo para escribir tu redacción una vez que hayas . . .

- recopilado suficientes eventos, detalles y diálogos para contar tu historia.
- organizado los eventos en orden cronológico.

Comienzo

En el **comienzo** debes captar la atención del lector.

Oración inicial

Durante el otoño pasado, mis padres pensaron que estábamos viendo mucha televisión, así que decidieron crear una regla.

Desarrollo

En el **desarrollo** debes presentar los eventos y detalles sobre lo que pasó en la experiencia.

- Mi hermano estaba enojado . . .
- Justo en ese momento sonó el timbre.
- Nos pusimos las chaquetas y salimos al patio.
- Mamá comenzó a contar un cuento.

Final

En el **final** debes explicar cómo te sientes ahora, en qué cambiaste o qué aprendiste.

Oraciones finales

Ahora apagamos el televisor todos los sábados por la noche y pasamos el tiempo en familia. Es la mejor noche de la semana.

Comenzar un relato personal

En el primer párrafo, debes captar la atención del lector y presentar tu experiencia inolvidable. A continuación hay tres maneras de comenzar un párrafo. Puedes usar una o combinar dos maneras de comenzar.

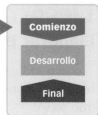

- **Comienza con un diálogo.**

    —¿Qué? —grité—. ¿Nada de televisión? ¿Cómo voy a sobrevivir sin TV?

- **Comienza con un enunciado o un hecho interesante.**

    Mis padres pensaron que estábamos viendo mucha televisión, así que decidieron crear una regla. Nadie vería TV durante todo un fin de semana.

- **Ubícate en medio de la acción.**

    Cuando mis padres dijeron que nadie vería televisión durante todo el fin de semana, ¡me enojé muchísimo! No podía imaginarme un sábado sin dibujos animados.

Párrafo inicial

> **El autor comienza con un enunciado interesante y un diálogo.**
>
> Durante el otoño pasado, mis padres pensaron que estábamos viendo mucha televisión, así que decidieron crear una regla. Nadie vería TV durante todo un fin de semana.
>
> —¿Qué? —grité—. ¿Nada de televisión? ¿Cómo voy a sobrevivir sin TV?

Siempre deja un renglón de por medio cuando hagas el primer borrador.

Escribe   **Escribe el comienzo. Prueba al menos dos maneras de comenzar el primer párrafo. Luego escoge la manera que más te guste y completa el párrafo.**

Desarrollar un borrador

Elaborar el desarrollo

En el desarrollo de una narración debes contar la historia. A medida que escribas, *muestra* al lector lo que pasó.

- **Usa detalles sensoriales** para que el lector pueda compartir tu experiencia.

- **Usa diálogos** para mostrar las personalidades de los personajes de tu relato.

- **Muestra tus sentimientos** para que el lector se sienta identificado con lo que te pasó.

Párrafos intermedios

Los diálogos muestran la personalidad de quien habla.

Mi hermano estaba enojado porque quería ver una película en TV esa noche. Yo también estaba enojado. Miré a papá y le pregunté:

—¿Y el partido de fútbol americano del domingo por la tarde?

Justo en ese momento sonó el timbre. Papá había pedido pizza a Sr. Queso. Casi siempre eso es todo un acontecimiento porque no pedimos pizza muy seguido y la de Sr. Queso es nuestra preferida. Pero esa noche ni mi hermano ni yo estábamos entusiasmados. Nos sentamos a la mesa y comimos la pizza sin decir una palabra. Mamá dijo que nos apuráramos porque estaba oscureciendo. "¿A quién le importa?", pensé.

Las palabras de transición (en azul) muestran el orden de los eventos.

Después de que terminamos de comer, papá dijo que nos pusiéramos las chaquetas y saliéramos al patio. Cuando salimos, vimos una fogata crepitando en el medio del patio. Las llamas

Los buenos detalles sensoriales (en verde) sirven para que el lector "vea" y "sienta" lo que pasó.

chisporroteaban y las chispas salían disparadas hacia las estrellas. Asamos malvaviscos y nos sentamos alrededor del fuego para comer nuestro postre caliente y pegajoso.

Entonces, mamá comenzó a contar un cuento sobre un hipopótamo llamado Dr. Pepe. Justo cuando llegó a la parte más emocionante, me dio un golpecito en el hombro.

—Es tu turno —dijo.

Terminamos contando el cuento entre todos, por turnos. Me dolía la mandíbula de tanto reírme.

Al día siguiente, mamá y papá nos tenían preparadas más cosas para hacer. Jugamos a juegos de mesa, hicimos palomitas de maíz y nos sentamos bajo las estrellas otra vez. Antes de darme cuenta, el fin de semana se había terminado.

Escribe tus ideas libremente. ¡Diviértete!

Escribe

Escribe los párrafos intermedios. Antes de comenzar, lee el gráfico recordatorio, la cronología y el gráfico de detalles sensoriales de las páginas 79 a 81. Usa las mejores ideas.

Desarrollar un borrador
Terminar tu relato personal

En el último párrafo, debes escribir un final para tu narración. Aquí tienes tres maneras posibles de terminar tu relato.

> Comienzo
>
> Desarrollo
>
> Final

- **Cuenta cómo te hizo sentir tu experiencia.**
  Estar sin televisión no fue tan malo después de todo.

- **Explica en qué cambiaste a causa de la experiencia.**
  Estar todo el fin de semana sin televisión cambió a mi familia. Ahora apagamos el televisor todos los sábados por la noche.

- **Cuenta lo que aprendiste con la experiencia.**
  Aprendí que puede ser muy divertido hacer cosas con mis padres y mi hermano.

Párrafo final

El autor cuenta cómo la experiencia cambió a toda la familia.

Estar todo el fin de semana sin televisión cambió a mi familia. Lo mejor fue que comenzamos una tradición familiar. Ahora nos turnamos para contar toda clase de cuentos. Hasta he escrito algunos. No pasamos todo el fin de semana sin TV, pero la apagamos todos los sábados por la noche e inventamos cuentos. Es la mejor noche de la semana.

 Escribe el final. Prueba una de las tres maneras anteriores de terminar la narración. Si no te gusta cómo queda, prueba otra de las maneras.

Revisar

Revisar tu narración es un paso muy importante en el proceso de escritura. Cuando revisas, cambias y mejoras las ideas de tu narración.

Claves para revisar

1. **Lee** tu narración en silencio.

2. **Revisa** el enfoque y la coherencia, la organización, el desarrollo de las ideas y la voz.

3. **Pide** a un compañero que lea tu narración y la comente.

4. **Haz** todas las correcciones que sean necesarias.

 Revisar: **Enfoque** y  **coherencia**

Cuando revisas *el enfoque y la coherencia*, te aseguras de haber escrito sobre un solo tema. Todos los eventos, los detalles y los diálogos de tu relato personal deben referirse a una sola cosa. Tu narración también debe tener un comienzo y un final. Todo esto ayuda al lector a entender por qué el tema que escogiste es realmente inolvidable.

¿Me he enfocado en una sola experiencia?

Te das cuenta de que te has enfocado en una sola experiencia si todas las ideas de tu narración están conectadas con esa experiencia. No incluyas ideas que no estén relacionadas con la experiencia.

Práctica

Lee el párrafo e identifica la experiencia inolvidable. Luego señala las ideas que no están relacionadas con ella.

Cuando comenzó a llover, parecía que el cielo se estaba cayendo. Llovía a cántaros: una cortina de agua se deslizaba por el techo y caía en el patio. Mi hermano había dejado la bicicleta apoyada contra un árbol. La lluvia golpeaba contra las ventanas. Las golpeaba con tanta fuerza que vibraban y resonaban. El patio pronto se convirtió en un lago. En solo treinta minutos, el lago empezó a invadir nuestra casa. Hacia el norte no caía ni una gota. Entonces, las luces titilaron y se apagaron. Tomamos unas velas y subimos las escaleras.

—Aquí estaremos a salvo —dijo mi abuelo con la voz temblorosa.

Revisa

Revisa tu narración. Lee el primer borrador o pide a un compañero que lo lea. Asegúrate de que todas las ideas estén relacionadas con tu experiencia inolvidable.

¿Cómo sé si el comienzo es adecuado?

Tu comienzo será adecuado si atrae el interés del lector y presenta la historia. Pide a un compañero que lea tu comienzo y responda estas preguntas.

1. ¿Qué atrae mi interés?

2. ¿Qué hace que quiera seguir leyendo?

3. ¿Sobre qué experiencia inolvidable trata el relato?

¿Cómo sé si tengo un buen final?

Un buen final deja al lector pensando. Tu final es bueno si. . .

- hace que el lector se acuerde de la experiencia inolvidable,
- explica qué piensas sobre la experiencia,
- cuenta cómo esa experiencia te hizo cambiar o
- comunica lo que aprendiste.

Revisa

Revisa el comienzo y el final. Al comenzar, ¿captas la atención del lector? ¿Terminas de una de las maneras que se mencionan arriba? Si no es así, busca otro comienzo o final. Pide a un compañero que los lea y te diga qué piensa.

Revisión en acción

En el siguiente ejemplo, el autor agrega una oración para mostrar cómo lo cambió su experiencia.

No pasamos todo el fin de semana sin TV, pero la apagamos todos los

Es la mejor noche de la semana.

sábados por la noche e inventamos cuentos. ∧

Revisar la organización

Cuando la redacción está organizada, el lector puede seguirla con facilidad. El orden de las ideas tiene sentido.

¿Cómo reviso la organización?

La mayoría de los relatos personales están organizados en orden cronológico. Cuando revises la *organización* de tu relato personal, asegúrate de que los eventos estén organizados en orden cronológico.

Práctica

Ordena cronológicamente estas tres oraciones.

1. Almorzamos y descansamos nuestros doloridos pies.
2. Caminamos hasta el mediodía.
3. Nos despertamos, llenamos las mochilas y comenzamos la caminata cuesta arriba.

Lee tu narración. Asegúrate de que los eventos de tu relato estén organizados en orden cronológico.

Revisión en acción

En el siguiente ejemplo, el autor cambia de lugar una oración para organizar las ideas en orden cronológico.

Antes de darme cuenta, el fin de semana ya se había terminado.

Jugamos a juegos de mesa, hicimos palomitas de maíz

y nos sentamos bajo las estrellas otra vez.

¿Puede el lector seguir el orden de los eventos?

En una narración, se pasa de un evento a otro. Una manera de ayudar al lector a seguir la lectura es mediante el uso de palabras y frases de transición. Las siguientes expresiones se suelen usar para mostrar el orden de los eventos:

después de	durante	hasta	ayer	por último
mientras	primero	hoy	luego	entonces
por la	segundo	mañana	pronto	apenas
antes	tercero	mientras tanto	más tarde	cuando

Revisa los eventos. Asegúrate de usar palabras de transición para que el lector comprenda el orden de los eventos.

Revisión en acción

En el siguiente ejemplo, el autor agrega palabras de transición para que el lector comprenda el orden de los eventos.

Después de que

Terminamos de comer, Papá dijo que nos pusiéramos las chaquetas

y saliéramos al patio. Cuando Salimos vimos una fogata crepitando. Las llamas

chisporroteaban y las chispas salían disparadas hacia las estrellas.

Asamos malvaviscos y nos sentamos alrededor del fuego para comer

nuestro postre caliente y pegajoso.

Entonces, Mamá comenzó a contar un cuento sobre un hipopótamo llamado

Dr. Pepe. Justo cuando Llegó a la parte más emocionante. Me dio un golpecito en el

hombro.

—Es tu turno —dijo.

Revisar el desarrollo de las ideas

Cuando revisas el *desarrollo de las ideas*, debes asegurarte de haber incluido detalles importantes e interesantes que parezcan reales.

¿Incluí los detalles importantes?

Si has contestado las cinco preguntas (*quién, qué, cuándo, dónde* y *por qué*), tu narración tendrá todos los detalles importantes y necesarios.

Práctica

Lee el siguiente párrafo. Indica cuál o cuáles de las cinco preguntas faltan por responder para que el párrafo sea claro.

1   Estaba en un acto escolar importante. Cuando salí al escenario, miré
2   hacia adelante. Me dio miedo. Debía decir una sola oración, pero no podía
3   hacerlo. Alguien me susurró algo, y entonces supe qué tenía que hacer. Con
4   valentía, me paré frente a todos y lo dije.

Revisa los detalles. Revisa la redacción para asegurarte de que has incluido los detalles importantes que contestan las cinco preguntas.

¿Quién? ¿Qué?
¿Cuándo? ¿Dónde?
¿Por qué?

¿Parece real mi narración?

Tu narración parecerá real si los detalles ayudan al lector a imaginarse claramente los eventos del relato.

Práctica

Lee el siguiente párrafo. Indica cuál o cuáles de las cinco preguntas faltan por responder para que el párrafo sea claro.

1   Había llovido durante toda la noche. Cuando miré por la ventana a
2   la mañana siguiente, vi olas en la calle. Los carros estacionados parecían
3   botes en un muelle. Era el día perfecto para una aventura en el patio. El
4   pasamanos parecía una araña gigante con el agua hasta las rodillas. Mi
5   hermana y yo nos pusimos las chaquetas y las botas. Luego tomamos unas
6   tablas del garaje y construimos un puente hasta el pasamanos.

 Revisa tus ideas. Asegúrate de incluir suficientes detalles interesantes en la narración para que el relato parezca real.

Revisa

Revisión en acción

En el siguiente fragmento, el autor agrega detalles para que la experiencia parezca más real.

Después de que terminamos de comer, papá nos dijo que ⌃ *nos pusiéramos las chaquetas y*

saliéramos al patio. Cuando salimos, vimos una fogata crepitando.

Las llamas chisporroteaban ⌃⌃ *y las chispas salían disparadas hacia las estrellas.* Asamos malvaviscos y nos sentamos

alrededor del fuego para comer nuestro postre caliente y

pegajoso. Entonces, mamá comenzó a contar un cuento ⌃ *sobre un hipopótamo llamado Dr. Pepe* .

Revisar la voz

Cuando revisas la *voz,* te aseguras de que el lector pueda percibir tu entusiasmo, tu miedo, tu dolor, tu sorpresa. ¡El lector debe escucharte a *ti!*

¿Cómo puedo mejorar mi voz como escritor?

Puedes mejorar tu voz diciendo las cosas de una manera natural y real. Si escribes con una voz natural, tu narración será divertida.

Práctica

Decide cuál de los primeros dos fragmentos suena natural, casi como si un compañero estuviera hablando. Luego vuelve a escribir el tercer fragmento para que suene como lo dirías tú.

1. La aparición de los cisnes indica la llegada de la primavera. Es imposible dejar de notarlos por su gran tamaño y su puro color blanco.

2. Debe haber llegado la primavera porque vi una bandada de cisnes. Son grandes, elegantes y blancos. ¡Qué hermoso espectáculo!

3. El entrenador Brown nos solicita que comencemos la práctica puntualmente a las 3:10. Comenzamos la práctica con ejercicios de precalentamiento. Corremos en el mismo lugar durante un largo período de tiempo. Luego realizamos una serie de ejercicios exigentes de abdominales y flexiones de brazos.

Revisa la voz. Vuelve a escribir las oraciones de tu narración que no suenen naturales, es decir, que no suenen como las dirías tú.

¿Suena natural el diálogo?

Puedes revisar los diálogos para asegurarte de que muestren la personalidad de cada personaje. En general, los adultos hablan de una manera formal. Otras personas, como tus amigos, hablan de una manera informal.

Práctica

Indica si las siguientes oraciones tienen una voz *formal* o *informal*.

1. Por favor, lean las páginas 2 a 9.
2. Seguro que vamos a perder el autobús.
3. ¡Eso fue impresionante!
4. Tu informe es excelente.
5. ¿Qué le pasa al gato?
6. Le agradezco su amabilidad.
7. ¿Quién lo hubiera dicho?
8. ¡Basta ya con los silbidos!

Revisa el diálogo. Asegúrate de que el diálogo de tu narración muestre la personalidad de los personajes.

Revisión en acción

En el siguiente párrafo de ejemplo, el autor agrega detalles específicos y diálogo.

Mi hermano estaba enojado porque quería ver una película en TV esa noche. Yo también estaba enojado. Miré a papá y le pregunté ¿Y por el partido de fútbol americano del domingo por la tarde?

Revisar cómo usar una lista de control

Revisa

Comprueba tu revisión. Escribe los números del 1 al 9 en una hoja. Lee cada pregunta y haz una marca junto al número si la respuesta es sí. Si la respuesta es no, sigue trabajando en la redacción.

Enfoque y coherencia

_____ **1.** ¿Cuentan todos los eventos algo de mi experiencia inolvidable?

_____ **2.** ¿Son adecuados el comienzo y el final?

_____ **3.** ¿Incluí los eventos importantes?

Organización

_____ **4.** ¿Volví a organizar las partes que no estaban bien ordenadas?

_____ **5.** ¿Usé palabras o frases de transición para mostrar el orden de los eventos?

Desarrollo de las ideas

_____ **6.** ¿Incluí todos los detalles importantes (quién, qué, cuándo, dónde, por qué)?

_____ **7.** ¿Parece real mi narración?

Voz

_____ **8.** ¿Suena natural mi voz?

_____ **9.** ¿Refleja el diálogo la personalidad de los personajes?

Revisa

Escribe el texto en limpio. Pide a un compañero que lea tu relato personal y comente su reacción. Haz todas las revisiones que sean necesarias. Escribe el texto en limpio para corregirlo.

Corregir

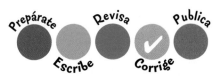

Corregir es el próximo paso del proceso de escritura. Cuando corriges, te aseguras de haber seguido las reglas de la gramática, la estructura de las oraciones, las convenciones mecánicas (uso de las letras mayúsculas y puntuación) y la ortografía. Estas reglas son las convenciones de escritura.

Claves para corregir

1. **Usa** un diccionario, un diccionario de sinónimos y la "Guía del corrector" que está al final de este libro como ayuda.

2. **Corrige** en una copia impresa si usas una computadora. Luego haz los cambios en la computadora.

3. **Usa** las marcas editoriales que están en el interior de la contracubierta de este libro.

4. **Pide** a otra persona que también revise tu narración para corregir errores.

 Corregir **para respetar las** **convenciones**

Gramática

Cuando corriges la *gramática*, debes asegurarte de usar correctamente los sustantivos, los verbos y los demás elementos gramaticales.

¿Uso bien los pronombres reflexivos?

Los pronombres que se muestran a continuación son pronombres reflexivos. Se usan cuando el verbo se refiere al sujeto de la oración. (Consulta la página **614**).

Singular	**(yo) me**	**(tú) te**	**(él/ella) se**
Plural	**(nosotros) nos**	**(ustedes) se**	**(ellos) se**

Asegúrate de no incluir un pronombre reflexivo cuando no es necesario. Hay verbos, como *pensar* y *recordar*, que no llevan pronombres reflexivos.

Incorrecto: **María no se recuerda dónde están sus llaves.**

Correcto: **María no recuerda dónde están sus llaves.**

Práctica de gramática

Vuelve a escribir cada oración usando el sujeto que está entre paréntesis y el pronombre reflexivo que corresponde. También deberás corregir el verbo.

1. Maite se levantó temprano. (Maite y yo)
2. Alex se preparó para la carrera. (Alex y Juan)
3. Me baño todos los días. (Tina)
4. Javi y Pepe se miran en el espejo. (yo)
5. Mis tíos se acuestan temprano. (tú)

Corrige

Revisa el uso de los pronombres. Asegúrate de haber usado correctamente los pronombres reflexivos en tu narración. Si necesitas más ayuda, consulta las páginas **450** a **453**.

¿Uso correctamente los verbos?

Para formar los distintos tiempos, los verbos regulares se conjugan siguiendo un patrón fijo sin variar la raíz. En cambio, los verbos irregulares no siguen ningún patrón. Observa cómo se conjugan el verbo regular *temer* y el verbo irregular *ir*. (Consulta la página 622).

Presente	Imperfecto	Pretérito	Futuro
temo	temía	temí	temeré
voy	iba	fui	iré

Condicional	Perfecto	P. pluscuamperfecto
temería	he temido	había temido
iría	he ido	había ido

Práctica de gramática

Los verbos regulares e irregulares de las siguientes oraciones están conjugados en un tiempo incorrecto. Vuelve a escribirlas con el tiempo verbal que corresponda.

1. Ayer, Rosa y Caro **oirán** un concierto.

2. Papá **maneja** hasta la ciudad el próximo sábado.

3. Mi hermana **haría** ejercicio todos los días desde hace un mes.

4. Cuando era muy pequeño, **hago** caras simpáticas para las fotos.

Corrige

Corrige los tiempos verbales. Dile a un compañero una oración con cada tiempo verbal. Usa verbos regulares e irregulares. Luego corrige los verbos regulares e irregulares en tu narración. Si necesitas ayuda, consulta las páginas 456, 458 y 618.

Aprendizaje del lenguaje

Muchas veces los verbos conjugados llevan acento ortográfico. Observa con atención los siguientes ejemplos. Luego asegúrate de haber puesto acentos ortográficos apropiadamente al conjugar verbos en pretérito, imperfecto, pluscuamperfecto, condicional y futuro en tu narración.

Imperfecto	P. pluscuamperfecto	
ponía	había visto	
Futuro	Pretérito	Condicional
haré	salí	estaría

Estructura de las oraciones

Cuando revisas la *estructura de las oraciones*, corriges errores como la falta de concordancia del sujeto y el verbo.

¿Cómo puedo hacer que el sujeto y el verbo concuerden?

En una oración, el sujeto y el verbo deben concordar en número y persona. Por ejemplo, si el sujeto está en singular y en tercera persona, debes usar un verbo en singular y en tercera persona:

Mi tío vive **en Fort Worth.**

Si el sujeto está en plural y en primera persona, debes usar un verbo en plural y en primera persona:

Nosotros lo visitamos **a menudo.**

Con los sujetos compuestos debes usar el verbo en plural. (Consulta las páginas **457** y **459** si necesitas más información).

El abuelo y la abuela lo visitan **a menudo.**

En una oración compuesta, debe haber concordancia del sujeto y el verbo en cada parte de la oración:

Mamá cocina y mis hermanos hacen la tarea.

Práctica

Corrige las oraciones para que el sujeto y el verbo concuerden.

1. Algunos felinos ruge.
2. Un león, un tigre y un jaguar emite rugidos.
3. Un leopardo también pueden rugir.
4. Los pumas y los guepardos no es felinos.
5. Yo no rugimos ni ronroneamos.

Corrige

Comprueba que el sujeto concuerde con el verbo. Dile a un compañero una oración con la concordancia correcta del sujeto y el verbo. Luego asegúrate de que en cada oración (sencilla o compuesta) de tu relato personal el sujeto concuerde con el verbo. Corrige los errores.

Convenciones mecánicas: Puntuación y uso de las mayúsculas

Cuando corriges las *convenciones mecánicas*, compruebas si usaste correctamente las letras mayúsculas y la puntuación. Para corregir la puntuación, comprueba si usaste correctamente los puntos, los signos de interrogación, las comas y otros signos de puntuación.

¿Cómo debo escribir correctamente las abreviaturas?

Una abreviatura es una forma corta de escribir una palabra. Puedes identificarlas porque, por lo general, llevan punto al final. Si la abreviatura va delante o detrás de un sustantivo propio, empieza con mayúsculas. Las abreviaturas que reemplazan a los sustantivos comunes se escriben con minúsculas. Cuando lees una abreviatura en voz alta, debes pronunciar la palabra completa.

Abreviaturas que van delante o detrás de un sustantivo propio: Dr. Pepe, Sra. García, Martin Luther King Jr.

Abreviaturas de sustantivos comunes: págs. (páginas), a. m. (antes del mediodía), TV (televisión), km (kilómetro), g (gramo)

Práctica

Vuelve a escribir los siguientes sustantivos comunes como abreviaturas.

1. doctor Pérez
2. señorita Gómez
3. avenida Roca
4. página
5. centímetro

6. señora Rodríguez
7. licenciado Sosa
8. kilogramo
9. señor Pacheco
10. después del mediodía

Corrige

Revisa el uso de las abreviaturas. Vuelve a leer el relato personal de Juan. Identifica y lee las abreviaturas que aparecen allí. Luego lee tu propio relato personal para asegurarte de haber escrito correctamente las abreviaturas. (Consulta también la página 566 para obtener más información sobre el uso correcto de las abreviaturas).

TEKS 4.15D

Corregir Cómo usar una rúbrica

¿Cómo sabes si has hecho un buen trabajo de corrección? Puedes usar los pasos y la rúbrica, o pauta de calificación, que están a continuación.

1. Comienza leyendo la descripción de la calificación de 3 puntos. Decide si tu redacción debería obtener 3 puntos.

2. Si no es así, lee la descripción de la calificación de 4 puntos, luego la de la calificación de 2 puntos, y continúa hasta hallar la que mejor se ajuste a tu redacción.

3. Si tu calificación es menor que 3, vuelve a corregir para encontrar todos los errores en las convenciones.

Convenciones

 No tengo ningún error o casi ninguno en la gramática, la estructura de las oraciones, las convenciones mecánicas y la ortografía. El lector puede concentrarse en lo que digo.

 Tengo errores de poca importancia en la gramática, la estructura de las oraciones, las convenciones mecánicas y la ortografía.

 Varios errores hacen que mi narración sea difícil de leer. Debo corregirlos.

 Debo corregir muchos errores en la redacción.

Crear el título

- Usa palabras atractivas: **¿Nada de televisión? ¡Ay, no!**
- Trata de que las palabras tengan ritmo: **Sorpresa inesperada.**
- Usa la imaginación: **Sobrevivir a un fin de semana desenchufado.**

Publicar

¡En línea!

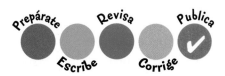

Cuando hayas terminado de corregir tu relato, escribe en limpio la versión final para que otros la lean. También puedes presentarla como un libro ilustrado, como una página web o en la biblioteca del salón de clases. (Consulta las sugerencias que están a continuación).

Presentación

- Usa tinta azul o negra y escribe con letra clara. Puedes escribir en letra de molde o en cursiva, según cuál sea tu mejor caligrafía.
- Escribe tu nombre en el extremo superior izquierdo de la primera página.
- Deja un renglón y escribe el título en el centro; deja otro renglón y comienza a escribir.
- Deja sangría en todos los párrafos y un margen de una pulgada a cada lado.
- Escribe tu apellido y el número de página en el extremo superior derecho de cada página después de la primera.

Crea un libro ilustrado

Ilustra tu relato para hacer un libro. Muestra el libro a niños más pequeños, especialmente a tus hermanos menores.

¡En línea!

Sube tu relato personal al Internet para que otras personas lo lean.

Agrega tu narración a la biblioteca del salón de clases

Crea una portada para tu relato y agrégalo a la biblioteca del salón de clases o al rincón de escritura para que tus compañeros puedan leerlo.

Escribe la versión final. Sigue las instrucciones de tu maestro o usa las pautas anteriores. (Si usas una computadora, consulta las páginas 44 a 46). Escribe en limpio la versión final.

Evaluar una narración

Para aprender a evaluar una narración, usarás la rúbrica, o pauta de calificación, de las páginas 34 a 35 y las narraciones que están a continuación. Hay un ejemplo de redacción para cada calificación de la rúbrica.

Observa que el primer relato personal obtuvo una calificación de 4 puntos. Lee la descripción de la calificación de 4 puntos en las páginas 34 a 35. Luego lee el relato. Sigue los mismos pasos para analizar los demás ejemplos. Ten siempre presente que debes pensar en la calidad general de la redacción.

Una narración con una calificación de 4 es muy buena.

Un viaje para recordar

¿Tienes primos? ¿Eres amigo de ellos? Si contestaste que sí a estas preguntas, puedes imaginar cuánto me divertí en nuestra reunión familiar. Acampamos cuatro días en la isla del Padre Sur y me divertí como nunca.

Se enfoca en una experiencia: un campamento en familia.

Mi mamá tiene una hermana y un hermano, y en cada familia hay tres niños. Rentamos tres tiendas grandes; en cada una cabían cinco personas. Así comenzó la diversión. Los niños nos dividimos para que en cada tienda hubiera un grupo de primos de aproximadamente la misma edad. Estaba el equipo Rojo de niños de seis a ocho años, el equipo Azul de niños de nueve a once años y el equipo Amarillo de niños de doce a catorce años.

Los buenos detalles mejoran el desarrollo de la idea central.

Yo estaba en el equipo Azul con mis primos Enrique y Sofía. En el viaje a la isla del Padre Sur, mientras saboreábamos sándwiches, decidimos pensar competencias que se pudieran hacer entre los equipos.

Enrique tuvo unas ideas fantásticas. Dijo que podíamos recolectar caracolas, volar cometas y construir castillos de arena. Cuando llegamos a la isla del Padre Sur, encontramos el lugar para el campamento y preparamos todo rápidamente. Luego fuimos a mirar el océano azul, que destellaba por el sol de la tarde. Allí fue donde contamos nuestro plan a los otros primos. ¡Los concursos habían empezado!

El primer día, hicimos un concurso de volar cometas en la playa. ¡Las cometas que revoloteaban por el cielo creaban un increíble espectáculo de colores! Me desanimé cuando el equipo Amarillo ganó esa competencia. Nuestros padres, que eran el jurado, dijeron que ese equipo había logrado tener las cometas en el aire por más tiempo.

El segundo día, hicimos el concurso de recolección de caracolas marinas. ¡Los niños pequeños sí que saben recolectar caracolas! Tenían caparazones de erizos de mar, caracoles, callos de hachas y coquinas. Cuando ganó el equipo Rojo, me dije: "¡Mañana el equipo Azul construirá el castillo de arena más grande y elaborado del mundo!".

Nuestro equipo se reunió para decidir la clase de castillo que íbamos a construir. Luego pusimos manos a la obra; cavamos pozos con palas y llenamos cubetas con arena. ¡Hicimos una tienda grande de arena que se veía como la nuestra! Nuestros padres tuvieron que darnos el mayor puntaje. ¡Ese día ganamos! Tomé millones de fotos de nuestra tienda de arena. Fue una manera fabulosa de terminar unas vacaciones perfectas.

Una narración con una calificación de 3 es bastante buena.

El día que conocí a Peter Tanaka

Una buena introducción expresa claramente el enfoque: la visita del autor.

No lo podía creer. Mi autor favorito de entre todos los del mundo, Peter Tanaka, vendría a nuestra escuela. ¡Ahorré dinero para comprar su nuevo libro! Puse mi libro preferido al lado de la puerta para acordarme de llevarlo a la escuela y que el Sr. Tanaka lo autografiara.

Los detalles específicos ayudan a desarrollar las ideas de cada párrafo.

Cuando llegó el gran día, fuimos todos al auditorio. El discurso del Sr. Tanaka fue estupendo. Con su voz tranquila, contó que cuando era niño no pensaba que era un buen escritor. Tenía muchas faltas de ortografía y cosas por el estilo. Sí le gustaba contar cuentos. Cuando era adolescente, escribió uno de esos cuentos y lo envió a una revista, ¡y se lo publicaron! Entonces, decidió que quería ser escritor.

El orden de las ideas no es completamente lógico.

Mientras él hablaba yo comía galletas saladas y crema de cacahuate. Mostró diapositivas de cosas como los lugares fantásticos que había visitado. Yo como sándwiches durante el día para mantener mi azúcar en sangre en el nivel justo porque tengo diabetes. Mi diabetes es una de las razones por las que el Sr. Tanaka es mi autor preferido. Escribió un libro en el que uno de los personajes tiene diabetes como yo. Las diapositivas eran muy interesantes.

Hay pocos errores en las convenciones.

Yo alzaba la mano una y otra vez. Era el momento de las preguntas. Quería saber sobre el personaje que tenía diabetes. Quizá no me veía porque yo estaba sentado en el fondo. Cuando la maestra Bradley dijo que se había terminado el momento de las preguntas, me puse triste. Al menos tenía la esperanza de poder hablar con él después del almuerzo.

Bueno, tuve que ir a la enfermería escolar para medir mi nivel de azúcar en sangre antes del almuerzo. Es fácil, me clavo una aguja pequeña llamada lanceta en el dedo y pongo una gota de sangre sobre una tira reactiva. Luego pego la tira en un medidor que indica mi nivel de azúcar en sangre. Lo hago todos los días.

Cuando fui a la enfermería escolar, no lo podía creer. ¡¡¡Allí estaba el Sr. Tanaka con un medidor de azúcar en sangre en sus manos!!! Lo señalé y le dije:

—¿Usted tamvién tiene diabetes?

—Así es —contesto con una sonrisa.

Nos sentamos en la enfermería y nos controlamos el nivel de azúcar juntos. Ambos teníamos los niveles normales, ¡qué suerte! Me dijo que el personaje que tenía diabetes estaba basado en él mismo y que quería que sus lectores se dieran cuenta de que los niños con diabetes son como cualquier otro niño. En eso no tenía toda la razón. Yo tengo diabetes y tengo MUCHA más suerte que los demás niños... ¡porque conocí al Sr. Tanaka!

La voz logra que el relato sea interesante y creíble.

Una narración con una calificación de 2 es relativamente buena.

2

Una caminata por el Paseo del Río

El Paseo del Río es ese camino sinuoso que rodea el río San Antonio, fuimos allí cuando mi familia fue a San Antonio un fin de semana. ¡Queríamos tomar un paseo en vote pero al final no lo tomamos!

Esto es lo que sucedio, mi papá no es muy bueno para planear cosas de antemano, así que cuando estaba yendo a una convención dijo: —Que la familia también tendría que ir a San Antonio.

Una tarde papá estaba libre y dijo "Vamos, al Paseo del Río". Salimos del hotel y ya estábamos ai, el Paseo del Río estaba lleno de personas. Pero no sabíamos dónde conseguir los boletos para el vote. Así que solo caminamos por el lugar y miramos las tiendas. También vimos una familia de patos nadando cerca de nosotros, "Juana espera", suplicó mi hermana mientras casi se caia porque se asomó mucho para ver a los patos.

Los votes seguían pasando a nuestro lado. Teníamos ambre y habíamos caminado media hora así que fuimos a un restaurante y mamá le preguntó a la mesera dónde comprar los boletos para el vote la mesera dijo: —Justo devajo de aquel puente, señalando. Juana dijo: —Ya vimos el Paseo del Río, hagamos otra cosa!, y todos nos reímos. Nunca tomamos el paseo en vote.

Falta un enfoque claro sobre el tema del ensayo.

La manera en que fluyen las ideas no siempre es clara o lógica.

La voz solo atrapa al lector por momentos.

Hay errores en las convenciones por todo el relato.

Una narración con una calificación de 1 es pobre.

El refugio

El refugio no esta en el pueblo esta muy demasiado lejos. Y tiene gatos y perros en gaulas a algunos perros los yevan a pasear. No puedo esperar me encanta los perros, son tan vuenos. Son como los amigos. Son vuenos.

Siempre quise un perro. Tambien carla. Nos encantan porque son tan vonitos. Lo vamos a cuidar. Nuestro papa tubo un perro.

Los cachorritos del refugio son vonitos y vuenos. Y tienen toda clace de perros pastores labradores tambien, ladran y ladran. Papa dice que no cree que yo soporte todo este ruido. Los cachorros son vuenos y ruidozos. Los gatos tambien son ruidozos. Maúyan en las gaulas. Los perros son los mas ruidozos ladran y ladran.

Y pasean a un perro de manchas cafe y pelo blanco y orejas cafe. se llama Manchitas. La acarisiamos, es una niña. Me lame la mano. Es vonita. Nos gusto manchitas la mejor es tan vuena. Un perro de un año del refugio. Un vuen perro.

El enfoque no es claro.

La organización no es lógica ni clara.

Hay repetición y poco desarrollo de las ideas.

Hay errores graves en las convenciones en todo el relato.

Evaluar y analizar tu redacción

Le dedicaste mucho tiempo y esfuerzo a tu relato personal. Ahora, tómate un momento para calificar y analizar tu redacción. En una hoja aparte, completa las oraciones que están a continuación. Para calificar la redacción, consulta la rúbrica, o pauta de calificación, que se encuentra en las páginas 34 y 35, y los ejemplos que acabas de leer.

Mi relato personal

1. La mejor calificación para mi relato personal es...

2. Es la mejor calificación porque...

3. La mejor parte de mi narración es...

4. La parte que aún debo mejorar es...

5. Lo más importante que aprendí acerca de escribir un relato personal es...

Escritura narrativa

Conexión con otras materias

Saber escribir una narración es útil para muchas cosas. En matemáticas, quizá tengas que escribir un problema sobre la manera en que se puede dividir una pizza. En ciencias, te pueden pedir un informe de observación sobre el nacimiento de los pollitos. También puedes escribir una entrada de un *blog* para compartir tus experiencias con otras personas.

En esta sección, practicarás diferentes maneras de escribir una narración y aprenderás a responder a un tema de escritura en una prueba.

A continuación

- **Matemáticas:** Crear un problema
- **Ciencias:** Escribir un informe de observación
- **Escritura práctica:** Escribir una entrada de un *blog*

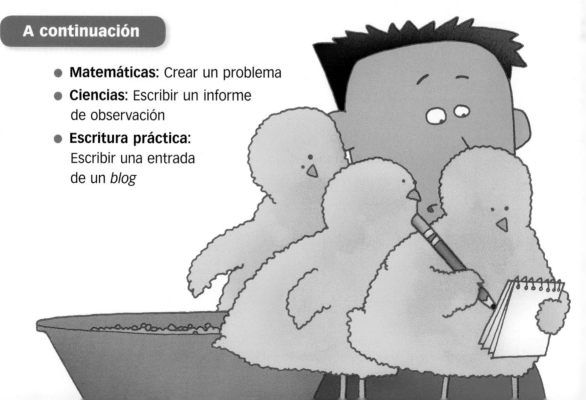

Matemáticas: Crear un problema

En una clase de matemáticas, los estudiantes escribieron problemas a partir de etiquetas de información nutricional. Amelia usó la información en la etiqueta de una bebida de naranja para desarrollar su problema.

Vitaminas líquidas

Comienzo
Se presenta el problema.

Problema: Si **una** taza de bebida de naranja contiene el 20% de los valores diarios de vitamina C que necesita una persona, ¿cuántas tazas de bebida de naranja debe tomar una persona para consumir el 100% de los valores diarios de vitamina C que necesita?

Desarrollo
Se muestra la operación.

Operación: Dividir 100% de vitamina C entre 20% (la cantidad que tiene **una** taza).

$100 \div 20 = 5$ tazas

Final
Se da la solución.

Solución: Una persona deberá tomar cinco tazas diarias de bebida de naranja para consumir el 100% de la vitamina C que necesita por día.

Bebida de naranja

Información nutricional

Porción: **1** taza

Cantidad por porción

Calorías	116	Calorías grasas 0

% Valores diarios*

Grasas totales 0 g		0%
Sodio 10 mg		0%
Potasio 230 mg		7%
Carbohidratos totales 25 g		8%
Azúcares 22 g		
Proteínas 0 g		

Vitamina C 20%	•	Hierro 2%

No contiene cantidades importantes de grasas saturadas, colesterol, fibra dietética, vitamina A y calcio.

*Los porcentajes de los valores diarios recomendados se basan en una dieta de 2,000 calorías.

Prepararse Escoger un tema

Para escoger un tema para el problema, puedes hacer una lluvia de ideas para escribir una lista de "alimentos favoritos" como la siguiente.

Lista de ideas

Alimentos favoritos	
–macarrones con queso	–huevos
–habichuelas	–leche*

Prepárate

Haz una lista de tus alimentos favoritos. **Haz una lluvia de ideas de alimentos que te gusten, cuyos paquetes tengan una etiqueta con la información nutricional. Pon un asterisco (***) junto al alimento sobre el que quieras escribir.**

Buscar información en la etiqueta del alimento

A continuación, deberás observar los datos de la etiqueta de tu alimento favorito.

Hoja de datos

Alimento: leche parcialmente descremada
Porción: 1 taza
Nutrientes: Calcio
Porcentaje (o cantidad): 30%

Prepárate

Crea una hoja de datos. **Haz una lista de los datos que quieres usar en el problema. Incluye el alimento, el tamaño de la porción, un nutriente y su porcentaje.**

Leche parcialmente descremada

Información nutricional

Porción: **1** taza (236 ml)
Porciones por envase 1

Cantidad por porción

Calorías   120   Calorías grasas 45

% Valores diarios*

Grasas totales 5 g		
Grasas saturadas 3 g		
Grasas trans 0 g		
Colesterol 20 mg		**7%**
Sodio 120 mg		**5%**
Carbohidratos totales 11 g		**4%**
Fibra dietética 0 g		
Azúcares 11 g		
Proteínas 9 g		

Vitamina A 10%	•	Vitamina C 4%
Calcio 30%	•	Vitamina D 25%

* Los porcentajes de los valores diarios recomendados se basan en una dieta de 2,000 calorías. Sus valores diarios pueden ser mayores o menores según sus necesidades calóricas.

Desarrollar un borrador **Crear el problema**

La hoja de datos te servirá para crear el problema. También puedes usar las siguientes sugerencias.

1 **Enuncia el problema.** Primero, establece el problema con una pregunta. Comienza con un enunciado del tipo "si..., cuánto".

- **Escribe *si*** e incluye la información de tu hoja de datos:

  Si una taza de leche parcialmente descremada contiene el 30% del calcio que necesita una persona por día, . . .

- **Escribe *cuánto*** y termina con la pregunta que quieres hacer:

  ¿cuánto calcio consumirá una persona si toma cuatro tazas de leche?

2 **Muestra la operación.** A continuación, escribe la operación. **Comienza con la palabra que indica la operación:** *sumar, restar, multiplicar* o *dividir*.

- Luego termina de escribir el problema.

  Multiplicar el 30% del valor diario de calcio que contiene una taza de leche por cuatro tazas

- Escribe el problema de matemáticas como una ecuación.

  $30 \times 4 = 120$

3 **Escribe la solución.** Escribe la solución en una oración completa.

  Una persona consumirá el 120% del valor diario de calcio si toma cuatro tazas de leche.

Escribe

Crea tu problema. Usa las indicaciones y los ejemplos anteriores para crear tu propio problema sobre la información nutricional.

Revisar **Mejorar la redacción**

Después de escribir el primer borrador del problema, deberás revisarlo. Las siguientes preguntas te ayudarán a hacerlo.

- **Desarrollo de las ideas** ¿Incluí la información necesaria de la hoja de datos?

- **Organización** ¿Presenté un problema, después una operación y luego una solución?

Revisa

Mejora la redacción. Usa las preguntas de arriba para revisar tu problema. Pide a un compañero que lea tu problema y lo resuelva. Luego haz todos los cambios que sean necesarios en el texto.

Corregir **Comprobar que se respeten las convenciones**

Cuando hayas terminado de revisar la redacción, debes corregir errores en las convenciones. Las siguientes preguntas pueden ser útiles.

- **Convenciones** ¿He comprobado que no haya errores en la gramática, la estructura de las oraciones, las convenciones mecánicas (puntuación y uso de las letras mayúsculas) y la ortografía? ¿Comprobé que todos los números de mi problema fueran correctos? ¿Son correctos la operación y el resultado?

Corrige

Revisa tu trabajo. Escribe la versión final en limpio y corrígela antes de entregarla. Puedes escribir en letra de molde o en cursiva, según cuál sea tu mejor caligrafía.

Ciencias: Escribir un informe de observación

Cuando vayas a hacer un informe de observación para la clase de ciencias, escribe una narración para contar qué sucedió. Julián escribió un informe acerca del nacimiento de unos pollitos en el salón de clases.

El **comienzo** presenta el proyecto.

En el **desarrollo** se dan fechas y se registra lo que sucedió.

El **final** resume lo que se aprendió.

5 de noviembre

El nacimiento de los pollitos

PROPÓSITO:

La maestra Webber trajo a la clase una incubadora de huevos. Con mucho cuidado, puso dentro tres huevos de gallina. La maestra Webber dice que los huevos tienen 20 días. Los pollitos suelen nacer después de 30 días. En la clase, observaremos cómo nacen los pollitos.

OBSERVACIONES:

16 de noviembre

9:30 ¡Los pollitos empezaron a romper el cascarón! Se ven grietas pequeñas en las cáscaras de los huevos.

11:23 Las cáscaras están todas resquebrajadas. Se están empezando a caer algunos pedacitos de cáscara. Puedo ver el pico de dos pollitos asomándose.

2:30 Los tres pollitos están saliendo de los huevos. Se ven muy pequeños y sus plumas están pegajosas. Son débiles y torpes.

17 de noviembre

9:30 Ya se secaron las plumas de los pollitos. Ahora parecen bolas amarillas y esponjosas. Ya pueden caminar sin tambalearse.

10:25 Los pollitos ya comen y toman agua por sí solos.

CONCLUSIONES: Aprendí que los pollitos tienen que esforzarse mucho para salir de los huevos. También aprendí que el primer día son pequeñitos y feos. Lo más importante que aprendí es que, al poco tiempo de haber nacido, ya están listos para vivir por su cuenta.

Sugerencias para la redacción

Antes de escribir...

- **Observa todo cuidadosamente.**
  Presta atención a cualquier cambio que ocurra.

- **Toma apuntes.**
  Escribe la fecha y la hora de cada observación. Usa palabras específicas para describir la forma, el tamaño, el color, la textura, el movimiento y el comportamiento.

Mientras desarrollas el borrador...

- **Escribe el propósito.**
  En el párrafo inicial, explica las razones para escribir el informe de observación. Responde las cinco preguntas para incluir detalles.

- **Anota tus observaciones.**
  Incluye la fecha y la hora de los eventos importantes. Enumera los detalles en el orden en que ocurrieron.

- **Escribe tus conclusiones.**
  Cuenta lo que aprendiste.

Después de escribir el primer borrador...

- **Revisa la redacción.**
  Asegúrate de que los eventos estén organizados en orden cronológico.

- **Comprueba que se respeten las convenciones.**
  Corrige errores en la gramática, las convenciones mecánicas y la ortografía.

> **Escribe un informe de observación.**
> Escoge un tema que estés estudiando ahora en la clase de ciencias. Sigue las sugerencias mientras escribes.

Escritura práctica: Escribir una entrada de un *blog*

En un *blog* (palabra que viene de las palabras en inglés *web* y *log*) puedes escribir sobre tu vida personal y contar tus experiencias personales importantes en línea. En esta entrada de *blog*, Laura describe un tipo de payaso sorprendente.

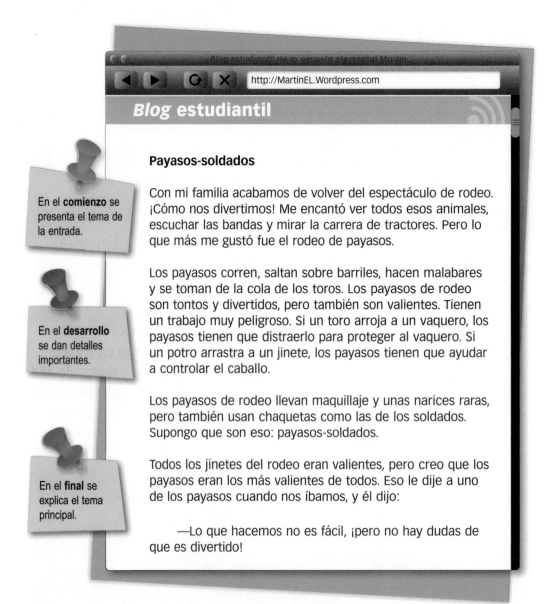

http://MartinEL.Wordpress.com

Blog estudiantil

Payasos-soldados

En el **comienzo** se presenta el tema de la entrada.

Con mi familia acabamos de volver del espectáculo de rodeo. ¡Cómo nos divertimos! Me encantó ver todos esos animales, escuchar las bandas y mirar la carrera de tractores. Pero lo que más me gustó fue el rodeo de payasos.

En el **desarrollo** se dan detalles importantes.

Los payasos corren, saltan sobre barriles, hacen malabares y se toman de la cola de los toros. Los payasos de rodeo son tontos y divertidos, pero también son valientes. Tienen un trabajo muy peligroso. Si un toro arroja a un vaquero, los payasos tienen que distraerlo para proteger al vaquero. Si un potro arrastra a un jinete, los payasos tienen que ayudar a controlar el caballo.

Los payasos de rodeo llevan maquillaje y unas narices raras, pero también usan chaquetas como las de los soldados. Supongo que son eso: payasos-soldados.

En el **final** se explica el tema principal.

Todos los jinetes del rodeo eran valientes, pero creo que los payasos eran los más valientes de todos. Eso le dije a uno de los payasos cuando nos íbamos, y él dijo:

—Lo que hacemos no es fácil, ¡pero no hay dudas de que es divertido!

Sugerencias para la redacción

Antes de escribir . . .

- **Escoge un lugar para publicar el texto.**
  Busca un *blog* para estudiantes. Asegúrate de que tus padres te permitan publicar el texto.

- **Escoge un tema.**
  Piensa en un evento interesante y recopila detalles sensoriales relacionados con él.

Mientras desarrollas el borrador . . .

- **Presenta el tema.**
  Escribe un párrafo inicial en el que se presente el evento sobre el que quieres escribir.

- **Concéntrate en los detalles.**
  Incluye detalles sensoriales para que el lector reviva el evento. Usa palabras de transición para ordenar los eventos cronológicamente.

- **Usa una voz amistosa.**
  Muestra tu interés por el evento y por el lector.

- **Agrega un título.**
  Piensa en un título que capte la atención del lector.

Después de escribir el primer borrador . . .

- **Corrige errores.** Lee toda la entrada para corregir todos los errores que haya antes de publicarla.

> **Escribe una entrada de un *blog*.**
> Cuenta un evento interesante. Asegúrate de que tus padres estén de acuerdo con que publiques el texto.

Escritura narrativa

Escribir para la evaluación de Texas

En los exámenes estatales de Texas, muchas veces tienes que escribir una narración. El tema de escritura te indica sobre qué tienes que escribir y te da algunos datos que debes recordar. Lee el siguiente tema de escritura.

Tema de escritura

> Escribe una composición sobre una ocasión en la que fuiste valiente.

Usa la siguiente información como ayuda para escribir tu composición.

RECUERDA QUE DEBES . . .

☐ escribir sobre una ocasión en la que fuiste valiente.

☐ asegurarte de que cada oración le sirva al lector para entender tu composición.

☐ incluir detalles específicos sobre tus ideas para que el lector comprenda bien todo lo que quieres decir.

☐ respetar las normas de la gramática, la estructura de las oraciones, el uso de las letras mayúsculas, la puntuación y la ortografía.

Prepararse   Escoger una forma

El tema de escritura no te indica qué forma, o género, de escritura debes usar. ¿Cómo puedes escoger una? Piensa cuál es la mejor forma para lo que quieres decir.

¿Quieres...
- describir a una persona o un lugar?
- proponer una solución a un problema?
- explicar cómo funciona un objeto?
- contar una experiencia personal?
- dar información?
- persuadir a alguien de que haga algo?

Responder estas preguntas te ayudará a escoger una forma, o un género. (Consulta también la página **507**).

Ana quería contar una experiencia personal importante. Decidió que la mejor forma era la escritura narrativa porque le permitiría relatar una ocasión en la que fue valiente.

Ordenar los eventos

Ana recordaba lo valiente que fue el primer día de clases de tercer grado. Decidió escribir sobre ese día. Para planificar el borrador, Ana usó una cronología. Le sirvió para escoger los eventos y organizarlos.

Cronología

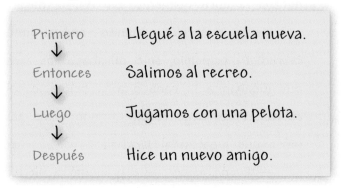

Primero	Llegué a la escuela nueva.
↓	
Entonces	Salimos al recreo.
↓	
Luego	Jugamos con una pelota.
↓	
Después	Hice un nuevo amigo.

Desarrollar un borrador **Escribir la narración**

Luego Ana usó la cronología para escribir el relato personal. Lee la narración de Ana.

Una lección importante

El **comienzo** contiene el tema central de la respuesta (subrayado) y una palabra clave del tema de escritura.

Mi primer día en tercer grado fue el día más aterrador de mi vida. Nos acabábamos de mudar a San Antonio con mi familia.

—Sé tú misma y todo saldrá bien —me dijo mamá. Yo no me sentía muy bien. La única manera de sobrevivir a ese día era ser valiente.

Los párrafos **intermedios** relatan la experiencia.

Me daba mucho miedo hacer amigos nuevos. Entré en el salón de clases sin hablar con nadie. Entonces, la maestra me pidió que me parara frente a la clase mientras ella me presentaba. Estoy segura de que se notaba la vergüenza que sentía. En la clase de lectura, miraba el libro fijamente. No quería mirar a nadie.

Los eventos del **desarrollo** están ordenados cronológicamente.

Me puse nerviosa cuando sonó el timbre del recreo. Al principio, solo miraba a los otros niños que jugaban a la roña o a la pelota, o saltaban a la cuerda. Pero luego respiré hondo y me acerqué a los niños que jugaban al *kickball*.

—¿Puedo jugar? —le pregunté a un niño alto y pelirrojo.

—Claro, puedes jugar en el próximo turno —me dijo—. Me llamo Javier, ¿y tú?

—Ana —contesté.

Javier pateó y llegó a la primera base. Luego fue mi turno. ¡Estaba temblando! La pelota rebotó, rodó hacia mí, y yo corrí y la pateé con toda mi fuerza. La pelota eludió a todos, y Javier y yo corrimos hacia la base meta. ¡Los dos anotamos!

El final cuenta lo que aprendió la autora.

Aprendí algo durante el primer día en mi nueva escuela. Lo más importante fue que podía ser valiente y animarme a ser yo misma. Después de ese día, hice un montón de amigos nuevos.

Responde a la lectura. Contesta las siguientes preguntas para ver cómo usó Ana las siguientes características en su narración. Explica tus respuestas a un compañero.

- **Enfoque y coherencia** (1) ¿Cuál es el tema de la respuesta? (2) ¿Qué palabras clave del tema de escritura se usaron en el ensayo?

- **Organización** (3) ¿Cómo organiza Ana los eventos en su relato personal?

- **Voz** (4) ¿Qué palabras y frases muestran los sentimientos de Ana?

Conexión con la literatura: Encontrarás un ejemplo de relato personal en el Capítulo 1 de *Veva*, de Carmen Kurtz.

 **TEKS** 4.15A, 4.17

Sugerencias para la redacción

Antes de escribir . . .

- **Comprende el tema de escritura.**
  Asegúrate de que entiendes lo que debes escribir. Escoge una forma para hacerlo.

- **Planifica la redacción.**
  Haz una cronología con los eventos.

Mientras desarrollas el borrador . . .

- **Decide un enfoque.**
  Usa palabras clave del tema de escritura en el comienzo.

- **Escoge cuidadosamente.**
  Usa detalles sensoriales para que la historia cobre vida.

- **Escribe un final que tenga sentido.**
  Relaciona la experiencia con el tema de escritura o explica por qué es importante.

Después de escribir el primer borrador . . .

- **Revisa el tema de escritura y la narración.**
  Asegúrate de haber escrito lo que indica el tema de escritura.

- **Comprueba si se siguen las convenciones.**
  Corrige todos los errores que encuentres.

Cronología

Evento
Primero
↓
Entonces
↓
Luego
↓
Al final

Planifica y escribe una respuesta. Escribe una respuesta al tema de escritura de la página 122 en el tiempo que indique tu maestro. Recuerda escoger una forma y usar las sugerencias que están arriba.

Repaso de la escritura narrativa

En la escritura narrativa, relatas una historia sobre algo que sucedió. Puedes escribir sobre tus experiencias personales.

Escoge un tema relacionado con tus experiencias. (Consulta la página 78).

Recopila detalles importantes. En un organizador gráfico, haz una lista de detalles para usar en la narración. (Consulta las páginas 79 a 81).

En el comienzo, presenta la historia y capta la atención del lector. (Consulta la página 85).

En el desarrollo, cuenta los eventos de la historia en orden cronológico. Usa tus propias palabras y muestra tus sentimientos. Usa detalles sensoriales y diálogos. (Consulta las páginas 86 y 87).

En el final, explica por qué la experiencia fue importante y qué aprendiste de ella. (Consulta la página 88).

Primero, revisa el enfoque y la coherencia, la organización y el **desarrollo de las ideas.** Luego revisa **la voz.** (Consulta las páginas 90 a 98).

Comprueba que se respeten las convenciones. Busca errores en la gramática, la estructura de las oraciones, las convenciones mecánicas (uso de las letras mayúsculas y puntuación) y la ortografía. Pide a un amigo que corrija tu redacción. (Consulta las páginas 100 a 104).

Escribe la versión final y comprueba que no haya errores antes de publicarla. (Consulta la página 105).

Usa la rúbrica de calificación para evaluar tu narración terminada. (Consulta las páginas 106 a 112).

www.hmheducation.com/tx/writesource

Escritura expositiva

Enfoque de la escritura

- **Párrafo expositivo**
- **Ensayo expositivo**

Enfoque gramatical

- **Conjunciones coordinantes**
- **Concordancia del sujeto y el verbo**

Aprendizaje del lenguaje

Trabaja con un compañero. Lean los significados y respondan juntos las preguntas.

1. En la escritura expositiva se explica un tema o se presenta información acerca de un tema.
   ¿Cuál de tus actividades preferidas podrías presentar usando la escritura expositiva?

2. Un tema es aquello de lo que habla principalmente un párrafo, un cuento o un artículo.
   ¿Cuáles son los temas sobre los que más te gusta leer?

3. Los datos dan información verdadera que se puede probar.
   Menciona un dato que conozcas sobre algún tema.

4. Cuando reduces una lista, acortas una lista que era más larga.
   ¿Cómo reducirías una lista de los lugares que te gustaría conocer?

Escritura expositiva

Párrafo expositivo

¿Qué te gusta hacer? A algunas personas les encanta hacer dibujos. A otras les gusta observar pájaros o construir fuertes. Cada persona tiene sus propias actividades preferidas. Si escribes para explicar cómo hacer algo o para presentar información acerca de una actividad, eso se llama escritura expositiva.

En este capítulo, tendrás la oportunidad de escribir un párrafo expositivo. Contarás en qué consiste tu actividad preferida y explicarás por qué te gusta. Lo mejor que puedes hacer cuando no estás haciendo tu actividad favorita es ¡escribir acerca de ella!

Pautas para escribir

Tema: Tu actividad preferida
Propósito: Explicar
Forma: Párrafo expositivo
Público: Tus compañeros

Párrafo expositivo

Un párrafo expositivo comienza con una **oración temática,** que establece la idea central del párrafo. Las oraciones que le siguen son las **oraciones secundarias de apoyo,** que apoyan la oración temática con datos sencillos y detalles. La **oración de conclusión** completa la explicación. En el siguiente párrafo, Rosa cuenta acerca de su actividad preferida.

Oración temática (subrayada)

Oraciones secundarias

Oración de conclusión (subrayada)

Dibujar

<u>Dibujar activa mi imaginación.</u> A veces, dibujo las cosas que sueño, como un águila volando junto a mí. Otras veces, imagino que algunos adultos son niños. Es divertido dibujar a mi maestro o a mi entrenador como si fueran niños pequeños. Pero mis dibujos preferidos son los de los lugares que me gustaría conocer algún día. Dibujé París con la torre Eiffel y la Catedral de Notre Dame. Quizás algún día dibuje un paisaje de París visto desde la torre Eiffel. <u>Para ser feliz, lo único que necesito es un lápiz, un papel y mi inagotable imaginación.</u>

Responde a la lectura. Responde las siguientes preguntas en una hoja aparte. Luego comenta tus respuestas con un compañero.

- **Enfoque y coherencia** (1) Busca la oración temática. ¿Cuál es la idea central, o principal, del párrafo?

- **Organización** (2) ¿Cómo empieza Rosa la segunda y la tercera oración de su párrafo?

- **Desarrollo de las ideas** (3) ¿Cómo desarrolla Rosa la idea de que dibuja los lugares que quiere conocer?

Prepararse **Escoger un tema**

Puedes hacer una lluvia de ideas para escoger un tema completando algunos comienzos de oración. A continuación, verás cómo completó Rosa las oraciones.

Comienzos de oración

Cuando estoy en casa, me gusta . . . tocar el piano.

Cuando estoy al aire libre, me gusta . . . caminar por el bosque.

Cuando estoy sola, me gusta . . . dibujar en mi cuaderno. *

Cuando estoy con amigos, me gusta . . . patinar en el parque.

Prepárate

Completa oraciones. En una hoja aparte, escribe los comienzos de oración que están arriba. Completa cada uno. Pon un asterisco (✱) al lado de la actividad sobre la que quieres escribir.

Recopilar detalles

Rosa escribió una oración temática que cuenta por qué le gusta dibujar. Para recopilar elementos de apoyo específicos como datos sencillos, detalles y explicaciones, completó tres oraciones secundarias con *porque*.

Oraciones secundarias con "porque"

Dibujar activa mi imaginación.

porque . . . dibujo las cosas que sueño.

porque . . . imagino cómo eran los adultos cuando eran niños.

porque . . . dibujo los lugares que me gustaría conocer.

Prepárate

Escribe algunas oraciones secundarias con "porque". Escribe una oración sobre por qué te gusta la actividad que escogiste. Debajo de esa oración, escribe *porque* tres veces. Escribe tres oraciones secundarias.

Desarrollar un borrador Crear el primer borrador

El primer borrador de tu párrafo debe empezar con una **oración temática** que diga qué te gusta de la actividad que escogiste. Las **oraciones secundarias de apoyo** incluirán datos, detalles y explicaciones. La **oración de conclusión** completa tu explicación.

Escribe

Escribe el primer borrador. Empieza con una oración temática, agrega ideas de apoyo y termina con una oración de conclusión.

Revisar Mejorar el párrafo

■ Para revisar el **desarrollo de las ideas**, vuelve a mirar las oraciones con "porque". Incluye por lo menos un dato, un detalle o una explicación en cada oración.

■ Para revisar la **coherencia**, asegúrate de que tu oración de conclusión resuma lo que piensas sobre el tema.

Revisa

Revisa el párrafo. Ten en cuenta las sugerencias anteriores al revisar el desarrollo de las ideas y la coherencia de tu redacción.

Corregir Comprobar que se respeten las convenciones

Busca y corrige todos los errores en la gramática, la estructura de las oraciones, las convenciones mecánicas (puntuación y uso de las letras mayúsculas) y la ortografía.

Corrige

Corrige y mejora tu trabajo. Usa las siguientes preguntas para revisar y corregir tu párrafo expositivo.

1 ¿Concuerdan los sujetos y los verbos?

2 ¿Usé conjunciones como *o, y* o *pero* para conectar las ideas en oraciones compuestas?

3 ¿Revisé la ortografía y el uso de las letras mayúsculas?

4 ¿Usé la puntuación de apertura y cierre correctamente?

Escritura expositiva

Ensayo expositivo

¿Qué quieres ser cuando seas mayor? Debes haber oído esta pregunta mil veces y ¡probablemente la oirás mil veces más!

En este capítulo, escribirás un ensayo expositivo que explique la profesión que quieres tener cuando seas mayor. Sueña en grande: puedes ser piloto de avión, diseñador de juegos de computadora o ¡presidente de los Estados Unidos!

Pautas para escribir

Tema: Una futura profesión
Propósito: Explicar
Forma: Ensayo expositivo
Público: Tus compañeros

Comprender el objetivo

En este capítulo, tu objetivo es escribir un ensayo expositivo que explique de qué te gustaría trabajar cuando seas mayor. Las características que aparecen en el siguiente gráfico te ayudarán a lograrlo. También te puede ayudar la rúbrica, o pauta de calificación, de las páginas 34 y 35. Consúltala con frecuencia para mejorar tu redacción.

Enfoque y coherencia

En la oración temática, menciona qué profesión quieres tener cuando seas mayor y di por qué la escogerías. Asegúrate de explicar en tu ensayo lo que harías en ese trabajo y por qué serías bueno haciéndolo.

Organización

En los párrafos intermedios, asegúrate de que las oraciones y los párrafos conduzcan naturalmente al siguiente. En el último párrafo, incluye una oración de conclusión que explique por qué ese trabajo es perfecto para ti.

Desarrollo de las ideas

Apoya tus ideas con datos, detalles y explicaciones que digan lo que sabes acerca de esa profesión y lo que significa para ti.

Voz

Escoge palabras y frases que atraigan a los lectores y les permitan captar tu personalidad única.

Convenciones

Revisa la gramática, la estructura de las oraciones y la ortografía. Asegúrate de haber escrito la primera palabra de cada oración con mayúscula y de haber usado correctamente la puntuación de apertura y de cierre.

Conexión con la literatura: Encontrarás un ejemplo de texto expositivo en *Mayas,* de María de Hoyos.

Ensayo expositivo

Un ensayo expositivo empieza con una **oración temática** que establece la idea central en el primer párrafo. Los párrafos intermedios contienen datos, detalles y explicaciones que apoyan la oración temática. El ensayo termina con una **oración de conclusión** en el último párrafo.

En el siguiente ensayo expositivo, David explica por qué la carpintería es el trabajo ideal para él.

Con mis propias manos

Comienzo
El comienzo capta la atención del lector y da la idea central en la oración temática (subrayada).

Me crié entre martillos y serruchos porque mi papá es carpintero. Cuando tenía cinco años, lo ayudé a construir una casa para el perro. Algún día, yo mismo seré carpintero y haré cosas con mis propias manos.

Desarrollo
El primer párrafo intermedio explica el trabajo.

Los carpinteros construyen todo tipo de cosas con madera. Los carpinteros de casas, como mi papá, se dedican especialmente a hacer armazones de casas y a instalar gabinetes y molduras. ¡Yo también quiero ser carpintero de casas! Otros carpinteros fabrican muebles. Mi papá también hace eso. Él mismo hizo mi litera.

Lo más importante para un carpintero es la experiencia. Yo ya soy aprendiz de carpintero porque ayudo a mi papá en algunos

Desarrollo
El segundo párrafo intermedio explica por qué el escritor sería bueno en ese trabajo.

de sus proyectos. Juntos hicimos un clóset en la recámara de mi hermana. Además, los carpinteros tienen que ser fuertes. Yo ya puedo clavar un clavo de tres pulgadas en cuatro golpes. Por último, los carpinteros deben amar su trabajo. Papá dice que en lugar de hierro, ¡debo tener aserrín en la sangre!

Final
La oración de conclusión (subrayada) le deja al lector un pensamiento final.

Un carpintero como mi papá puede fabricar algo genial con apenas una pila de tablas. Lo que otros sueñan, mi papá puede construirlo. <u>Algún día, quiero que alguien pueda decir lo mismo de mí.</u>

Responde a la lectura. Responde las siguientes preguntas sobre el ensayo de ejemplo en una hoja aparte. Luego explica tus respuestas a un compañero.

■ **Enfoque y coherencia** (1) En la oración temática, ¿por qué dice David que escogería este trabajo?

■ **Organización** (2) ¿Qué palabras y frases de transición usa David para conectar sus ideas?

■ **Desarrollo de las ideas** (3) En el segundo párrafo intermedio, ¿qué tres detalles muestran que David sería un buen carpintero?

Prepararse

Prepararse es el primer paso del proceso de escritura. Prepararte te ayuda a decidir sobre qué escribir y te dispone para escribir el primer borrador.

Claves para prepararte para escribir

1. **Escoge** una profesión (trabajo) para explicar.
2. **Investiga** datos y detalles sobre esa profesión. Puedes entrevistar a alguien u observarlo en el trabajo, consultar libros o artículos sobre la profesión, o investigar a través del Internet.
3. **Busca** términos especiales que describan el trabajo.
4. **Escribe** una oración temática y oraciones secundarias con una idea principal.
5. **Crea** una lista organizada de los datos y los detalles.

Prepararse Escoger un tema

Primero, debes escoger un trabajo o una profesión que te guste. Hacer una lluvia de ideas para crear una lista de trabajos, como hizo Silvia, es una buena estrategia para generar ideas. Luego Silvia redujo la lista y escogió un tema de investigación.

Lista de ideas

Trabajos que me gustan

capitana de un barco
guardabosque
bombera
cantante

veterinaria
granjera
domadora de leones
entrenadora de
delfines*

Haz una lluvia de ideas para crear tu propia lista. Escribe "Trabajos que me gustan" en la parte superior de una hoja. Luego haz una lista de trabajos abajo del título. Pon un asterisco (*) al lado del trabajo sobre el que te gustaría investigar y escribir.

Enfoque en las características de la Escritura en Texas

Desarrollo de las ideas El tema que escogiste es la "gran idea" de tu redacción. Escoge el tema con cuidado. Si te interesa a ti, probablemente también interesará al lector. Además, si te gusta tu tema, disfrutarás investigando detalles sobre él.

Recopilar información

Formular preguntas abiertas te ayudará a planificar tu investigación. Silvia escribió preguntas para recopilar detalles. Para hallar las respuestas a sus preguntas, Silvia pidió a sus padres que la llevaran a un acuario y la ayudaran a entrevistar a un entrenador de delfines. También consultó libros y artículos e investigó a través del Internet para obtener más datos.

Preguntas y respuestas

<u>¿Qué trabajo me gusta?</u> entrenadora de delfines

<u>¿Por qué me interesa ese trabajo?</u> Me gustaría nadar y trabajar con esos sorprendentes mamíferos marinos. He visto cómo se divertía el entrenador en un espectáculo con delfines.

<u>¿Cuáles son las tres tareas principales de este trabajo?</u>
1. Los entrenadores alimentan y cuidan a los delfines.
2. Los entrenadores deben enseñar trucos a los delfines.
3. Los entrenadores tienen que limpiar el tanque de los delfines.

<u>¿Por qué sería buena en este trabajo?</u>
1. Me encantan los delfines.
2. Tengo paciencia.
3. Me esfuerzo mucho.

Prepárate

Recopila información. Escribe una lista de preguntas abiertas sobre el trabajo que escogiste. (No incluyas preguntas que se responden con "sí" o con "no"). Busca datos en libros y artículos e investiga a través del Internet. También puedes pedir a tus padres que te lleven a visitar un sitio de trabajo y te ayuden a entrevistar a un experto.

Prepararse **Buscar palabras especiales**

Puedes demostrar que conoces un tema usando palabras, o términos, especiales relacionadas con ese tema. Halla los términos examinando la lectura rápidamente y escaneando libros y artículos sobre el tema que escogiste.

Primero, examina la lectura rápidamente para ver si servirá para responder tus preguntas de investigación. Presta atención a las palabras resaltadas en negritas, los títulos y los pies de foto. Después, escanea el texto con la vista para buscar términos especiales y datos específicos que respondan tus preguntas. (Consulta la página **323**).

También puedes aprender términos especiales haciendo una entrevista a un experto. (Consulta la página **339**).

Práctica

Lee el siguiente artículo sobre los entrenadores de delfines. Luego haz una lista con al menos tres términos especiales que podría usar Silvia en su ensayo.

Los trucos de los entrenadores son buenos para la salud

Los trucos que hacen los delfines no son solo parte del espectáculo. Los entrenadores enseñan algunas conductas a estos animales que ayudan a los veterinarios a mantenerlos saludables. Por ejemplo, los delfines tienen que aprender a abrir la boca para que les revisen los dientes. También tienen que aprender a mostrar la aleta dorsal, las aletas laterales y la aleta caudal para que se las revisen. Como pasa con todos los animales, es más fácil revisar si hay heridas o enfermedades cuando el delfín está acostumbrado a las personas. Eso es importante porque, por instinto, los delfines esconden las enfermedades para no parecer presas fáciles.

Busca términos especiales. Examina rápidamente y escanea libros, artículos y sitios del Internet sobre el tema que escogiste. Anota todos los términos especiales que encuentres, así como todos los que aprendas de los expertos.

Escribir una oración temática

La oración temática debe mencionar el trabajo que escogiste y decir por qué te interesa.

menciona el trabajo

entrenadora de delfines

+

di por qué te interesa

Me gustaría trabajar con esos sorprendentes mamíferos marinos.

=

oración temática atractiva

Quiero ser entrenadora de delfines para trabajar con esos sorprendentes mamíferos marinos.

 Prepárate

Escribe la oración temática. Sigue la fórmula de arriba para escribir tu propia oración temática. Quizá necesites probar un par de veces antes de encontrar una que te convenza.

Escribir oraciones con una idea principal

Tu ensayo tendrá dos párrafos intermedios. Cada uno empezará con una oración con una idea principal. A continuación, encontrarás las oraciones con una idea principal de Silvia.

Oración 1: Escribe una oración sobre las tareas principales del trabajo.

Los entrenadores de delfines tienen muchas tareas.

Oración 2: Escribe una oración sobre por qué serías buena en este trabajo.

Tengo la personalidad adecuada para ser entrenadora de delfines.

 Prepárate

Escribe las oraciones con una idea principal. Usa las oraciones de Silvia como ejemplo para escribir tus propias oraciones con una idea principal.

Prepararse Organizar las ideas

Puedes categorizar la oración temática, las oraciones con una idea principal y los datos, detalles y explicaciones de apoyo en una lista para guiar tu escritura. Usa la siguiente lista para organizar los párrafos de tu ensayo.

Lista organizada

Oración temática → Quiero ser entrenadora de delfines para trabajar con esos sorprendentes mamíferos marinos.

Primera oración con una idea principal →

1. Los entrenadores de delfines tienen muchas tareas.

   Detalles →
   - cuidar la salud de los delfines
   - enseñarles trucos
   - limpiar los tanques

Segunda oración con una idea principal →

2. Tengo la personalidad adecuada para ser entrenadora de delfines.

   Detalles →
   - me encantan los delfines
   - tengo paciencia
   - me esfuerzo mucho

Prepárate Organiza las ideas. Haz tu propia lista para organizar los párrafos del ensayo. (Consulta el trabajo que hiciste en las páginas 138 a 141).

Enfoque en las características de la Escritura en Texas

Organización La lista organizada te muestra lo que debes incluir en cada párrafo de tu ensayo.

Desarrollar un borrador

¡En línea!

Prepárate · Escribe · Revisa · Corrige · Publica

Ahora que ya has escogido una profesión, has recopilado los detalles y has preparado una lista organizada, estás listo para escribir tu primer borrador. Este es el momento de volcar todas tus ideas al papel o a la computadora.

Claves para desarrollar un borrador

1. **Escribe** un párrafo inicial atractivo que termine con la oración temática.

2. **Comienza** cada uno de los párrafos intermedios con una oración con una idea principal.

3. **Apoya** con datos, detalles y explicaciones las oraciones que tienen una idea principal de los párrafos intermedios.

4. **Escribe** un párrafo final bien pensado que contenga la oración de conclusión.

Desarrollar un borrador **Tener una idea general**

El siguiente gráfico muestra cómo se relacionan las partes de un ensayo expositivo. (Los ejemplos fueron tomados del ensayo de las páginas 145 a 148). Estarás listo para escribir tu redacción una vez que hayas . . .

- recopilado detalles y términos especiales,
- escrito una oración temática y oraciones con una idea principal y
- creado una lista organizada.

Comienzo

El **comienzo** capta la atención del lector y contiene la oración temática.

Oración temática

Quiero ser entrenadora de delfines para trabajar con esos sorprendentes mamíferos marinos.

Desarrollo

Cada uno de los párrafos del **desarrollo** explica una parte diferente del tema.

Oraciones con una idea principal

- Los entrenadores de delfines tienen muchas tareas.
- Tengo la personalidad adecuada para ser entrenadora de delfines.

Final

El **final** le da al lector una última reflexión.

Oración de conclusión

Si me hago entrenadora, tal vez los delfines sueñen que nadan conmigo.

Comenzar el ensayo

En el párrafo inicial, debes captar la atención del lector. A continuación, verás algunas estrategias para hacerlo.

```
Comienzo

Desarrollo

Final
```

- **Comienza con un dato interesante.**
  El cerebro de los delfines es más grande que el de los seres humanos.

- **Haz una pregunta.**
  ¿Alguna vez has entrenado a un animal?

- **Cuenta cómo te empezó a interesar esa profesión.**
  El año pasado vi un espectáculo de delfines por televisión.

Párrafo inicial

Silvia usó la tercera estrategia para comenzar el párrafo inicial.

La última oración es la oración temática (subrayada).

El año pasado vi un espectáculo de delfines por televisión. Los delfines daban unos saltos altísimos fuera del agua. Me pareció fascinante y aprendí mucho sobre los delfines. Quiero ser entrenadora de delfines para trabajar con esos sorprendentes mamíferos marinos.

Escribe

Escribe tu párrafo inicial. Usa alguna de las ideas que están arriba para comenzar. Luego continúa con la oración temática.

 **TEKS** 4.15B, 4.18A(ii), 4.20A(viii)

Desarrollar un borrador   Elaborar el desarrollo

Comienza cada párrafo intermedio del ensayo con una de las oraciones con una idea principal (de la página 141). Las oraciones secundarias de apoyo deben contener términos especiales (de las páginas 139 y 140) y también datos, detalles y explicaciones.

Comienzo

Desarrollo

Final

Cómo usar palabras de transición

Asegúrate de conectar las ideas con palabras y frases de transición como las que se muestran a continuación. Las palabras y frases de transición, como *para empezar, en segundo lugar* y *por último,* muestran que las ideas secundarias de apoyo están organizadas de tal manera que conducen naturalmente a la oración de conclusión.

Lo más importante . . .	Para empezar,	En primer lugar,
En segundo lugar,	También	Además,
En tercer lugar,	Por último,	Para concluir,

Párrafos intermedios

Oración con una idea principal 1

¿Cuáles son las tres tareas principales?

Las palabras y frases de transición están subrayadas.

Los entrenadores de delfines tienen muchas tareas. Lo más importante que hacen los entrenadores es cuidar a los delfines. Esto significa que hay que alimentarlos y asegurarse de que no se enfermen. En segundo lugar, los entrenadores les enseñan diversos trucos. Los trucos se usan en los espectáculos, pero algunos ayudan a los veterinarios a mantener saludables a los delfines. Los trucos también impiden que los delfines se aburran. En tercer lugar, los entrenadores limpian los tanques. ¡Es una tarea difícil, pero muy importante!

Oración con una idea principal 2

Tengo la personalidad adecuada para ser entrenadora de delfines. Para empezar, me encantan los delfines. Siendo entrenadora, podría hacer que otras personas amaran y protegieran a los delfines. También tengo paciencia. Yo ayudé a mis dos hermanos pequeños a aprender a nadar y les enseñé a zambullirse y a hacer saltos mortales. Por último, siempre me esfuerzo mucho y me llevo bien con los demás. Los entrenadores deben trabajar durante muchas horas con otros entrenadores o en público.

¿Por qué serías buena en este trabajo?

Las palabras y frases de transición están subrayadas.

Escribe

Escribe los párrafos intermedios. Usa la lista organizada que hiciste en la página 142. Incluye una oración con una idea principal en cada uno de los párrafos y da datos, detalles y explicaciones de apoyo. Practica las palabras y frases de transición diciéndole a un compañero dos oraciones conectadas con una de las palabras o frases de transición de la página 146. Recuerda usar palabras o frases de transición en tu redacción.

Sugerencias para el primer borrador

- Escribe con libertad para volcar todas tus ideas al papel.
- Categoriza los detalles por orden de importancia. (Ordénalos del más importante al menos importante o del menos importante al más importante). Usa palabras o frases de transición para mostrar cómo se conectan las ideas con tu conclusión.

Desarrollar un borrador **Terminar tu ensayo**

El párrafo final te da la última oportunidad de hablarle al lector. A continuación, hay algunas maneras de escribir una oración de conclusión.

Comienzo

Desarrollo

Final

- **Usa una palabra de transición para conectar el final con el comienzo.**
  ¡Entonces, algún día, apareceré en televisión!

- **Da al lector una reflexión final.**
  Si el perro es nuestro mejor amigo en tierra firme, el delfín es nuestro mejor amigo en el mar.

- **Conéctate con el lector.**
  Todos tenemos un sueño, el mío es nadar con los delfines.

- **Termina con algo sorpresivo.**
  Si me hago entrenadora, tal vez los delfines sueñen que nadan conmigo.

Párrafo final

El escritor termina con algo sorpresivo.

> Los delfines son nuestros mejores amigos en el mar. Entrenar delfines es un trabajo importante. Es una manera de animar a las personas a apreciar y proteger a estas criaturas sorprendentes. Por la noche, hasta sueño que nado con los delfines. Si me hago entrenadora, tal vez los delfines sueñen que nadan conmigo.

Escribe el final. Usa una de las cuatro estrategias de arriba para darle a tu ensayo una oración de conclusión atractiva.

Escribe un primer borrador completo. Escribe una copia completa del ensayo dejando un renglón por medio para tener lugar cuando la revises.

Revisar

Una vez que has completado tu primer borrador, estás listo para hacer los cambios necesarios para mejorar tu redacción. Cuando revisas, compruebas si *el enfoque y la coherencia, la organización, el desarrollo de las ideas* y *la voz* de tu ensayo son correctos.

Claves para revisar

1. **Lee** tu ensayo en voz alta una vez para ver qué te parece.

2. **Revisa** el enfoque y la coherencia, la organización, el desarrollo de las ideas y la voz del comienzo, el desarrollo y el final del ensayo.

3. **Pide** a un compañero y a tu maestro que lean tu ensayo y te digan sus reacciones o comentarios.

4. **Cambia** las partes que necesites mejorar.

 Revisar: Enfoque y coherencia

Cuando revisas *el enfoque y la coherencia* de un ensayo, compruebas que todas las partes de tu redacción apoyen las ideas principales. Las oraciones con una idea principal deben apoyar la oración temática. Los datos, los detalles y las explicaciones de cada párrafo deben apoyar la idea principal de ese párrafo.

¿Está enfocada la información de apoyo?

A medida que lees los párrafos intermedios, piensa en la oración con una idea principal. En una redacción enfocada y coherente, toda la información de apoyo (datos, detalles y explicaciones) debe reforzar esa idea principal.

Práctica

Lee el siguiente párrafo intermedio. Identifica tres oraciones que refuerzan la oración con una idea principal (en negro) y tres oraciones que no.

Los actores de cine tienen tres grandes responsabilidades. (1) La más importante es que deben aprender la letra. (2) Ser actor es un trabajo muy difícil. (3) En segundo lugar, los actores necesitan decir la letra y moverse tal como lo haría el personaje. (4) También usan diferentes vestuarios. (5) En último lugar, los actores deben prestar atención al director. (6) Cuando se termina la filmación, los actores pueden hacer una fiesta para celebrar.

 Revisa el enfoque. Asegúrate de que todas las oraciones de los párrafos intermedios apoyan la oración que tiene una idea principal. Cambia de lugar o elimina las oraciones que no refuerzan la idea principal.

¿He incluido suficiente información de apoyo?

Ten en cuenta a tu público (las personas que leerán tu ensayo) cuando escribas. Es posible que los lectores no sepan tanto como tú sobre el tema. Asegúrate de que todos los párrafos del ensayo incluyan información suficiente para que el público comprenda tus ideas.

Práctica

Pide a un compañero que lea tus párrafos intermedios y responda estas preguntas.

1. ¿Comprendo las tres tareas principales de este trabajo? ¿Parece que faltara información?

2. ¿Entiendo por qué el escritor sería bueno en este trabajo? ¿Hay suficientes datos, detalles y explicaciones?

Revisa los detalles. Si tu compañero necesitó más información sobre alguno de los párrafos intermedios, agrega más datos, detalles o explicaciones al ensayo.

Revisión en acción

La escritora agrega detalles para que los lectores entiendan mejor una idea.

> También tengo paciencia. Yo ayudé a mis dos hermanos pequeños a nadar y les enseñé a zambullirse y a hacer saltos mortales a aprender ~~cosas~~. Por último, siempre me esfuerzo mucho y me
>
> llevo bien con los demás.

Revisar la organización

En un ensayo organizado, todas las oraciones y los párrafos se conectan lógicamente con el anterior y hacen avanzar la redacción. Cuando revisas *la organización,* te aseguras de que todas las partes del ensayo estén en el lugar correcto y que cumplan su función.

¿Cómo puedo revisar la organización?

Puedes revisar la organización general del ensayo haciendo la siguiente búsqueda.

Búsqueda: Organización

1. Coloca un ⊓ junto a la sangría de cada párrafo.

2. Si la oración temática está en el párrafo inicial, pon un ✳ al lado.

3. Si un párrafo intermedio comienza con una oración con una idea principal y tiene otras tres oraciones con datos, detalles o explicaciones, pon un 😊 al lado.

4. Agrega otro ✳ si el último párrafo tiene una oración de conclusión.

Revisa

Comienza la búsqueda. Intercambia tu redacción con la de un compañero. Luego suma cuántas marcas ha hecho tu compañero (⊓, ✳, 😊). Tu compañero debe tener ocho marcas y tú también. Si no las tienes, haz todos los cambios que sean necesarios para llegar a ese número.

¿Cómo debo organizar la información de apoyo?

Para organizar los datos, los detalles y las explicaciones de apoyo en los párrafos intermedios, coloca el más importante primero (o último) en cada párrafo justo después de la oración con una idea principal.

Práctica

¿Cuál de las siguientes explicaciones es la más importante para la oración con una idea principal "Quiero trabajar en un barco pesquero"? Con un compañero, comenta por qué la escogieron.

1. Me encanta navegar.

3. Quiero viajar por todo el mundo.

2. Las olas no me molestan.

4. Siempre me gustó la pesca.

Revisa

Revisa la organización. Asegúrate de haber escrito los datos, los detalles y las explicaciones más atractivas primero (o último) en todos los párrafos intermedios.

Revisión en acción

En este párrafo intermedio, Silvia decidió poner la explicación más importante primero.

> También
>
> Para empezar, tengo paciencia. Yo ayudé a mis dos hermanos
>
> pequeños a aprender a nadar y les enseñé a zambullirse y
>
> a hacer saltos mortales. ~~También~~ me encantan los delfines.
>
> Siendo entrenadora, podría hacer que otras personas amaran y
>
> protegieran a los delfines.

Revisar el desarrollo de las ideas

Cuando revisas *el desarrollo de las ideas,* te fijas si has "dado cuerpo" a tus ideas, de manera que cada oración profundice el significado de la oración anterior. Usar detalles y ejemplos específicos te permitirá desarrollar las ideas.

¿Son específicos los datos, los detalles y las explicaciones?

Tu ensayo sonará más original cuanto más específica, o más elaborada, sea la información que presentes. Los datos, los detalles y las explicaciones específicos provienen de lo que investigaste y de lo que ya sabes sobre un tema.

Práctica

Lee el siguiente párrafo intermedio. Luego identifica dos datos, detalles o explicaciones que sean específicos y dos que no sean lo bastante específicos.

> **Un programador debe aprender lenguajes de computación y resolver problemas.** (1) Hay diferentes lenguajes para hacer diferentes cosas. (2) Sería un buen programador. (3) Un tipo de problema que resuelve un programador es por qué no funciona un programa de computación. (4) Demostré que puedo resolver problemas cuando ayudé al Sr. Barrios a abrir un archivo en su computadora portátil.

Revisa los datos, los detalles y las explicaciones. Encierra en un círculo todas las oraciones que no sean lo bastante específicas. Piensa en lo que sabes y revisa las fuentes para agregar más información específica al ensayo.

¿Cómo puedo apoyar mis ideas con ejemplos?

Cuando explicas una idea en un ensayo, puedes poner un ejemplo para darle al lector una imagen más clara de lo que quieres decir. Un ejemplo es algo que ha sucedido o que podría suceder.

Oración temática:	Podría ser un buen actor de cine.
Explicación:	Por un lado, tengo una memoria increíble.
Ejemplo 1:	Algunos actores deben memorizar diálogos muy largos.
Ejemplo 2:	Tuve el papel protagónico en la obra de teatro de nuestra clase, ¡y recordé toda la letra!

Agrega ejemplos. Lee el ensayo y revisa las explicaciones. Trata de agregar uno o dos ejemplos para que las explicaciones sean más claras.

Revisión en acción

La escritora agrega un ejemplo para que la explicación sea más clara.

Los entrenadores de delfines tienen muchas tareas. Lo más importante que hacen los entrenadores es cuidar a los delfines. Esto significa que hay que alimentarlos y asegurarse de que no se enfermen.

En segundo lugar, los entrenadores les enseñan diversos trucos.

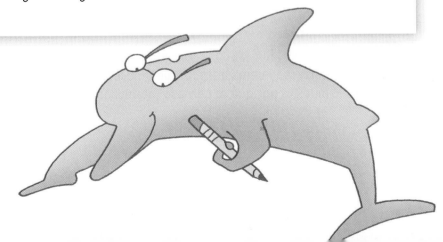

Revisar la [voz]

Cuando revisas *la voz,* te aseguras de que los lectores realmente puedan escuchar a la persona que está detrás de la redacción. Una de las maneras en que los escritores expresan su personalidad en un ensayo es con los datos que deciden incluir y las palabras que usan para describir esos datos.

¿Cómo puedo lograr que mi voz sea atractiva?

Tu voz será atractiva si incluyes datos interesantes sobre el tema y si usas palabras que demuestren por qué son interesantes.

Práctica

Lee los siguientes datos sobre los bomberos. ¿Qué tres datos podría incluir un escritor para hacer que su ensayo sea más atractivo?

1. Los bomberos abren bocas de incendio de alta presión, conectan mangueras largas y dejan salir chorros de agua.

2. Combaten incendios causados por distintas razones.

3. Se necesitan varios bomberos para manejar una manguera porque la presión del agua puede hacer caer a una sola persona.

4. Los bomberos usan agua.

5. A veces, los bomberos deben subir escaleras altas o ingresar en edificios en llamas.

Revisa

Revisa los datos. Asegúrate de haber incluido datos que te parezcan interesantes. Si fuera necesario, agrega datos al ensayo y muestra por qué te parecen interesantes.

¿Cómo puedo lograr que mi voz muestre que estoy interesado en el tema?

Tu voz mostrará que estás interesado si incluyes detalles que demuestren que el tema te importa.

Práctica

Lee el siguiente párrafo sobre los bomberos. Escribe tres palabras o frases que muestren cómo se siente el escritor.

Yo sería un buen bombero por muchas razones. La más importante es que me gusta ayudar a las personas. Cuando mi vecino se fracturó la pierna, saqué a pasear a su perro todos los días. Además, los bomberos tienen que estar en buen estado físico. A mí me gustan los deportes y hago gimnasia tres veces por semana. Por último, un bombero debe trabajar bien bajo presión. Cuando juego al fútbol con los niños de mi vecindario, me encanta estar en medio de la carga.

Revisa

Revisa la voz. Identifica las palabras o frases que muestran que te interesa el tema. Si puedes, agrega algunas más.

Revisión en acción

La escritora agrega una oración para mostrar que le interesa el tema.

Los trucos también evitan que los delfines se aburran. En tercer
¡Es una tarea difícil, pero es muy importante!
lugar, los entrenadores limpian los tanques. ⋀

TEKS 4.15C, 4.15E, 4.18A(ii)

Revisar Cómo usar una lista de control

Revisa

Comprueba tu revisión. Escribe los números del 1 al 9 en una hoja. Si puedes contestar "sí" a una pregunta, haz una marca junto al número. Si no es así, sigue trabajando en esa parte de tu ensayo.

Enfoque y coherencia

_____ **1.** ¿Apoyan las oraciones que tienen una idea principal mi oración temática?

_____ **2.** ¿Apoyan mis datos, detalles y explicaciones mis ideas principales?

_____ **3.** ¿He incluido suficiente información de apoyo?

Organización

_____ **4.** ¿Tengo una oración temática y una oración de conclusión?

_____ **5.** ¿Comienza cada párrafo intermedio con una oración con una idea principal?

Desarrollo de las ideas

_____ **6.** ¿Son lo bastante específicos mis datos, detalles y explicaciones?

_____ **7.** ¿Usé ejemplos para apoyar mis explicaciones?

Voz

_____ **8.** ¿Incluí datos interesantes y los describí de manera atractiva?

_____ **9.** ¿Usé palabras que muestran que me interesa el tema?

Revisa

Escribe el texto en limpio. Pide a un compañero y a tu maestro que ellos también revisen tu ensayo. Haz los cambios finales basándote en sus reacciones. Después escribe el texto en limpio para corregirlo.

Corregir

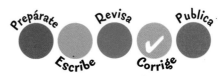

Una vez que has revisado tu ensayo, el paso que sigue en el proceso de escritura es corregir. Cuando corriges, revisas para asegurarte de que has respetado las "convenciones" de escritura: la gramática, la estructura de las oraciones, las convenciones mecánicas y la ortografía.

Claves para corregir

1. **Usa** un diccionario, un diccionario de sinónimos y la "Guía del corrector" que está al final de este libro como ayuda.

2. **Corrige** en una copia impresa si usas una computadora. Luego haz los cambios en la computadora.

3. **Usa** las marcas editoriales que están en el interior de la contracubierta de este libro.

4. **Pide** a otras personas que también revisen tu redacción para corregir errores.

Corregir para respetar las **convenciones**

Gramática

Cuando corriges la *gramática,* te aseguras de que has usado correctamente los sustantivos, los verbos y otros elementos gramaticales.

¿Cómo puedo escribir oraciones compuestas?

Puedes escribir una oración compuesta uniendo dos oraciones poco fluidas con una conjunción coordinante, una coma o ambas. Coloca la conjunción coordinante o la coma al final de la primera oración. (Consulta la página **481**).

Conjunciones coordinantes   **y, pero, o, sino, pues, mas**

Oraciones cortas y poco fluidas
Me gustan los globos aerostáticos. Un día volaré en uno.

Oración compuesta
Me gustan los globos aerostáticos y **un día volaré en uno.**

Práctica de gramática

Vuelve a escribir cada conjunto de oraciones como una sola oración compuesta usando una coma o una conjunción coordinante: *y, pero, o, sino, pues, mas*.

1. Los globos aerostáticos son muy grandes. En la barquilla entran hasta diez personas.
2. El piloto controla la altitud. La dirección depende del viento.
3. El globo se puede elevar con calor. El piloto puede soltar peso.
4. Prefiero los paseos en globo cuando no hay mucho viento. Son bastante tranquilos.

Corrige

Combina las oraciones cortas y poco fluidas. Revisa tu ensayo. Si encuentras dos oraciones cortas sobre la misma idea, combínalas y forma una oración compuesta.

¿Cómo puedo revisar la concordancia del sujeto y el verbo?

Para revisar la concordancia del sujeto y el verbo en una oración compuesta, primero, sepárala en oraciones sencillas en la conjunción coordinante o la coma. Después, fíjate si la concordancia del sujeto y el verbo en cada una de las oraciones sencillas es correcta.

Oración compuesta

Karina camina a la escuela todos los días, pero **Tomás y Miguel toman el autobús.**

Oraciones sencillas

sujeto en tercera persona singular y verbo en tercera persona singular

<u>**Karina**</u> *camina* **a la escuela todos los días.**

sujeto en tercera persona plural y verbo en tercera persona plural

<u>**Tomás y Miguel**</u> *toman* **el autobús.**

Práctica de gramática

Lee las siguientes oraciones. Decide qué sujetos y qué verbos no concuerdan. Luego vuelve a escribir las oraciones correctamente.

1. Los cachorros juegan juntos, pero el perro grande duermes la siesta.
2. A la noche, mamá y papá me lee o mi hermana me cuenta un cuento.
3. La Sra. Pérez nos lleva a la escuela en autobús, y Sunil y yo camino a casa.
4. Todos disfrutaron mucho de la obra, mas el teatro eran muy caluroso.

Corrige la concordancia del sujeto y el verbo. Asegúrate de que concuerden los sujetos y los verbos en las oraciones sencillas y en las oraciones compuestas de tu ensayo. (Consulta las páginas 457 y 459).

Aprendizaje del lenguaje

Con un compañero, lee en voz alta las oraciones. Juntos identifiquen cada sujeto y verbo. Si un sujeto y un verbo no concuerdan, túrnense para decir la oración con la concordancia correcta del sujeto y el verbo.

1. A Jin y a mí nos gusta el helado, pero a Laura le gustas el flan.
2. Las flores florecen en primavera y la lluvia las hacen crecer.
3. Sara y Anita viene a mi casa, o yo las visito en su casa.

Convenciones mecánicas: Puntuación

Cuando corriges las *convenciones mecánicas,* revisas si has usado las letras mayúsculas y la puntuación correctamente. Para corregir la puntuación, busca errores en el uso de las comas, los puntos, los signos de interrogación y otros signos de puntuación.

¿Cómo se usa la coma en las oraciones compuestas?

Se puede usar coma en oraciones compuestas cuando las cláusulas tienen la misma estructura y no están unidas por una conjunción coordinante. Si hay una conjunción coordinante, se usa coma cuando las oraciones coordinadas son adversativas o consecutivas. (Consulta las páginas 481 y 530).

Oración compuesta con coma

Los niños cantaban, las niñas bailaban, los adultos observaban.

Oración compuesta con conjunción coordinante

Sam Houston se hizo famoso en Texas, pero su familia es de Virginia.

Práctica

En las siguientes oraciones compuestas, agrega una coma donde sea necesario. Si hay una conjunción, enciérrala en un círculo.

1. A Lucas le gusta leer cuentos de misterio a María le gusta leer novelas de aventuras.
2. Iremos a la playa este fin de semana pues mi papá ha rentado un carro.
3. Rosa terminó su tarea Guille y yo también terminamos la nuestra.
4. No quedaron crepes para el desayuno mas quedó mucha mantequilla.

Corrige

Revisa las comas. Lee tu ensayo y busca oraciones compuestas. Asegúrate de que las oraciones sencillas estén unidas por una coma o una coma y una conjunción, según corresponda.

Convenciones mecánicas: Uso de las letras mayúsculas

Para corregir las convenciones mecánicas debes revisar la redacción para asegurarte de haber usado las letras mayúsculas correctamente.

¿Qué sustantivos deben comenzar con una letra mayúscula?

Usa la letra mayúscula inicial para mostrar que un sustantivo es un sustantivo propio. (Consulta las páginas **446** y **604** para más detalles).

Sustantivos comunes nombran a una (singular) o más (plural) personas, lugares o cosas en general: tía, ciudad, libro

Sustantivos propios nombran a una persona, un lugar o una cosa en particular: Catalina, Houston, *Cien años de soledad*

Práctica

Trabaja con un compañero para decidir si estas palabras son sustantivos comunes o sustantivos propios. Si la palabra es un sustantivo propio, vuelve a escribirla con letra mayúscula. Si la palabra es un sustantivo común, escribe un sustantivo propio que nombre a una persona, un lugar o una cosa en particular de ese tipo. Asegúrate de usar letras mayúsculas para los sustantivos propios.

1. amigo
2. jorge
3. texas
4. ciudad
5. lago
6. dallas
7. mascota
8. abuela juana
9. atlántico
10. calle

Corrige

Revisa el uso de las letras mayúsculas. Lee tu ensayo y busca los nombres de personas, lugares y cosas en particular. Asegúrate de que todos los sustantivos propios que usaste estén escritos con letra mayúscula.

Corregir cómo usar una rúbrica

Corrige

¿Cómo sabes si has hecho un buen trabajo de corrección? Puedes usar los pasos y la rúbrica, o pauta de calificación, que están a continuación.

1. Comienza leyendo la descripción de la calificación de 3 puntos. Decide si tu ensayo debería obtener 3 puntos.

2. Si no es así, lee la descripción de la calificación de 4 puntos, luego la de la calificación de 2 puntos, y continúa hasta hallar la que mejor se ajuste a tu redacción.

3. Si tu calificación es menor que 3, vuelve a corregir la redacción para encontrar todos los errores en las convenciones.

Convenciones

No tengo ningún error o casi ninguno en la gramática, la estructura de las oraciones, las convenciones mecánicas y la ortografía. El lector puede concentrarse en lo que digo.

Tengo errores pequeños en la gramática, la estructura de las oraciones, las convenciones mecánicas y la ortografía.

Varios errores hacen que mi ensayo expositivo sea difícil de leer. Debo corregirlos.

Debo corregir muchos errores en la redacción.

Corrige

Pide a un compañero que comente tu trabajo. Pide a un compañero que lea el ensayo terminado y que te cuente sus reacciones o comentarios usando la Hoja de comentarios sobre el trabajo de los compañeros de la página 42. Pide al maestro que lea tu ensayo también. Luego haz todos los cambios que sean necesarios.

Publicar

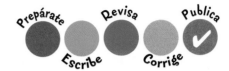

Llegó el momento de comprobar que en tu ensayo no haya errores y escribir la versión final en limpio para que otros la lean. También puedes convertir tu redacción en un currículum vítae, una parodia o un cartel. Ten en cuenta al público específico de tu ensayo. (Consulta las siguientes sugerencias).

Presentación

- Usa tinta azul o negra y escribe con letra clara. Puedes escribir en letra de molde o en cursiva, según cuál sea tu mejor caligrafía.
- Escribe tu nombre en el extremo superior izquierdo de la primera página.
- Deja un renglón y escribe el título en el centro; deja otro renglón y comienza a escribir.
- Deja sangría en todos los párrafos y un margen de una pulgada a cada lado.
- Escribe tu apellido y el número de página en el extremo superior derecho de cada página después de la primera.

Prepara un currículum vítae

Imagina que te presentas para un trabajo de la profesión que escogiste. Escribe tu nombre y dirección y luego haz una lista de las habilidades que te hacen la persona indicada para ese trabajo.

Representa una parodia

Con un compañero, presenta a la clase una parodia sobre la profesión que escogiste.

Haz un cartel

Crea un cartel informativo sobre la profesión que escogiste. Incluye las tareas principales de ese trabajo.

Escribe la versión final. Sigue las instrucciones de tu maestro o usa las pautas anteriores para darle formato a tu ensayo. (Si usas una computadora, consulta las páginas 44 a 46). Escribe en limpio la versión final de tu ensayo y comprueba que no haya errores.

Evaluar un ensayo expositivo

Para aprender a evaluar un ensayo expositivo, usarás la rúbrica, o pauta de calificación, de las páginas 34 y 35 y los ensayos que están a continuación. Hay un ejemplo para cada calificación de la tabla.

Observa que el primer ensayo obtuvo una calificación de 4 puntos. Lee la descripción de la calificación de 4 en las páginas 34 y 35. Luego lee el ensayo. Sigue los mismos pasos para analizar los demás ejemplos. Ten siempre presente que debes pensar en la calidad general de la redacción.

Una redacción con una calificación de 4 es muy buena.

Para ser veterinario

Siempre me gustaron los animales. Durante años, pasé todos los veranos en la granja de mis abuelos. Allí aprendí a amar y a cuidar a las ovejas, las vacas, los cerdos y los caballos, los perros y los gatos. Gracias a esos veranos en la granja me di cuenta de que quería ser veterinario.

La oración temática indica claramente la idea principal del ensayo.

He leído mucho sobre lo que se necesita para ser veterinario. Creo que tengo las habilidades y características necesarias. Obviamente, la primera característica es amar a los animales. Y yo no solo adoro a los animales, sino que además siempre me dicen que tengo una conexión especial con ellos.

El escritor apoya las ideas con detalles específicos y bien enfocados.

También tienes que disfrutar el trabajo con otras personas ya que debes explicarles cómo cuidar a sus animales. Tengo mucha experiencia en eso por el trabajo que hago en el refugio de animales de mi vecindario. Todas las semanas, hago trabajo voluntario allí y enseño a las personas a cuidar las mascotas que adoptan.

Para ser veterinario, también es necesario tener paciencia por muchas razones. No todos los problemas que surgen se solucionan inmediatamente. Además, debes tener paciencia porque lleva mucho tiempo estudiar para convertirse en veterinario. A veces cuido a mi hermanito. Lo digo en serio: amo a mi hermano pero a veces se necesita muchísima' paciencia para estar con él.

La voz del escritor muestra interés y es única.

Para ser veterinario, tienes que esforzarte mucho, tener buenas calificaciones y asistir a muchas clases de ciencias en la escuela secundaria. Eso no será molestia para mí porque me encantan las ciencias. Luego hay que estudiar por lo menos cuatro años más para ser veterinario.

En Texas, tenemos la suerte de contar con una facultad de veterinaria muy buena, la de la Universidad de Texas A&M. Está ubicada en College Station y espero poder ir allí. Una vez que ya estás en la universidad, tienes que decidir si vas a ser veterinario de animales pequeños o de animales grandes. Es una decisión difícil porque me gustan los animales grandes, en especial, las vacas y los caballos. Pero me parece que me gustan más los animales pequeños.

El ensayo está bien organizado y tiene buenas palabras y frases de transición y una conclusión atractiva.

Para ser veterinario hay que hacer un gran esfuerzo. Hay que estudiar muchos años y tener muchísima paciencia. Aun así, me gustan tanto los animales que ¡no me imagino otra profesión para mí!

Una redacción con una calificación de 3 es bastante buena.

3

Creaciones deliciosas

Cuando huele a vainilla dulce o a chocolate sabroso, siento cosquillas en la barriga y se me hace agua la boca. Y cuando ese aroma viene de algo que yo mismo preparé, no puedo dejar de sonreír. ¡Me encanta hacer pasteles! Me dedicaré a la pastelería el resto de mi vida. Quiero hacer felices a los demás con mis creaciones deliciosas.

Mi abuela me enseñó a hacer pastelitos, galletas y tartas. Es lo que más nos gusta hacer cuando estamos juntos. ¡Adoro a mi abuela! Es una persona tan divertida. Lo primero que hacemos es reunir todos los ingredientes y utencilios. Luego, seguimos las instrucciones de las recetas para preparar nuestras creaciones deliciosas. A veces las servimos como postre para los amigos y la familia. A veces las comemos nosotros solos.

Los pasteleros hacen lo mismo que hacemos mi abuela y yo. Preparan pastelitos, galletas, tartas, pasteles de boda, biscochos de chocolate y otras creaciones deliciosas. Luego sirven esas creaciones en pastelerías o restaurantes.

El trabajo de un pastelero es muy duro. Debes tener brazos fuertes para mezclar la masa en un tazón y cargar ollas pesadas. Además, debes ser muy organizado y prolijo en la cocina. Me gusta

Hay detalles interesantes que ayudan a desarrollar las ideas.

ver programas de televisión sobre cocina. ¡Algunos cocineros son asombrosos!

Los pasteleros son muy creativos porque usan la imaginación. No siempre siguen las recetas, a veces crean recetas propias. También decoran los pasteles con glaseado y les dan formas asombrosas. Saben hacer pasteles decorados con flores o con forma de flor. Saben hacer pasteles decorados con castillos o con forma de castillo. ¡Hacen cosas increíbles!

Creo que seré un pastelero genial por que a todos les gustan mis galletas. Dicen que mis galletas son tan buenas que se derriten en la boca. Siempre trabajo duro y me aseguro de que la cocina de la abuela quede relusiente.

Hay algunos errores en las convenciones que no interfieren con el sentido.

Puedo seguir las instrucciones de las recetas, pero también me gusta esperimentar e inventar. A veces resulta bien y a veces no. Soy muy bueno para decorar pastelitos con glaseado. Puedo hacer flores, mariposas y pelotas con glaseado. Aún no he preparado ni decorado un pastel entero, pero lo haré.

El párrafo de conclusión es efectivo.

Algún día seré un pastelero famoso. Trabajaré duro para que las creaciones de mi pastelería se conozcan en todo el mundo. En mi cocina nueva, prepararé para mi abuela ¡un pastel de cumpleaños con la forma de la cocina donde aprendí a hacer pasteles! Siempre le agradeceré por haberme enseñado a preparar creaciones deliciosas.

Una redacción con una calificación de 2 es relativamente buena.

2

El ensayo empieza con un enfoque claro.

Hay problemas de organización pero el ensayo se puede leer con cierta facilidad.

Se necesitan más detalles e información para desarrollar la idea principal.

Hay muchos errores en las convenciones que a veces dificultan la lectura.

Fotografía

Tomar fotografías es fácil. Puedes ganar dinero con ellas. Fuimos de viage y yo tomé fotos. Salieron lindas. Tenía algunas de montañas y de lagos. Tenía algunas de personas. Decidí que intentaría vender algunas fotos a todas las Personas de la ciudad. Vendí muchas fotografías y gané dinero.

Es fácil tomar fotografías. Si quieres tomar fotos, esto es lo que debes hacer. Tienes que consegir una buena cámara. Asegúrate de que funcione bien. Pon le baterías nuevas. Busca algo que puedas fotografear. Mi hermana quiere que tome una foto de su perro.

No dejes que el sol te dé en los ojos. La foto tendrá demaciado brilio.

Mantén la cámara quieta. No la muevas. Presiona el botón para tomar la foto.

Muestra las fotografías a tus amigos y tu familia. Fíjate si qieren comprar algunas. Yo puedo vender montones. Guarda tu dinero en un lugar seguro. Quedé contento. Tenía dinero para comprar cosas. Tal vez algún día trabage de esto.

Una redacción con una calificación de 1 es pobre.

Pilotos de helicótero

¿Qué es ese sonido Es un helicótero. la mejor maquina voladora de todas. Quiero ser eso cuando sea grande.

Los pilotos de helicótero hacen muchas cosas. Cuando un helicótero te ve, no te puedes escapar. algunos llevan a personas para que vean cosas. algunos trabajan en el ejército. Algunos trabajan para la policía, como el papá de josé. vuelan en miciones secretas. donde los aviones no pueden ir. Algunos se meten en bolcanes. algunos persigen y atrapan a los malos. Podría volar uno, y es fácil.

Tienes que ver bien tengo la vista perfecta. la enfermera me dijo eso mi hermano usa gafas. tambien todos los demás en mi familia. Los pilotos necesitan no ser nerviosos. cuando jugamos, no tengo miedo. No me siento mal cuando vuelo. eso esta bien.

ven a volar conmigo en un bolcán. Vamos a una persecusión policial. quiero ser eso. pueden hacer cualquier cosa.

La idea principal del ensayo no es clara.

El ensayo no sigue un patrón de organización claro.

Errores graves en la gramática, la estructura de las oraciones, las convenciones mecánicas y la ortografía hacen que el ensayo sea muy difícil de leer.

La mayoría de las ideas no están desarrolladas.

Evaluar y analizar tu redacción

Has trabajado mucho en tu ensayo. Ahora, tómate un momento para analizar y calificar tu redacción. Para calificar tu redacción, consulta la rúbrica que se encuentra en las páginas 34 y 35 y los ejemplos que acabas de leer. Luego, en una hoja aparte, completa las oraciones que están a continuación.

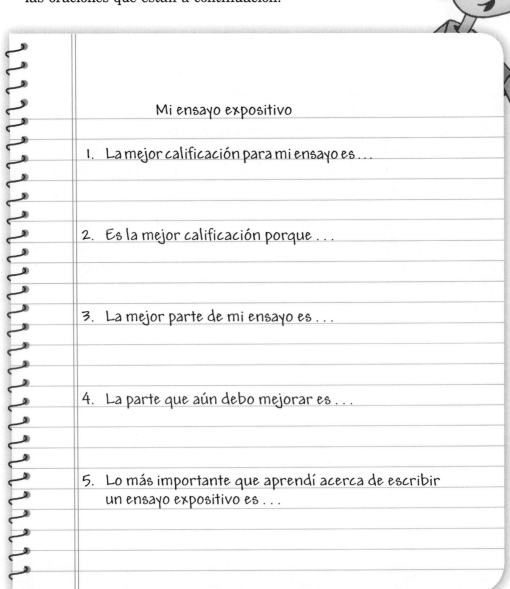

Mi ensayo expositivo

1. La mejor calificación para mi ensayo es…

2. Es la mejor calificación porque…

3. La mejor parte de mi ensayo es…

4. La parte que aún debo mejorar es…

5. Lo más importante que aprendí acerca de escribir un ensayo expositivo es…

Escritura expositiva

Conexión con otras materias

A veces la escritura expositiva responde la pregunta "¿Puedes explicarlo?". Por ejemplo, tu libro de ciencias puede explicar cómo hacer una cámara oscura. Tu libro de matemáticas tal vez explique qué es la división. Ambas son formas de escritura expositiva.

En la escuela, los libros de texto te ofrecen las explicaciones que necesitas. Si practicas, tu escritura expositiva te servirá para explicar cosas tú mismo, sea en un ensayo o en una prueba.

A continuación

- **Ciencias:** Escribir un ensayo de instrucciones
- **Matemáticas:** Explicar un concepto matemático
- **Escritura práctica:** Tomar apuntes en dos columnas

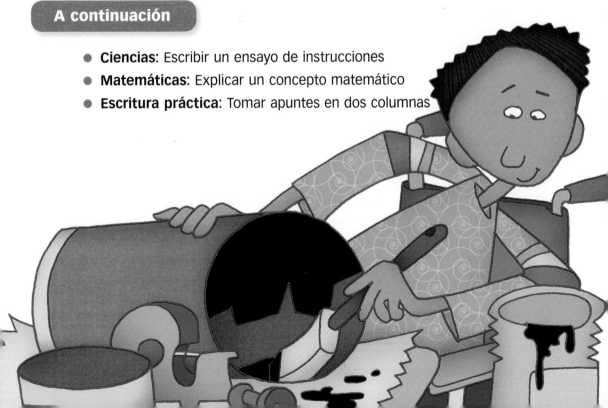

Ciencias: Escribir un ensayo de instrucciones

Un ensayo de instrucciones explica cómo hacer algo. En este ensayo, una estudiante da instrucciones paso a paso para construir una cámara oscura.

Cómo hacer una cámara oscura

Comienzo
En el comienzo aparece la oración temática (subrayada).

Si te gusta la fotografía, seguramente querrás hacer una cámara oscura. Hacer una cámara oscura es fácil y resulta divertido para los amantes de las cámaras.

Para comenzar, reúne los elementos necesarios. Necesitas un envase de cereales cilíndrico, pintura negra en aerosol, papel negro, cinta adhesiva, tijeras y una aguja. También hace falta papel fotográfico, que conseguirás en la tienda de cámaras.

Desarrollo
En el desarrollo se enumeran los materiales y se explican todos los pasos.

Luego prepara el envase de cereales. Píntalo con la pintura negra en aerosol, por dentro y por fuera. Después, haz un agujerito en el fondo del envase con la aguja, justo en el medio. Este agujero es la "lente". Corta un trozo pequeño de papel negro y sujétalo con la cinta adhesiva sobre la lente de manera que puedas levantarlo. Este es el "obturador". Por último, métete en un cuarto oscuro y sujeta con cinta adhesiva el papel de fotografía dentro de la tapa de la caja. Sella la caja herméticamente.

¡Ya puedes sacar fotografías! Para sacar una foto, escoge un día soleado, busca un lindo lugar al aire libre y apoya la cámara. Abre el obturador durante dos segundos (cuenta "mil uno, mil dos") y vuelve a cerrarlo. Luego lleva la cámara a la tienda de cámaras para que revelen el papel fotográfico o aprende a revelarlo tú mismo.

Final
La oración de conclusión (subrayada) le deja al lector una reflexión final.

Experimenta con la cámara. Descubre qué hermosas fotos puedes sacar. ¡Lo único más divertido que construir una cámara oscura es usarla!

Prepararse Escoger un tema

Primero, escoge un tema para tu explicación, o ensayo de instrucciones. Usa un diagrama de detalles para pensar en las cosas que sabes hacer.

Diagrama de detalles

Haz un diagrama de detalles. Escribe *Yo sé...* y enciérralo en un círculo. Luego escribe cosas que sabes hacer. Escoge un tema que tenga distintos pasos.

Hacer una lista de materiales y herramientas

El primer paso para desarrollar el borrador de un ensayo es organizar las ideas y categorizarlas. Teresa usó un gráfico para planificar su ensayo.

Lista

Materiales	Herramientas
envase de cereales cilíndrico	tijeras
pintura negra en aerosol	aguja de coser
papel negro	
papel fotográfico	
cinta adhesiva	

Haz una lista. Decide las categorías. Escríbelas en la parte de arriba de una hoja. Luego haz una lista de los elementos debajo de cada categoría.

Prepararse Organizar los pasos

Luego escribe los pasos (incluye al menos tres) en el orden que se deben seguir. Una cronología te puede ayudar a organizar los pasos.

Cronología

Pasos	Qué hacer
1	Pintar el envase de cereal de negro por dentro y por fuera
2	Hacer un agujero en el fondo y encima sujetar el papel negro con cinta adhesiva
3	Sujetar el papel fotográfico con cinta adhesiva dentro de la tapa (en un cuarto oscuro)
4	Poner la tapa y cerrar herméticamente la caja
5	Sacar una foto (dos segundos de exposición)

Crea una cronología. Escribe "Pasos" y "Qué hacer" en una hoja. Luego haz una lista de todos los pasos en orden. Si olvidas un paso, escríbelo al lado de los otros y traza una línea para mostrar dónde va.

Prepararse Escribir la oración temática

La oración temática establece tanto la idea central del ensayo como la razón por la cual deberíamos ponerla en práctica. A continuación, verás una fórmula para escribir la oración temática.

tema	razón para hacerla	una oración temática atractiva
cómo hacer una cámara oscura	**+** fácil y divertido para los amantes de las cámaras	**=** Hacer una cámara oscura es fácil y resulta divertido para los amantes de las cámaras.

Escribe la oración temática. Usa la fórmula anterior. Escribe varias versiones hasta que tengas una buena oración temática.

Desarrollar un borrador **Crear el primer borrador**

Organiza en párrafos las partes principales del primer borrador.

- **Comienzo:** Presenta el tema y establece la idea central.
- **Desarrollo:** Describe los materiales y explica todos los pasos.
- **Final:** Para finalizar, alienta a los lectores a que hagan ellos mismos el proceso.

 Escribe el primer borrador. Usa la lista y la cronología que hiciste en las páginas 175 y 176 como guía para tu redacción.

Revisar **Mejorar la redacción**

Ahora, es probable que necesites hacer algunos cambios.

- **Enfoque y coherencia** ¿Es claro mi enfoque? ¿Se conectan mis ideas entre sí y con la idea central?
- **Organización** ¿Están mis pasos en el orden correcto?
- **Desarrollo de las ideas** ¿Brindé suficientes detalles?
- **Voz** ¿Logro que el tema suene interesante?

 Revisa el trabajo. Usa las preguntas anteriores para hacer cambios en tu primer borrador. Luego escribe el texto en limpio para corregirlo.

Corregir **Comprobar que se respeten las convenciones**

También es importante seguir las normas del español.

- **Convenciones** ¿He comprobado que no haya errores en la puntuación, el uso de las letras mayúsculas, la ortografía y la gramática?

 Corrige el trabajo. Para corregir el ensayo, haz las preguntas anteriores. Escribe la versión final, en letra de molde o en cursiva, según cuál sea tu mejor caligrafía. Comprueba que no haya errores.

Matemáticas: Explicar un concepto matemático

Hacer una redacción sobre un concepto que aprendiste en la clase de matemáticas muchas veces te permite entenderlo mejor. En este ejemplo, Julia explicó la división.

En el **comienzo** se menciona la idea.

En el **desarrollo** se dan explicaciones y ejemplos.

En el **final** se expresa la idea con una imagen.

¿Qué es la división?

La división es tomar algo para dividirlo entre partes iguales. En casa, comparto una recámara grande con mi hermana menor. Mamá dice que deberíamos dividirla entre dos. También usamos la división al cortar una pizza. Dividimos la pizza redonda entre 8 porciones para que todos comamos.

A veces, tenemos que dividir un número grande. Por ejemplo, digamos que tienes 24 líneas. Si las divides entre 2 grupos iguales, tendrás 12 líneas en cada mitad, o 2 partes iguales. Si divides las 24 líneas entre 4 grupos iguales, tendrás 6 líneas en cada cuarto, o 4 partes iguales.

Dividir entre 2

Dividir entre 4

Sugerencias para la redacción

Antes de escribir . . .

- **Escoge un concepto matemático.**

  Usa un concepto o un proceso matemático que hayas estudiado o el concepto que te sugiera tu maestro.

- **Habla sobre el concepto.**

  Prepara una lista de los pasos que necesitas explicar y luego explícaselos a un compañero. Anota algunas de las ideas que surjan de esa conversación.

Mientras escribes . . .

- **Define el concepto o proceso.**

  Escribe una oración inicial donde definas el concepto.

- **Da ejemplos.**

  Cuenta cómo se puede usar el concepto o proceso en la vida diaria. Usa ejemplos que ayuden al lector a entender el concepto.

- **Haz un dibujo matemático.**

  Presenta otro ejemplo y explícalo con un dibujo matemático.

Después de escribir el primer borrador . . .

- **Corrige el trabajo.**

  Busca errores en la gramática, la estructura de las oraciones, las convenciones mecánicas (puntuación y uso de las letras mayúsculas) y la ortografía.

Explica un concepto o proceso matemático. Sigue las sugerencias anteriores y recuerda incluir un dibujo.

$24 \div 6 = 4$

TEKS 4.24C

Escritura práctica: Tomar apuntes en dos columnas

Saber tomar apuntes te ayudará en tus clases. En el siguiente ejemplo, Emilia tomó apuntes mientras estudiaba la historia de su estado con un libro.

Las ideas principales están en la lista de la izquierda y los detalles, en la lista de la derecha.

HURACÁN EN GALVESTON EN 1900

el huracán que produjo más muertes en los Estados Unidos	– población de Galveston: aproximadamente 38,000 – cantidad estimada de muertes: entre 6,000 y 8,000
sin aviso previo	– las tormentas son comunes en la zona, por lo que los habitantes no le prestaron atención a esta – los telégrafos dejaron de funcionar
daños enormes	– vientos de 100 millas por hora – 1/3 de la ciudad destruida
resultados	– 1902: se construyó el rompeolas – 1917: huracán, sin daños

Sugerencias para la redacción

Antes de escribir . . .

- **Escribe un encabezamiento para tu organizador.**
  Escribe el encabezamiento de tu tema en la parte de arriba de la hoja.
- **Divide la hoja en dos columnas.**
  Deja la columna más angosta del lado izquierdo.
- **Escribe claramente.** Tienes que poder leer los apuntes luego.

Mientras escribes . . .

- **Examina rápidamente y escanea.** Examina la lectura rápidamente y escanea el libro para identificar datos útiles. Presta atención a lo que está resaltado en negritas y en letra cursiva, los pies de foto, las palabras clave y otras características del texto. (Consulta la página **323**).
- **Escribe las ideas principales en el lado izquierdo.**
  Deja espacio entre las ideas principales para tener suficiente lugar para agregar detalles en el lado derecho.
- **Escribe los detalles en el lado derecho.**
  Toma apuntes sencillos usando palabras y frases sueltas. Coloca cada apunte al lado de la categoría de idea principal correcta.
- **Agrega dibujos.** Puedes hacer dibujos para clarificar detalles.

Después de escribir el primer borrador . . .

- **Revisa los datos.** Deben estar completos y ser correctos.
- **Anota todas las preguntas que aún tengas.**
  Anota preguntas en tus apuntes. Luego revisa el libro o pide a tu maestro que te ayude a hallar las respuestas.
- **Usa los apuntes para estudiar.** Relee los apuntes o pide a alguien que te haga preguntas sobre tus apuntes.

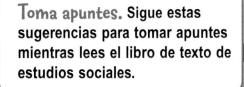

Toma apuntes. Sigue estas sugerencias para tomar apuntes mientras lees el libro de texto de estudios sociales.

Escritura expositiva

Escribir para la evaluación de Texas

Las pruebas de redacción de Texas incluyen temas de escritura en los que debes explicar algo o presentar información. En el siguiente tema de escritura de ejemplo se pide al estudiante que escriba un ensayo.

Tema de escritura

> La mayoría de las personas tienen un objeto preferido. Escribe un ensayo sobre tu objeto preferido y la razón por la que lo es.

Usa la siguiente información como ayuda para escribir tu composición.

RECUERDA QUE DEBES...

☐ escribir sobre un objeto preferido y explicar por qué es tu preferido.

☐ asegurarte de que cada oración le sirva al lector para entender tu composición.

☐ incluir detalles específicos sobre tus ideas para que el lector comprenda bien todo lo que quieres decir.

☐ respetar las normas de la gramática, la estructura de las oraciones, el uso de las letras mayúsculas, la puntuación y la ortografía.

Prepararse Escoger una forma

El tema de escritura no te indica qué forma, o género, de escritura debes usar. ¿Cómo puedes escoger una? Piensa cuál es la mejor forma para lo que quieres decir y cuál expresa mejor el significado deseado a tu público.

¿Quieres...

- describir a una persona o un lugar?
- proponer una solución a un problema?
- explicar cómo funciona un objeto?
- contar una experiencia personal?
- dar información?
- persuadir a alguien de que haga algo?

Responder estas preguntas te ayudará a escoger una forma, o género. (Consulta también la página **507**).

Leandro quería escribir sobre su pelota de baloncesto, que es su objeto preferido. Decidió que la mejor forma era un ensayo expositivo porque le permitiría presentar información sobre por qué su pelota de baloncesto era tan importante para él.

Planifica la redacción

Cuando Leandro pensó sobre su pelota de baloncesto, se dio cuenta de que había varias razones por las que era importante para él. Usó un diagrama de detalles para identificar las razones y para planificar y organizar su borrador.

Diagrama de detalles

Desarrollar un borrador **Escribir el ensayo expositivo**

Luego Leandro usó el diagrama de detalles para escribir el ensayo expositivo. Lee el ensayo de Leandro.

El objeto preferido de mi papá es su teléfono móvil por todas las funciones que tiene. El objeto preferido de mi hermano es su equipo de música porque le encanta escuchar música. Mi objeto preferido es mi pelota de baloncesto.

En primer lugar, mi pelota de baloncesto es de muy buena calidad. Tiene una cobertura de cuero anaranjado, como la pelota reglamentaria de la NBA. Es fantástica para jugar y me encanta el olor del cuero. Los canales súper anchos le dan un excelente agarre. Para mí, el sonido que hace cuando rebota sobre el cemento o sobre el tablero es como música. Hasta tiene la firma de Yao Ming, mi jugador favorito.

La pelota de baloncesto también me permite estar en forma. En lugar de estar sentado delante del televisor, salgo afuera a tirar al aro durante horas. También jugamos uno contra uno con mi hermano. Después de un juego rápido me siento bien.

Pero lo mejor de mi pelota de baloncesto es que me la regaló mi papá. Jugamos juntos cada vez que paso un fin de semana con él.

> En el **final** se ofrece un resumen y la oración de conclusión (subrayada).

El resto del tiempo, la pelota me hace sentir que él está conmigo. Papá dice que si sigo estudiando y practicando, quizá obtenga una beca escolar como él.

La pelota de baloncesto es mi objeto preferido por muchas razones. Es de buena calidad, me ayuda a mantenerme en forma y me la regaló mi papá. Cuando toco el cuero y escucho ese ruido tan especial que hace al rebotar, sueño que hago un triple mientras mi papá lo grita desde la tribuna.

Responde a la lectura. Responde las siguientes preguntas por escrito. Luego comenta tus respuestas con un compañero.

- **Enfoque y coherencia** (1) ¿Se relacionan todas mis ideas con el tema y entre sí? (2) ¿Qué palabras clave del tema de escritura usó Leandro?

- **Organización** (3) ¿Cómo organiza Leandro su ensayo? (4) ¿Fluyen lógicamente sus ideas?

- **Voz** (5) ¿Qué palabras y frases muestran los sentimientos de Leandro?

Conexión con la literatura: Encontrarás un ejemplo de texto expositivo en *La historia de Leonardo Da Vinci, un artista genial*, de María Susana Massabó.

Sugerencias para la redacción

Planificar tu respuesta . . .

- **Asegúrate de haber entendido el tema de escritura.**
  Lee el tema de escritura cuidadosamente y busca las palabras clave.
- **Escoge una forma para tu respuesta.**
  Escoge la forma, o género, correcta de acuerdo al tema de tu redacción y ten en cuenta quiénes la leerán (público).
- **Recopila tus ideas.**
  Prepara una lista o completa un organizador gráfico sencillo.
- **Escribe una oración temática.**
  Escribe la idea central en una sola oración.
- **Distribuye bien el tiempo.**
  Reserva algunos minutos al final para controlar tu trabajo.

Escribir tu respuesta . . .

- **Comienza con un párrafo inicial atractivo.**
  Asegúrate que tenga una oración temática con la idea central.
- **Organiza los detalles.**
  Los datos, los detalles y las explicaciones deben estar organizados en párrafos en los que las ideas fluyan lógicamente.
- **Escribe un final efectivo.**
  Escribe una oración de conclusión que le deje al lector algo que pensar.

Revisar tu respuesta . . .

- **Comprueba que todo sea correcto.**
  Vuelve a escribir las partes confusas y corrige los errores en la gramática, la estructura de las oraciones, las convenciones mecánicas y la ortografía.

 Planifica y escribe una respuesta. Escribe una respuesta al tema de escritura de la página 182 en el tiempo que indique tu maestro. Recuerda escoger una forma, o género, y usa las sugerencias que están arriba.

Repaso de la escritura expositiva

En la escritura expositiva, le explicas algo al lector.

Escoge un tema que realmente te interese y que también le interese a tus lectores. (Consulta la página 138).

Recopila y organiza detalles sobre el tema con un organizador gráfico. (Consulta las páginas 139 y 140).

Escribe una oración temática en la que incluyas el tema y algo especial sobre el tema que planifiques desarrollar. (Consulta la página 141).

En el comienzo, presenta el tema y establece la idea central en una oración temática. (Consulta la página 145).

En el desarrollo, brinda detalles que expliquen o apoyen la idea central. (Consulta las páginas 146 y 147).

En el final, resume los puntos principales y escribe una oración de conclusión sobre el tema. (Consulta la página 148).

Primero, revisa el enfoque y la coherencia, la organización y el desarrollo de las ideas. Luego revisa **la voz.** (Consulta las páginas 150 a 158).

Comprueba que se respeten las convenciones. Busca errores en la gramática, la estructura de las oraciones, las convenciones mecánicas (puntuación y uso de las letras mayúsculas) y la ortografía. Pídele a un amigo que corrija tu redacción. (Consulta las páginas 160 a 164).

Escribe la versión final y comprueba que no haya errores antes de mostrársela a otras personas. (Consulta la página 165).

Usa la rúbrica, o pauta de calificación, para evaluar tu redacción acabada. (Consulta las páginas 166 a 172).

TEXAS
Fuente de
escritura
En línea

www.hmheducation.com/tx/writesource

Escritura persuasiva

Enfoque de la escritura

- **Párrafo persuasivo**
- **Ensayo persuasivo**

Enfoque gramatical

- **Conjunciones disyuntivas**
- **Adjetivos (forma comparativa)**
- **Adjetivos (forma superlativa)**

Aprendizaje del lenguaje

Trabaja con un compañero. Lean los significados y respondan juntos las preguntas.

1. Un evento es una actividad importante o especial.
   Cuenta sobre algún evento familiar en el que la hayas pasado bien.

2. Tu postura indica lo que piensas con respecto a algún tema.
   ¿Cuál es tu postura con respecto a tener clases durante el fin de semana?

3. Persuadir a alguien es convencerlo para que esté de acuerdo contigo o para que haga algo.
   Cuenta sobre alguna vez en la que persuadiste a alguien para que estuviera de acuerdo contigo.

4. Un llamado a la acción indica a las personas lo que hacer.
   ¿Cómo completarías este llamado a la acción?
   Salvemos al medioambiente. Recuerden _____.

Escritura persuasiva

Párrafo persuasivo

¿Cómo completarías la siguiente oración? "El mejor evento de la escuela es . . . ". ¿Dirías que es el día de los sombreros, el día de los abuelos, la feria escolar? Un evento especial puede hacer que una semana, o incluso un año entero, sea más divertido.

En este capítulo, escribirás un párrafo en el que des razones para convencer a otros de que apoyen tu postura sobre un evento escolar especial.

Pautas para escribir

Tema:	Un evento escolar especial
Propósito:	Persuadir
Forma:	Párrafo persuasivo
Público:	Padres y estudiantes

Párrafo persuasivo

La escritura persuasiva intenta persuadir, o influenciar, a los lectores, o público, para que hagan algo. Un párrafo persuasivo comienza con una **oración temática,** que establece tu postura, u opinión, sobre algo. Las **oraciones secundarias** dan razones y detalles que apoyan tu postura. Asegúrate de dar razones y detalles que sean razonables para el público. La **oración de conclusión** sirve para exponer tu opinión con otras palabras.

En este párrafo, Guillermo escribe sobre su evento escolar favorito.

Oración temática

Oraciones secundarias

Oración de conclusión

¡A divertirse de lo lindo!

En enero, la feria de la escuela Cass es un evento único al que todos deberían asistir. En primer lugar, hay actividades para todos. Este año, en un salón de clases colocaron un estanque con peces para los niños más pequeños. En otro, pintaron un payaso con una boca gigante en el pizarrón para jugar al tiro de la bolsita. En otros salones, se jugó a los zapatos mezclados y se hicieron carreras de relevos. En segundo lugar, en cada salón se dan premios, por ejemplo, gafas con ojos desorbitados. Los premios les dan un poco más de emoción a las actividades. La mejor parte es la competencia de payasos. Es gracioso ver cómo los estudiantes se visten de payasos con ropa vieja, se pintan la cara y se ponen pelucas, zapatos grandotes y corbatas raras. Si quieren divertirse de lo lindo, la feria de enero de la escuela Cass es la mejor opción.

 Responde a la lectura. Responde las siguientes preguntas en una hoja aparte. Luego comenta tus ideas y opiniones con un compañero.

■ **Desarrollo de las ideas** **(1)** ¿Qué le gusta a Guillermo de la feria escolar?

■ **Organización** **(2)** ¿Cuál es la razón más importante que da?

■ **Voz** **(3)** ¿Qué palabras o frases demuestran su entusiasmo?

Prepararse Escoger un tema

Piensa en los eventos escolares que te gustan. Hacer una lista rápida te ayudará a pensar alguna idea para escribir un párrafo persuasivo.

Crea una lista rápida. Haz una lista de los eventos que se hacen en tu escuela. Pon un asterisco (✱) al lado del evento que escojas.

Lista rápida

– día de deportes
– feria escolar ✱
– plantación de árboles
– juego de baloncesto entre
  estudiantes y maestros

Establecer tu postura

A continuación, establece tu postura (qué piensas con respecto al tema).

Fórmula: Un tema específico (la feria de la escuela Cass)
        + tu postura (es un evento único al que todos deberían asistir)
        = una buena oración que establece tu postura

Escribe la oración que establezca tu postura. Usa la fórmula anterior para escribir una oración en la que establezcas tu propia postura.

Recopilar razones

Luego escribe detalles, como las razones, que apoyan tu postura.

En primer lugar, hay actividades para todos.
En segundo lugar, en cada salón se dan premios.
La mejor parte es la competencia de payasos.

Completa los comienzos de oración. Copia y completa los comienzos de oración que aparecen subrayados arriba y úsalos para hallar tres razones que apoyen tu postura.

 TEKS 4.15B-D, 4.19

Desarrollar un borrador Crear el primer borrador

Empieza el borrador con la oración temática, en la que estableces tu postura acerca de un evento escolar. Las oraciones secundarias deben proporcionar al público las razones, los detalles y los ejemplos que apoyan tu postura. La oración de conclusión sirve para volver a exponer tu postura, pero con otras palabras.

Escribe el primer borrador. Ten en cuenta las sugerencias anteriores. Recuerda que tu público son adultos y estudiantes. Usa la postura y las razones que escribiste en la página 191.

Revisar Mejorar el párrafo

Cuando revises el párrafo, comprueba que *el enfoque y la coherencia, la organización, el desarrollo de las ideas* y *la voz* sean adecuados.

Revisa el párrafo. Usa las siguientes preguntas como guía.

1 ¿Plantea la oración temática un evento y establece mi postura con respecto a él?

2 ¿Apoyan mi postura con razones, detalles y ejemplos las oraciones secundarias?

3 ¿Sirven mis razones y detalles para convencer a mi público?

4 ¿Es convincente mi voz?

Corregir Comprobar que se respeten las convenciones

Corregir significa buscar errores en las *convenciones*.

Corrige el trabajo. Hazte las siguientes preguntas.

1 ¿Uso oraciones completas?

2 ¿Uso correctamente la puntuación de apertura y cierre?

3 ¿He comprobado que no haya errores de ortografía?

Escritura persuasiva

Ensayo persuasivo

Cuando un circo viene a la ciudad, los artistas tratan de convencer a las personas para que vean el espectáculo. Desfilan por la calle principal con sus elefantes, ponen carteles y aparecen en televisión. Hay muchas maneras de promocionar un circo.

Tú puedes promocionar un evento a través de un ensayo persuasivo. En el ensayo, debes mencionar el evento o la actividad y dar razones al público para que quiera participar. Este capítulo te ayudará a escribir un ensayo que transformará un evento... ¡en un éxito total!

Pautas para escribir

Tema: Un evento o una actividad

Propósito: Promocionar un evento

Forma: Ensayo persuasivo

Público: Tus compañeros

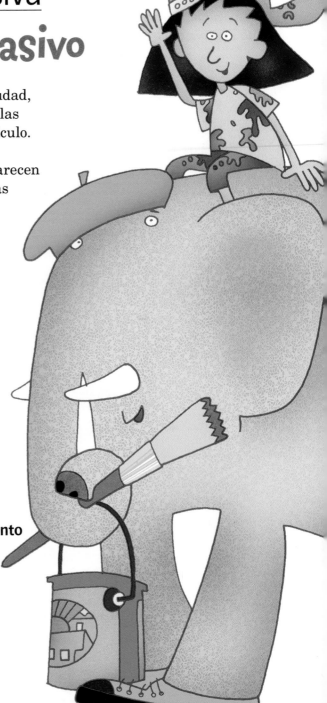

Comprender el objetivo

En este capítulo, tu objetivo es escribir un ensayo persuasivo que promocione un evento o una actividad. Las características de la escritura que aparecen a continuación te ayudarán a lograrlo.

Enfoque y coherencia
Escoge un evento o una actividad. Establece tu postura y recopila razones convincentes para que el público quiera participar en el evento.

Organización
Crea un comienzo, un desarrollo y un final claros. Usa palabras de transición que conduzcan naturalmente a la razón más importante.

Desarrollo de las ideas
Incluye razones convincentes que apoyen tu postura. Expón cada razón en un párrafo diferente del desarrollo. Deja la razón más importante para el final.

Voz
Ten en cuenta al público. Usa palabras y frases que llamen la atención de tus compañeros y los hagan actuar.

Convenciones
Asegúrate de que no haya errores en la gramática. Usa oraciones completas. Comprueba que no haya errores en el uso de las letras mayúsculas, la puntuación y la ortografía.

Conexión con la literatura: Encontrarás un ejemplo de escritura persuasiva en "La ñ también es gente", de María Elena Walsh.

Ensayo persuasivo

El propósito de un ensayo persuasivo es influenciar las actitudes o las acciones de un público específico sobre un tema específico. En otras palabras, cuando escribes para persuadir, quieres convencer al público para que haga algo. Recuerda que debes establecer tu postura y dar razones y detalles que la apoyen. Incluye palabras y frases que te ayuden a convencer al público.

Hacer historia

Comienzo

El comienzo capta la atención del lector y tiene una oración que establece la postura (subrayada).

A veces, en el recreo, me quedo cerca del mural que cubre la pared del patio. Me gustan las personas que aparecen allí. Mi favorita es una niña en particular porque la pintó mi mamá hace 20 años. El mural está perdiendo el color y se está descascarando, así que lo van a renovar. La escuela primaria Jones hará un concurso para pintar el nuevo mural y todos los estudiantes deberían participar.

La primera razón por la que los niños deberían ayudar es porque el mural representa a la escuela primaria Jones. Los estudiantes decidirán qué tipo de mural quieren. Luego pueden hacer dibujos y presentarlos para entrar en el concurso. La artista que contrató la escuela escogerá imágenes que digan algo de nosotros a la ciudad.

Desarrollo

Cada párrafo del desarrollo da razones que apoyan la postura.

Además, es necesario que los niños colaboren porque el nuevo mural llevará mucho trabajo. La artista no puede hacerlo sola. Necesita un equipo de niños que la ayuden a pintar el nuevo mural.

Desarrollo
Las palabras y las frases de transición ayudan a mostrar cuál es la razón más importante.

Algunos niños pueden ayudar después de clase. Otros pueden hacerlo los sábados. Si todos ayudan, el mural se terminará muy rápido.

La razón más importante para participar en el proyecto es que este mural estará aquí durante los próximos 20 años. Cuando seamos grandes, nos gustará señalar el mural y decir qué partes pintamos. Como dice mi mamá: "El mural es parte de nuestra historia y parte de nuestro futuro".

Final
En el final se pide al lector que haga algo (un llamado a la acción).

El mural es importante para todos los que formamos parte de la escuela primaria Jones, así que todos deberíamos participar en el concurso. Para empezar, imagina un nuevo mural, dibuja lo mejor que se te ocurra y envía el dibujo. Luego ponte una camiseta para pintar y ¡haz historia!

Responde a la lectura. Responde las siguientes preguntas sobre el ensayo de ejemplo en una hoja aparte.

- **Desarrollo de las ideas** (1) ¿Qué razones da el escritor para promocionar el concurso del mural?

- **Organización** (2) ¿Qué palabras o frases de transición usa el escritor para conectar los párrafos intermedios?

- **Voz** (3) ¿Qué verbos hacen que la voz del escritor suene convincente?

Prepararse

¡En línea!

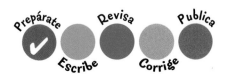

Prepararse es el primer paso del proceso de escritura. En este paso, decides el tema sobre el que quieres escribir y te dispones a crear el primer borrador.

Claves para prepararte para escribir

1. **Escoge** un evento o una actividad para promocionar.

2. **Recopila** detalles de apoyo, como las razones por las cuales habría que participar en el evento.

3. **Escribe** una oración que establezca tu postura y oraciones con una idea principal.

4. **Escribe** un llamado a la acción.

5. **Crea** una lista organizada de tu postura y tus razones.

Prepararse **Escoger un tema**

Para decidir un tema, debes pensar en eventos y actividades que se lleven a cabo en tu escuela o en tu comunidad. Yamila usó un gráfico en forma de T para hacer una lista de posibles temas para su ensayo según estas dos categorías.

Gráfico en forma de T

Eventos especiales	
Escuela	**Comunidad**
feria de libros	competencia de pesca
excursión al zoológico	desfile de San Patricio
concurso de jóvenes autores	carrera de barcos
programa de lectura de verano*	recolección de alimentos

Prepárate

Crea un gráfico en forma de T. Rotula tu gráfico como el anterior. En cada columna, haz una lista de eventos o actividades que podrías promocionar según la categoría. Pon un asterisco (*) al lado del tema que escojas.

Enfoque en las características de la Escritura en Texas

Enfoque y coherencia Piensa en el público cuando escojas un evento. En este caso, el público está formado por tus compañeros. Escoge un evento adecuado para los estudiantes de tu escuela. Ten en mente que tu tarea es convencerlos de que participen en ese evento.

Recopilar detalles de apoyo

El ensayo debe contar a tus compañeros por qué deberían participar en el evento que escogiste. Puedes usar un diagrama en forma de tabla para recopilar razones de apoyo. La parte superior de la tabla lleva el nombre del evento, y las columnas responden la pregunta "¿Por qué deberían participar mis compañeros?".

Diagrama en forma de tabla

Evento especial

¿Por qué deberían participar?

Programa de lectura de verano

¡Leer es divertido!	El cerebro necesita ejercitarse.	Los lectores reciben premios geniales.

 Prepárate

Crea un diagrama en forma de tabla. Escribe el evento especial que hayas escogido en el encabezado de la tabla. Dibuja al menos tres columnas. En cada una, responde la pregunta "¿Por qué deberían participar mis compañeros?".

Hacer una encuesta

También puedes llevar a cabo una investigación para recopilar razones. Por ejemplo, puedes iniciar una encuesta para saber qué les parece a tus compañeros el tema que escogiste. Observa la encuesta que hizo Yamila a continuación.

1. ¿Qué te gusta del programa de lectura de verano?
2. ¿Qué no te gusta del programa de lectura de verano?

 Prepárate

Crea una encuesta. Escribe dos o más preguntas para saber qué opinan tus compañeros sobre el evento que escogiste. Usa las respuestas para agregar detalles de apoyo a tu ensayo.

Prepararse **Escribir la oración que establezca la postura**

En la oración que establezca tu postura, debes mencionar el evento e indicar a tus compañeros que participen en él. La palabra *deberían* hará que la oración que establezca tu postura sea convincente.

menciona el evento		indica cómo deberían participar		una oración convincente que establezca tu postura
programa de lectura de verano	**+**	Los estudiantes de la escuela Befford deberían anotarse.	**=**	Los estudiantes de la escuela Befford deberían anotarse en el programa de lectura de verano.

Prepárate

Escribe la oración que establezca tu postura. Usa la fórmula anterior para escribir una oración en la que establezcas tu propia postura. Prueba más de una versión.

Escribir oraciones con una idea principal

Cada oración con una idea principal incluirá una de las razones que escribiste en el diagrama en forma de tabla (de la página 199). Cada una de estas oraciones abrirá uno de los tres párrafos intermedios de tu ensayo. A continuación, encontrarás las oraciones con la idea principal de Yamila.

1. Para empezar, leer es divertido.
2. Además, en el programa de lectura de verano se entregan premios geniales.
3. La razón más importante es que el programa de lectura de verano mantiene el cerebro activo.

Prepárate

Escribe las oraciones con una idea principal. Incluye una razón de tu diagrama en forma de tabla en cada oración con una idea principal. Conecta tus ideas con palabras y frases de transición.

En primer lugar,	La primera razón	Para empezar,
También,	Otra razón	Además,
Sobre todo,	La razón más importante	La razón principal

Escribir un llamado a la acción

La escritura persuasiva trata de convencer al lector de que haga algo. Un **llamado a la acción** generalmente se escribe como si fuera una orden, con el sujeto tácito, *tú o ustedes*, dirigido al lector. Yamila escribió el siguiente llamado a la acción en su ensayo.

Vayan a la biblioteca, anótense y ¡prepárense para leer!

Práctica

Transforma las siguientes oraciones en órdenes (quita los sujetos y los verbos auxiliares y escribe el verbo principal en imperativo). Comienza la orden con el verbo principal.

1. Tú deberías ir a la reunión informativa sobre la orquesta.

2. Las personas deberían llevar comida enlatada a la despensa comunitaria.

3. Los estudiantes deberían ofrecerse como voluntarios el día de limpieza de la escuela.

4. Todos deberían donar dinero al fondo para el Día del árbol.

5. Tú deberías inscribirte en el concurso de saltar la cuerda para recaudar dinero.

6. Los estudiantes deberían participar en el concurso de lectura.

Prepárate

Escribe un llamado a la acción. Escribe una oración en forma de orden acerca del evento que indique a los lectores lo que tienen que hacer. Asegúrate de que tu oración empieza con un verbo.

Escritura en Texas

Enfoque en las características de la Escritura en Texas

Voz Escribir un llamado a la acción como si fuera una orden hace que tu voz sea más persuasiva. Una orden le indica al lector cómo debe responder a tu idea: actuando.

Prepararse Organizar las ideas

Con una lista organizada, puedes hacer un plan final para categorizar tus ideas, organizarlas en párrafos y escribir el ensayo. La lista debe contener la oración que establece tu postura, las oraciones con una idea principal con detalles de apoyo y el llamado a la acción.

Lista organizada

Oración que establece tu postura

Los estudiantes de la escuela Befford deberían anotarse en el programa de lectura de verano.

Oración con una idea principal 1

1. Para empezar, leer es divertido.

Lista de detalles
   - libros maravillosos
   - muchos libros para elegir

Oración con una idea principal 2

2. Además, en el programa de lectura de verano se entregan premios geniales.

Lista de detalles
   - pizza
   - minigolf y carritos de carrera
   - El mundo de las aventuras

Oración con una idea principal 3

3. La razón más importante es que el programa de lectura de verano mantiene el cerebro activo.

Lista de detalles
   - ejercita el cerebro
   - ayuda a tener buenas calificaciones el año siguiente

Llamado a la acción

Vayan a la biblioteca, anótense y ¡prepárense para leer!

Prepárate

Organiza el ensayo. Usa el ejemplo anterior como guía para crear tu propia lista organizada.

Desarrollar un borrador

¡En línea!

Prepárate · Escribe · Revisa · Corrige · Publica

Ahora que ya has completado la etapa de preparación, estás listo para escribir tu primer borrador. La tarea principal es volcar todas tus ideas sobre el papel o en la computadora.

Claves para desarrollar un borrador

1. **Escribe** un párrafo inicial atractivo que incluya la oración que establezca la postura.

2. **Comienza** cada párrafo intermedio con una oración con una idea principal que exponga una razón.

3. **Incluye** detalles en cada párrafo para apoyar la oración con la idea principal.

4. **Escribe** un párrafo final que contenga el llamado a la acción.

Desarrollar un borrador **Tener una idea general**

El gráfico de abajo muestra cómo se relacionan las partes de un ensayo persuasivo. (Los ejemplos han sido tomados del ensayo de ejemplo de las páginas 205 a 208). Estarás listo para escribir tu ensayo una vez que hayas. . .

- escrito la oración que establezca tu postura y las oraciones temáticas,
- escrito un llamado a la acción y
- creado una lista organizada.

Comienzo

El **comienzo** capta la atención del lector y contiene la oración que establece la postura.

Oración que establece la postura

Los estudiantes de la escuela Befford deberían anotarse en el programa de lectura de verano.

Desarrollo

Cada párrafo del **desarrollo** empieza con una oración con una idea principal que proporciona una razón que apoya la postura. Las oraciones de apoyo dan detalles.

Oraciones con una idea principal

Para empezar, leer es divertido.

Además, en el programa de lectura de verano se entregan premios geniales.

La razón más importante es que el programa de lectura de verano mantiene el cerebro activo.

Final

En el **final** se pide al lector que haga algo (llamado a la acción).

Llamado a la acción

Vayan a la biblioteca, anótense y ¡prepárense para leer!

Comenzar el ensayo

En el primer párrafo, debes captar la atención del público y presentar la oración que establezca la postura. Incluye palabras atractivas que hagan que el público se interese por el tema. A continuación, verás algunas estrategias para captar la atención del público y conseguir que sigan leyendo.

■ **Comienza con una pregunta.**

¿Dónde pasaron las últimas vacaciones de verano?

■ **Sorprende al público.**

El verano pasado, ¡hice un larguísimo viaje a La isla del tesoro!

■ **Sé creativo**.

Los libros te invitan a viajar en el tiempo.

■ **Pon una cita**.

"¡Anótate en el programa de lectura!" nos llama a gritos el cartel de la biblioteca.

Párrafo inicial

La primera oración capta la atención del público.

"¡Anótate en el programa de lectura!" nos llama a gritos el cartel de la biblioteca. Y ya me imagino a mis amigos diciendo que el verano no es para estar encerrados. Yo estoy de acuerdo con unos y otros. El verano es para ejercitar el cuerpo pero también para ejercitar el cerebro. <u>Los estudiantes de la escuela Befford deberían anotarse en el programa de lectura de verano.</u>

En la última oración se establece la postura (subrayada).

Escribe

Escribe tu párrafo inicial. Prueba con alguna de las ideas anteriores para captar la atención del público. Termina el párrafo con la oración que establece tu postura.

Desarrollar un borrador **Elaborar el desarrollo**

En el párrafo inicial, captaste la atención del público y escribiste la oración que establece tu postura. Ahora, elabora el desarrollo del ensayo para convencer a tu público.

Cada párrafo intermedio debe desarrollar una de las razones de apoyo por las cuales tu público debería participar en el evento, por orden de importancia. Escribe al menos tres párrafos de apoyo que empiecen con una oración con una idea principal. Usa la lista organizada que creaste como guía.

Comprender el orden de importancia

El orden de importancia significa que presentas las ideas de la más importante a la menos importante, o de la menos importante a la más importante. Las palabras o frases de transición que utilices en cada oración con una idea principal muestran el orden de importancia.

Párrafos intermedios

Oración con una idea principal 1
Los detalles apoyan la primera razón.

Para empezar, leer es divertido. Sí, es genial jugar al baloncesto o al fútbol con amigos. Pero también es divertido cavar un túnel hasta el centro de la tierra o viajar a Júpiter. Con los libros se pueden hacer este tipo de cosas. Cuando el clima está lindo, salgan a montar en bicicleta. Cuando hace demasiado calor o llueve mucho, quédense en casa y viajen en cohete.

Oración con una idea principal 2
Los detalles apoyan la segunda razón.

Además, en el programa de lectura de verano se entregan premios geniales. El premio por leer 5 libros es una pizza. ¡Piensen que cada capítulo es una pequeña porción! El premio por leer 10 libros es una entrada (equipamiento incluido) para el minigolf o para la pista de carritos de carreras. Si leen 20 libros, ¡pueden ir a El mundo de las aventuras gratis!

Oración con una idea principal 3
Los detalles apoyan la tercera razón.

La razón más importante es que el programa de lectura de verano mantiene el cerebro activo. El cartel de la biblioteca dice: "¡El cerebro necesita ejercicio!". Si leen durante todo el verano, recorrerán miles de millas con la imaginación; también prepararán el cerebro para el regreso a clase el siguiente otoño.

Organiza los párrafos por orden de importancia y pon la razón más importante al final.

Escribe

Escribe los párrafos intermedios. Usa la lista organizada que hiciste en la página 202 para escribir el desarrollo de tu ensayo. Usa detalles de apoyo para convencer al público de que participe en el evento. Cada detalle o razón de apoyo debe aparecer en un párrafo diferente. Utiliza palabras de transición para mostrar el orden de importancia.

Desarrollar un borrador **Terminar tu ensayo**

En el último párrafo debes hacer un repaso de las razones que apoyan tu postura y terminar con un llamado a la acción. El llamado a la acción le indica al público lo que tiene que hacer. A continuación, encontrarás tres estrategias para desarrollar el final.

■ **Crea una lista.**

Si quieren divertirse, ganar premios y tener un cerebro de primera, sin duda tienen que participar en el programa de lectura de verano de la escuela Befford.

■ **Resume las razones.**

El programa de lectura de verano es divertido y mantiene la mente en forma.

■ **Haz una pregunta.**

¿Están pensando en cómo divertirse y a la vez ejercitar la mente durante el verano?

Párrafo final

> **El escritor termina con un llamado a la acción.**
>
> Si quieren divertirse, ganar premios y tener un cerebro de primera, sin duda tienen que participar en el programa de lectura de verano de la escuela Befford. Es gratuito, como lo son los libros de la biblioteca. Vayan a la biblioteca, anótense y ¡prepárense para leer!

Escribe el final. Usa una de las ideas anteriores para terminar tu ensayo con un mensaje atractivo. Incluye los detalles de apoyo y haz un llamado a la acción que funcione para tu público.

Escribe un primer borrador completo. Escribe una versión completa del ensayo. Deja un renglón por medio para tener lugar para indicar cambios cuando lo revises.

Revisar

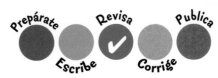

Una vez que has completado tu primer borrador, es momento de revisar tu trabajo usando los siguientes pasos. Cuando revisas, cambias y mejoras las ideas en tu ensayo persuasivo.

Claves **para revisar**

1. **Lee** el ensayo una vez para ver qué impresión te da.

2. **Revisa** el enfoque y la coherencia, la organización, el desarrollo de las ideas y la voz.

3. **Pide** a un compañero que lea tu primer borrador y diga sus reacciones.

4. **Cambia** todas las partes que necesites mejorar.

 **Revisar:** **Enfoque** Y **coherencia**

Cuando revisas *el enfoque y la coherencia*, te aseguras de que tu redacción esté enfocada en una sola cosa. Tienes que comprobar que el comienzo, el final y todos los detalles funcionen bien juntos.

¿Cómo reviso el comienzo y el final?

El párrafo inicial presenta tu postura sobre el evento que escogiste. El párrafo final reformula tu postura con un llamado a la acción. Para revisar el comienzo y el final, puedes comprobar que la oración que establece tu postura y el llamado a la acción funcionen bien juntos.

Oración que establece la postura: Indica al lector lo que debería hacer.

Llamado a la acción: Pide al lector que lo haga.

Práctica

Lee los siguientes pares de oraciones con un compañero. ¿Qué pares funcionan bien juntos? Si un par no funciona, comenten por qué.

1. **Oración que establece la postura:** Los estudiantes deberían unirse al equipo de limpieza.
   Llamado a la acción: No arrojen basura en el parque.

2. **Oración que establece la postura:** Los estudiantes deberían presentarse a las pruebas para el musical.
   Llamado a la acción: ¡Diviértanse!

3. **Oración que establece la postura:** Todos los niños deberían hacer donaciones a la campaña de abrigos.
   Llamado a la acción: Trae un abrigo que te quede chico y abriga el alma de otra persona.

Revisa

Revisa el comienzo y el final. Lee la oración que establece tu postura y el llamado a la acción para verificar que funcionen bien juntos. Si no, cámbialas hasta que funcionen bien.

¿Están relacionados los detalles con la oración que establece mi postura?

Revisa las razones, los detalles y los ejemplos para asegurarte de que todos ellos apoyen la oración que establece tu postura. Pregúntate qué aporta cada uno para construir un argumento convincente. Si alguna razón o detalle no está relacionado con la oración que establece tu postura o debilita tu argumento, bórralo del ensayo.

Detalle no relacionado (las palabras no relacionadas están subrayadas):

Cuando hace demasiado calor o llueve mucho, quédense en casa y <u>viajen en cohete.</u>

Detalle de apoyo (las palabras relacionadas están subrayadas):

En un día de frío y nieve, no hay nada mejor que <u>quedarse acurrucado con un buen libro.</u>

Revisa los detalles de apoyo. Asegúrate de que los detalles o las razones apoyen la oración que establece tu postura. Si una oración no está relacionada, bórrala.

Revisión en acción

Yamila borró una oración que no estaba relacionada con la oración que establece su postura.

Además, en el programa de lectura de verano se entregan premios geniales. El premio por leer 5 libros es una pizza. ¡Piensen que cada capítulo es una pequeña porción! ~~Voy a comer un montón de pizza.~~ El premio por leer 10 libros es una entrada para el minigolf o para la pista de carritos de carrera.

 **Revisar** la organización

Cuando revisas *la organización*, te aseguras de que el comienzo y el final funcionen bien juntos. También revisas el orden de las razones de apoyo y otros detalles.

¿Cómo reviso el orden de importancia?

Para revisar el orden de importancia, puedes decidir cuál de las razones es la más convincente. Pon esa razón al final. (Consulta también la página **495**).

Práctica

Lee la oración que establece la postura. Luego decide qué razón es la más convincente. Cuéntale a un compañero por qué crees que es así.

Oración que establece la postura: **Los niños deberían hacer donaciones a la campaña de abrigos.**

Razón 1: Si ya no puedes usar un abrigo, bien puedes donarlo.

Razón 2: Muchos niños necesitan abrigos para no enfermarse este invierno.

Razón 3: Dejar los abrigos en la oficina de la escuela es sencillo.

 Revisa el orden de importancia. Asegúrate de que la razón más convincente esté al final.

Revisión en acción

Yamila movió la razón que creyó más importante a un párrafo posterior, después de una razón menos importante.

El programa de lectura de verano mantiene el cerebro activo.

Además, en el programa de lectura de verano se entregan premios geniales. El premio por leer 5 libros es una pizza.

¿Puede el lector seguir el orden de importancia?

En un ensayo persuasivo, vas de las razones y los detalles menos importantes a los más importantes. Usar palabras de transición es una manera de ayudar al público a seguir tu razonamiento. Las siguientes palabras y frases de transición ayudan a mostrar el orden de importancia.

primero	sobre todo	mejor aún	segundo
en primer lugar	más importante que eso	lo mejor de todo	la razón más importante
después	lo más importante	en especial	por último

Revisa las razones. Asegúrate de usar palabras y frases de transición para ayudar al público a entender el orden de importancia de tus razones.

Revisión en acción

Yamila agregó palabras de transición para mostrar qué razón es la más importante de su ensayo.

La razón más importante es que
∧El programa de lectura de verano mantiene el cerebro

activo. Si leen durante todo el verano, recorrerán miles de

millas con la imaginación.

 **R**evisar **el**

desarrollo de
las ideas

Cuando revisas *el desarrollo de las ideas,* te aseguras de que has incluido razones y detalles que apoyen tu postura. En un ensayo persuasivo, los detalles de apoyo pueden ser anécdotas y citas.

¿Cómo puedo incluir una anécdota en mi ensayo?

Puedes incluir una anécdota para captar el interés del público o para apoyar una razón. Una anécdota es una historia que clarifica una idea.

Para captar el interés del lector en el comienzo . . .

Hace dos años, escuché a mi hermano en la banda de cuarto grado.

Para apoyar una de tus razones en un párrafo . . .

Cuando toqué el trombón por primera vez, no podía creer lo fuerte que sonaba.

Práctica

Busca tres anécdotas que sirvan para un ensayo acerca de unirse a la banda de la escuela.

1. Cuando mi hermano se unió a la banda, no sabía leer música pero ahora toca el saxofón como un profesional.
2. Empecé el año escolar una semana más tarde porque tenía gripe.
3. El 4 de Julio pasado, escuché a una banda en el parque.
4. Cuando fui a la reunión informativa sobre la banda, el escenario de la escuela tenía puestos con flautas, clarinetes, trompetas y tambores.
5. La mayoría de los desfiles tienen bandas de marcha.

Revisa

Piensa en anécdotas. Haz una lista de historias breves que estén relacionadas con el evento o la actividad que escogiste para tu ensayo. Agrega una al comienzo o para apoyar una razón.

¿Cómo puedo incluir una cita en mi ensayo?

Las citas de expertos o de personas de la comunidad pueden servir para agregar detalles de apoyo a tu ensayo. Cuantos más detalles apoyen tu postura, más convincente será tu ensayo.

Puedes sacar citas de libros, periódicos, revistas o del Internet. También puedes iniciar una encuesta o realizar entrevistas entre tus conocidos para conseguir citas. (Consulta las páginas 338 y 339).

Práctica

Lee las siguientes citas. Escoge la que sea mejor para un ensayo sobre unirse a la banda de la escuela. Cuéntale a un compañero por qué crees que es la mejor.

1. Una vez oí que un estudiante de secundaria decía: "Me gusta la banda".

2. Ray Charles dijo: "Nací con la música en mi interior".

3. La maestra de la banda, la Sra. López, dice: "Aprender música los hace mejores estudiantes".

Revisa

Busca citas. Busca una cita de un experto o de un miembro de la comunidad acerca de tu tema. (Pídele a uno de tus padres que te ayude si quieres iniciar una encuesta o realizar una entrevista). Escoge una cita que haga que tu ensayo sea más claro o convincente.

Revisión en acción

Yamila agregó una cita para hacer que su ensayo fuera más convincente.

La razón más importante es que el programa de lectura de

El cartel de la biblioteca dice: "¡El cerebro necesita ejercicio!".

verano mantiene el cerebro activo. Si leen durante todo

∧

el verano, recorrerán. . .

Revisar la [voz]

Cuando revisas *la voz*, te aseguras de que tu ensayo transmita lo que realmente piensas y sientes acerca de un tema. También debes comprobar que tu redacción sea apropiada para el público (las personas que lo leerán).

¿Cómo puedo convencer al público?

Para convencer al público, asegúrate de elegir el tono apropiado. Por ejemplo, cuando escribes para persuadir a un adulto, usarás un tono más formal. Cuando escribes para persuadir a tus compañeros, puedes usar un tono más informal, como si estuvieras hablando con ellos en el comedor.

Práctica

¿Cuál de las siguientes oraciones tiene un tono formal y cuál tiene un tono informal?

1. Por favor, colaboren para que nuestra escuela inicie un programa de reciclaje.

2. ¡Sería buenísimo tener un programa de reciclaje en la escuela!

3. No dejen que la mente se vuelva perezosa. ¡Este verano, lean!

4. ¡Ayude a sus niños a ser cada vez mejores lectores!

5. ¿No están hartos de que el equipo tenga los mismos uniformes de siempre? Únanse a nuestra campaña para recaudar fondos.

6. Necesitamos su apoyo para recaudar fondos para nuestro equipo.

Revisa

Revisa la voz. Piensa en tu público. ¿Tienen el tono adecuado para tu público todas las oraciones? Vuelve a escribir las oraciones que no tengan el tono adecuado.

¿Cómo puedo escribir oraciones convincentes?

Otra forma de revisar la voz es asegurarte de que has escrito oraciones convincentes. Una oración convincente incluye palabras persuasivas que comunican un mensaje claro al lector.

Oraciones poco convincentes (las palabras dubitativas están subrayadas):

Probablemente sería una buena idea hacer una colecta para la despensa comunitaria. Creo que todos los estudiantes podrían traer un alimento.

Oraciones convincentes (las palabras persuasivas están subrayadas):

Tenemos que hacer una colecta para la despensa comunitaria. Todos los estudiantes deberían traer un alimento.

Revisa las oraciones. Lee tu ensayo. ¿Son todas tus oraciones convincentes? Corrige las oraciones que no lo sean.

Revisión en acción

Yamila quitó las palabras dubitativas para hacer más convincente su redacción.

Además, en el programa de lectura de verano ~~probablemente~~ se entregan premios geniales. ~~Creo que~~ el premio por leer 5 libros ~~puede ser~~ es una pizza.

 Revisar **Cómo usar una lista de control**

Revisa

> **Comprueba tu revisión.** Escribe los números del 1 al 10 en una hoja. Si puedes contestar "sí" a una pregunta, haz una marca junto al número. Si no es así, sigue trabajando en esa parte de tu ensayo.

Enfoque y coherencia

_____ **1.** ¿Es clara la oración que establece mi postura?

_____ **2.** ¿Sirven de apoyo para la oración que establece mi postura las razones y los detalles de los párrafos intermedios?

_____ **3.** ¿Reformulo en el llamado a la acción la oración que establece mi postura?

Organización

_____ **4.** ¿Es mi ensayo fácil de seguir para el público?

_____ **5.** ¿Están en orden de importancia los detalles o las razones de apoyo?

_____ **6.** ¿Incluyo palabras y frases de transición para mostrar el orden de importancia?

Desarrollo de las ideas

_____ **7.** ¿Incluyo todos los detalles o las razones importantes?

_____ **8.** ¿Incluyo una anécdota o una cita para apoyar la oración que establece mi postura?

Voz

_____ **9.** ¿Uso un tono adecuado para el público?

_____ **10.** ¿Uso oraciones convincentes para persuadir al público?

Revisa

> **Escribe el texto en limpio.** Pide a un compañero que lea tu ensayo persuasivo y te cuente sus reacciones o comentarios. Escribe el texto en limpio para corregirlo.

Corregir

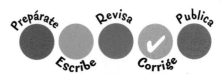

Corregir es el próximo paso del proceso de escritura. Cuando corriges, te aseguras de que has seguido las normas de la gramática, la estructura de las oraciones, las convenciones mecánicas y la ortografía. Estas normas se llaman "convenciones" de la escritura.

Claves para corregir

1. **Usa** un diccionario, un diccionario de sinónimos y la "Guía del corrector" que está al final de este libro.

2. **Corrige** en una copia impresa si usas una computadora. Luego haz los cambios en la computadora.

3. **Usa** las marcas editoriales que están en el interior de la contracubierta de este libro.

4. **Pide** a otra persona que revise tu redacción para comprobar que no haya errores.

 **Corregir** para respetar las  convenciones

Gramática

Cuando corriges la *gramática,* te aseguras de que has usado correctamente los elementos gramaticales.

¿Uso correctamente las conjunciones disyuntivas?

Las conjunciones disyuntivas se usan para expresar una alternativa entre varias posibilidades. Hay cinco conjunciones disyuntivas. (Consulta las páginas **467** y **634**).

o...	o... o...	ni... ni...
ya (sea)..., ya (sea)...	bien..., bien...	

O vamos al cine o vamos a pasear.

Para que te vaya bien en la escuela, no debes tener ni sueño ni hambre.

Cuando la conjunción *o* va seguida de una palabra que empieza por *o,* se cambia por *u: Éramos siete u ocho en el grupo de teatro.*

Práctica de gramática

Lee las oraciones con un compañero. Comenten si las conjunciones disyuntivas están usadas correctamente. Si no, túrnense para corregir y decir las oraciones con las conjunciones disyuntivas correctas.

1. Iremos a la playa esté soleado ni esté nublado.
2. Nuestro maestro de matemáticas no es o gracioso ni serio.
3. O llevamos el almuerzo y llevamos la merienda.
4. A mi hermana le gusta leer ya sean novelas, ya sean poemas.
5. Iremos bien al teatro, ni al partido de béisbol.

Corrige

Corrige las conjunciones disyuntivas. Lee el ensayo en busca de lugares donde podrías usar conjunciones disyuntivas. Vuelve a escribir al menos una oración en la que uses conjunciones disyuntivas.

¿Uso adjetivos en sus formas comparativa y superlativa?

Los adjetivos pueden comparar personas, lugares o cosas. La forma comparativa de los adjetivos compara dos elementos. La forma superlativa de los adjetivos compara tres o más elementos.

Las construcciones comparativas pueden ser de igualdad *(tan... como)*, de superioridad *(más... que)* o de inferioridad *(menos... que)*. Las construcciones superlativas pueden ser absolutas *(muy* + adjetivo, sufijo *–ísimo)* o relativas *(el/la más* + adjetivo, *el/la menos* + adjetivo). (Consulta las páginas 462 y 626).

Adjetivo	Forma comparativa	Forma superlativa
grande	más grande que...	el más grande
gracioso	menos gracioso que...	el menos gracioso
cómodo	tan cómodo como...	muy cómodo/comodísimo

Práctica de gramática

Lee las oraciones con un compañero. Comenten si los adjetivos y las formas comparativas y superlativas subrayadas deben corregirse. Túrnense para corregir las oraciones y decirlas correctamente.

1. De las tres hermanas, Juana era <u>la muy rápida</u> de todas.
2. El helado de limón es <u>rico que</u> el de chocolate.
3. ¿Crees que puedes saltar <u>muy alto</u> que Nancy?
4. El segundo discurso fue <u>menos interesantísimo.</u>

Corrige

Revisa los adjetivos. Asegúrate de haber usado correctamente las formas comparativa y superlativa de los adjetivos en tu ensayo.

Aprendizaje del lenguaje

Los adjetivos *bueno* y *malo* son especiales. La forma comparativa de superioridad de estos adjetivos no se expresa con las construcciones que aparecen anteriormente sino con los adjetivos *mejor* y *peor: mejor que...* y *peor que...;* la forma superlativa relativa, también: *el mejor* y *el peor.*

Estructura de las oraciones

Cuando corriges la *estructura de las oraciones,* corriges errores en el nivel de la oración, como por ejemplo, las oraciones enredadas.

¿Cómo puedo corregir las oraciones enredadas?

Puedes corregir las oraciones enredadas si las separas en oraciones más cortas. Generalmente, las oraciones enredadas están conectadas con palabras como *o, pero, y* o *entonces.* Elimina las conjunciones que están de más y agrega puntuación de apertura y cierre y letras mayúsculas donde sea necesario.

Práctica

Vuelve a escribir esta oración enredada separándola en tres oraciones más cortas.

Los niños deberían participar de la feria de ciencias porque les permite aprender sobre algún tema de ciencias entonces los estudiantes aprenden sobre los proyectos de otras personas cuando los ven en la exhibición y ¡también es estupendo ganarse una cinta!

Corrige las oraciones enredadas. Busca en tu ensayo oraciones enredadas. Sepáralas en oraciones más cortas. Asegúrate de que todas tus oraciones tengan un sujeto y un predicado completo.

Corrección en acción

La escritora separa una oración enredada en tres oraciones.

Sí, es genial jugar al baloncesto o al fútbol con amigos pero también es divertido cavar un túnel hasta el centro de la tierra o viajar a Júpiter y con los libros se pueden hacer este tipo de cosas.

Convenciones mecánicas: Puntuación

Cuando corriges los errores en las *convenciones mecánicas*, revisas que el uso de las letras mayúsculas y la puntuación sean correctos. Para corregir la puntuación, comprueba que has usado correctamente la coma, el punto, los dos puntos, el punto y coma, los puntos suspensivos, el guión y la raya.

¿Cuándo se usan algunos signos de puntuación?

Los escritores usan dos puntos para representar una pausa del discurso y así llamar la atención sobre lo que sigue. Por ejemplo, se usan antes de una cita textual en estilo directo.

Dos puntos antes de una cita:

> Jorge dijo: "Juntemos ropa para los que menos tienen".

El punto y coma sirve para separar una oración larga en partes más cortas sin crear oraciones nuevas. Cuando las partes de una oración son muy largas, se pueden separar con punto y coma siempre que las partes estén relacionadas entre sí por el sentido.

Punto y coma para separar partes de una misma oración:

> Martina caminó, como había prometido, hasta la casa de su tía; allí le avisó a su papá por teléfono que había llegado bien.

Para intercalar frases aclaratorias que interrumpen el discurso, se coloca una raya de apertura y otra de cierre. No hay que confundir la raya con el guión, que se usa para cortar las palabras al final del renglón según las sílabas.

Raya para intercalar aclaraciones:

> Trabajamos en equipo —ordenamos el salón de clases— y descubrimos que esa es la mejor forma de hacer las cosas.

Guión para cortar palabras al final del renglón:

> *solidari-dad*

Práctica

Lee las oraciones y vuelve a escribir las que tengan errores en la puntuación.

1. Mi hermano dijo "Me gusta mucho el clima templado y soleado".

2. Mi mamá; mi maestra en casa; dice que no debo hablar con extraños.

3. Me gusta cómo canta Caetano, que es el conductor de mi autobús, siempre me alegra el día.

Corrige

Revisa la puntuación. Asegúrate de haber usado la puntuación correcta. Verifica haber usado dos puntos para introducir una cita.

TEKS 4.15D, 4.21B(ii)

Corregir Cómo usar una rúbrica

¿Cómo sabes si has hecho un buen trabajo de corrección? Puedes usar los pasos y la rúbrica, o pauta de calificación, que están a continuación.

1. Comienza leyendo la descripción de la calificación de 3 puntos. Decide si tu ensayo debería obtener 3 puntos.
2. Si no es así, lee la descripción de la calificación de 4 puntos, luego la de la calificación de 2 puntos, y continúa hasta hallar la que mejor se ajuste a tu redacción.
3. Si tu calificación es menor que 3, vuelve a corregir la redacción para encontrar todos los errores en las convenciones.

Convenciones

 No tengo ningún error o casi ninguno en la gramática, la estructura de las oraciones, las convenciones mecánicas y la ortografía. El lector puede concentrarse en lo que digo.

 Tengo errores pequeños en la gramática, la estructura de las oraciones, las convenciones mecánicas y la ortografía.

 Varios errores hacen que mi ensayo persuasivo sea difícil de leer. Debo corregirlos.

 Debo corregir muchos errores en la redacción.

Crear un título

Usa las siguientes sugerencias para escribir un título:

- Usa palabras convincentes: **¡Corran a anotarse!**
- Usa una expresión: **Deja volar tu imaginación**
- Recuerda utilizar letra mayúscula inicial para la primera palabra del título del ensayo.

Publicar

Llegó el momento de comprobar que no haya errores en tu ensayo y escribir una versión final en limpio para que otros la lean. Presenta tu trabajo en forma de página web, boletín informativo o periódico, o anuncio matinal. (Consulta las sugerencias que están a continuación).

Presentación

- Usa tinta azul o negra y escribe con letra clara. Puedes escribir en letra de molde o en cursiva, según cuál sea tu mejor caligrafía.
- Escribe tu nombre en el extremo superior izquierdo de la primera página.
- Deja un renglón y escribe el título en el centro; deja otro renglón y comienza a escribir.
- Deja sangría en todos los párrafos y un margen de una pulgada a cada lado.
- Escribe tu apellido y el número de página en el extremo superior derecho de cada página después de la primera.

Crea una página web

Pide ayuda a tu maestro para subir tu trabajo a la página web de la clase o de la escuela.

Redacta un editorial

Convierte tu ensayo en un editorial para el boletín informativo de la escuela o para el periódico de la comunidad.

Haz un anuncio matinal

Pide permiso para promocionar tu evento en los anuncios matinales de la escuela. Basa el anuncio en la oración que establece tu postura y en las oraciones temáticas.

Escribe la versión final. Sigue las instrucciones de tu maestro o usa las pautas anteriores para darle formato a tu ensayo. (Si usas una computadora, consulta las páginas 44 a 46). Escribe en limpio la versión final de tu ensayo y comprueba que no haya errores.

Evaluar un ensayo persuasivo

Para aprender a evaluar un ensayo persuasivo, usarás la rúbrica, o pauta de calificación, de las páginas 34 y 35 y los ejemplos que están a continuación. La calificación de cada ejemplo concuerda con la calificación de la rúbrica.

El primer ensayo persuasivo obtuvo una calificación de 4 puntos, que es la calificación más alta. Observa que el ensayo está escrito para convencer a un público específico de que haga algo sobre un tema específico. Establece una postura y apoya la postura con detalles.

Una redacción con una calificación de 4 es muy buena.

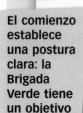

El comienzo establece una postura clara: la Brigada Verde tiene un objetivo claro.

Se respetan las convenciones a lo largo de toda la redacción.

Los detalles convincentes refuerzan el desarrollo y apoyan las ideas.

¡Únete a la Brigada Verde!

Si alguna vez te has preguntado qué podías hacer por el medio ambiente, aquí está la respuesta. Únete a la Brigada Verde, el nuevo club de ecología de la escuela. La Brigada Verde tiene un objetivo claro: transformar las palabras en acciones.

Muchos adultos creen que los niños no tenemos bien la madurez suficiente bien el interés necesario para cuidar de nuestro planeta. Sin embargo, eso no es cierto. Por ejemplo, en la escuela primaria Condit de Bellaire, en Texas, hay muchos niños que se preocupan por hacer cosas.

En Condit, los niños de cuarto y quinto grado tienen un proyecto de ciencias para el que recopilan información sobre el clima, la temperatura y el ozono. Recopilan esos datos cuatro veces por día. Luego ponen banderas de aviso para mostrar lo que encontraron. Si la calidad del aire es buena, ponen una bandera verde. Si el nivel de ozono en el aire aumenta, ponen una bandera amarilla, anaranjada o roja. Mucha gente piensa que el grupo de niños "Por un aire más limpio" está haciendo un trabajo muy bueno. Estos estudiantes incluso han recibido premios de distintas organizaciones, como la Organización para la Prevención de la Contaminación.

La Brigada Verde de nuestra escuela quiere hacer proyectos similares. Con la ayuda de los maestros de ciencias, la maestra Ramírez y el maestro Benson, el club está planificando montar un equipo para medir los niveles de ozono. También van a analizar el agua en el arroyo Plata y hacer un calendario de limpieza del arroyo, la escuela y el parque. En los días de limpieza, se hará un picnic.

Todos los estudiantes interesados en formar parte del mejor club de la escuela deben presentarse en la reunión que tendrá lugar el miércoles a las 3 p.m. en el salón 140. Estando en la Brigada Verde, nunca más tendrás que escuchar: "Apenas eres un niño. No puedes hacer nada por el medio ambiente".

Hay palabras de transición eficaces de un párrafo al otro.

La voz es coherente y convincente.

La conclusión ofrece al público ideas interesantes y un llamado a la acción.

Una redacción con una calificación de 3 es bastante buena.

Participa de la Semana sin Televisión

Todos, en especial los niños, necesitan alejarse un poco de la televisión. Y qué mejor momento que hacerlo durante la Semana sin Televisión. Este año, esta semana tan especial será del 19 al 25 de abril. Así que, junten fuerzas y aléjense lo más posible. ¡Apaguen el televisor!

Entonces, ¿qué se puede hacer durante la Semana sin Televisión cuando no estén mirando tele? ¡Un montón de cosas! Se puede jugar, hacer rompecabezas, leer un libro, bailar y escribir un cuento o pintar un dibujo. También se puede salir en patines o montar en bisicleta. Si tienen mascotas, jueguen con ellas. Si el día está lindo, planten flores o vayan a nadar. Si están en Denton, Texas, pueden ir al centro comercial donde hay muchas actividades planificadas para esa semana. Hay otras miles de cosas que se pueden hacer con el televisor apagado.

Salvo por las horas que duermen, los niños pasan más tiempo frente al televisor como cualquier otra cosa. Es muchísimo el tiempo que pasan sin jugar al aire libre, sin hacer cosas con amigos y con la familia y sin comer bien. Y es mucho tiempo mirando publicidades que tratan de convencerlos de gastar dinero en cosas que no necesitan o programas que no valen la pena.

Se enfoca en un solo tema y establece una postura clara.

Hay varias palabras de transición buenas entre los párrafos.

La voz del estudiante es coherente.

Hay errores pequeños en las convenciones que no afectan la comprensión.

¿Pero por que una semana entera? ¿Por qué no un solo día? Por no mirar televisión durante un solo día, no se les ocurrirán cosas fantásticas para hacer. Pero después de una semana, se habrán liberado del poder de atracción de la tele y podrán pensar en otras cosas para hacer.

La organización en general es buena.

La tele tiene algunas cosas buenas. Hay programas muy buenos sobre animales y programas que te hacen reír. Y se puede mirar televisión cuando llueve. Pero hay que escoger bien qué programas ver. El resto del tiempo, los niños deberían apagar la tele y hacer otras cosas.

La conclusión ofrece al público una idea nueva.

Entonces, ¿qué les parece? El 19 de abril, apaguen el televisor. Tal vez el 25 de abril se pregunten: "¿Qué era la televisión?".

Una redacción con una calificación de 2 es relativamente buena.

2

El tema y la postura son más o menos claros.

Se necesitan más detalles que expresen las ideas del escritor con claridad.

Contiene una oración de conclusión clara.

Recuperemos los viajes de estudio

Todos los viajes de estudio de la escuela corren peligro. La junta escolar decidió cancelarlos porque están demás. Dicen que no son necesarios y que la escuela puede ahorrar dinero. La junta no sabe que es algo bien importante. Los viajes son algo que los niños disfrutan muy mucho.

Con mi clase hicimos un viaje muy divertido. Fui a la Casa de Beaumont. Era una muestra de la historia de Texas en un museo y aprendimos un montón. En esa época se descubrió el petróleo en Texas así que Texas cambió un montón. Vimos muchas cosas. Tal vez no aprendemos todas estas cosas si mi clase no iba a ese viaje de estudio.

Mis maestros dicen que es bueno ver las cosas para aprender. Es mejor que mirar un dibujo. Así que, por favor, no cancelen nuestros viajes de estudio. La escuela es para aprender y los viajes de estudio son importantes.

Una redacción con una calificación de 1 es pobre.

Se establece el tema pero la postura no es clara.

Al ensayo le faltan palabras de transición, detalles y organización de las ideas.

Hay muchos errores en las convenciones que hacen que el ensayo sea difícil de leer.

La tarea

Ayer me llevo 3 libros a casa y estoy 3 horas para terminar la tarea. Eso es mucho para un estudiante de 4 grado.

Los maestro tendrían que mandar menos tarea o para que llevamos tantas cosas a casa. La mayoria de la tarea es igual de lo que ya hicimos. La tarea es mui aburrida y sienpre estoy tan cansado al otro día que no tengo tiempo de mirar la telebisión y me perdí todos mis mejores programas la semana pasada

Quisa los maestros nos pueden dar mas tiempo. Podemos hacer tarea en clase al final del día. No seria tarea pero seria mas trabajo es una buena idea por que puedo dejar los livros en la escuela.

Tan bien podemos hacer menos tarea. los maestros tienen que dar nos menos tarea aburrida por que después no estamos tan cansados en la clace

Evaluar y analizar tu redacción

Has dedicado mucho esfuerzo a tu ensayo persuasivo. Ahora es momento de analizar y calificar tu redacción. En una hoja aparte, completa los comienzos de oración que están a continuación. Para calificar tu redacción, consulta la rúbrica, o pauta de calificación, que se encuentra en las páginas 34 y 35. Usa también los ejemplos que acabas de leer.

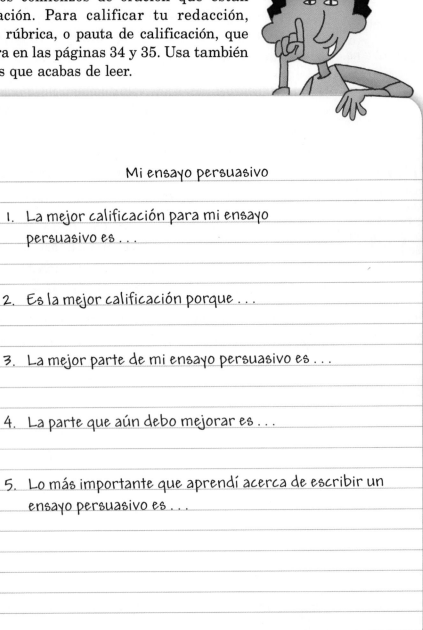

Mi ensayo persuasivo

1. La mejor calificación para mi ensayo persuasivo es . . .

2. Es la mejor calificación porque . . .

3. La mejor parte de mi ensayo persuasivo es . . .

4. La parte que aún debo mejorar es . . .

5. Lo más importante que aprendí acerca de escribir un ensayo persuasivo es . . .

Escritura persuasiva

Conexión con otras materias

La escritura persuasiva te será útil tanto en las clases como en las actividades extracurriculares. En ciencias, con un ensayo de problema y solución puedes convencer a los lectores de que trabajen para solucionar algún problema del medio ambiente. En matemáticas, con una gráfica sobre el progreso de un proyecto de recaudación de fondos puedes persuadir a las personas para que hagan contribuciones. Y con una carta formal puedes conseguir donaciones para una buena causa.

En esta sección, practicarás la escritura persuasiva y también aprenderás cómo responder a un tema de escritura persuasiva en una prueba de redacción.

A continuación

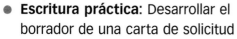

- **Ciencias:** Escribir un ensayo de problema y solución
- **Matemáticas:** Crear una gráfica de progreso
- **Escritura práctica:** Desarrollar el borrador de una carta de solicitud

Ciencias:
Escribir un ensayo de problema y solución

En el siguiente ensayo, Miguel presenta un problema y les sugiere a los niños una manera de resolverlo.

Comienzo

Se presenta el problema y se incluye una oración que establece la postura. (subrayada)

Desarrollo

En un párrafo intermedio se explica por qué las personas deberían preocuparse por el problema. En el siguiente párrafo se sugiere una solución.

Final

En el final se pide ayuda al lector.

Silencio en el pantano

Los habitantes de nuestro vecindario escuchan a las ranas cantar en el parque. Lástima que su canción ya no suena tan alto como antes. Las ranas están desapareciendo porque los pantanos están desapareciendo. Debemos hacer algo para salvar a las ranas.

Si las ranas desaparecen, tendremos problemas. Las ranas comen insectos, y sin ranas, ¡habrá insectos por todos lados! Además, las ranas sirven de alimento a animales como las grullas, las garzas, los mapaches, las zarigüeyas y las serpientes. Por eso, si las ranas desaparecen, otros animales pueden desaparecer también. Por último, si no hay ranas, ya no volveríamos a escuchar sus cantos nocturnos.

Los niños pueden unirse al grupo "Amigos de las ranas" y hacer recuentos de las ranas que hay cerca de sus casas. Estos recuentos ayudan a los científicos a saber cuál es la situación de las ranas. El grupo también organiza concursos donde se escriben ensayos y se hacen carteles para convencer a las personas de que dejen de contaminar los pantanos.

Este problema no se soluciona con el esfuerzo de una o dos personas. Para darles a las ranas la oportunidad de sobrevivir, todos debemos participar. ¡Únanse al grupo "Amigos de las ranas" y ayuden a que las ranas sigan cantando!

Prepararse **Escoger un tema**

Con un diagrama de ideas, puedes hacer una lluvia de ideas para escoger un tema.

Diagrama de ideas

Crea un diagrama de ideas. En una hoja escribe *Problemas ambientales*. Alrededor de este título, escribe algunos problemas del lugar donde vives. Pon un asterisco (✳) junto al problema sobre el que quieras escribir.

Recopilar detalles

Tu ensayo de problema y solución debe mostrar *por qué es grave el problema* y *qué se puede hacer para solucionarlo*. Un gráfico del porqué y el cómo puede ayudarte.

Gráfico del porqué y el cómo

Problema: Las ranas están desapareciendo.

¿Por qué es grave el problema?	¿Qué se puede hacer para solucionarlo?
Las ranas comen insectos.	Hacer un recuento de las ranas.
Las ranas sirven de alimento a otros animales.	Cavar pantanos nuevos.
Las ranas cantan.	Hacer carteles.
	Escribir ensayos.

Crea un gráfico del porqué y el cómo. Escribe tu problema y las mismas preguntas subrayadas en la parte superior de tu hoja. Da al menos tres respuestas para cada pregunta.

Prepararse **Establecer tu postura en una oración**

En un ensayo de problema y solución, la oración que establezca la postura debe mencionar el problema y la solución. Ten siempre en mente al público al que intentas convencer para que ayude a resolver el problema.

el problema	la solución	una oración eficaz que establece tu postura
Las ranas están desapareciendo.	Todos debemos participar.	Debemos hacer algo para salvar a las ranas.

el problema **+** la solución **=** una oración eficaz que establece tu postura

Prepárate

Escribe la oración que establezca la postura. Piensa en el público cuando uses la fórmula anterior para crear la oración que establezca tu postura.

Escribir oraciones con una idea principal

En cada párrafo intermedio de tu ensayo debe haber una oración con una idea principal. Las oraciones con una idea principal resumirán las respuestas que figuran en tu gráfico del porqué y el cómo (de la página 235). Estas son las oraciones con ideas principales que escribió Miguel.

Oración con una idea principal 1:	Si las ranas desaparecen, tendremos problemas.
Oración con una idea principal 2:	Los niños pueden ayudar al unirse a un grupo llamado "Amigos de las ranas".

Prepárate

Escribe las oraciones con una idea principal. Sigue estos pasos:

1 Escribe la oración temática 1 para responder esta pregunta: ¿Por qué es grave el problema?

2 Escribe la oración temática 2 para responder esta pregunta: ¿Qué se puede hacer para solucionarlo?

Desarrollar un borrador
Crear el primer borrador

En el comienzo de tu ensayo, presentas el problema, captas la atención del público e incluyes una oración que establezca la postura. En los párrafos intermedios, incluyes las oraciones con una idea principal y los detalles de apoyo que figuran en tu gráfico del porqué y el cómo. En el final, le pides al lector que participe.

Escribe

Crea el primer borrador. Usa las ideas que recopilaste para escribir un primer borrador. Recuerda que debes pensar en el público.

Revisar Mejorar la redacción

Puedes mejorar tu ensayo si reflexionas sobre las siguientes preguntas:

- **Enfoque y coherencia** ¿Se expone el problema de forma clara? ¿Están conectados todos los detalles con la idea principal?

- **Organización** ¿Está organizado el ensayo de forma correcta según el propósito y el público al que está dirigido?

- **Desarrollo de las ideas** ¿Uso suficientes detalles específicos para apoyar mis ideas?

- **Voz** ¿Es mi tono apropiado para el público?

Revisa

Revisa tu ensayo. Usa las preguntas anteriores como guía para hacer cambios en tu ensayo.

Corregir Comprobar que se respeten las convenciones

Antes de escribir la versión final, debes corregir los errores.

- **Convenciones** ¿He comprobado que no haya errores en la gramática, la estructura de las oraciones, las convenciones mecánicas (uso de las letras mayúsculas y puntuación) y la ortografía?

Corrige

Revisa tu trabajo. Corrige los errores que encuentres. Escribe una versión final en limpio en letra de molde o en cursiva, según cuál sea tu mejor caligrafía. Luego comprueba que no haya errores.

Matemáticas: Crear una gráfica de progreso

En muchos proyectos de recaudación de fondos se usan gráficas de progreso. Estas muestran cuánto dinero se ha recaudado y cuánto falta por recaudar. Ahmad creó este cartel para persuadir a las personas para que hagan donaciones para construir una nueva pista de patinaje. Hizo cálculos matemáticos para dividir su gráfica de progreso en 10 partes iguales.

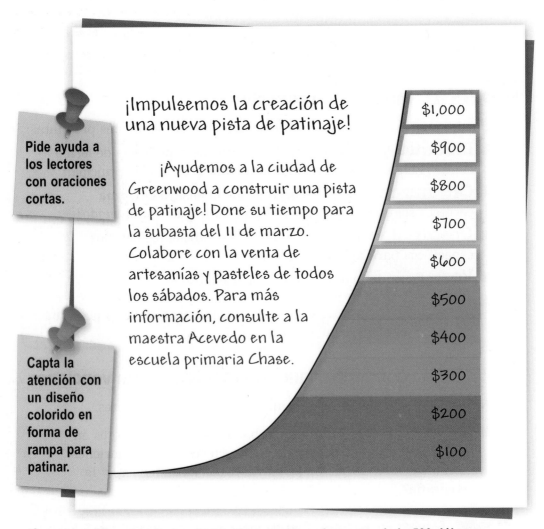

Pide ayuda a los lectores con oraciones cortas.

¡Impulsemos la creación de una nueva pista de patinaje!

¡Ayudemos a la ciudad de Greenwood a construir una pista de patinaje! Done su tiempo para la subasta del 11 de marzo. Colabore con la venta de artesanías y pasteles de todos los sábados. Para más información, consulte a la maestra Acevedo en la escuela primaria Chase.

$1,000
$900
$800
$700
$600
$500
$400
$300
$200
$100

Capta la atención con un diseño colorido en forma de rampa para patinar.

Nota: La gráfica muestra que hasta el momento se han recaudado 500 dólares.

Sugerencias para la redacción

Antes de escribir . . .

- **Escoge un tema.**
  Haz una lista de proyectos de recaudación de fondos de tu escuela o vecindario. Escoge uno que se pueda mostrar con una gráfica de progreso.

- **Piensa en un detalle gracioso relacionado con el tema.**
  Crea una gráfica de progreso que resulte interesante. Haz cálculos matemáticos para dividir el gráfico en partes iguales.

Mientras escribes . . .

- **Comienza con un bosquejo.**
  Planifica el cartel en una hoja en blanco. Haz el dibujo.

- **Explica el tema.**
  Escribe un párrafo breve donde expliques el propósito del cartel.

- **Propón ideas.**
  Explica a los lectores cómo pueden ayudar.

- **Usa colores.**
  Usa colores vivos. Escribe las palabras de forma clara y con un tamaño grande para que sean fáciles de leer.

> **H**az un cartel.
> **Sigue estas sugerencias de redacción para hacer un cartel con una gráfica de progreso para el tema que escogiste.**

Después de escribir el primer borrador . . .

- **Comprueba que no haya errores.**
  Asegúrate de que no haya errores en la gramática, la estructura de las oraciones, las convenciones mecánicas (uso de las letras mayúsculas y puntuación) y la ortografía.

- **Escribe la versión final.**
  Haz tu cartel en una hoja de cartulina grande.

TEKS 4.18B

Escritura práctica: Carta de solicitud

Gabriel escribió una carta de solicitud para pedir una contribución para una organización local. Usó el formato y el lenguaje de una carta formal porque está pidiendo ayuda a un adulto que no conoce.

Encabezamiento
Dirección del remitente y fecha

Bulevar Long N.º 794
El Paso, TX 79901
15 de marzo de 2010

Dirección del destinatario
Nombre y dirección de la persona u organización

Sr. Julio Hernández
Club ciudadano de El Paso
Calle 21 N.º 5846
El Paso, TX 79901

Saludo
Saludo seguido de dos puntos

Estimado Sr. Hernández:

Durante el mes de abril, mi escuela llevará a cabo un programa llamado "Saltar la cuerda nos mantiene en forma". El dinero que recaudemos nos permitirá comprar computadoras para la escuela. Le escribo para saber si su organización podría patrocinar a nuestra clase durante una hora en la competencia.

Cuerpo
Tono apropiado para el público

¿Estaría dispuesto a contribuir con una suma de dinero cada vez que un alumno de mi clase salte la cuerda durante esa hora? Participarán 20 alumnos de mi clase.

Con su ayuda, la competencia puede resultar un gran éxito. ¡Ojalá pueda colaborar con nosotros! Muchas gracias.

Despedida y firma
Firma manuscrita sobre el nombre escrito a máquina

Atentamente,

Gabriel Vásquez

Gabriel Vásquez

Sugerencias para la redacción

Antes de escribir . . .

- **Escoge una persona a quien escribirle.**
  Piensa en alguien que pueda ayudarte de alguna manera.

- **Piensa en lo que necesitas.**
  Escribe qué quieres que haga la persona.

Mientras escribes . . .

- **Comienza con un primer borrador de tu carta.**
  Primero escribe el cuerpo de la carta. (No te preocupes aún por el formato).

- **Presenta el tema.**
  En el párrafo inicial, explica el motivo de tu carta.

- **Solicita lo que necesitas.**
  Pide ayuda. Ten en mente el propósito y el público.

- **Escribe una despedida convincente.**
  Explica a la persona lo importante que será su ayuda y dale las gracias.

Después de escribir el primer borrador . . .

- **Escribe la versión final.**
  Aplica las convenciones y el formato para escribir cartas de las páginas 242 y 243.

- **Comprueba que no haya errores.** Lee tu carta para comprobar que no haya errores en la gramática, la estructura de las oraciones, las convenciones mecánicas y la ortografía.

Escribe una carta. **Escribe una carta de solicitud que sea apropiada para tu propósito y tu público. Usa las convenciones correctas para escribir una carta.**

Convenciones para escribir una carta formal

1 En el encabezamiento incluye tu dirección y la fecha. Escribe el encabezamiento en el margen izquierdo, a una distancia de al menos una pulgada del margen superior.

2 En la dirección del destinatario incluye el nombre, el tratamiento y la dirección de la persona u organización a la que le escribes.

- Si el tratamiento es corto, escríbelo en el mismo renglón que el nombre. Si el tratamiento es largo, escríbelo en el reglón siguiente.
- Si escribes a una organización, usa el nombre de la organización.

3 En el saludo saludas al destinatario. Escribe dos puntos después del saludo.

- Si conoces el nombre de la persona, úsalo.

  Estimado Sr. Jiménez:

- De lo contrario, usa un saludo como estos:

  Estimado director:

  Estimado editor:

  Estimados miembros del Club de fútbol de Salem:

4 El cuerpo es la parte principal de la carta. No uses sangrías en tus párrafos; en cambio, deja un renglón entre un párrafo y otro.

5 La despedida viene después del cuerpo. Usa expresiones tales como **Cordialmente** o **Atentamente**. Comienza la despedida con letra mayúscula y pon una coma al final.

6 Con la firma se termina la carta. Si usas una computadora, deja cuatro espacios después de la despedida y escribe tu nombre. Escribe tu firma a mano entre la despedida y el nombre.

sugerencia Consulta las páginas **523** y **524** para encontrar más información sobre la forma correcta de escribir cartas e indicar direcciones en sobres.

Formato de una carta formal

Consulta la página **524** para ver un modelo de carta formal.

1

_____
_____
_____

}———— **De cuatro a siete espacios**

2

_____
_____
_____
_____

3

_____ :)———— **Un espacio**

)———— **Un espacio**
_____
_____
_____

)———— **Un espacio**
_____

4

_____
_____
_____

)———— **Un espacio**
_____
_____
_____

5

_____ ,)———— **Un espacio**

6

}———— **Cuatro espacios**

_____

(Deja un margen de una pulgada en los cuatro lados).

Escritura persuasiva

Escribir para la evaluación de Texas

En las pruebas estatales, muchas veces tienes que escribir. El tema de escritura te indica sobre qué tienes que escribir y te da algunos datos que debes recordar. Lee el siguiente tema de escritura.

Tema de escritura

> Escribe acerca de una actividad escolar que sea importante para ti y para tus compañeros.

Usa la siguiente información como ayuda para escribir tu composición.

RECUERDA QUE DEBES---

☐ escribir sobre una actividad escolar de la que hayas formado parte o que te interese mucho.

☐ asegurarte de que todas las oraciones ayuden al lector a entender tu composición.

☐ incluir detalles específicos sobre tus ideas para asegurarte de que el lector entienda lo que dices.

☐ usar la estructura de las oraciones, la gramática, la puntuación, el uso de las letras mayúsculas y la ortografía correctas.

Prepararse Escoger una forma

El tema de escritura no te indica qué forma, o género, de escritura debes usar. ¿Cómo puedes escoger una? Piensa qué forma es la más apropiada para lo que quieres decir.

¿Quieres . . .

- describir a una persona o un lugar?
- proponer una solución a un problema?
- explicar cómo funciona un objeto?
- contar una experiencia personal?
- dar información?
- persuadir a alguien de que haga algo?

Responder estas preguntas te ayudará a elegir una forma, o género. (Consulta también la página 507).

Sofía decidió escribir al director de su escuela para hacerle saber su opinión respecto de la idea de cancelar las excursiones para ahorrar dinero. Sofía decidió que una carta persuasiva era el género más apropiado.

Identificar las ideas principales

Sofía pensó en lo que opinaba ella de las excursiones. Decidió cuál era su postura. Luego usó un diagrama en forma de tabla para escribir la oración que establecía su postura y organizar las razones de su opinión.

Diagrama en forma de tabla

Desarrollar un borrador
Escribir una carta persuasiva

Después, Sofía usó el diagrama en forma de tabla para escribir su carta persuasiva. Lee la carta de Sofía.

Estimado director Pérez:

La escuela es el lugar adecuado para promover que los estudiantes conozcamos diferentes lugares. Es muy divertido hacer paseos en carreta y visitar los manzanares. Cuando visitamos museos, los estudiantes aprendemos sobre nuestro pasado. Actividades escolares como estas nos permiten ver cosas que hasta ahora solo habíamos visto en los libros. La escuela Seymore debe seguir haciendo excursiones.

Las excursiones nos ayudan a aprender, y algunos niños aprenden mejor con las experiencias. Pasar un día en una granja de productos lácteos puede enseñarnos mucho más que leer toda una unidad sobre el tema. Las excursiones también nos ayudan a entender cómo funcionan las cosas en el mundo real. Cuando nuestra clase visitó la imprenta, finalmente pude entender lo que hace mi papá en su trabajo.

Los niños podemos ayudar a pagar las excursiones. Podríamos organizar ventas de artesanías y libros, y hacer distintas tareas para recaudar dinero. También podríamos pedirles a los padres que averigüen si la escuela puede hacer visitas gratuitas a las compañías donde trabajan. Algunas excursiones, como una caminata hasta el hospital, no costarían nada.

En el comienzo se da el enfoque de la respuesta (subrayado) y se usa una palabra clave del tema de escritura.

El desarrollo está bien organizado y muestra la voz de la autora.

La autora propone una solución.

La autora termina con una solicitud de acción.

Las excursiones complementan el aprendizaje en el salón de clases porque los estudiantes podemos experimentar lo que nos enseñan. Por favor, sigamos haciendo excursiones. ¡Las excursiones hacen que aprender sea divertido!

Atentamente,

Sofía Pertino

Responde a la lectura. Responde las siguientes preguntas. Luego explica tus respuestas a un compañero.

- **Enfoque y coherencia** (1) ¿Cuál es la postura de Sofía respecto de las excursiones? (2) ¿Cuáles son sus razones de apoyo?
- **Organización** (3) ¿Cómo organiza Sofía su carta persuasiva?
- **Voz** (4) ¿Qué palabras y detalles reflejan la voz única de Sofía?

Conexión con la literatura: Encontrarás un ejemplo de discurso persuasivo en "Tengo un sueño", de Martin Luther King, Jr.

Sugerencias para la redacción

Planificar tu respuesta . . .

- **Entiende el tema de escritura.**
  Lee el tema de escritura cuidadosamente. Presta atención a las palabras clave que te indican lo que tienes que escribir y luego escoge una forma, o género, de escritura.

- **Recopila ideas.**
  Usa un organizador gráfico para planificar tu respuesta.

Escribir tu respuesta . . .

- **Incluye una oración que establezca la postura.**
  Escribe una oración que establezca tu postura al final del primer párrafo.

- **Organiza las razones.**
  Ordena tus razones según su importancia.

- **Escribe un final convincente.**
  Resume las razones y pide al lector que haga algo.

Revisar tu respuesta . . .

- **Comprueba que no haya errores.**
  Asegúrate de que no haya errores en la gramática, la estructura de las oraciones, las convenciones mecánicas (uso de las letras mayúsculas y puntuación) y la ortografía.

 Planifica y escribe una respuesta. Responde al tema de escritura de la página 244 en el tiempo que tu maestro te indique. Recuerda que debes escoger un género y seguir las sugerencias anteriores.

Repaso de la escritura persuasiva

En la escritura persuasiva, intentas *convencer* a los lectores para que estén de acuerdo contigo.

Escoge un tema del que tengas una opinión clara. Asegúrate de que también le interese al lector. (Consulta la página 198).

Recopila y organiza las razones que apoyan tu postura. Puedes usar un organizador gráfico. (Consulta las páginas 199 y 202).

Escribe una oración que establezca tu postura e indique tus razones e impresiones sobre el tema. (Consulta la página 200).

Planifica un llamado a la acción para pedirle al lector que responda de una manera concreta. (Consulta la página 201).

En el comienzo, capta la atención del lector y establece tu postura. (Consulta la página 205).

En el desarrollo, cada párrafo debe incluir una razón y los datos y ejemplos que la apoyan. (Consulta las páginas 206 y 207).

En el final, vuelve a exponer tu postura y haz un llamado a la acción. (Consulta la página 208).

Revisa el enfoque y la coherencia, la organización, el desarrollo de las ideas y la voz. (Consulta las páginas 210 a 218).

Comprueba que en tu redacción se respeten las convenciones. Pide a un compañero que también corrija tu redacción. (Consulta las páginas 220 a 224).

Escribe la versión final y comprueba que no haya errores antes de presentar tu redacción. (Consulta la página 225).

Usa la rúbrica, o pauta de calificación, para evaluar tu redacción acabada. (Consulta las páginas 226 a 232).

TEXAS
Fuente de
escritura
En línea
www.hmheducation.com/tx/writesource

Respuesta a la lectura de textos

Enfoque de la escritura

- Párrafo de respuesta
- Reseña de un libro
- Respuesta a la lectura de otras formas

Aprendizaje del lenguaje

Trabaja con un compañero. Lean los significados y respondan juntos las preguntas.

1. Una respuesta es una reacción o comentario a algo.
   ¿Cuándo fue la última vez que escribiste una respuesta a un mensaje de correo electrónico? ¿Para quién era?

2. Los cuentos de ficción relatan historias sobre eventos y personajes imaginarios.
   ¿Cuál es tu cuento de ficción favorito? Explica por qué.

3. La escritura de no ficción relata historias sobre eventos y personas reales.
   ¿Qué libro de no ficción leíste últimamente? ¿De qué trataba?

4. La reseña de un libro es una manera de saber más sobre un libro que quizás te gustaría leer.
   ¿Qué podrías aprender de la reseña de un libro de aventuras nuevo?

Respuesta a la lectura de textos

Párrafo de respuesta

Samuel comenzó a contarle a Catalina un libro que había leído.
—¡No me cuentes todo! —dijo Catalina.

Catalina sabía que si Samuel le contaba todo el libro, ya no sería tan divertido leerlo. Ella solo quería escuchar lo suficiente para decidir si le gustaría leer el libro.

Escribir una respuesta a un texto literario o expositivo es muy parecido a conversar con alguien sobre un buen libro. Quieres animar a esa persona a leer el relato sin revelar las partes más importantes, sobre todo el final.

Pautas para escribir

Tema: Las partes clave de un libro de ficción

Propósito: Reseñar un libro de ficción

Forma: Párrafo

Público: Tus compañeros

TEKS 4.18C

Párrafo de respuesta

El párrafo de respuesta demuestra tu entendimiento de un texto al contar a tu público (los lectores) tu reacción al leerlo. El párrafo comienza con una **oración temática** que menciona el título del libro y el nombre del autor. Las **oraciones de apoyo** describen las ideas importantes del texto. La **oración de conclusión** incluye el mensaje, o tema, del libro.

Oración temática

Oraciones de apoyo.

Oración de conclusión

La casa de la pradera

La casa de la pradera es un libro escrito por Laura Ingalls Wilder. En el relato, Laura y su familia se mudan de Wisconsin a Kansas. Viajan en carretas cubiertas y también viven muchas aventuras. Por ejemplo, cruzan en la carreta anchos y peligrosos ríos; se encuentran con manadas de lobos que aúllan y combaten un incendio en la pradera que se aproxima a su nueva casa. Si quieres conocer otras aventuras de Laura tendrás que leer el libro. *La casa de la pradera* es un libro extraordinario que cuenta la manera en que los miembros de la familia Ingalls enfrentan los desafíos de la naturaleza, trabajan juntos y se divierten en la época de los pioneros.

Responde a la lectura. Responde las siguientes preguntas en una hoja aparte. Comenta tus respuestas con un compañero.

- **Enfoque y coherencia** (1) ¿Cuál es la idea principal de este párrafo?

- **Organización** (2) ¿Fluye fácilmente el párrafo? ¿Es correcta su organización?

- **Voz** (3) ¿Cómo expresa el párrafo el punto de vista del escritor? ¿Quieres leer el libro?

Prepararse Escoger un tema

Primero, debes escoger un libro sobre el cual escribir. Hacer una lluvia de ideas para crear tu propia lista puede servirte para recordar los libros que has leído.

Lista

Libro de ficción	Autor
James y el melocotón gigante	Roald Dahl
Harriet la espía	Louise Fitzhugh
La casa de la pradera	Laura Ingalls Wilder*
Grizzly	Gary Paulsen

Prepárate

Escoge un libro de ficción. Haz una lluvia de ideas como la anterior. Haz una lista con libros que te hayan gustado. Incluye los nombres de los autores si los conoces. Pon un asterisco (*) junto al libro que escojas.

Recordar el argumento

El argumento cuenta detalles importantes sobre el relato. Estos detalles responden las preguntas *quién, qué, dónde* y *cuándo*.

Gráfico del argumento

¿Quién?	¿Qué?	¿Dónde?	¿Cuándo?
La familia Ingalls	vivieron muchas aventuras	de Wisconsin a Kansas	en la época de los pioneros

Prepárate

Haz un gráfico del argumento. Escribe los detalles más importantes del libro que escogiste.

Desarrollar un borrador
Escribir el primer borrador

Tu párrafo deberá tener tres partes. En la oración temática se menciona el nombre del libro y su autor. En las oraciones de apoyo se cuentan algunas ideas importantes del relato. La oración de conclusión incluye el tema o el mensaje del libro.

Escribe el primer borrador del párrafo de respuesta. Tu objetivo es demostrar tu entendimiento del libro y contar solo lo suficiente para lograr que otras personas deseen leerlo.

Revisar Mejorar el párrafo

Luego deberás hacer algunos cambios para mejorar el borrador.

Revisa el párrafo. Usa las siguientes preguntas como guía:

1 ¿Menciono el nombre del libro y su autor?

2 ¿Describo alguno de los detalles más importantes?

3 ¿Parezco interesado en el libro?

4 ¿Son fluidas mis oraciones?

Corregir Comprobar que se respeten las convenciones

Asegúrate de comenzar con letra mayúscula la primera palabra del título del libro o del cuento. Por último, corrige los errores que encuentres.

Corrige y mejora tu trabajo. Usa las siguientes preguntas como ayuda. Luego escribe una versión final en limpio y vuelve a comprobar que no haya errores.

1 ¿He comprobado que no haya errores en la gramática, la puntuación y la ortografía?

2 ¿He escrito con letra mayúscula la primera palabra del título del libro?

3 ¿He subrayado el título?

Respuesta a la lectura de textos

Reseña de un libro

Leer un libro nuevo es como hacer un amigo nuevo. Cada vez que das vuelta una página, conoces más acerca de la historia del libro. Cuando terminas el libro, lo conoces lo suficientemente bien para contárselo a otros. Una manera de hacerlo es escribir una reseña del libro.

En este capítulo, escribirás la reseña de un libro de ficción que hayas leído. Presentarás las partes importantes del relato sin contar toda la historia. También hablarás sobre el personaje principal y explicarás por qué te gustó el libro.

Pautas para escribir

Tema: Reseña de un libro de ficción
Propósito: Demostrar el entendimiento de un libro y de su personaje principal
Forma: Ensayo
Público: Tus compañeros

Escribir la reseña de un libro

En la reseña de un libro demuestras tu entendimiento del libro contándole al público tus impresiones al leerlo. Escribirás la reseña de un libro para tus compañeros.

El párrafo inicial contiene el título del libro y el nombre del autor, e incluye una o dos oraciones para presentar el libro. Los párrafos intermedios hablan sobre el relato y la personalidad del personaje principal. En el párrafo final el autor cuenta por qué le gustó el libro.

<u>Cómo comer lombrices fritas</u>

Comienzo
El escritor presenta el libro.

<u>Cómo comer lombrices fritas</u>, de Thomas Rockwell, es uno de los mejores libros que he leído. Es un cuento un poco asqueroso pero divertido sobre un niño llamado Billy Forrester, que acepta una apuesta.

Desarrollo
El primer párrafo intermedio cuenta de qué trata el libro.

Su amigo Alan le apuesta cincuenta dólares a que no es capaz de comerse quince lombrices. Billy responde que acepta la apuesta, pero que solo comerá una lombriz por día durante quince días. La primera lombriz está hervida y cubierta con toneladas de salsa de tomate, mostaza, sal, pimienta y rábano picante. Billy se la traga. Está decidido a ganar la apuesta. Billy trata de encontrar diferentes formas de comer las lombrices para que sepan mejor. Las come cubiertas con harina de maíz y fritas como si fueran pescado. ¡Hasta se come una lombriz

Desarrollo
En el segundo párrafo intermedio se describe la personalidad del personaje principal.

dentro de un pastel helado! Por supuesto, Alan hace todo lo posible para que Billy pierda la apuesta, pero Billy no se dará por vencido. Esto es lo que hace que este libro sea tan divertido.

Lo mejor de la personalidad de Billy es su obstinación por ganar. Un día, Billy casi se olvida de comer la lombriz. Cuando se da cuenta de su error, se come una lombriz cruda justo unos minutos antes de la medianoche. ¡Puaj! Eso sí que es tener coraje.

Final
En el párrafo final el autor cuenta qué le gusta del libro.

Me gusta este libro porque los personajes son muy reales. Da la sensación de que todo está sucediendo en mi propio patio. Quienes disfrutan de los libros divertidos deberían leer Cómo comer lombrices fritas. A mí me gustó mucho. Nunca olvidaré a Billy Forrester.

Responde a la lectura. Túrnate con un compañero para leer en voz alta la reseña de un libro de ejemplo. Luego comenten las respuestas a las siguientes preguntas.

- **Enfoque y coherencia** (1) ¿Cuál es la idea principal acerca del libro en el párrafo inicial? (2) ¿Se conectan todos los detalles de la reseña con la idea principal?

- **Organización** (3) ¿Cuál es el propósito de cada uno de los párrafos intermedios?

- **Voz** (4) ¿Qué palabras y frases cuentan lo que opina el autor acerca de este libro?

Prepararse Escoger un tema

El primer paso para escribir la reseña de un libro es escoger un libro. Tienes que ser capaz de demostrar tu entendimiento de las partes importantes del libro y explicar por qué te gusta. Para escoger un libro puedes hacer un diagrama de temas.

Prepárate

Haz un diagrama de temas. Usa el ejemplo que está a continuación como guía.

- En la primera columna, escribe los libros que hayas leído y que te hayan gustado.

- En la segunda columna, escribe una oración para contar de qué trata cada libro.

- En la última columna, escribe una oración en la que cuentes por qué te gusta el libro.

Diagrama de temas

¿Cuál es el título del libro?	¿De qué trata el libro?	¿Por qué te gusta el libro?
Gracias a Winn-Dixie ✓	Trata de una niña llamada India Opal Buloni y su perro Winn-Dixie.	Me gusta leer cuentos sobre perros. También me gustan los personajes que me recuerdan a personas que conozco.
Sarah sencilla y alta	Una mamá nueva llega a una familia constituida.	Mi familia tiene un papá nuevo, así que sé cómo se sienten los niños de este relato.

Prepárate

Escoge un tema. Revisa el diagrama de temas que completaste. Haz una marca al lado del libro sobre el que quieres escribir.

Recopilar y organizar detalles

Cuando explicas de qué trata un libro, debes poner los eventos en orden cronológico. Un mapa del comienzo, el desarrollo y el final puede ser de ayuda.

Mapa del comienzo, el desarrollo y el final

Cuenta qué es lo primero que sucede en el relato.

> **COMIENZO**
>
> Opal encuentra un perro perdido en la tienda Winn-Dixie.

Menciona tres eventos importantes del relato en orden cronológico.

> **DESARROLLO**
>
> 1. Opal adopta al perro y le pone por nombre Winn-Dixie.
> 2. Opal se siente sola porque es nueva en la ciudad.
> 3. Winn-Dixie ayuda a Opal a hacer nuevos amigos.

Cuenta algo importante sobre cómo termina el relato sin revelar el final.

> **FINAL**
>
> Opal ya no está sola.

 sugerencia   Asegúrate de que la reseña del libro no revele ninguna de las sorpresas del cuento ni el final del relato.

 Prepárate   **Crea el mapa del comienzo, el desarrollo y el final.** Mientras piensas en el libro, escribe los eventos principales desde el comienzo hasta el final. Intenta incluir al menos tres eventos del desarrollo y no reveles el final.

Prepararse
Identificar las características de los personajes

Las características de un personaje incluyen el aspecto, lo que hace y su conducta. Un gráfico de características como el que está a continuación te puede servir para identificar las características de los personajes del libro que escogiste.

Gráfico de características

Nombre del personaje: India Opal Buloni	
¿Cómo se siente y cómo actúa?	**¿Por qué actúa y se siente de esta manera?**
triste	Su mamá la dejó.
sola	Es nueva en la ciudad y no conoce a nadie.
bondadosa	Cuida a un perro perdido.
justa	Aprende a no juzgar a las personas.

 sugerencia Puedes usar adjetivos (*feliz, confundida, entrometido, enojada*) para describir las características del personaje.

 Prepárate **Identifica las características de los personajes.** Haz un gráfico de características del personaje principal del libro que escogiste. Menciona al menos cuatro características y cuenta por qué piensas que el personaje actúa y se siente de esa manera.

Desarrollar un borrador

Comenzar la reseña de un libro

El párrafo inicial de la reseña de un libro debe mencionar el título del libro (subrayado) y el nombre del autor. También deberá presentar algo interesante para que el público desee leer el libro.

Contar acerca del libro

Responde las siguientes 6 preguntas para encontrar algo interesante que puedas contar acerca del libro.

- ■ *¿Quién* es el personaje principal del relato?
- ■ *¿Cuál* es el problema del personaje principal?
- ■ *¿Por qué* tiene este problema el personaje principal?
- ■ *¿Cuándo* ocurre el relato?
- ■ *¿Dónde* ocurre el relato?
- ■ *¿Cómo* te hace sentir el relato?

Párrafo inicial

Repasa el siguiente párrafo y el párrafo inicial de la reseña de un libro de ejemplo de la página 256.

En el párrafo inicial se menciona el título del libro y el autor, y se presenta el relato.

En <u>Gracias a Winn-Dixie</u>, de Kate DiCamillo, se combinan al mismo tiempo momentos tristes y momentos dulces. India Opal Buloni está triste porque su mamá la dejó cuando tenía apenas tres años. Luego ocurre algo dulce que hace que Opal se sienta mejor: aparece en su vida un perro llamado Winn-Dixie.

Escribe

Escribe el comienzo. Escribe el primer párrafo de la reseña de un libro. Escribe el título del libro, su autor y una o dos oraciones que cuenten algo acerca del relato. Escoge una parte del relato que sea interesante para el público (tus compañeros).

Desarrollar un borrador
Elaborar el desarrollo

Los párrafos intermedios deben contar los eventos importantes del relato y describir la personalidad del personaje principal. Busca ayuda para escribir estos párrafos en el mapa del comienzo, el desarrollo y el final y en el gráfico de características de las páginas 259 y 260. Escoge ideas principales que demuestren tu entendimiento del texto.

Primer párrafo intermedio

Escribe los eventos principales del relato en el primer párrafo intermedio. No cuentes las partes más sorprendentes ni el final, por si tu público decide leer el libro. (Observa el siguiente párrafo y el de la página 256).

En el primer párrafo intermedio se incluyen eventos importantes del relato.

Opal se siente sola después de mudarse a una nueva ciudad. Pronto encuentra un perro grande perdido en la tienda Winn-Dixie. Opal se queda con el perro y decide llamarlo Winn-Dixie. La vida de Opal cambia gracias a su nueva mascota. Winn-Dixie la ayuda a hacer amigos. Uno de ellos es la bibliotecaria de la ciudad. La bibliotecaria le regala a Opal un caramelo que sabe a refresco de raíces y fresa. El dulce tiene un ingrediente secreto que hace que quien lo coma piense en cosas tristes. Opal concluye que la vida es como ese caramelo: dulce y triste al mismo tiempo.

Escribe

Escribe el primer párrafo intermedio de tu reseña de un libro. Usa el mapa del comienzo, el desarrollo y el final como guía. Presenta los eventos principales en orden cronológico. Asegúrate de escoger ideas principales para demostrar tu entendimiento del texto.

Segundo párrafo intermedio

En el segundo párrafo intermedio escribe la característica más destacada de la personalidad del personaje principal. Incluye detalles del libro para mostrar su personalidad. (Observa el segundo párrafo intermedio que está a continuación y el de la página 257).

El segundo párrafo intermedio presenta la característica más destacada del personaje.

Me agrada India Opal Buloni porque es simpática. De hecho, pienso que me gustaría ser su amiga. Opal siempre está dispuesta a comenzar una amistad. Un día se pone a conversar con la bibliotecaria de la ciudad, la Srta. Franny. Opal está segura de que la Srta. Franny, Winn-Dixie y ella podrían ser amigos. Al final del libro, Opal tiene toda clase de amigos.

Escribe el segundo párrafo intermedio de la reseña de un libro. Usa el gráfico de características como guía. Menciona la característica más destacada del personaje y apóyala con uno o dos ejemplos.

Los verbos en tiempo presente hacen que tu redacción sea más vívida.

Desarrollar un borrador
Terminar la reseña de un libro

En el párrafo final, debes contar a tus compañeros por qué te gusta el libro. Las siguientes preguntas te ayudarán a escribir este párrafo.

| Comienzo |
| Desarrollo |
| **Final** |

- ¿En qué me parezco al personaje principal? ¿En qué me diferencio?
- ¿Qué aprendí del relato?
- ¿Por qué es este un buen libro?

Sugerencia

Termina la redacción con una oración que deje algo en que pensar al lector.

Párrafo final

Lee el párrafo final que está a continuación. La autora presenta lo que aprendió del relato. (Observa también el párrafo final de la página 257).

La autora presenta lo que aprendió del relato.

Me gusta <u>Gracias a Winn-Dixie</u> porque tiene un final feliz. En mi vida, al igual que Opal, aprendí que los momentos tristes se superan mejor gracias a las cosas buenas. Los amigos especiales y las mascotas como Winn-Dixie pueden cambiar hasta los momentos más tristes.

Escribe

Escribe el final. Responde alguna de las preguntas de la parte superior de esta página como ayuda para escribir el párrafo final. Si esa pregunta no te resulta útil, inténtalo con otra pregunta hasta que tu final transmita al público exactamente lo que quieres decir.

Escribe un primer borrador completo. Escribe una versión completa de tu primer borrador. (Si lo deseas, puedes dejar un renglón de por medio).

 # Revisar cómo usar una lista de control

Revisa el primer borrador. Escribe los números del 1 al 9 en una hoja. Si puedes contestar "sí" a una pregunta, haz una marca junto al número. Si no es así, sigue trabajando en esa parte de tu ensayo.

Enfoque y coherencia

_____ **1.** ¿Indiqué qué libro estoy reseñando y por qué?

_____ **2.** ¿Todas las ideas están claramente conectadas entre sí?

_____ **3.** ¿Explica el final por qué me gusta el libro?

Organización

_____ **4.** ¿La reseña tiene un comienzo, un desarrollo y un final?

_____ **5.** ¿Cuenta el desarrollo eventos importantes en orden cronológico?

Desarrollo de las ideas

_____ **6.** ¿Di suficientes detalles sobre el relato y el personaje principal?

_____ **7.** ¿Pasa mi redacción de una idea a la otra de forma lógica?

Voz

_____ **8.** ¿Es clara para el público mi opinión acerca del libro?

_____ **9.** ¿Parezco interesado en el libro?

Escribe el texto en limpio. Después de revisar tu reseña, escribe el texto en limpio para corregirlo. Pide a un compañero o a tu maestro que lean la reseña y la comenten.

Corregir Cómo usar una rúbrica

Corrige

¿Cómo sabes si has hecho un buen trabajo de corrección? Puedes usar los pasos y la rúbrica, o pauta de calificación, que están a continuación.

1. Comienza leyendo la descripción de la calificación de 3 puntos. Decide si tu ensayo debería obtener 3 puntos.

2. Si no es así, lee la descripción de la calificación de 4 puntos, luego la de la calificación de 2 puntos, y continúa hasta hallar la que mejor se ajuste a tu redacción.

3. Si tu calificación es menor que 3, vuelve a corregir la redacción para encontrar todos los errores en las convenciones.

Convenciones

 No tengo ningún error o casi ninguno en la gramática, la estructura de las oraciones, el uso de las letras mayúsculas, la puntuación y la ortografía. El lector puede concentrarse en lo que digo.

 Tengo errores pequeños en la gramática, la estructura de las oraciones, el uso de las letras mayúsculas, la puntuación y la ortografía.

 Varios errores hacen que mi reseña de un libro sea difícil de leer. Debo corregirlos.

 Debo corregir muchos errores en la redacción.

Publica

Escribe la versión final en limpio. Revisa tu trabajo por última vez. Escribe en letra de molde o en letra cursiva, según cuál sea tu mejor caligrafía.

Evaluar y analizar tu redacción

Has invertido mucho tiempo y esfuerzo en escribir tu reseña de un libro. Ahora tómate un momento para calificar y pensar en tu redacción. Para calificar tu redacción, consulta la rúbrica, o pauta de calificación, de las páginas 34 y 35. Luego usa tu reseña de un libro para terminar los siguientes comienzos de oración.

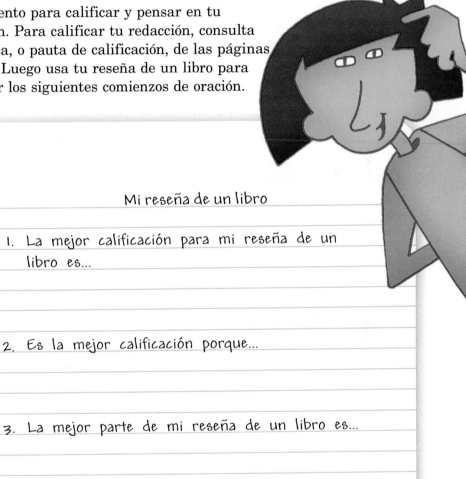

Mi reseña de un libro

1. La mejor calificación para mi reseña de un libro es...

2. Es la mejor calificación porque...

3. La mejor parte de mi reseña de un libro es...

4. La parte que aún debo mejorar es...

5. Lo más importante que aprendí acerca de escribir una reseña de un libro es...

Más ideas para las reseñas de un libro

Los comienzos de oración de la siguiente lista te ayudarán a recopilar detalles para otras reseñas de un libro.

Argumento (los eventos que suceden en un relato)

- Algunos eventos sorprendentes del relato son . . .
- El evento más importante del relato es . . .
- Un evento en el final del relato es importante porque . . .
- El final es (sorprendente, creíble, increíble) porque . . .

Personajes (las personas del relato; también pueden ser animales)

- El personaje principal cambia al final del relato porque . . .
- La conducta del personaje principal cambia debido a (una persona, lugar o cosa) . . .
- La característica más importante de la personalidad del personaje principal es . . .

Escenario (el tiempo y el lugar del relato)

- El escenario afecta al personaje principal porque . . .
- El escenario (en un libro de ficción histórica) me ayudó a comprender . . .
- El escenario (en un libro de ciencia ficción) es creíble o no es creíble porque . . .

Tema (el mensaje o la lección de vida que da el autor)

- El tema de este libro es . . . (superar un desafío, el coraje, la supervivencia, la amistad)
- La moraleja (en una fábula) es . . . ("Lo cortés no quita lo valiente", "El que ríe último ríe mejor")
- La lección que aprendí de este libro es . . .

Escribir en un diario de comentarios

Una manera de hacer comentarios acerca de un libro es llevar un diario de comentarios. En el diario, puedes escribir libremente acerca de los personajes del libro, hacer apuntes sobre lo que piensas que pasará luego o buscar las partes del relato que relaciones con tu propia vida.

Cómo hacer comentarios

Escribe en el diario varias veces a medida que lees un libro. Por ejemplo, escribe una entrada después de haber leído algunos capítulos, aproximadamente en la mitad del libro y después de terminarlo. Usa las siguientes preguntas como ayuda para plasmar tus reacciones o comentarios a medida que lees. (Encontrarás más preguntas en la página 270).

■ **Primeras impresiones**

¿Qué es lo que más te gusta de los primeros capítulos? ¿Te gustan los personajes? ¿Por qué?

■ **A mitad de camino**

¿Son claros los eventos del relato? ¿Qué piensas que pasará luego? ¿Cambiaron tus impresiones acerca de los personajes?

■ **La segunda parte**

¿Sucedió algo sorprendente? ¿Aún es interesante el libro? ¿Cómo piensas que terminará?

■ **Sacar conclusiones**

¿Qué opinas del final? ¿Cómo cambió el personaje principal? ¿Qué es lo que más te gusta del libro? ¿Qué es lo que menos te gusta? ¿Por qué?

■ **Reflexiones**

¿Cómo se relaciona el libro con tu vida? ¿Está conectado el libro con el mundo actual? ¿Por qué?

Más preguntas para hacer comentarios

Cuando necesites un punto de partida para escribir en tu diario de comentarios, busca ideas en esta página. No todas las ideas servirán para todos los libros que leas.

Antes y después

- ¿Cuáles son tus impresiones después de leer la primera parte del libro?

- ¿Qué cosa importante ocurre en la mitad del libro? ¿Por qué es importante?

- En general, ¿cuáles son tus impresiones acerca de este libro?

Preferencias

- ¿Cuál es la mejor parte de este libro? Explica por qué.

- ¿Cuál es tu ilustración favorita en este libro? Descríbela detalladamente.

Hacer cambios

- ¿Te gustaría escribir otro final para este libro? ¿Cómo sería?

- ¿Crees que el libro tiene un buen título? ¿Por qué?

¡Autor! ¡Autor!

- ¿Qué crees que el autor quiere que aprendas de este relato?

- ¿Qué le dirías al autor en una carta amistosa breve?

Personajes

- ¿Cómo es el personaje principal del relato? Escribe acerca de este personaje.

- ¿Te pareces a alguno de los personajes del libro? Escribe un relato para explicar en qué te pareces al personaje.

- ¿Te recuerda alguno de los personajes a alguna persona que conoces? Explica con una comparación.

- ¿Te gustaría tener como amigo a alguno de los personajes del libro? Explica por qué.

Respuesta a la lectura de textos

Otras formas

A medida que vayan pasando las clases, encontrarás muchas clases diferentes de textos. Pueden ser cuentos cortos, artículos, informes, poemas y obras de teatro. Piensa en todas las cosas que puedes leer.

En esta sección, aprenderás a responder a cuatro tipos distintos de textos: una biografía, un libro de texto, un artículo de no ficción y un cuento fantasioso.

A continuación

- **Responder a una biografía**
- **Responder a un libro de texto**
- **Responder a un artículo de no ficción**
- **Responder a un cuento fantasioso**

Responder a una biografía

Una **biografía** es un libro acerca de la vida de una persona real. Una manera de responder a un libro es escribir una carta a su autor. Jerónimo escribió una carta informal para responder a una biografía que leyó. Usó un lenguaje informal para explicar a la autora por qué le gustó el libro y hacerle una pregunta.

Kathleen Krull
Departamento de Ventas de Libros Infantiles
Calle B N.º 525, Oficina 1900
San Diego, CA 92101
9 de octubre de 2010

Estimada Sra. Krull:

Me llamo Jerónimo y soy un estudiante de cuarto grado de Texas. He oído hablar de César Chávez. Me gusta leer sobre héroes de la vida real, por lo que me encantó su libro <u>Cosechando esperanza: La historia de César Chávez</u>.

Mi parte favorita del libro es el momento en que César Chávez dirige a los trabajadores rurales a lo largo de una marcha de 300 millas hasta el Congreso del estado en Sacramento. Como mi abuela vive a 300 millas de mi casa, sé que es una distancia muy grande. Creo que yo nunca podría caminar tanto.

Su libro dice que el Sr. Chávez era tímido. Yo también soy tímido. Me pregunto cómo encontró César Chávez el coraje necesario para ser tan valiente. ¿Sabe usted cómo lo hizo?

Cordialmente,

Jerónimo Gómez
Escuela Primaria Washington

El comienzo presenta a la persona que escribe la carta, el libro y la razón por la que le gustó la obra.

En el desarrollo se explica una parte favorita del libro.

El final incluye algo que causa dudas a la persona que escribe la carta y plantea una pregunta a la autora.

Prepararse Planificar tu respuesta

Para planificar una respuesta en forma de carta a una biografía, sigue estos tres pasos.

1 **Escoge una biografía.** Escoge un libro acerca de una persona real que hayas leído y que te haya gustado.

2 **Recopila información para tu mensaje.** Una cuadrícula de recopilación puede ayudarte a planificar tu carta. Piensa por qué quieres escribir al autor. Luego haz una lista de las razones por las que te gusta el libro, tu parte favorita y una pregunta que le harías al autor.

Cuadrícula de recopilación

Título: La osada Nellie Bly

Autora: Bonnie Christensen

Por qué me gusta este libro	Mi parte favorita	Mi pregunta para la autora
Me gusta escribir. Me gustaría ser periodista.	El viaje de Nellie alrededor del mundo y el mapa que muestra adónde fue	¿Cómo puedo llegar a ser una gran escritora?

3 **Averigua adónde debes enviar tu mensaje.** Puedes comunicarte con la mayoría de los autores a través del departamento de publicidad de la editorial que publica sus libros. La dirección generalmente se puede encontrar en el sitio web de la editorial. Un maestro o un bibliotecario te pueden ayudar.

Prepárate

Planifica tu respuesta. Sigue los tres pasos anteriores para prepararte para escribir tu carta. A medida que recopilas ideas, piensa por qué quieres escribir al autor.

Desarrollar un borrador
Desarrollar tu respuesta

En el **comienzo**, saluda al autor, preséntate, nombra el libro y cuéntale por qué te gustó. Usa las convenciones apropiadas en tu carta al autor. (Consulta las páginas **523** y **524**).

> Estimada Sra. Christensen:
>
> Me llamo Ángela. Soy una estudiante de cuarto grado de Virginia. Me gusta leer textos sobre mujeres famosas. Por eso me gustó su libro La osada Nellie Bly.

En el **desarrollo**, cuenta al autor cuál es tu parte favorita del libro. Piensa qué información le resultará interesante.

> Mi parte favorita es cuando Nellie viaja alrededor del mundo. Me sorprendió que lo hiciera en ochenta días. En esa época no había aviones, así que tuvo que viajar en barco y en tren. Me encantó el mapa que usted dibujó para mostrar adónde había ido.

En el **final**, cuenta al autor cuáles son tus dudas y hazle una pregunta. Cuando escojas tu pregunta, piensa por qué estás escribiendo (tu propósito). Firma con tu nombre y escribe también el nombre de tu escuela.

> Me pregunto por qué tenían tantas dificultades las mujeres periodistas en los tiempos de Nellie. Me gustaría ser una escritora famosa. ¿Cómo puedo comenzar?

Escribe el primer borrador. Escribe una carta con la información de tu cuadrícula de recopilación (de la página **273**) y las pautas anteriores. Asegúrate de que el propósito de tu carta le quede claro al autor.

Lista de control para revisar y corregir

Cuando hayas terminado tu primer borrador, la siguiente lista de control puede ayudarte a revisar y corregir tu respuesta.

Enfoque y coherencia

_____ **1.** ¿Está enfocada la carta en mi respuesta al libro?

_____ **2.** ¿Logran todos los párrafos en conjunto expresar mi respuesta?

Organización

_____ **3.** ¿Me presenté, nombré el libro y dije por qué me gustó el relato en el comienzo de mi carta?

_____ **4.** ¿Dije cuál es mi parte favorita en el desarrollo?

_____ **5.** ¿Hice una pregunta en el final?

Desarrollo de las ideas

_____ **6.** ¿Agrega cada oración sentido a mi respuesta?

_____ **7.** ¿Expliqué claramente por qué estoy escribiendo?

Voz

_____ **8.** ¿Incluí detalles que le puedan interesar al autor?

Convenciones

_____ **9.** ¿Escribí sin errores en la ortografía, las letras mayúsculas y la puntuación?

Revisa

Revisa y corrige tu respuesta. Haz todos los cambios necesarios en tu respuesta. Corrige la versión final de tu carta y vuelve a revisar la dirección antes de enviarla.

Responder a un libro de texto

La mayoría de los **libros de texto** son textos de no ficción: tratan de personas, lugares y cosas reales. Una manera de responder a un libro de texto es escribir una carta al editor. Adolfo demostró su entendimiento de parte de su libro de texto de estudios sociales al contar al editor por qué le gustó el libro.

> ### El pozo petrolero de Spindletop
> El 10 de enero de 1901, los perforadores de pozos del campo petrolero de Spindletop, cerca de Beaumont, Texas, encontraron petróleo. ¡El pozo lanzaba petróleo a más de cien pies de altura! Este pozo petrolero producía cien mil barriles diarios. Esto era más de lo que producían todos los demás pozos de los Estados Unidos juntos. El pozo de Spindletop dio comienzo a la industria petrolera en Texas.

El **comienzo** presenta a la persona que escribe la carta, la parte del libro de texto y la razón por la que le gusta al autor.

En el **desarrollo** se explica una de las partes favoritas.

En el **final** se hace una sugerencia al editor.

Estimado editor:

Me llamo Adolfo. Uso su libro de texto Historia de Texas en la escuela. Me gustan los eventos emocionantes, por eso disfruté mucho el pasaje de su libro de texto llamado "El pozo petrolero de Spindletop".

Mi parte favorita es donde se explica que el pozo lanzaba petróleo a más de cien pies de altura. ¡Eso es más alto que el edificio de mi escuela! Las personas que estaban allí debieron entusiasmarse mucho. Sé que Texas es famoso por su petróleo, pero no sabía dónde había comenzado todo.

Este pasaje despertó mi interés por estudiar más acerca de los inicios de mi estado. Quizás la próxima vez que usted escriba un libro de texto podría incluir un pasaje especial sobre los tipos de ganado que hay en Texas.

Atentamente,
Adolfo Valésquez
Escuela Primaria Terrace

Prepararse **Planificar tu respuesta**

1 **Consulta la portada del libro de texto.** Busca el nombre del editor y la dirección a la que puedes enviar la carta.

2 **Escoge un pasaje del libro de texto.** Escoge una sección secundaria u otra parte del libro que te interese.

3 **Demuestra tu entendimiento del pasaje.** Pregúntate lo siguiente: ¿Cuál es la idea principal del pasaje? ¿Por qué es importante? ¿Qué más quiero averiguar sobre este tema? ¿Qué lo haría todavía más interesante?

4 **Haz una lista de ideas para tu respuesta.** Elabora un gráfico de ideas como el que está a continuación para recopilar ideas. Acuérdate de pensar en por qué estás escribiendo sobre el pasaje (tu propósito) y qué podría querer saber el editor.

Gráfico de ideas

Tema del pasaje: El pozo petrolero de Spindletop		
Por qué me gustó	Mi parte favorita	Sugerencia
me gustan las cosas emocionantes	el pozo lanzaba petróleo a 100 pies de altura	un pasaje sobre tipos de ganado en Texas

Prepárate

Planifica tu respuesta. Usa los pasos anteriores para escoger un pasaje de un libro de texto y recopilar ideas sobre ese pasaje. Piensa por qué estás escribiendo y qué es lo que el editor podría querer saber. No olvides escribir sugerencias para mejorar el libro de texto.

Desarrollar un borrador

Desarrollar tu respuesta

Mientras desarrollas el borrador de tu carta para el editor del libro de texto, recuerda que todos los párrafos de tu respuesta tienen un propósito. A medida que leas los pasos que se detallan a continuación, consulta la carta de ejemplo de la página 276 como ayuda para categorizar tus ideas y organizarlas en párrafos.

1 En el párrafo **inicial** de la carta te presentas, mencionas la parte del libro de texto sobre la que estás escribiendo y explicas la razón por la que te gusta ese pasaje. Cuando escribas, piensa en tu público: el editor del libro de texto.

2 En el párrafo **intermedio** demuestras tu entendimiento del pasaje al explicar tu parte favorita. Si quieres, puedes usar las palabras especiales que aprendiste en el libro de texto para explicar por qué te gusta el pasaje. Para recordar tu propósito, pregúntate qué es lo que quieres contar al editor. Relaciona tus oraciones con ese propósito.

3 En el párrafo **final** debes sugerir algo que podría agregarse a este pasaje. También puedes sugerir otros pasajes para incluirlos en futuros libros de texto. No olvides tu propósito, es decir, por qué estás escribiendo. Cuida tu lenguaje para que sea positivo y útil para el editor.

Escribe el primer borrador. Usa los pasos anteriores y la planificación de la página 277 para escribir tu respuesta. Incluye un comienzo, un desarrollo y un final. Asegúrate de usar las convenciones apropiadas cuando escribas la carta. (Consulta las páginas 523 y 524).

Lista de control para revisar y corregir

Cuando hayas terminado tu primer borrador, usa la siguiente lista de control para revisar y corregir tu respuesta.

Enfoque y coherencia

_____ **1.** ¿Está enfocada mi redacción en mi respuesta al libro de texto?

_____ **2.** ¿Agrega cada párrafo detalles a mi respuesta?

Organización

_____ **3.** ¿Me presenté, nombré el título del pasaje y expliqué por qué me gustó el pasaje en el comienzo de mi carta?

_____ **4.** ¿Hablé acerca de mi parte favorita en el desarrollo?

_____ **5.** ¿Hice una sugerencia en el final?

Desarrollo de las ideas

_____ **6.** ¿Expliqué claramente por qué estoy escribiendo?

_____ **7.** ¿Pasa mi redacción de una idea a otra de forma lógica?

Voz

_____ **8.** ¿Explica mi redacción por qué me gustó el pasaje?

Convenciones

_____ **9.** ¿Apliqué correctamente las convenciones?

_____**10.** ¿Escribí todas las palabras sin errores de ortografía?

Revisa y corrige tu respuesta. Haz todos los cambios necesarios en tu respuesta. Corrige tu versión final antes de presentarla.

TEKS 4.18C

Responder a un artículo de no ficción

Un **artículo de no ficción** presenta información acerca de personas, lugares o cosas reales. Una manera de responder a un artículo es escribir un resumen. Uno de los propósitos de un resumen es ayudarte a ti y a tu público a comprender mejor un artículo u otro tipo de texto.

Artículo de ejemplo

Bigotes: Las antenas del gato

Los bigotes son una parte importante del cuerpo del gato. Le sirven para moverse por todas partes. Esos pelos largos y gruesos de la cara del gato pueden sentir incluso los menores cambios en el movimiento del aire. A medida que un gato se acerca a un objeto, sus bigotes sienten un cambio en el aire. Esto le permite moverse en la oscuridad sin tropezar con las cosas.

Las puntas de los bigotes tienen muchas terminaciones nerviosas. Esto quiere decir que un gato calcula el ancho de una abertura al sentir los bordes con sus bigotes. Así puede decidir si puede pasar por un lugar estrecho.

Nunca debes recortar los bigotes de un gato. Para un gato es mucho más difícil moverse con seguridad si no tiene bigotes.

Resumen de ejemplo

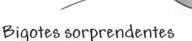

En la **oración temática** se incluye la idea principal del artículo.

Las **oraciones de apoyo** incluyen la información más importante del artículo.

La **oración de conclusión** incluye el último punto importante.

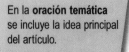

Bigotes sorprendentes

Los bigotes del gato le sirven para moverse por todas partes. Los bigotes pueden sentir cualquier pequeño movimiento del aire. Le permiten al gato saber si un objeto está cerca. El gato calcula el ancho de una abertura al sentir los bordes con sus bigotes. Sin los bigotes, al gato le sería difícil moverse por todas partes con seguridad.

Prepararse **Planificar tu resumen**

Sigue estos pasos cuando planifiques el resumen de un artículo.

1 Escoge un artículo de no ficción que sea interesante, como este:

> ### ¡Ah . . . Ah . . . Achís!
>
> El estornudo es el resultado de una cadena de eventos que se producen en cuestión de segundos. Puede ser la respuesta a partículas en el aire, como polvo, o a un cambio brusco de temperatura.
>
> Primero, la nariz siente un cosquilleo. El cosquilleo le dice al cerebro que produzca un estornudo. Luego el cerebro envía mensajes a todos los músculos que producen los estornudos, entre ellos, los músculos del abdomen y los que están alrededor del pecho, los pulmones, las cuerdas vocales, la garganta,
>
> la cara y los ojos. Para producir un estornudo, todos estos músculos trabajan juntos y en el orden correcto. ¡Achís!
>
> El estornudo envía partículas diminutas desde la nariz que vuelan a una velocidad de hasta cien millas por hora. Por esta razón, siempre debes cubrirte la boca y la nariz cuando estornudes (y luego debes lavarte las manos). Con frecuencia, los estornudos terminan transmitiendo gérmenes de una persona a otra.

2 Crea un diagrama de ideas como el siguiente para mencionar el tema. Agrega la información más importante con tus propias palabras.

Diagrama de ideas

 Planifica tu resumen. Sigue los pasos anteriores para prepararte para escribir tu resumen. Si no puedes hallar un artículo, pide ayuda a tu maestro.

Prepárate

Desarrollar un borrador

Desarrollar tu resumen

Tu resumen tendrá tres partes principales: una oración temática, oraciones de apoyo y una oración de conclusión. Mientras escribes el párrafo, piensa en tu público y en el propósito de tu redacción.

La **oración temática** debe expresar la idea principal del artículo.

> El estornudo es el resultado de una cadena de eventos.

Sugerencias para hallar la idea principal

- Busca la idea principal al comienzo o al final del primer párrafo del artículo.

- Pregúntate: "¿Qué mensaje importante está comunicando el autor?".

Las **oraciones de apoyo** deben incluir *solo* la información más importante del artículo. Todas las oraciones deben apoyar el tema. Ordena tus ideas de manera que sea fácil seguirlas.

> Estos eventos se producen en unos pocos segundos. Muchos músculos trabajan juntos para producir un estornudo. Al estornudar, se envían desde la nariz partículas que vuelan a una velocidad de hasta cien millas por hora.

La **oración de conclusión** aporta información nueva en el final.

> Un estornudo puede propagar gérmenes.

Escribe

Escribe el primer borrador. Escribe tu resumen en un párrafo. Consulta la información anterior y tu diagrama de ideas (de la página 281).

Lista de control para revisar y corregir

Usa la siguiente lista de control para revisar y corregir tu resumen.

Enfoque y coherencia

_____ **1.** ¿Está enfocado mi resumen en la idea principal del artículo?

_____ **2.** ¿Incluí solo la información más importante del artículo en mi respuesta?

Organización

_____ **3.** ¿Expresa la oración temática la idea principal del artículo?

_____ **4.** ¿Respaldan las oraciones de apoyo la oración temática?

_____ **5.** ¿Aporta la oración de conclusión información nueva al final del artículo?

Desarrollo de las ideas

_____ **6.** ¿Agrega cada oración sentido al resumen?

_____ **7.** ¿Logra mi resumen el propósito de la redacción?

Voz

_____ **8.** ¿Se dará cuenta mi público de que me interesa el tema?

_____ **S.** ¿Entenderá mi público de qué trataba el artículo?

Convenciones

_____ **10.** ¿He corregido los errores en la ortografía, el uso de las letras mayúsculas y la puntuación?

Revisa

Revisa y corrige tu resumen. **Haz todas las correcciones y cambios necesarios. Corrige la versión final.**

Responder a un cuento fantasioso

Los **cuentos fantasiosos** están llenos de humor y exageraciones. Con frecuencia, tratan de personajes sobrenaturales que hacen cosas sorprendentes. Responde a un cuento fantasioso comparándote con un personaje. Mientras escribes, concéntrate en tu propósito, es decir, en lo que quieres que tu público entienda.

Paul Bunyan crece y crece

Paul Bunyan era el bebé más grande del mundo. Se necesitaron cinco cigüeñas inmensas para llevárselo a sus padres. Cuando llegó, su llanto sonaba como una sierra circular y una batería juntas. Con un grito, Paul espantó a todas las ranas de una laguna. También tenía un apetito inmenso. Comía cuarenta tazones de avena por vez y crecía más rápido que un bambú. Creció tan rápido que pronto sus ropas tuvieron ruedas de carreta en lugar de botones. Un día, el papá de Paul le regaló un buey azul llamado Babe. Babe crecía tan rápido como Paul. De hecho, los dos eran tan enormes que las huellas que dejaron al caminar por Minnesota formaron diez mil lagos.

En el comienzo se indica el nombre del cuento y se explica de qué trata.

Cuando leí "Paul Bunyan crece y crece", descubrí que Paul era un bebé muy grande y fuerte. Paul y su mascota, un buey, se convirtieron en gigantes.

En el desarrollo se compara a la persona que escribe con el personaje del cuento fantasioso.

En cierta manera, me parezco a Paul. Puedo ser ruidoso como él. Nunca he espantado a las ranas de una laguna, pero a veces grito tan fuerte que asusto a mi perro. También tengo un gran apetito. No como avena, pero puedo engullir un par de tazones de cereal y tres tostadas.

Me diferencio de Paul en que no soy un gigante. Tengo como mascota una perra salchicha, pero es pequeña comparada con Babe. A veces dejo huellas de barro en el piso de la cocina, pero se convierten en charquitos marrones, no en lagos.

En el final se deja al lector algo en que pensar.

Cuando leí este cuento fantasioso, pensé en mi hermanito. Está creciendo muy rápido. Me parece que sería bueno que lo vigiláramos. ¡Espero que no se convierta en otro Paul Bunyan!

Prepararse Recopilar detalles

Sigue estos pasos cuando planifiques la respuesta a un cuento fantasioso.

1 Lee un cuento fantasioso interesante, como este:

Pecos Bill cabalga sobre un tornado

Un día, Pecos Bill estaba en Kansas. Bill quería andar sobre algo feroz y rápido, así que decidió montar un tornado. Esperó a que llegara el tornado más grande y más feroz. Cuando el gran tornado llegó, el cielo se puso como una sopa de chícharos y bramó tan fuerte que se podía escuchar con toda claridad hasta en la China. El tornado giraba, azotaba, arremolinaba y hasta anudaba los ríos. Bill cabalgó sobre el tornado hasta California. Por el camino, el tornado hizo caer tanta lluvia que destiñó el Gran Cañón. Finalmente, el tornado se acabó en California y Bill cayó a tierra. El golpe fue tan fuerte que se hundió por debajo del nivel del mar. Actualmente ese lugar se llama el Valle de la Muerte.

2 Usa un diagrama de Venn para mostrar en qué te pareces y en qué te diferencias del personaje principal.

Yo
- no me gustan los tornados
- no he estado en Kansas

Ambos
- nos gusta cabalgar rápido
- somos valientes
- hemos estado en California

Pecos Bill
- le gustan los tornados
- estuvo en Kansas

Prepárate

Planifica tu respuesta. Sigue los pasos anteriores para prepararte para escribir. Si no encuentras un cuento fantasioso, pide ayuda a tu maestro.

Desarrollar un borrador

Desarrollar tu respuesta

El **comienzo** indica el nombre del cuento fantasioso y explica de qué trata.

> En "Pecos Bill cabalga sobre un tornado", descubrí que Pecos Bill era valiente. Hasta buscaba el peligro.

El **desarrollo** explica en qué te pareces y en qué te diferencias del personaje del cuento fantasioso. Enfoca tu redacción en lo que quieres que tu público sepa de ti: ese es tu propósito para escribir.

> Pienso que me parezco un poco a Pecos Bill. Sin duda me gusta andar en cosas rápidas, pero prefiero las patinetas y las montañas rusas. A Bill le gustaba montar tornados. ¡Eso sí que es ser valiente! Yo fui valiente cuando me tuvieron que poner 15 puntos en la pierna. Además, ambos hemos estado en California.
>
> Pecos Bill y yo somos diferentes porque a él le gustan los tornados y a mí no me gustan. Los tornados producen muchos daños. Además, yo nunca he estado en Kansas, pero Pecos Bill, sí.

El **final** deja al lector un pensamiento final.

> En mi estado se producen muchos tornados. La próxima vez que suenen las sirenas, pensaré que Pecos Bill se está divirtiendo mientras cabalga en ese tornado. Quizá pensar en eso me tranquilice hasta que pase la tormenta.

Escribe

Escribe el primer borrador. Escribe el comienzo, el desarrollo y el final de tu respuesta. Consulta la información anterior y tu diagrama de Venn (de la página 285).

Lista de control para revisar y corregir

Cuando hayas terminado tu primer borrador, usa la siguiente lista de control para revisar y corregir tu respuesta.

Enfoque y coherencia

_____ **1.** ¿Expliqué con claridad de qué trata el cuento fantasioso y qué semejanzas y diferencias tengo con el personaje principal?

Organización

_____ **2.** ¿Incluye el comienzo el nombre del cuento y de qué trata?

_____ **3.** ¿Están las ideas organizadas de manera lógica en el desarrollo?

_____ **4.** ¿Deja el final algo en que pensar al lector?

Desarrollo de las ideas

_____ **5.** ¿Agrega cada oración sentido a las oraciones anteriores?

_____ **4.** ¿Cuenta mi redacción al público algo sobre mí?

Voz

_____ **7.** ¿Pensará el público que mis comparaciones son interesantes?

Convenciones

_____ **8.** ¿He seguido las normas de gramática y de uso?

_____ **9.** ¿He corregido los errores de ortografía y de puntuación?

Revisa

Revisa y corrige tu respuesta. Haz todas las correcciones y cambios necesarios. Corrige la versión final antes de presentarla.

TEXAS
Fuente de
escritura
En línea

www.hmheducation.com/tx/writesource

Escritura creativa

Enfoque de la escritura

- **Cuentos**
- **Poemas**

Aprendizaje del lenguaje

Trabaja con un compañero. Lean los significados y respondan juntos las preguntas.

1. Un cuento fantástico es producto de tu imaginación.
   ¿Cuál es tu cuento fantástico preferido?

2. Cuando describes a una persona, un lugar o una cosa, dices cómo es.
   ¿Cómo podrías describir tus ojos?

3. Una característica es un aspecto de la personalidad de una persona.
   Describe una característica de tu personalidad de la que te sientas orgulloso.

4. Un detalle sensorial describe lo que sientes cuando pruebas, hueles, oyes, miras o tocas algo.
   ¿Qué detalle sensorial podrías usar para describir lo que sientes cuando tocas el pelaje de un gatito?

5. Cuando perfeccionas algo, haces pequeños cambios para mejorarlo.
   ¿Cómo perfeccionas tu conocimiento antes de una prueba?

Escritura creativa

Cuentos

Los cuentos de ficción nos permiten vivir una experiencia desde el punto de vista de otra persona. Pueden hacernos sentir emociones fuertes: felicidad, tristeza o incluso miedo. Después de leer un buen cuento, es posible que hasta nos sintamos distintos de algún modo.

En este capítulo, aprenderás a escribir un cuento de ficción realista. Este tipo de cuentos parecen reales, pero son inventados. También puedes tratar de escribir un cuento fantástico.

Pautas para escribir

Tema: Cuento de ficción realista
Propósito: Entretener
Forma: Cuento corto
Público: Tus compañeros

TEKS 4.16A

Cuento de ficción realista

Los cuentos imaginativos contienen detalles vívidos que describen a los personajes y al escenario. Estos cuentos también desarrollan el argumento, o la acción de los eventos, hasta llegar al clímax.

En este cuento, el escritor imagina cómo la personalidad desorganizada de un personaje y un cuarto desordenado causan un gran problema. Mientras el personaje busca un papel importante, el argumento se va desarrollando hasta llegar al clímax.

Una lección sobre el desorden

Principio
El principio presenta al personaje principal, el escenario y el problema.

Jésica entró bailando en su sucio cuarto el jueves por la tarde. No veía la hora de ir a la excursión al día siguiente. Arrojó la mochila repleta sobre el escritorio, arriba de todos los papeles y la basura. Su mamá siempre se quejaba de que el cuarto estaba desordenado, pero a Jésica no le parecía que estuviera tan mal.

Sonó el teléfono y Jésica corrió a atenderlo.

—¿Hola?

Su mejor amiga, Lucía, respondió con un chillido:

—¡Hola, Jesi! ¡Estoy tan emocionada por la excursión! —Lucía estaba en la misma clase que Jésica.

—¡Yo también! —dijo Jésica—. Nunca he ido a un acuario, pero me han dicho que hay un montón de peces de colores.

—¿Ya te han firmado el permiso? Si no lo tienes, no puedes ir. —Lucía sabía que Jésica era olvidadiza.

—¡El permiso! Perdona, Lucía, ¡me tengo que ir! —Jésica colgó y volvió corriendo a su cuarto. Miró las montañas de papeles—. ¿Dónde dejé el permiso azul?

Conflicto
El personaje trata de resolver el problema.

Jésica se recogió el cabello largo y castaño hacia atrás y comenzó a buscar entre las pilas de libros, papeles, revistas viejas, envoltorios de barras de granola, alhajas rotas y pilas de ropa sucia que había sobre el escritorio. Empezó a arrojar la basura y a ordenar los papeles importantes. Poco a poco, empezó a aparecer el escritorio, pero el permiso no estaba allí.

Jésica se dio vuelta y observó el resto de su desordenado cuarto.

—Podría estar en cualquier lado. —Tenía que encontrar el permiso antes de la cena.

Recogió algunas cosas en busca del papel azul. Mientras seguía buscando, fue llenando la canasta de la ropa y arrojó más basura. Pronto, pudo ver el suelo, pero seguía sin encontrar el papelito azul. Se sintió muy triste.

La mamá de Jésica entró y miró todo el cuarto.

—¡Caramba, qué hermoso aspecto tiene el cuarto! ¿Estás lista para cenar?

—Pero no encuentro mi permiso. Si no lo tengo, no puedo ir al acuario mañana. —Jésica se sentó en la cama recién hecha y empezó a llorar—. Supongo que por algo hay que ser ordenada.

La mamá sonrió.

—Queda un lugar desordenado que no revisaste. ¿Buscaste en tu mochila?

Jésica levantó la mochila y la abrió. Vació todo lo que tenía sobre la cama. Empezó a buscar desesperadamente entre todos los papeles. Era su última oportunidad. De pronto, encontró el permiso. Lo agitó y dijo:

—¡Aquí está! ¡Aquí está! Y a partir de ahora, ¡prometo mejorar! Me parece que ser ordenada es importante, después de todo.

> **Clímax**
> El clímax es el momento decisivo del cuento, donde la tensión ha llegado a un pico y está por comenzar la resolución.

> **Final**
> El final cuenta cómo se resuelve el problema y cómo cambia el personaje.

Responde a la lectura. **Responde las siguientes preguntas sobre el cuento. Comenta tus respuestas con un compañero.**

■ **Desarrollo de las ideas** **(1) ¿Adónde quiere ir Jésica? (2) ¿Qué problema enfrenta? (3) ¿Qué detalles describen a Jésica?**

■ **Organización** **(4) ¿Qué transiciones ayudan al lector a conectar las ideas?**

■ **Voz** **(5) ¿Suena auténtico el cuento?**

Prepararse Crear los personajes

Tus personajes deben ser interesantes y atractivos, pero también deben parecer reales. Una forma de crear un personaje es combinar características de distintas personas que conozcas. Haz una lluvia de ideas con detalles vívidos y memorables. Ten en cuenta que los personajes mejor desarrollados tienen características positivas y negativas. Laura, la escritora de "Una lección sobre el desorden", hizo este gráfico.

Gráfico de personajes

Nombre	Edad	Cabello	Usa	Personalidad
Juli	10	de punta y rubio	auriculares	desordenada
Rosa	11	largo y castaño	un broche	tranquila
Dani	22	corto y negro	muchos aros	chiflada

Prepárate

Crea un gráfico de personajes. Copia el gráfico anterior. Haz una lista de tus amigos y completa todas las columnas. Encierra en un círculo las características que quieras usar para tu personaje y escoge un nombre.

Escoger un problema

Luego necesitas un problema que tu personaje debe resolver. Para pensar en los diferentes problemas de todos los días, Laura hizo el siguiente gráfico.

Gráfico de problemas

Escuela	Amigos	Casa	Vecindario
–clase de arte difícil –recorrido largo del autobús	–Sandra se mudó. –Problemas en el viaje de niños exploradores	–Matías habla sin parar. –Mamá dice que soy muy desordenada.	–Calle muy transitada –Vecinos ruidosos

Prepárate

Crea un gráfico de problemas. Copia el gráfico anterior. Complétalo con problemas y escoge uno para tu cuento.

Prepararse
Hacer una lluvia de ideas para escoger un evento

Después de escoger un problema para tu personaje, piensa en las dificultades que le trae ese problema. Esas dificultades, u obstáculos, serán los eventos que llevarán el argumento de tu cuento hasta el clímax. Laura hizo la siguiente lista de posibles eventos para su cuento.

Lista de eventos

En un cuarto desordenado:

- no se puede encontrar nada.

- es fácil perder cosas importantes, como los permisos escolares.

- no puedes ir a las excursiones sin un permiso.

Crea una lista de eventos. Con un compañero, haz una lluvia de ideas con los diferentes obstáculos que podría enfrentar tu personaje.

Desarrollar un escenario

Ahora que ya sabes los problemas que enfrentará tu personaje, piensa dónde transcurre el relato. En tu cuento, querrás dar muchos detalles para describir cómo era el lugar, qué ruidos había, qué se sentía y cómo olía. Usa un gráfico del escenario para generar ideas.

Gráfico del escenario

Lugar: El cuarto de Jésica

Aspecto	Sonidos	Sensaciones	Olores
–desorganizado –lleno de cosas –desordenado	–el teléfono que suena –los papeles al revolverlos –las cosas que se caen al piso	–abarrotada –abrumadora	–a polvo –a ropa sucia

Crea un gráfico del escenario. Haz un gráfico como el anterior. Complétalo con detalles sobre el escenario de tu cuento.

Prepararse Crear un argumento

Las acciones o los eventos de un cuento conforman el argumento. Cada parte del argumento desempeña un papel importante en el cuento.

- El **principio** presenta a los personajes y el escenario.

- El **conflicto** muestra el problema que debe resolver el personaje.

- El **clímax** es la parte más emocionante del cuento.

- El **desenlace** explica cómo se resuelve el problema.

Laura planificó su cuento basándose en el gráfico del argumento que aparece a continuación.

Gráfico del argumento

Principio	Conflicto	Clímax	Desenlace
Jésica está emocionada por la excursión. Lucía le recuerda el permiso.	Jésica no encuentra el permiso. Su cuarto está muy desordenado. Empieza a ordenar, pero no lo encuentra.	La mamá le sugiere que busque en un último lugar. Jésica encuentra el permiso en la mochila.	Jésica decide ser más ordenada.

Prepárate

Crea un gráfico del argumento. En cada columna, escribe lo que sucederá en el principio, durante el conflicto, en el clímax y en el desenlace de tu cuento.

Desarrollar un borrador

Crear tu primer borrador

Ya estás listo para empezar a escribir tu cuento. Sigue las sugerencias que aparecen a continuación.

1 *Muestra* el escenario en lugar de *contarlo.*

En lugar de . . .   **Jésica estaba contenta.**

Escribe . . . Jésica entró bailando en su sucio cuarto.

2 Usa acciones para mostrar al lector lo que está pasando.

En lugar de . . .   **Ordenó el cuarto.**

Escribe . . . Empezó a arrojar la basura y a ordenar los papeles importantes.

3 Usa el diálogo para hacer que los personajes hablen por sí mismos.

En lugar de . . .   **Lucía estaba emocionada por la excursión.**

Escribe . . . Lucía respondió con un chillido: —¡Hola, Jesi! ¡Estoy tan emocionada por el viaje!

4 Usa detalles sensoriales para dar vida al cuento.

En lugar de . . .   **El escritorio estaba desordenado.**

Escribe . . . Jésica comenzó a buscar entre las pilas de libros, papeles, revistas viejas, envoltorios de barras de granola, alhajas rotas y pilas de ropa sucia que había sobre el escritorio.

5 Lleva la tensión al clímax.

En lugar de . . .   **La mamá le dijo dónde buscar y Jésica lo encontró.**

Escribe . . . La mamá sonrió. —Queda un lugar desordenado que no revisaste. ¿Buscaste en tu mochila?

Escribe

Escribe el primer borrador. Usa todo lo que preparaste hasta ahora y las sugerencias anteriores para escribir el primer borrador de tu cuento de ficción realista.

Revisar Mejorar la redacción

Cuando hayas terminado tu primer borrador, estás listo para hacer cambios y mejorar tu redacción. Lee el borrador y usa las siguientes preguntas como guía para hacer cambios.

- **Enfoque y coherencia** ¿Se relaciona todo lo que escribiste con el tema central del cuento?

- **Organización** ¿Se desarrolla el argumento gradualmente hasta llegar al clímax?

- **Desarrollo de las ideas** ¿He incluido detalles sobre el personaje y el escenario para que los lectores puedan comprenderlos?

- **Voz** ¿Suena natural mi redacción? ¿Se sentirá el público atraído por mi cuento?

Revisa

Mejora tu redacción. Usa las preguntas anteriores como guía para hacer cambios.

Corregir

Comprobar que se respeten las convenciones

Las siguientes preguntas te ayudarán a corregir tu cuento.

- **Convenciones** ¿He corregido los errores en la ortografía y el uso de las letras mayúsculas? ¿He usado puntuación de apertura y de cierre en todas las oraciones? ¿He comprobado haber escrito bien algunas palabras con las que es fácil confundirse (*tan bien, también*)?

Corrige

Corrige tu cuento. Usa las preguntas anteriores como guía para corregir los errores. Después de haberlos corregido, usa las siguientes sugerencias para escribir un título. Luego escribe una versión final y comprueba que no haya errores.

Crear un título

- Usa una palabra que se repita mucho: **Una lección sobre el desorden**
- Juega con las palabras: **Ordenar el desorden**
- Usa una frase del cuento: **Por algo hay que ser ordenada**

Elementos de la ficción

Los escritores usan términos específicos para referirse a las distintas partes de un cuento. En la siguiente lista, encontrarás palabras que te ayudarán a hablar sobre los cuentos que lees y escribes.

Acción La **acción** es todo lo que sucede en un cuento.

Antagonista El **antagonista** (a veces llamado villano) es una persona o una cosa que lucha contra el héroe.

> El lobo es el antagonista de los tres cerditos.

Argumento El **argumento** es la acción o la serie de eventos que conforman el cuento. La mayoría de los argumentos se dividen en cuatro partes: principio, conflicto, clímax y desenlace. (Consulta la página **294**).

Atmósfera La **atmósfera** es la sensación que el escritor crea en el cuento.

Conflicto El **conflicto** es un problema o desafío que tienen que enfrentar los personajes. Hay cinco tipos principales de conflicto:

- **El personaje contra otro personaje:**
  Dos personajes tienen objetivos opuestos.
  > Un supervillano quiere hundir un barco, pero un superhéroe quiere salvarlo.

- **El personaje contra la sociedad:**
  El personaje tiene un problema con un grupo de personas.
  > Un estudiante tiene problemas para integrarse en una escuela nueva.

- **El personaje contra sí mismo:**
  El personaje tiene una lucha interna.
  > Un estudiante joven no sabe qué hacer cuando descubre que su mejor amigo está haciendo trampa en una prueba.

- **El personaje contra la naturaleza:**
  El personaje tiene que luchar contra un elemento de la naturaleza.
  > Un montañista queda atrapado en medio de una tormenta de nieve.

- **El personaje contra el destino:**
  El personaje se enfrenta con algo que no puede controlar.
  > Una mujer herida lucha por volver a caminar.

Diálogo   Hay **diálogo** cuando los personajes hablan entre sí en el cuento.

Escenario   El **escenario** es el lugar y el momento en que ocurre el cuento. El escenario se crea a través de las descripciones de los objetos, los lugares, los eventos y el período de tiempo.

Moraleja   La **moraleja** es una lección que el autor quiere que el lector aprenda al leer el cuento. La moraleja de "Pedro y el lobo" es que, si dices muchas mentiras, nadie te creerá cuando digas la verdad.

Narrador   El **narrador** es el que cuenta el cuento. El perro Harold cuenta el cuento en el libro *Bonícula*, así que Harold es el narrador (¡aunque sea un perro!).

Personaje   Un **personaje** es una persona o un animal con características humanas del cuento. Los lectores aprenden cómo son los personajes a través de los detalles sobre sus pensamientos, palabras y acciones.

Protagonista   El **protagonista** es el héroe del cuento.

Punto de vista   El **punto de vista** es el ángulo desde el cual se cuenta un cuento.

- Un cuento contado por el personaje principal se narra en *primera persona*.

  Entré bailando en mi sucia habitación y arrojé la mochila sobre el escritorio.

- Un cuento contado por un narrador se narra en *tercera persona*.

  Jésica entró bailando en su sucia habitación y arrojó la mochila sobre el escritorio.

Sentir   El **sentir** es lo que siente el lector cuando lee un cuento: alegría, tristeza, miedo, paz.

Tema   El **tema** es el mensaje principal de un cuento. Uno de los temas de *La telaraña de Carlota* es la importancia de la amistad.

Patrones de relatos

Los relatos tienen diferentes patrones. Aquí se explican cinco patrones de relatos conocidos que puedes probar.

La rivalidad

Dos personajes se enfrentan en una competencia para ganar un premio.

Dos amigos compiten por la posibilidad de asistir a la feria estatal de ciencias.

El cambio

Un personaje supera un desafío o una debilidad personal y cambia o crece de alguna manera.

Una niña debe superar su miedo a las alturas para salvar a su hermana, que se quedó atrapada en un acantilado.

El obstáculo

Dos personajes están separados y deben hallar la forma de reencontrarse.

Una familia se olvida del perro por error durante la mudanza y él debe encontrar la manera de llegar al nuevo hogar.

El rescate

Un personaje debe ser rescatado o debe rescatar a otra persona que está en problemas.

Una niña busca a su abuelo, que está perdido en un pantano lleno de cocodrilos en Louisiana.

La persecución

Un personaje persigue a otro con un objetivo en mente.

Un detective debe perseguir a un ladrón de joyas antes de que robe el diamante más grande del mundo.

Escoge un patrón. ¿Te dio alguno de estos patrones una buena idea? Escoge uno y sigue los pasos que se mencionan en las páginas 300 y 301 para escribir un cuento nuevo.

Prepararse **Crear un argumento**

Crea un argumento basado en el patrón de relato que escogiste. Tomás creó este gráfico del argumento para planificar su cuento sobre la rivalidad.

Gráfico del argumento

Principio	Conflicto	Clímax	Desenlace
Dos rivales del mismo equipo discuten sobre quién es mejor jugador de baloncesto.	Los dos rivales apuestan que anotarán más puntos que el otro en el próximo partido.	Para ganar el partido, el Rival 1 debe pasar la pelota al Rival 2, lo cual dará la mayor cantidad de puntos al Rival 2.	El Rival 1 toma la decisión correcta para el equipo.

 Crea un gráfico del argumento. Desarrolla el argumento hasta el clímax.

Crear los personajes

Luego crea los personajes con muchos detalles usando un gráfico de personajes. Tomás usó un gráfico como el que aparece en la página **292** para crear sus personajes, Marco y Lucinda. Marco es un niño de pelo castaño y rizado que tiene 9 años y no le teme a nada. Lucinda es una niña rubia de 10 años que ama la diversión.

 Crea un gráfico de personajes. Crea personajes con detalles vívidos.

Crear el escenario

Ahora, piensa en el escenario de tu relato y en los detalles que describen el lugar, los sonidos, las sensaciones y los olores. Tomás usó un gráfico del escenario como el que aparece en la página **293** para generar ideas. Su relato de rivalidad ocurre en un gimnasio abarrotado y con olor a sudor que tiene el piso de madera y una tribuna.

 Crea un gráfico del escenario. Complétalo con detalles del escenario de tu cuento.

Desarrollar un borrador **Crear tu primer borrador**

Ya estás listo para empezar a escribir tu cuento. Sigue las siguientes sugerencias.

- **Escribe libremente.** Escribe todas las ideas que se te ocurran sin detenerte para revisar o corregir. Eso lo harás después.
- Usa **detalles vívidos** para describir el escenario, los personajes y las acciones de los personajes.
- Desarrolla el conflicto hasta llegar al **clímax** del cuento.

Escribe

Escribe el primer borrador. **Usa las sugerencias anteriores a medida que escribes.**

Revisar **Mejorar la redacción**

Cuando hayas terminado tu primer borrador, usa las siguientes preguntas para ver si puedes mejorar la redacción.

- **Enfoque y coherencia** ¿Mantiene mi redacción el enfoque?
- **Organización** ¿Se desarrolla el conflicto hasta llegar al clímax?
- **Desarrollo de las ideas** ¿Incluí detalles únicos y bien pensados para describir a los personajes y el escenario?
- **Voz** ¿Se sentirá el público atraído por mi cuento?

Revisa

Mejora la redacción. **Haz cambios basándote en las respuestas a las preguntas anteriores.**

Corregir **Comprobar que se respeten las convenciones**

Las siguientes preguntas te ayudarán a corregir tu cuento.

- **Convenciones** ¿He usado oraciones tanto sencillas como compuestas? ¿Hay concordancia del sujeto y el verbo en todas las oraciones?

Corrige

Corrige tu cuento. **Consulta las preguntas anteriores mientras corriges. Asegúrate de que tú y tu compañero respetan las convenciones a medida que preguntan y responden.**

TEKS 4.16A

Crear un cuento fantástico

Un cuento fantástico es otro tipo de relato de ficción. En un cuento fantástico, los animales hablan, las personas vuelan y todo puede pasar. Estas son algunas pistas para ayudarte a escribir un cuento fantástico, pero creíble.

1 Haz de cuenta que las cosas imposibles son posibles.

Escribe como si tu mundo imaginario fuera real.

Raúl sacudió su brillante melena y pisó fuerte con sus pezuñas:

—No me gusta esto —gruñó. Muy enojado, espantó a una mosca con la cola.

2 Usa un escenario y un problema fantásticos.

Presenta al personaje principal con detalles vívidos, describe la escena y plantea al personaje un problema que no pertenezca a este mundo. Incluye detalles fantásticos sobre el escenario, los sonidos y los olores. Asegúrate de que las acciones y las palabras lleven el argumento hacia el clímax.

Una noche, Lucio saltó de la cama y corrió hacia la ventana. Afuera, estaba aterrizando una nave espacial. ¿Qué debía hacer?

3 ¿Qué sensaciones quieres crear?

Crea el sentir que quieras: alegría, tristeza, diversión, etc.
Me llamo Olfeta. Soy un sabueso policía. Se supone que debo olfatear para encontrar a los delincuentes, pero siempre estoy resfriado y no huelo nada. Esto me causó un gran problema el día en que . . .

 Escribe un cuento fantástico. Imagina un mundo muy diferente. Crea un personaje interesante, un escenario imaginario y un problema fantástico. Lleva el argumento hacia el clímax a medida que escribes el borrador de tu cuento. Echa a volar tu imaginación mientras escribes.

Escritura creativa

Poemas

Hay palabras que forman una imagen visual: *titilar* y *brillar*, *puntiagudo* y *filoso*, *amarillo* y *verde*. Otras palabras forman sonidos: *silbar* y *pitar*, *atronar* y *rebuznar*, *retumbar* y *chocar*. Los poemas usan palabras que ayudan al lector a ver, oír, tocar y experimentar algo nuevo.

Puedes escribir un poema sobre alguien que conoces o sobre la belleza natural. Los detalles que escojas y la forma en la que los unas revelarán mucho sobre tu tema. Este capítulo te ayudará a escribir de esta manera especial sobre el mundo natural.

Pautas para escribir

Tema: El mundo natural
Propósito: Entretener
Forma: Haiku
Público: Tus compañeros y tu familia

TEKS 4.16B

Haiku

La poesía haiku es originaria de Japón. No tiene un patrón de rima, pero igualmente usa el lenguaje de una manera especial. Los poemas haiku se escriben en tres versos. El primer y el tercer verso tienen cinco sílabas y el segundo tiene siete sílabas. Rodrigo escribió el siguiente haiku en su computadora. Incluyó detalles sensoriales para expresar los sonidos, el aspecto y las sensaciones de la escena.

Verano

Hacia las flores
vuela, zumba la abeja
alas con polen.

Responde a la lectura. Trabaja con un compañero para responder las siguientes preguntas sobre el haiku de arriba.

- **Enfoque y coherencia** (1) ¿Cuál es el tema del haiku?
- **Voz** (2) ¿Qué hace que el haiku sea interesante de leer?
- **Desarrollo de las ideas** (3) ¿Qué detalles sensoriales incluye Rodrigo en su haiku?

Prepararse Escoger un tema

Para escribir un haiku, necesitas un tema. Rodrigo hizo una lluvia de ideas para crear una lista de temas de la naturaleza.

Lista

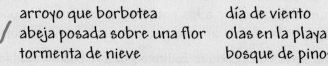

arroyo que borbotea   día de viento
✓ abeja posada sobre una flor   olas en la playa
tormenta de nieve   bosque de pinos oscuro

Prepárate

Haz una lista. Haz una lista de temas interesantes sobre la naturaleza. Haz una marca en el tema sobre el que quisieras escribir.

Recopilar detalles

Los poemas haiku usan detalles sensoriales para crear una imagen. Rodrigo recopiló detalles sobre las abejas y las flores en un gráfico de los sentidos.

Gráfico de los sentidos

Vista	Oído	Olfato	Gusto	Tacto
abejas: tamaño de una moneda, amarillas y negras, alas, antenas flores: colores brillantes, muchos pétalos, cubiertas de polen	abejas: zumbido, murmullo flores: ninguno	abejas: ninguno flores: dulce, perfume	¡Las flores tienen un sabor delicioso para las abejas!	abejas: con pelitos flores: pétalos suaves

Prepárate

Recopila detalles sensoriales. Crea un gráfico como el anterior y haz una lista de detalles sobre el tema de la naturaleza que escojas.

Prepararse
Cómo usar las convenciones de la poesía

Los poetas usan convenciones especiales en su escritura. Rodrigo siguió las tradiciones de la escritura de haikus.

- **Longitud:** La poesía haiku escrita en español tiene tres versos. Esto crea un ritmo similar a los patrones creados en los poemas escritos en japonés, donde aparecen como un solo verso horizontal.

- **Sílabas:** Los versos de la poesía haiku siguen el patrón silábico 5, 7, 5.

- **Tema:** La poesía haiku generalmente trata sobre la naturaleza e incluye un **kigo**, o referencia a la estación del año.

- **Puntuación:** Usa dos puntos o puntos suspensivos para conectar dos versos que pueden parecer desconectados.

Prepárate

Usa las convenciones de la poesía. Busca palabras importantes en tu gráfico de los sentidos. Puedes usar estas palabras y las convenciones anteriores para crear una imagen.

Desarrollar un borrador
Desarrollar tu primer borrador

Las siguientes sugerencias te ayudarán a escribir tu poema.

- **Imagina una escena de la naturaleza que te guste.** Repasa tu gráfico de los sentidos para buscar detalles. Concéntrate en cómo te hizo sentir la escena.

- **Escribe todo lo que te venga a la mente.** Escribe palabras y frases descriptivas sobre el tema. Puedes organizar tus ideas en el formato del haiku más tarde.

- **Juega con las palabras.** Diviértete. No te preocupes por escribir un haiku perfecto.

Escribe

Escribe el primer borrador de tu haiku. Usando las sugerencias anteriores, muestra al lector el tema de la naturaleza sobre el que estás escribiendo.

Revisar Mejorar tu haiku

Puedes revisar tu haiku haciendo un repaso de las características de la escritura.

- ■ **Enfoque y coherencia** ¿Está el haiku enfocado en una parte de la naturaleza?
- ■ **Organización** ¿Usé la cantidad correcta de sílabas en cada línea?
- ■ **Desarrollo de las ideas** ¿Usé detalles sensoriales para representar una imagen? ¿Transmití emociones?
- ■ **Voz** ¿Sabrá el lector cómo me siento acerca del tema?

 Revisa la escritura. Haz cambios en tu haiku hasta que estés conforme con cada palabra. Recuerda que debes respetar las convenciones del haiku.

Corregir Perfeccionar tu haiku

Los poemas no siempre siguen las reglas de puntuación y de uso de las letras mayúsculas.

- ■ **Convenciones** ¿Estoy seguro de que no hay errores de ortografía en las palabras de mi poema? ¿Usé los signos de puntuación de manera adecuada?

 Corrige tu trabajo. Corrige todos los errores del haiku.

Publicar Presentar tu haiku

Hay muchas maneras de presentar tu poema.

- ■ **Represéntalo** o léelo en voz alta a tus amigos y familiares.
- ■ **Muéstralo** en un tablón de anuncios de la escuela o en el refrigerador de tu casa.
- ■ **Envíalo** a un periódico, revista o sitio web. Pide a tu maestra que te ayude a presentarlo.

 Presenta tu trabajo. Usa una de las ideas anteriores o una idea propia.

TEKS 4.16B

Escribir un poema de "Provengo de"

Un poema de "Provengo de" relata detalles interesantes sobre tu pasado y revela algunas cosas acerca de quién eres. Describe las imágenes, los sonidos, los olores, los sabores y las sensaciones táctiles del lugar de donde provienes. Alejandra escribió este poema sobre sus orígenes. Su poema, en el que se repite la frase "Provengo de", contiene dos estrofas seguidas de un único verso final que resume lo anterior.

Alejandra

Provengo de una casa en el centro de la ciudad,
cerca de una biblioteca, una plaza y un parque natural,
un gran lugar para ardillas, patines y bicicletas.
Provengo de una familia con cuatro hijas,
entre la mayor y las dos menores,
un gran lugar para compartir música, libros y muñecas.
Provengo de parques verdes, aire fresco, canciones felices y hermanas
que ríen.

Sugerencias para la redacción

- **Escoge un tema.** Esto es fácil. Sólo escribe sobre ti mismo.
- **Recopila detalles.** Haz una lista con detalles inusuales, interesantes y sensoriales sobre al menos dos de las siguientes ideas:
  – Los alrededores de tu casa   – Tus amigos
  – Tu familia y su historia   – Tus cosas favoritas
- **Respeta el formato.** Escribe dos estrofas (conjunto de versos), una para cada una de las ideas anteriores que hayas escogido. Usa encabalgamientos y repeticiones para cambiar el ritmo y el énfasis de las palabras. Agrega un verso final para resumir tus sentimientos.

Escribe un poema de "Provengo de". Sigue las sugerencias anteriores para escribir tu propio poema. Muestra tu personalidad única.

Escribir poesía con rima

La rima puede hacer que un poema resulte divertido e interesante. Es importante hallar rimas que concuerden de manera natural con tus ideas.

Pareados y quebrados

Los pareados son estrofas de dos versos que riman entre sí. La rima puede ser asonante o consonante, y los versos pueden tener igual o distinta medida. Los quebrados son versos de cuatro sílabas (escritos en azul) que se alternan con otros versos más largos. Puedes unir varios pareados y quebrados para formar un poema más largo.

Moira

Moira escucha mis miedos secretos
Y comparte sus lágrimas con afecto.
Un abrazo.
Moira me defiende si oye exclamar
Que yo no puedo jugar.
Me protege.
Se olvidó de traer la merienda un día.
Yo le di un poco de la mía.
Compartimos.
Ya sabes cómo mi poema va a finalizar.
Ella es la mejor amiga que puedes desear.

Sugerencias para la redacción

- **Escoge un tema.** Escoge una persona interesante que conozcas.

- **Recopila detalles sensoriales.** Haz una lista de detalles sobre esa persona. ¿Qué aspecto tiene? ¿Cómo es su personalidad? ¿Qué importancia tiene esa persona en tu vida?

- **Respeta el formato.** Escribe oraciones o frases con detalles de tu lista. Escribe el primer verso del pareado y piensa en una palabra que rime con él para terminar el segundo verso.

 Escribe un poema con pareados y quebrados. Sigue las sugerencias para escribir un poema con dos pareados y dos quebrados.

Cómo usar convenciones especiales de la poesía

Estas dos páginas explican algunas convenciones especiales que usan los poetas.

Figuras retóricas

- Un **símil** compara dos cosas distintas con *como*.

  La cerca se veía como una sonrisa repleta de dientes.

- Una **metáfora** compara dos cosas distintas sin usar *como*.

  La cerca es un guardia amigable.

- La **personificación** hace que algo que no es humano lo parezca.

  La cerca sonreía con dientes blancos y brillantes.

- La **hipérbole** es una exageración.

  La cerca era tan alta que ni los pájaros podían entrar.

Sonidos en poesía

Los poetas usan los siguientes recursos para dar sonoridad a su trabajo.

- La **aliteración** es la repetición de sonidos, especialmente los consonánticos.

  Rosas rojas relucen en mi jardín.

- Los **encabalgamientos** destacan palabras o ideas al final de un verso sin respetar la unidad sintáctica y de significado.

  Me dio una flor antes de irse.

- La **onomatopeya** es el uso de una palabra para imitar o recrear un sonido.

  Escuché el repiqueteo de las campanas por la tarde.

- La **repetición** es el uso de la misma palabra, idea o frase para conferir más ritmo o énfasis.

  Me dejaron esperando horas y horas y horas.

- La **rima** es el uso de palabras cuyas terminaciones tienen sonidos idénticos o similares.

  La rima puede estar al *final* de los versos.

  > Ya sabes cómo mi poema va a finaliz**ar**.

  > Ella es la mejor amiga que puedes dese**ar**.

  También puede estar *dentro de* los versos.

  > Far**oles** brillantes como s**oles**.

- La **rima asonante** se produce cuando solo coinciden las vocales de las últimas palabras a partir de la vocal acentuada.

  > Llego al prado. Y c**orro**... c**orro**.

  > No me molesta, porque es ot**oño**.

- La **rima consonante** es la repetición de los sonidos vocálicos y las consonantes de las últimas palabras, a partir de la vocal acentuada.

  > La princesa Mari**ana**

  > se apoyó en la vent**ana**

  > y le pidió a su cri**ado**.

  > que llamara a su am**ado**.

- El **ritmo** es el patrón de sílabas acentuadas y sílabas no acentuadas.

  > Ĕl gátŏ dúermĕ felíz.

 Escribe un poema. Escribe sobre tu actividad favorita. Usa una figura retórica y al menos un recurso de sonido especial.

TEXAS
Fuente de
escritura
En línea
www.hmheducation.com/tx/writesource

Escritura de investigación

Enfoque de la escritura
- **Informe de investigación**
- **Dar un discurso**
- **Presentación multimedia**

Enfoque gramatical
- **Preposiciones**
- **Frases preposicionales**

Aprendizaje del lenguaje

Trabaja con un compañero. Lean los significados y respondan juntos las preguntas.

1. Cuando investigas un tema, buscas más datos sobre ese tema.
   ¿Qué temas investigas en tu vida cotidiana?

2. Una fuente brinda información sobre un tema. Puede ser un libro, una revista, un sitio web o una enciclopedia.
   ¿Qué fuentes te dan información sobre una película?

3. Un informe de investigación indica qué descubriste sobre un tema.
   ¿A quién le interesaría leer un informe sobre ranas?

4. Tener una idea general significa considerar los hechos, las ideas y las cuestiones principales de un tema o una situación.
   ¿Cuál es la idea general: la calificación final o la de una prueba?

Escritura de investigación

Desarrollar destrezas

Investigar y buscar información es el trabajo que hace un detective. Cuando encuentras información interesante, obtienes pistas sobre algún otro lugar donde buscar. Durante la investigación, debes tomar apuntes para llevar un registro de lo que has averiguado. Finalmente, debes volcar todos tus apuntes en un informe.

En este capítulo, aprenderás dónde y cómo buscar información —en línea y en libros, revistas y enciclopedias— y qué hacer con la información que encuentres. Con todas estas destrezas, ¡sin duda te convertirás en un gran detective de investigación!

A continuación

- El proceso de investigación
- Recopilar fuentes
- Recopilar información de las fuentes

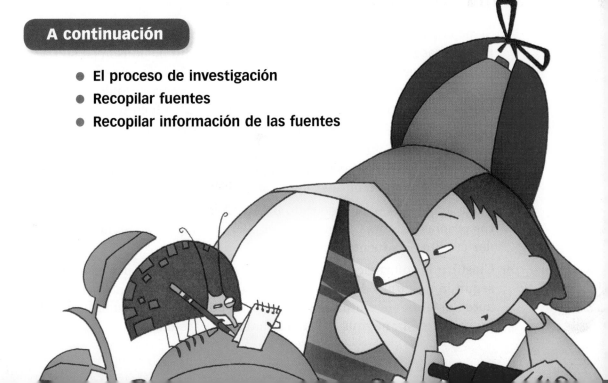

 TEKS 4.23A-B, 4.24A(i-iii), 4.24B-E

El proceso de investigación

Sigue los pasos que están a continuación para planificar y escribir un informe de investigación.

Haz un plan de investigación

■ Solo o con un compañero, haz una lluvia de ideas para generar una lista de los temas que te interesan. Escoge un tema de la lista para investigar.

■ Haz una lista de las preguntas abiertas que quieres responder con la investigación. Evita las preguntas que tienen solo una respuesta correcta.

■ Haz un plan para hallar las respuestas. ¿Qué fuentes de información —libros, enciclopedias, sitios web o videos— te pueden dar las respuestas que necesitas?

Haz un plan de investigación. Con un compañero o un grupo, sigue los pasos anteriores y haz un plan de investigación sobre un tema que te interese.

Recopila fuentes

■ Sigue el plan de investigación y recopila información de las fuentes. Puedes hacer una encuesta, una entrevista o una inspección en su sitio. Los expertos, los textos de consulta (como las enciclopedias), las investigaciones a través del Internet y las fuentes visuales (como mapas, cronologías y gráficas) también son buenas fuentes.

■ Examina la lectura rápidamente y escanea las características del texto (como la letra resaltada en negritas, la letra cursiva, los pies de foto y las palabras clave) de las fuentes escritas para identificar datos que puedas incluir en el informe de investigación. (Consulta la página 323).

■ Toma apuntes sencillos de cada fuente. Asegúrate de escribir con tus propias palabras para evitar el plagio. (Plagiar es copiar sin dar crédito a la fuente original).

■ Clasifica la información que encuentres en categorías, por ejemplo, según la pregunta de investigación que se responde. Identifica el autor, el título, la editorial y la fecha de publicación de cada fuente. (Consulta en la página 319 dónde hallarás esos datos).

- Piensa en cada una de las fuentes. ¿Es fidedigna? ¿Es válida? En otras palabras, ¿puedes confiar en que es correcta?

 Recopila información. Trabaja en grupo y usa el plan de investigación para hallar una fuente experta y una fuente visual para el tema del grupo. Clasifica la información de estas fuentes en una cuadrícula de recopilación. (Consulta el ejemplo de la página 326).

Sintetiza la información

- Piensa en la información que has recopilado. ¿Se relaciona la mayor parte de la información que hallaste con el tema de investigación principal?

- Si no es así, habla con un experto, como un bibliotecario o un experto en ese tema. Estas personas pueden ayudarte a mejorar el enfoque del tema de investigación para que se ajuste a la información que hallaste.

 Consulta a un experto. Pide a un bibliotecario o a alguien que sepa mucho sobre el tema de investigación de tu grupo que te ayude a enfocar más el tema.

Organiza y presenta tus ideas

- Cuando estés listo para escribir, piensa en el propósito del informe. También piensa en el público (las personas que leerán el informe).

- Escribe una oración con la tesis de conclusión que responda la pregunta de investigación. Luego escribe un informe de investigación para explicar cómo llegaste a esa conclusión.

- Crea una página de obras citadas que incluya el autor, el título, la editorial y la fecha de publicación de cada fuente usada en el informe de investigación final. (Consulta la página 354 para obtener más detalles).

 Cita las fuentes. Escribe una lista de obras citadas con la fuente experta y la fuente visual de donde el grupo recopiló la información.

Recopilar fuentes

Un buen investigador recopila información de varias fuentes. Usar distintas fuentes nos ayuda a tener "una idea general".

- **Fuentes impresas y del Internet . . .** Las fuentes impresas pueden ser libros, artículos de periódicos y de revistas y textos de consulta, como las enciclopedias. Las fuentes del Internet fidedignas son, por ejemplo, los sitios web de los museos y de los gobiernos.

- **Expertos y entrevistas . . .** Puedes obtener datos de expertos a través de una entrevista. Cuando entrevistas a alguien, le preguntas sobre el tema y tomas apuntes para registrar las respuestas de la persona.

- **Encuestas e inspecciones en su sitio . . .** Una encuesta es una forma de preguntar a muchas personas algo sobre el tema y de anotar sus respuestas. También puedes recopilar información si haces una inspección en su sitio de un lugar relacionado con el tema.

- **Fuentes visuales . . .** Las fuentes visuales, como los mapas, las cronologías o las gráficas, pueden brindar más información.

Evaluar las fuentes

Algunas fuentes son más valiosas que otras. Es importante usar fuentes válidas y fidedignas, o fuentes que estén enfocadas en el tema y puedan ser confiables. Hazte las siguientes preguntas:

- **Fuentes impresas y del Internet:** ¿Quién es el autor? ¿Es la persona o la organización una experta en el tema? ¿Está actualizado el material? ¿Hay un punto de vista expresado? Si el tema tiene más de un punto de vista, ¿se muestran todos?

- **Expertos:** ¿Cuánto sabe esta persona del tema?

- **Encuestas e inspecciones en su sitio:** ¿Fueron bien formuladas las preguntas de la encuesta? ¿Cuántas personas la respondieron? ¿El lugar que quieres inspeccionar está estrechamente relacionado con el tema?

- **Fuentes visuales:** ¿Está completa la información? ¿Es actual? ¿Está claro de dónde proviene la información para las fuentes visuales?

Hacer una búsqueda en un fichero informático

El **fichero informático** te permite buscar libros o textos de consulta en la biblioteca en tres modos diferentes.

1 Puedes buscar por **autor** si conoces el nombre del autor.

2 Puedes buscar por **título** si conoces el título del libro.

3 O puedes buscar por **tema** si quieres hallar varios libros sobre un mismo tema.

Cómo usar palabras clave

Para buscar un libro por tema, usa palabras clave. Una palabra clave es una palabra o frase sobre el tema.

Si tu tema es . . . la lana,	**las palabras clave podrían ser . . .** *lana, tejido* u *oveja.*

Ficha informática

```
Autor:        Nelson, Robin
Título:       De la oveja al suéter
Publicación:  Lerner, 2003
Temas:        Lana, tejido, oveja
ESTADO:       NÚMERO DE CLASIFICACIÓN:
Disponible    J.746.43 NEL
UBICACIÓN:
Colección juvenil
No ficción
```

Práctica

Crea una ficha informática como la anterior para un libro que hayas leído.

Buscar libros y publicaciones periódicas

Libros de no ficción ● Los libros de no ficción están ordenados en los estantes de la biblioteca por número de clasificación. Los carteles te indicarán el sector correcto.

- **Algunos números de clasificación contienen decimales.**
  El número de clasificación 520.37 es menor que el 520.4 (que en realidad es 520.40). Por lo tanto el libro con el número 520.37 estará ubicado en el estante antes que el libro con el número 520.4.

- **Algunos números de clasificación contienen letras.**
  El número de clasificación 520.37F estará ubicado en el estante antes que el 520.37G. En el número de clasificación J520.37, la J significa juvenil. Esto significa que el libro se encuentra en el estante del sector infantil.

- **La mayoría de los números están basados en el sistema decimal de Dewey.**

Las diez categorías del sistema decimal de Dewey			
000	Obras generales	500	Ciencias
100	Filosofía	600	Tecnología (ciencias aplicadas)
200	Religión	700	Arte, Entretenimiento
300	Ciencias sociales	800	Literatura
400	Lenguaje	900	Geografía e historia

Biografías ● Las biografías (libros que cuentan la vida de una persona) tienen el número de clasificación 921. Están ordenados alfabéticamente por el apellido de la persona sobre la que tratan.

Publicaciones periódicas ● Usa el catálogo de la biblioteca para buscar copias recientes de las publicaciones periódicas (diarios y revistas). Muchas bibliotecas ofrecen artículos de revistas y de periódicos completos en su base de datos en línea. Puedes acceder a ellos en la biblioteca o a través del sitio web de la biblioteca.

Práctica

Usa el fichero automático de tu biblioteca para escoger un libro sobre inventos. Escribe el título y el número de clasificación y busca el libro en los estantes.

Comprender las partes de un libro

Si conoces las partes de un libro de no ficción, podrás hallar información rápidamente.

- La **portada** es generalmente la primera página impresa. En ella figuran el título del libro, el nombre del autor, el nombre de la editorial y la ciudad donde se publicó el libro.

- La **página de derecho** es la página que sigue. En ella figura el año en que fue publicado el libro

- El **prólogo** o **prefacio** (que no siempre existe) se encuentra antes de la tabla de contenido y allí se dan más datos sobre el libro.

- La **tabla de contenido** muestra de qué manera está organizado el libro. Aquí aparecen los títulos y los números de página de las secciones y los capítulos.

- El **cuerpo** es la parte principal del libro.

- El **apéndice** se encuentra al final del libro y contiene información adicional, como listas, tablas o mapas. (No todos los libros tienen un apéndice).

- El **glosario** (si el libro lo tuviera) explica las palabras especiales del libro.

- La **bibliografía** (que no siempre existe) enumera las fuentes que usó el autor para escribir el libro.

- El **índice de materias** es una lista alfabética de los temas tratados en el libro. Contiene los números de las páginas donde se trata cada tema.

Práctica

Busca en este libro de texto las partes que aparecen arriba. Escribe los números de página de cada parte que encuentres. Después escribe el nombre del autor, el título, la editorial y la fecha en que el libro fue publicado.

Cómo usar una enciclopedia

Una **enciclopedia** es un texto de consulta formado por una colección de artículos sobre muchos temas. Puede ser un conjunto de libros, un CD-ROM o un sitio web.

- En una enciclopedia impresa se organizan los temas alfabéticamente. Si hay varios volúmenes, cada volumen indicará qué parte del alfabeto cubre. (Ejemplo: Q-R).

- Puedes usar una palabra clave para buscar un tema en una enciclopedia en CD-ROM o en una enciclopedia en línea.

- Al final de un artículo suele haber una lista de temas relacionados que puedes buscar. Si la enciclopedia está en un CD-ROM o en línea, puedes hacer clic sobre los enlaces para ver esos temas.

- En el volumen del índice de una enciclopedia impresa hallarás una lista de todos los lugares donde puedes encontrar información acerca de un tema.

Índice de una enciclopedia impresa

Este es un ejemplo de una entrada de un índice para el tema *lana*.

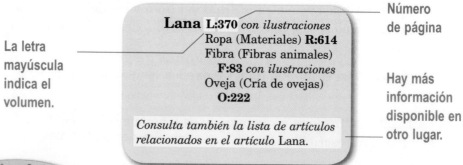

La letra mayúscula indica el volumen.

Lana L:370 *con ilustraciones*
Ropa (Materiales) **R:614**
Fibra (Fibras animales)
F:83 *con ilustraciones*
Oveja (Cría de ovejas)
O:222

Consulta también la lista de artículos relacionados en el artículo Lana.

Número de página

Hay más información disponible en otro lugar.

Práctica

Usa la entrada del índice anterior para encontrar el volumen y la página de la siguiente información. Después busca en una enciclopedia y averigua datos sobre algún invento.

1. Una ilustración sobre fibras de lana

2. Cómo se fabrica la ropa de lana

3. Cómo se recoge la lana

Investigar en el Internet

Puedes usar el Internet para diferentes cosas, incluso para realizar una investigación. Al escribir las palabras clave relacionadas con tu tema (consulta la página 317) en un buscador, aparecerá una lista de páginas web para mirar.

Antes de hacer clic en un enlace a un sitio web, lee la descripción. Busca pistas que te indiquen quién es el responsable del sitio. ¿Te parece fidedigno? En otras palabras, ¿puedes confiar en que la información que te dará es válida y correcta? Busca sitios de museos, organismos gubernamentales, revistas y organizaciones dedicadas al tema que estás investigando.

Sugerencias útiles

- **Sé prudente.** Averigua la política de tu escuela sobre el uso del Internet y síguela. También sigue las pautas que te hayan indicado tus padres sobre el uso del Internet.

- **Sé inteligente.** Piensa un minuto antes de hacer clic en un enlace. Piensa si el enlace te llevará a una fuente válida y fidedigna. Las direcciones de páginas web que terminan en *.gov, .edu* o *.org* por lo general son fuentes válidas y fidedignas.

- **Sé paciente.** A veces lleva tiempo encontrar las mejores fuentes. Si una búsqueda no da los resultados que necesitas, intenta nuevamente con otras palabras clave.

Práctica

Usa un buscador para hallar información sobre un invento. Escribe las direcciones del Internet de al menos dos sitios web válidos y fidedignos donde hayas encontrado datos sobre ese invento.

TEKS 4.24D

Recopilar información de las fuentes

A medida que investigas, crea una página de obras citadas para identificar las fuentes. La página de obras citadas debe incluir la siguiente información.

Libros

Autor (primero el apellido). **Título** (en letra cursiva o subrayado). **Ciudad** donde se publicó el libro: **Editorial, fecha de publicación. Medio.**

> Morton, Elizabeth. <u>Cómo inventaron las mujeres el mundo.</u>
> Atlanta: Women's Press, 2000. Fuente impresa.

Revistas

Autor (primero el apellido). **Título del artículo** (entre comillas). **Nombre de la revista** (en letra cursiva o subrayado) **Fecha** (día, mes, año): **Número de página** del artículo. **Medio.**

> Sillery, Roberto. "Para tu información". <u>Ciencia popular</u>
> Junio de 2009: 88. Fuente impresa.

Internet

Autor (si está disponible; el apellido primero). **Título de la página** (si está disponible; entre comillas). **Nombre del sitio** (en letra cursiva o subrayado). **Fecha de publicación** (si está disponible). **Medio. Fecha de visita** (día, mes, año).

> "María Anderson: Inventora". <u>Inventor Series.</u> Septiembre de
> 2005. Fuente del Internet. 28 de septiembre de 2010.

Práctica

Busca un libro, una revista y un sitio web sobre inventos. Crea una página de obras citadas para estas tres fuentes.

Examinar la lectura rápidamente y escanear

Cuando leas los textos de consulta, puedes examinar la lectura rápidamente y escanear para identificar los datos que estás buscando.

Examinar la lectura rápidamente

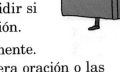

Examina un texto o una fuente visual rápidamente para tener una idea de qué se trata. Así podrás decidir si puedes usar la fuente para el informe de investigación.

- Examina leyendo partes de un texto rápidamente. Lee el primero y el último párrafo y la primera oración o las dos primeras oraciones de los párrafos intermedios.

- Observa las características del texto, como títulos, palabras resaltadas en negritas, palabras en los encabezados, pies de foto, palabras clave y letra cursiva.

- Cuando encuentres una fuente que se relacione con tu tema, vuelve a leerla con más detenimiento.

Escanear

Escanea un texto para buscar información específica para tu informe de investigación. Escanear es útil cuando ya sabes qué datos buscas.

- Mira la lista de preguntas que hiciste como parte del plan de investigación.

- Repasa el texto moviendo rápidamente tus ojos a lo largo de la página.

- Busca las palabras importantes de tus preguntas en los títulos, los encabezados, los pies de foto y las palabras resaltadas en negritas o en cursiva. También puedes buscar sustantivos propios, que empiezan con una letra mayúscula.

Práctica

Escoge una página de un libro de texto de ciencias o estudios sociales. Examina la página rápidamente y escribe tres temas que se traten en ella. Escoge un tema y escanea la parte que trata ese tema. Escribe un dato del texto.

Evitar el plagio

El plagio consiste en copiar la obra de otra persona sin darle crédito por ello. Una manera de evitar el plagio es **parafrasear**, o volver a contar datos y detalles de las fuentes con tus propias palabras.

Parafraseo

Usa los siguientes pasos para parafrasear información.

- Lee el material cuidadosamente para asegurarte de que lo entiendes.

- Escoge los datos y los detalles que apoyen tu tema.

- Usa otras palabras para contar esos datos y detalles. Prueba combinar dos ideas en una oración. Piensa en sinónimos o palabras más sencillas para contar una idea.

La historia de la cremallera

Whitcomb Judson inventó la cremallera, pero antes de crear este objeto que llamó "broche", ya había patentado una docena de dispositivos mecánicos. Su objetivo era encontrar un reemplazo a los largos cordones que se usaban para sujetar las botas de hombres y mujeres. El 29 de agosto de 1893 Judson obtuvo la patente para su invento, pero el dispositivo no funcionó bien y no lo pudo comercializar con éxito. En 1913, el científico de origen sueco Gideon Sundbach remodeló el invento de Judson y lo patentó con el nombre de "sujetador sin ganchos". Originariamente la marca era Zipper, inspirada en el sonido que hace una cremallera; en la actualidad la palabra zíper también se usa para nombrar dichos sujetadores.

La cremallera fue inventada por una persona y mejorada por otra. El inventor fue Whitcomb Judson, que quería reemplazar los cordones que se usaban para atar las botas de hombres y mujeres. Judson patentó su invento en 1893 y lo llamó "broche". Pero no funcionó bien. En 1913, un científico llamado Gideon Sundbach mejoró el invento de Judson y lo llamó "sujetador sin ganchos". Actualmente lo llamamos cremallera o "zíper".

Práctica

Escoge un párrafo de una de las fuentes de la página 322 y parafraséalo.

Tomar apuntes

Tomar apuntes te ayudará a recordar los datos y los detalles importantes. También te permitirá evitar el plagio al expresar con tus propias palabras lo que hayas leído.

Estrategias para tomar apuntes

- Examina rápidamente y escanea la fuente para identificar los datos que necesitas. (Consulta la página 323). Recuerda revisar las características del texto, como títulos, pies de página y palabras resaltadas en negritas o en letra cursiva.

- Cuando encuentres un dato o un detalle que apoye tu tema, léelo detenidamente. Decide si lo citarás directamente o si lo parafrasearás en tu informe.

- Para tomar apuntes de una cita directa, escribe la cita completa cuidadosamente. Hazlo exactamente como está escrita y enciérrala entre comillas. Al parafrasear, recuerda que debes usar tus propias palabras. (Consulta la página 324).

- La primera vez que tomes apuntes de una fuente, asegúrate de anotar la información para la página de obras citadas. Incluye el título, el nombre del autor, la editorial y la fecha de publicación. Después de eso, puedes usar solo el título.

> "En 1903, Anderson solicitó una patente para un brazo oscilante que tenía una hoja de goma". Una palanca que estaba dentro del automóvil movía el brazo con la goma de un lado hacia el otro del parabrisas.
>
> Fuente: "Mary Anderson: Inventora". University Inventor Series. Septiembre de 2005.

Práctica

Usa una de las fuentes de la página 322 para tomar apuntes. Incluye una cita directa y parafrasea un detalle o un dato.

Cómo usar una cuadrícula de recopilación

La cuadrícula de recopilación sirve para reunir y clasificar información. Las preguntas de investigación (azul) van a un costado. Las fuentes (verde) van en la parte superior. Escribe las respuestas (apuntes) en los recuadros.

Cuadrícula de recopilación

Invento: Limpiaparabrisas	Artículo del Internet: "Mary Anderson: Inventora"	Libro: <u>Cómo inventaron las mujeres el mundo</u>	Entrevista: Sr. Jameson, en la estación de servicio
Problema	Poca visibilidad, había que limpiar la lluvia y la nieve	Limpiar la lluvia y la nieve de los parabrisas	
¿Cómo surgió el invento?	En New York, Mary Anderson vio que los conductores debían limpiar los parabrisas.	Mary tuvo esta idea cuando observaba al conductor de un tranvía. (Consulta la tarjeta #1).	
¿Tuvo éxito el invento?	En 1913, eran parte del equipo estándar. (Consulta las tarjetas #2 y #3).	Mary lo patentó en 1903.	"Son uno de los productos que más vendemos". (Consulta la tarjeta #4).
Otra información			"Es importante que se cambien los limpiaparabrisas gastados".

Práctica

Usa una cuadrícula de recopilación como la anterior para investigar acerca de un invento. Usa las mismas categorías (en azul) para clasificar la información. Haz una lista que incluya al menos una fuente impresa y una fuente del Internet.

Crear tarjetas de apuntes

Cuando tus apuntes sean demasiado extensos para tu cuadrícula de recopilación, escríbelos en las tarjetas de apuntes. Numera cada tarjeta y escribe tu pregunta de investigación en la parte superior. Luego escribe la respuesta debajo de la pregunta. En la parte de abajo, escribe el nombre de la fuente en la que hayas encontrado la información. Si la fuente tiene números de páginas, haz una lista con las páginas donde hallaste la información.

Para evitar el plagio, es importante tomar los apuntes con cuidado. Si deseas usar frases u oraciones exactas directamente de tu fuente, asegúrate de encerrarlas entre comillas. Si no, usa tus propias palabras para parafrasear el dato, el detalle o la idea. (Consulta la página **324**).

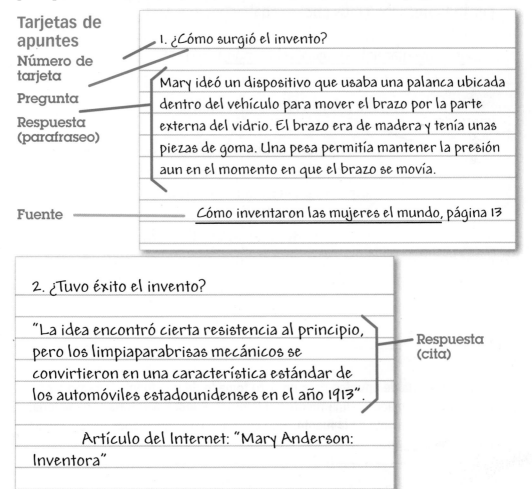

Tarjetas de apuntes

Número de tarjeta

Pregunta

Respuesta (parafraseo)

1. ¿Cómo surgió el invento?

Mary ideó un dispositivo que usaba una palanca ubicada dentro del vehículo para mover el brazo por la parte externa del vidrio. El brazo era de madera y tenía unas piezas de goma. Una pesa permitía mantener la presión aun en el momento en que el brazo se movía.

Fuente

Cómo inventaron las mujeres el mundo, página 13

2. ¿Tuvo éxito el invento?

"La idea encontró cierta resistencia al principio, pero los limpiaparabrisas mecánicos se convirtieron en una característica estándar de los automóviles estadounidenses en el año 1913".

Respuesta (cita)

Artículo del Internet: "Mary Anderson: Inventora"

Crear tarjetas de apuntes (cont.)

Mira las tarjetas de apuntes de la página 327 y las que están a continuación para ver ejemplos de cómo tomar apuntes de distintas fuentes.

3. ¿Tuvo éxito el invento?

Anderson obtuvo la patente del limpiaparabrisas en noviembre de 1903. La patente venció en 1920. "Los automóviles se hicieron populares recién cuando la patente de Anderson había vencido, por lo tanto, cobró muy pocas regalías".

Cómo inventaron las mujeres el mundo, página 25

— Respuesta (parafraseo y cita)

Número de tarjeta

4. ¿Tuvo éxito el invento?

Pregunta

Respuesta (cita)

"Los limpiaparabrisas son uno de los productos que más vendemos. Solo los neumáticos los superan en ventas todos los años".

Entrevista al Sr. Jameson

Fuente

Práctica

Crea una tarjeta de apuntes para un dato tomado de una fuente impresa y otra para un dato tomado de una fuente del Internet. Puedes parafrasear el material o citarlo directamente de la fuente. Si lo citas, recuerda que debes usar comillas para evitar el plagio.

Escritura de investigación

Informe de investigación

La historia de Texas es extensa y rica. Es apasionante analizar de qué manera las cosas llegaron a ser como son en el lugar donde vives. La historia de Texas comienza con los indígenas que vivían allí mucho antes de que llegaran los europeos. En esa historia hay guerras, ferrocarriles, pozos de petróleo y el cambio de nación a estado. La historia de Texas también incluye a muchos hombres y mujeres cuyas vidas y acciones contribuyeron a formar el estado.

En este capítulo, escribirás un informe de investigación sobre una persona o un evento que sea una parte importante de la historia de Texas. Escribir un informe de investigación te permite investigar un tema por tu cuenta y presentar lo que hayas aprendido.

Pautas para escribir

Tema: Persona o evento de la historia de Texas

Propósito: Buscar y presentar información sobre una persona o evento

Forma: Informe de investigación

Público: Tus compañeros y padres

Informe de investigación

Un informe de investigación te brinda la oportunidad de recopilar información sobre un tema y de presentar lo que has aprendido a tus padres, maestros y compañeros. Lee el informe de Antonio para ver de qué manera organizó y presentó sus ideas.

Todo el informe está escrito a doble espacio.

1/2" ↑↓
Villar 1   ←1"→

↑1"↓

Antonio Villar

Sr. Boege

←1"→ Estudios sociales

1° de octubre de 2010

Comienzo La oración con la tesis (subrayada) presenta la conclusión del escritor.

Henrietta King: Una ranchera admirable

Algunas personas son famosas en la historia de Texas por criar ganado. Otras son famosas porque contribuyeron a construir ferrocarriles o a fundar pueblos. Henrietta King fue admirable porque contribuyó a forjar Texas de todas estas maneras.

Nadie hubiera dicho que Henrietta estaba destinada a vivir una vida de ranchera. Nació en Missouri en 1832. Su madre murió cuando era joven y su padre la envió a escuelas del este, donde "aprendió buenos modales y lenguas extranjeras" (Tanner 12).

Desarrollo El primer párrafo de apoyo menciona los antecedentes del tema.

Henrietta se convirtió en la esposa de un ranchero al casarse con el capitán de barco Richard King. Él era

↑1"↓

Villar 2

Entre paréntesis,
se muestra
una fuente de
información.

dueño de un rancho en Texas, cerca de Santa Gertrudis,
el primer rancho de Texas (Moore 111).

    Henrietta trabajó arduamente en el Rancho King.
Tuvo cinco hijos a quienes educó junto a los niños de las
familias mexicano-estadounidenses que trabajaban allí.
Esto era algo inusual en aquellos tiempos (García).

    Además, Henrietta fue muy valiente. Durante la
Guerra Civil, el rancho estaba ubicado en la ruta que

Desarrollo
Los párrafos de
apoyo intermedios
apoyan la oración
con la tesis.

llevaba el algodón proveniente del Sur hacia Inglaterra.
Como sabía que el Ejército de la Unión quería capturarlo,
Richard King tuvo que huir. Pero Henrietta permaneció
allí para cuidar el rancho.

    Después de la muerte de King, en 1885, Henrietta
se convirtió en la nueva dueña. Con la ayuda de su

Desarrollo
En un informe
sobre una persona
o un evento,
los detalles
habitualmente
están en orden
cronológico.

yerno, se encargó de supervisar 10,000 acres y miles
de cabezas de ganado. Juntos comenzaron a criar reses
Santa Gertrudis, la primera nueva raza de ganado de los
Estados Unidos (Moore 116).

    Cuando el Rancho King necesitó un camino para
llevar el ganado al mercado, Henrietta donó tierras para
que el ferrocarril uniera Corpus Christi con Brownsville.
El 4 de enero de 1904, el tren hizo su primer viaje
(Tanner 46). Además, Henrietta donó tierras y dinero
para construir los pueblos de Kingsville y Raymondville,
iglesias, un hospital y una escuela.

TEKS 4.26

Villar 3

Cuando Henrietta murió en 1925, el Rancho King
era el más grande del mundo ("Henrietta"). Es asombroso
que hoy, 80 años después, todavía sea el rancho más
famoso del estado. Con sus donaciones que ayudaron a
construir Texas y con el gran rancho creado gracias a su
aporte, está claro que fue una ranchera admirable.

Final
El final apoya
la oración con
la tesis del
escritor mediante
una oración de
conclusión.

Villar 4

Obras citadas

García, Juan. Entrevista telefónica. 24 de septiembre de 2010.

"Henrietta Chamberlain King". *Biografías Harcourt*

Multimedia. HMH School Publishers. Fuente del

Internet. 23 de septiembre de 2010.

Moore, James. "Un hogar en la cordillera". *Texas Standard*.

Marzo de 2006: 110–116. Fuente impresa.

Tanner, Amy. *Biografía de Henrietta King*. Houston, TX:

Texas Press, 2005. Fuente impresa.

Las fuentes
se enumeran
alfabéticamente.

 Responde a la lectura. Después de leer el informe de investigación
de Antonio, comenta la siguiente pregunta con un compañero.

■ **Enfoque y coherencia** (1) Escoge dos párrafos
intermedios. ¿De qué manera cada uno de los párrafos apoya la
oración con la tesis?

Prepararse ¡En línea!

Para escribir un informe de investigación se necesita una buena planificación. A continuación, encontrarás cinco claves que te ayudarán a comenzar.

Claves para prepararte para escribir

1. **Escoge** una persona o un evento de la historia de Texas que te resulte interesante.

2. **Formula** preguntas abiertas de investigación y genera un plan para buscar fuentes.

3. **Investiga** sobre el tema que escogiste consultando distintas fuentes.

4. **Usa** una cuadrícula de recopilación y tarjetas de notas para recopilar y clasificar información relevante.

5. **Toma** apuntes de las fuentes para crear una página de obras citadas.

Prepararse Hacer una lluvia de ideas para escoger un tema de investigación

Para escoger un tema, Antonio hizo una lluvia de ideas con personas y eventos de la historia de Texas. Antonio sabía mucho sobre algunos de ellos, pero quería aprender más sobre otros. Hizo también una lluvia de ideas con un compañero, hojeó su libro de estudios sociales y realizó una búsqueda en el Internet para generar más ideas.

Antonio usó un gráfico de ideas para recopilar sus ideas. Las organizó según la época. A Antonio le interesan los campos de batalla y los ranchos; por eso, en su gráfico incluyó ideas relacionadas con esos temas.

Gráfico de ideas

Personas y eventos de la historia de Texas

Antes de ser Texas	Para convertirse en Texas	Después de la Guerra Civil
Tribus Caddo	Revolución de Texas	Batalla de Galveston
misiones	Batalla de El Álamo	ranchos ganaderos*
Stephen F. Austin	Sam Houston	crecimiento de ferrocarriles
Batalla de Velasco	anexión	Miriam Ferguson

Prepárate

Haz una lluvia de ideas. Haz un gráfico de ideas para generar temas de investigación. Usa las categorías anteriores o tu propia lista de épocas de la historia de Texas. Solo o con un compañero, haz una lluvia de ideas y anota tres o cuatro personas o eventos que te interesen de cada época. Marca el tema que escogiste con un asterisco (*).

Limitar el tema de investigación

Si tu tema es demasiado específico, no podrás encontrar detalles o fuentes suficientes para escribir un informe. Si tu tema es demasiado amplio, no podrás incluir en el informe toda la información que encuentres. Es importante que el tema de investigación no sea ni demasiado limitado ni demasiado amplio.

El tema que Antonio escogió de su gráfico de ideas es demasiado amplio. Entonces, hizo un mapa de ideas para limitarlo. Con lo que sabía y con los detalles que sacó de su libro de estudios sociales, Antonio escribió ideas más específicas relacionadas con la idea temática principal: los ranchos ganaderos.

Mapa de ideas

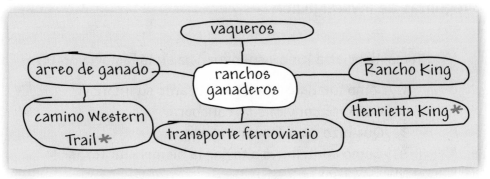

Para cada idea temática, hazte las siguientes preguntas:

- ¿Puedo dividir el tema en varias partes? ¿Puedo escribir uno o dos párrafos acerca de cada parte?
- A partir de lo que sé sobre este tema, ¿se me ocurre una idea principal, o una oración con la tesis, para escribir un informe?

Antonio decidió que la famosa ranchera Henrietta King sería un buen tema para su informe de investigación.

Prepárate

Haz un mapa de ideas. Escoge un tema de tu gráfico de ideas y haz con él un mapa de ideas. Luego hazte las preguntas anteriores acerca de cada idea temática. Si puedes responder las preguntas con "sí", marca el tema con un asterisco (✱). Luego entre los subtemas marcados, escoge el que más te guste para escribir sobre él.

TEKS 4.23A

Prepararse Formular preguntas abiertas

Una vez que limitaste el tema de investigación, es momento de pensar qué preguntas tienes acerca del tema. Esas preguntas te guiarán durante la investigación.

Para que sean eficaces, las preguntas de investigación deben ser abiertas. Esto significa que las respuestas a esas preguntas no pueden ser breves y simples. Pensar preguntas eficaces te permitirá organizar tu investigación y tu redacción. Luego las preguntas se convertirán en uno o dos párrafos.

Para hacer una pregunta abierta, debes comenzar con: *¿quién?, ¿qué?, ¿cuándo?, ¿dónde?, ¿por qué?, ¿cómo?*

Antonio escribió las siguientes preguntas acerca de su tema.

Preguntas de investigación

Tema: Henrietta King y su influencia en la historia de Texas

1. ¿Cómo fue Henrietta King durante su infancia?
2. ¿Cómo se convirtió en ranchera?
3. ¿Qué hizo en el Rancho King?
4. ¿Cómo contribuyó a forjar la historia de Texas? *

Después de revisar sus preguntas, Antonio decidió que la cuarta era la principal o más importante. Consideró que esa pregunta lo ayudaría a crear la oración con la tesis y entonces la marcó con un asterisco.

Prepárate

Escribe tus preguntas de investigación. Escribe preguntas abiertas sobre el tema de investigación que escogiste en la página 335. Empieza cada pregunta con alguno de los encabezados sugeridos. Marca la pregunta más importante con un asterisco (✳).

Generar un plan de investigación

Puedes hacer un esquema para organizar tus preguntas y generar un plan de investigación. Piensa qué fuentes te ofrecerán información válida y fidedigna acerca del tema. Observa el plan de investigación de Antonio.

Esquema

Preguntas de investigación / Dónde puedo buscar

1. ¿Cómo fue Henrietta King durante su infancia?

    A. Enciclopedia o artículo en línea

2. ¿Cómo se convirtió en ranchera?

    A. Biografía de Henrietta King

    B. Enciclopedia o artículo en línea

3. ¿Qué hizo en el Rancho King?

    A. Biografía de Henrietta King

    B. Inspección en su sitio al Rancho King y/o entrevista al bisabuelo Juan

4. ¿Cómo contribuyó a forjar la historia de Texas?

    A. Artículo de revista acerca del Rancho King

    B. Biografía de Henrietta King

 Prepárate

Genera tu plan de investigación. Piensa qué fuentes pueden ayudarte a responder las preguntas de investigación. (Consulta la página 316 para ver tipos de fuentes válidas y fidedignas). Luego escribe tu plan de investigación en forma de esquema.

Prepararse Iniciar una encuesta

Iniciar una encuesta te brindará información original para apoyar el tema de tu informe de investigación.

Pautas para iniciar una encuesta

- Escribe preguntas cuyas respuestas sean claras. Por ejemplo, pregunta "¿Cuál es el rancho más famoso de Texas?" en lugar de "¿Puedes nombrar un rancho famoso de Texas?"

- Asegúrate de que puedas medir las respuestas que obtengas. Por ejemplo, puedes contar la cantidad de personas que nombran un rancho en particular.

- Reparte copias de tu encuesta o haz las preguntas oralmente. Trata de encuestar al menos a diez personas. Toma apuntes con listas de las respuestas de todas las personas para cada pregunta. Asegúrate de numerar cada respuesta.

- Agrupa los resultados de tu encuesta en un informe. Puedes hacer un resumen o mostrar los datos en un gráfico.

Pregunta: ¿Cuál es el rancho más famoso de Texas?
1. Julieta: Rancho King
2. David: Rancho King
3. Malik: Rancho Southfork
4. Bárbara: Rancho JA

Resumen de resultados:
Cantidad de personas encuestadas: 15
#1 Rancho King: 6 personas
#2 Rancho Southfork: 4 personas
#3 Rancho JA: 3 personas
#4 Rancho AS Gage: 2 personas

Prepárate

Inicia una encuesta. Sigue las pautas para escribir una encuesta sobre tu tema. Escribe preguntas cuyas respuestas sean útiles para tu informe. Toma apuntes acerca de las personas que encuestaste y de lo que dijeron.

Hacer una entrevista

Un buen investigador usa más de una fuente de información. Hablar con alguien que conozca mucho sobre tu tema es una buena manera de recopilar información.

Pautas para hacer una entrevista

- Antes de la entrevista, prepara una lista de preguntas. Haz preguntas cuyas respuestas no sean breves y simples, así obtendrás tanta información como sea posible.

- Durante la entrevista, toma apuntes de los puntos principales y detalles importantes de lo que dice la persona. Si hay algo que no entiendes, pídele que lo clarifique.

- Si la persona usa términos especiales, pregúntale qué significan y cómo se escriben.

Para su informe de investigación, Antonio entrevistó a su bisabuelo, un trabajador agrícola retirado. Estos son los apuntes que tomó.

Persona entrevistada: Juan García (por teléfono, 8 de octubre de 2010)

P: Bisabuelo, ¿cuándo empezaste a trabajar en un rancho?

R: Llegué de México a los Estados Unidos como trabajador agrícola en 1954, bajo un acuerdo que se llamó el Programa Bracero.

P: ¿Solían estar instruidos los hijos de los braceros?

R: No. Las madres les enseñaban a sus hijos en español, y ellos aprendían inglés por su cuenta.

P: ¿Era algo fuera de lo común que Henrietta King educara a los hijos de las familias mexicano-estadounidenses que vivían en el rancho?

R: Sí, Henrietta King era alguien muy fuera de lo común para su época.

Prepárate

Haz una entrevista. Piensa en un experto que pueda darte información válida y fidedigna para tu informe. Usa las pautas sugeridas para escribir tus preguntas y hacer la entrevista. No olvides tomar apuntes sencillos y útiles.

 **TEKS** 4.24A(i-ii), 4.24C, 4.24E, 4.26

Prepararse **Obtener datos de expertos**

Puedes obtener información de muchos tipos de fuentes expertas:

- un experto en el tema, con quien puedes hablar personalmente o por teléfono, o

- un autor experto de una fuente impresa o del Internet.

Cuando recopilas información, acuérdate de tomar apuntes cuidadosamente. Si la fuente es escrita, no olvides tomar apuntes de la información necesaria para tu página de obras citadas. (Consulta la página 322).

Obtén datos de fuentes expertas. Escoge una fuente experta para tu plan de investigación. Toma apuntes cuidadosamente y anota la información necesaria para tu página de obras citadas. Para no cometer plagio, recuerda usar el parafraseo o las comillas.

Hacer una visita en su sitio

Puedes recopilar información personalmente haciendo una visita a un lugar relacionado con tu tema de investigación. Observa detenidamente a tu alrededor, haz preguntas y toma apuntes.

> Visita en su sitio: Rancho King (23 de octubre de 2010)
> Dondequiera que miraba, veía la marca representativa del rancho: la "W corriendo". Le pregunté al guía de turismo y me dijo que la marca intentaba simular las serpientes cascabel que había en el rancho o los cuernos del ganado cornilargo, pero que nadie lo sabía con seguridad.

Haz una visita en su sitio. Pide a tus padres que te acompañen a visitar un lugar relacionado con tu tema. Mientras estés allí, toma apuntes minuciosos de lo que ves. Haz preguntas y anota las respuestas.

Buscar textos de consulta

Los textos de consulta, como las enciclopedias o los diccionarios, son herramientas de investigación magníficas. Puedes encontrarlos en la biblioteca de la escuela, en una biblioteca pública o en el Internet.

Algunos textos de consulta están impresos, por ejemplo, una colección de enciclopedias en tu salón de clases. Otros pueden encontrarse en línea o en un CD-ROM. La forma en que busques información variará si el texto está impreso o es electrónico (en línea o en CD-ROM).

- Una enciclopedia impresa presenta los temas en orden alfabético. En el lomo del libro figura la parte del alfabeto que abarca dicho libro. (Consulta la página 320 para obtener más información).

- Algunos textos de consulta impresos tienen índices al final del libro. Los temas mencionados en el libro están ordenados alfabéticamente al final, junto con el número de la página donde puedes encontrar la información.

- Los textos de consulta en línea o los que están en CD-ROM tienen un cuadro de búsqueda. Solo hay que teclear una palabra clave en el cuadro y presionar "Buscar". En estas fuentes, los artículos y entradas suelen tener enlaces en los que puedes hacer clic para consultar temas relacionados.

Cómo usar textos de consulta

Los textos de consulta oficiales son fuentes válidas y fidedignas. Si tus fuentes no concuerdan con respecto a cierto dato, lo mejor es que tomes el dato que figura en el texto de consulta. Toma apuntes cuidadosamente y parafrasea para no cometer plagio. Asegúrate de incluir todas las fuentes en tu página de obras citadas.

Prepárate

Usa un texto de consulta. En una biblioteca o en línea, busca un texto de consulta que puedas usar como fuente para tu tema. No olvides anotar la información de obras citadas para todas las fuentes que uses.

TEKS 4.24A(ii), 4.24C, 4.24E

Prepararse Hacer búsquedas en línea

Cuando tecleas palabras clave relacionadas con tu tema en el cuadro de búsqueda, puedes obtener miles de resultados o páginas que se ajusten a tu búsqueda. Sigue estas pautas para encontrar fuentes útiles y fidedignas.

Pautas para hacer búsquedas inteligentes en el Internet

- **Usa palabras clave apropiadas.** Las palabras clave son útiles cuando describen el tema y el contenido de una página web o un artículo en línea. Cuanto más específicas sean tus palabras clave, más específicas y útiles serán las páginas. Por ejemplo, es probable que usando "Henrietta King y Rancho King" tengas más éxito en tu búsqueda que usando solo "Henrietta King".

- **Comprueba la confiabilidad de las fuentes.** Para encontrar fuentes fidedignas, encuentra a la persona u organización que creó el sitio web. Los sitios web de expertos y los que pertenecen a organizaciones tales como universidades, museos y el gobierno suelen ser fuentes fidedignas.

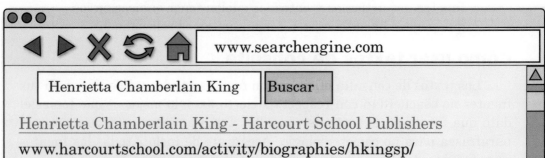

Haz una búsqueda en línea. Usa palabras clave específicas relacionadas con tu tema para buscar información en línea. Visita al menos un sitio web fidedigno y toma apuntes sencillos de lo que encuentres. Puedes imprimir la información si quieres subrayar datos y detalles clave. También puedes clasificar esa información en sus respectivas categorías o en un organizador.

Examinar rápidamente y escanear textos de consulta

Puedes examinar rápidamente y escanear textos de consulta impresos y en línea al igual que lo haces con el material obtenido de otras fuentes.

Recuerda que cuando examinas rápidamente…

- decides si puedes usar una fuente para tu informe.
- lees rápidamente un texto para saber si tiene información que apoyará tu tema.
- prestas atención a elementos como los títulos, los encabezamientos, los pies de fotos y las palabras en negrita o en cursiva.

Cuando escaneas…

- buscas información específica para tu informe.
- lees rápidamente de arriba hacia abajo.
- buscas palabras clave de tus preguntas en los elementos del texto, así como también sustantivos propios.

Examina rápidamente el texto para saber si la fuente es útil. Luego escanea para encontrar información que sirva para tu informe. Cuando encuentres información útil, lee a tu ritmo normal para tomar apuntes.

---

4. ¿Por qué se hizo famosa Henrietta?

"Cuando Henrietta King murió el 31 de marzo de 1925, el Rancho King era el más grande del mundo".

"Henrietta Chamberlain King". Biografías Harcourt Multimedia. HMH School Publishers. Fuente del Internet. 23 de septiembre de 2010.

Prepárate

Examina rápidamente y escanea textos de consulta. **Escoge un texto de consulta impreso o en línea que sea una buena fuente para tu tema. Examina rápidamente y escanea el texto para encontrar información útil. Luego toma apuntes cuidadosamente. No olvides usar el parafraseo o las citas directas y anotar la información de las obras citadas para cada fuente.**

Prepararse
Examinar rápidamente y escanear fuentes visuales

Entre las fuentes visuales se encuentran los pies de fotos, los mapas, las gráficas, las cronologías y los gráficos. Puedes examinar rápidamente y escanear fuentes visuales de la misma manera que lo harías con fuentes textuales.

Primero, examina rápidamente la fuente para ver si es útil. Presta atención a elementos del texto como etiquetas y pies de fotos. Luego escanea la fuente para encontrar detalles específicos para tu informe. Toma apuntes cuidadosamente, sin olvidarte de parafrasear la información o escribirla entre comillas para evitar el plagio.

Antonio examinó rápidamente y escaneó una línea de tiempo de fechas importantes en la vida de Henrietta King.

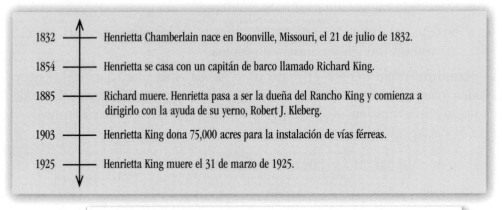

1832	Henrietta Chamberlain nace en Boonville, Missouri, el 21 de julio de 1832.
1854	Henrietta se casa con un capitán de barco llamado Richard King.
1885	Richard muere. Henrietta pasa a ser la dueña del Rancho King y comienza a dirigirlo con la ayuda de su yerno, Robert J. Kleberg.
1903	Henrietta King dona 75,000 acres para la instalación de vías férreas.
1925	Henrietta King muere el 31 de marzo de 1925.

1. ¿Cuándo y dónde nació Henrietta?
    Boonville, Missouri, el 21 de julio de 1832.
  Cronología. Biografía de Henrietta King, página 97

Prepárate

Examina rápidamente y escanea fuentes visuales. En el material que tienes, busca una fuente visual como un mapa, un gráfico, una gráfica o una línea de tiempo. Examina rápidamente y escanea la fuente y usa tarjetas de notas para anotar toda información útil que encuentres. Asegúrate de tener la información necesaria para tu página de obras citadas para cada fuente que hayas usado.

Clasificar la información

Ahora que has recopilado información de las fuentes, ya puedes clasificarla en categorías. Un organizador en forma de cuadrícula puede ser útil para esto. Pon las preguntas de investigación (en azul) en la columna de la izquierda y haz una columna para cada fuente (en verde). Escribe los datos y los detalles en el medio.

Tema: Henrietta King	Biografía de Henrietta King (Libro)	"Una casa en la cordillera" (artículo de una revista)	"Henrietta Chamberlain King" (artículo del Internet)
¿Cuándo y dónde nació?	Boonville, Missouri, 21 de julio de 1832		
¿Cuándo se convirtió en una ranchera?	Se casó con Richard King en 1854 y se convirtió en una ranchera.		King poseía un gran rancho cerca de Santa Gertrudis.
¿Qué hizo en el Rancho King?	Se aseguró de que los hijos de los trabajadores mexicanos recibieran educación.		Ella permaneció en el rancho para mantenerlo a salvo durante la Guerra Civil.
¿Cómo ayudó a forjar la historia de Texas?	Donó dinero para la construcción de un ferrocarril desde Corpus Christi hasta Brownsville.	El Rancho King aún es el más famoso del estado. Tiene 825,000 acres.	Cuando ella falleció, el Rancho King era el más famoso del mundo.

Prepárate

Clasifica la información. Crea tu propia cuadrícula con las preguntas de investigación a la izquierda y las fuentes en la parte superior. Anota la información en el medio. Vuelve a revisar que tengas toda la información para la página de obras citadas.

Prepararse Mejorar tu enfoque

Piensa en la información que has recopilado sobre tu tema. ¿La mayor parte de esta información sirve para responder la principal pregunta de investigación? Si no es así, puedes mejorar el enfoque de tu tema. Puede ayudarte un experto, como el bibliotecario de tu escuela o un bibliotecario de la biblioteca local.

Antonio pensó que la idea principal de su informe sería que Henrietta King ayudó a forjar la historia de Texas a través de sus aportes a la ganadería. Sin embargo, su investigación demostró que ella fue igual de famosa por la tierra y el dinero que donó para el desarrollo de ciudades y ferrocarriles en Texas.

Antonio mostró su organizador de cuadrícula y sus apuntes a la bibliotecaria de la escuela, la Sra. Yee. Ella lo ayudó a entender que no necesitaba demostrar que uno de los aportes de Henrietta King era más importante que otro.

Apuntes: Conversación con la Sra. Yee

1. La tarea no implica escoger una respuesta a la pregunta sobre cómo una persona o evento forjó la historia de Texas. Implica responder la pregunta de manera completa.

2. Cuando escribo la oración con la tesis, puedo señalar que King es famosa por hacer muchas cosas, no solo una.

3. Mi enfoque es demostrar lo admirable que fue ella por haber logrado tantas cosas.

Prepárate

Mejora el enfoque de tu investigación. Pídele a un bibliotecario o a un experto en el tema que te ayude a mejorar el enfoque. Explica lo que has hallado hasta el momento y pide ayuda para mejorar el enfoque.

Escribir la oración con la tesis

La oración con la tesis expresa el tema de tu informe. Una buena oración con la tesis comienza con un tema interesante y agrega una parte especial para resaltar.

un tema interesante	+	una parte especial para resaltar	=	una oración con la tesis
Cómo Henrietta King ayudó a forjar la historia de Texas		Fue una ranchera, construyó ferrocarriles, ayudó en la fundación de pueblos		Henrietta King fue admirable porque contribuyó a forjar la historia de Texas a través de la ganadería, la construcción de ferrocarriles y la fundación de pueblos.

Oraciones con la tesis

La batalla del Álamo (un tema interesante) fue un momento decisivo en la Revolución de Texas, aunque fue una terrible derrota (una parte especial para resaltar).

Las tribus Caddo (un tema interesante) dependían mucho de los árboles, desde las nueces hasta los arcos y flechas que fabricaban con la madera (una parte especial para resaltar).

Prepárate

Escribe la oración con la tesis. Después de revisar tus apuntes, usa la fórmula anterior para escribir una oración con la tesis sobre tu tema.

Prepararse Hacer un esquema

Un esquema de oraciones es un plan para categorizar tus ideas y ponerlas en orden. Se basa en los apuntes de tu investigación y muestra cómo tus ideas apoyan la oración con la tesis. Cada entrada debe ser una oración completa. A continuación, hay una parte del esquema de oraciones de Antonio.

Esquema de oraciones

Oración con la tesis	**ORACIÓN CON LA TESIS:** Henrietta King fue admirable porque ayudó a forjar la historia de Texas a través de la ganadería, la construcción de ferrocarriles y la fundación de pueblos.
I. Oración con la idea principal para el primer párrafo intermedio	I. Henrietta no nació para la vida en el rancho.
A., B. y C. Detalles de apoyo	A. Nació en Boonville, Missouri, en 1832. B. Su madre falleció cuando ella era joven. C. Su padre la envió a escuelas del Este.
II. Oración con la idea principal para el segundo párrafo intermedio	II. Henrietta se convirtió en la esposa de un ranchero al casarse con un capitán de barco llamado Richard King. A. King era el dueño de un rancho cerca de Santa Gertrudis, Texas. B. Fue el primer rancho de Texas.
Continúa . . .	III. Henrietta trabajó arduamente. A. . . . B. . . .

Prepárate

Haz un esquema. Repasa tus apuntes de investigación. Luego escribe un esquema de oraciones para tu informe basado en la oración con la tesis y los apuntes. La oración con la idea principal de cada párrafo debe apoyar la oración que tiene la tesis.

Desarrollar un borrador

¡En línea!

Prepárate Revisa Publica
Escribe Corrige

Una vez que has terminado tu planificación, ¡es el momento de escribir! Las siguientes claves guiarán tu trabajo.

Claves para desarrollar un borrador

1. **Escribe** un buen primer párrafo que presente tu oración con la tesis.

2. **Comienza** cada párrafo intermedio con una oración con una idea principal eficaz.

3. **Organiza** los datos, los detalles y los ejemplos de apoyo en cada párrafo intermedio.

4. **Escribe** un párrafo final que le recuerde al lector la oración con la tesis.

5. **Cita** las fuentes en una página de obras citadas.

Desarrollar un borrador
Comenzar el informe de investigación

El párrafo inicial debe captar el interés del lector, presentar el tema y conducir a la oración con la tesis. A continuación, se muestran dos formas posibles de comenzar un informe sobre cómo Henrietta King ayudó a forjar la historia de Texas.

Párrafo inicial

Este párrafo comienza con detalles interesantes y termina con la oración que tiene la tesis.

Algunas personas son famosas en la historia de Texas por criar ganado. Otras son famosas porque contribuyeron a construir ferrocarriles o a fundar pueblos. Henrietta King fue admirable porque contribuyó a forjar Texas de todas estas maneras.

Este párrafo comienza con una pregunta y termina con la oración que tiene la tesis.

¿Cómo ayudó Henrietta King a forjar la historia de Texas? No fue solo por convertir el Rancho King en el más grande del mundo. También ayudó a construir un ferrocarril, pueblos, iglesias, un hospital y una escuela. Dado que Henrietta King hizo todas estas cosas para forjar la historia de Texas, realmente fue una ranchera admirable.

Escribe un párrafo inicial. Escribe un párrafo inicial para tu informe. Usa uno de los ejemplos anteriores como guía o prueba con una idea propia. Asegúrate de incluir la oración con la tesis.

Elaborar el desarrollo

El desarrollo del informe debe apoyar la oración que tiene la tesis. Cada párrafo intermedio debe tener una oración con una idea principal que se relacione con la tesis. Las demás oraciones de cada párrafo deben apoyar la oración con la idea principal.

Párrafos intermedios

Una cita agrega autoridad al informe.

Se cita una fuente (entre paréntesis).

Todos los detalles apoyan las oraciones que tienen ideas principales (subrayadas).

Los datos, los detalles y las explicaciones especiales apoyan las oraciones que tienen ideas principales.

Nadie hubiera dicho que Henrietta estaba destinada a vivir una vida de ranchera. Nació en Missouuri en 1832. Su madre murió cuando era joven y su padre la envió a escuelas del este, donde "aprendió buenos modales y lenguas extranjeras" (Tanner 12).

Henrietta se convirtió en la esposa de un ranchero al casarse con el capitán de barco Richard King. Él era dueño de un rancho en Texas, cerca de Santa Gertrudis, el primer rancho de Texas (Moore III).

Henrietta trabajó arduamente en el Rancho King. Tuvo cinco hijos a quienes educó junto a los niños de las familias mexicano-estadounidenses que trabajaban allí. Esto era algo inusual en aquellos tiempos (García).

Además, Henrietta fue muy valiente. Durante la Guerra Civil, el rancho estaba ubicado en la ruta que llevaba el algodón proveniente del Sur hacia Inglaterra. Como sabía que el Ejército de la Unión quería capturarlo, Richard King tuvo que huir. Pero Henrietta permaneció allí para cuidarlo.

Párrafos intermedios finales

Después de la muerte de King, en 1885, Henrietta se convirtió en la nueva dueña. Con la ayuda de su yerno, se encargó de supervisar 10,000 acres y miles de cabezas de ganado. Juntos comenzaron a criar reses Santa Gertrudis, la primera nueva raza de ganado de los Estados Unidos (Moore 116).

Cuando el Rancho King necesitó un camino para llevar el ganado al mercado, Henrietta donó tierras para que el ferrocarril uniera Corpus Christi con Brownsville. El 4 de enero de 1904, el tren hizo su primer viaje (Tanner 46). Además, Henrietta donó tierras y dinero para construir los pueblos de Kingsville y Raymondville, iglesias, un hospital y una escuela.

Los datos, como fechas y nombres, agregan autoridad al informe.

Escribe los párrafos intermedios. Usa tu esquema como guía para escribir los párrafos intermedios. El primer borrador no necesita ser perfecto. Solo plasma tus ideas principales en papel.

Evitar el plagio y citar las fuentes

Usa las siguientes sugerencias para evitar el plagio (el uso de la obra de otro autor sin citar la fuente):

- **Usa tus propias palabras para parafrasear.**
- **Pon comillas al comienzo y al final de las citas directas.**
- **Muestra las fuentes entre paréntesis.**
- **Haz una lista de los detalles de publicación, incluidos el nombre del autor, el título, la editorial y el año de publicación en la página de obras citadas.** (Consulta la página **322**).

Desarrollar un borrador
Terminar tu informe

Comienzo

Desarrollo

Final

El párrafo final debe cerrar el informe fácilmente y recordarle la tesis al lector. Puedes probar con una o más de las siguientes ideas.

- **Explica cómo la persona o el evento continúan afectando a la gente en la actualidad.**
- **Expón un último dato interesante sobre la persona o el evento.**
- **Deja al lector con algo en que pensar.**

Párrafo final

El final resume cómo la persona o el evento ayudó a forjar la historia de Texas y le recuerda la tesis al lector (subrayada).

Cuando Henrietta murió en 1925, el Rancho King era el más grande del mundo ("Henrietta"). Ochenta años después, todavía es el rancho más famoso del estado. Con sus donaciones que ayudaron a construir Texas y con el gran rancho creado gracias a su aporte, está claro que ella fue una ranchera admirable.

Escribe

Escribe el párrafo final. Usa una de las ideas anteriores para escribir el párrafo final. Asegúrate de recordar al lector la oración con la tesis.

Tómate un minuto para examinar el informe. ¿Incluye toda la información importante que hallaste en la investigación? Si no es así, un bibliotecario o un experto en el tema puede ayudarte a revisar el enfoque del informe.

Escribe

Examina tu borrador. Revisa los apuntes y el esquema. Después lee el informe y comprueba que estén incluidos todos los detalles necesarios. Si no es así, pide consejos a un experto o a un bibliotecario.

Desarrollar un borrador
Crear la página de obras citadas

Una vez que termines el informe, ordena las fuentes alfabéticamente en la página de obras citadas. Usa la información que anotaste para cada fuente, incluidos el autor, el título, la editorial y la fecha de publicación. La página de obras citadas va al final del informe.

El título "Obras citadas" está centrado.

Las fuentes se ordenan alfabéticamente en una lista por la primera palabra de la cita.

Villar 4

Obras citadas

García, Juan. Entrevista telefónica. 24 de septiembre de 2010.

"Henrietta Chamberlain King." Biografías Harcourt Multimedia. HMH
School Publishers. Fuente del Internet. 23 de septiembre de 2010.

Moore, James. "Un hogar en la cordillera".
Texas Standard. Marzo de 2006: 110–116. Fuente impresa.

Tanner, Amy. Biografía de Henrietta King.
Houston, TX: Texas Press, 2005. Fuente impresa.

Escribe

Crea la página de obras citadas. Haz una lista de las fuentes ordenadas alfabéticamente en una página aparte. (Pon tu nombre y el número de página en el margen superior derecho). Centra el título y deja sangría en cada entrada en todos los renglones después del primero. Incluye el autor, el título, la editorial, la fecha de publicación y si la fuente es impresa o del Internet.

Revisar

No esperes que el primer borrador de tu informe sea perfecto. Tal vez algunas ideas no estén enfocadas. Quizás algunas oraciones estén fuera de lugar. Es probable que tu voz suene aburrida por momentos. Usa las siguientes claves para revisar y hacer cambios en tu informe.

Claves para revisar

1. **Lee** el primer borrador para tener una idea general de tu informe.

2. **Asegúrate** de que la oración con la tesis explique qué tiene de especial tu tema.

3. **Comprueba** que tu informe responda todas las preguntas de investigación.

4. **Revisa** el enfoque y la coherencia, la voz, la organización y el desarrollo de las ideas.

5. **Revisa** la página de obras citadas.

 Revisar: Enfoque y  coherencia

Cuando revisas *el enfoque y la coherencia* de tu informe de investigación, compruebas que toda la información esté relacionada. La oración con la tesis debe ser clara y, en los párrafos intermedios, las oraciones con la idea principal deben apoyar la tesis. Todos los datos y detalles deben apoyar la idea principal de sus respectivos párrafos.

¿Está lo suficientemente enfocada la oración con la tesis?

La oración con la tesis expresa la conclusión a la que llegaste después de investigar el tema. Asegúrate de que no sea muy amplia ("Henrietta King ayudó a forjar la historia de Texas de diferentes maneras") ni muy específica ("Henrietta King ayudó a forjar la historia de Texas mediante donaciones para la fundación de un pueblo").

 Revisa la oración con la tesis. Pide a un compañero que lea tu primer párrafo. Pídele que identifique la oración con la tesis y te diga si es muy amplia o muy específica. Haz todas las revisiones necesarias teniendo en cuenta la reacción de tu compañero.

Revisión en acción

En el siguiente ejemplo, Antonio revisó la oración con la tesis para que fuera más específica y expresara su conclusión.

Algunas personas son famosas en la historia de Texas por criar ganado. Otras son famosas porque contribuyeron a construir

ferrocarriles o a fundar pueblos. Henrietta ~~King fue admirable porque~~ contribuyó a forjar Texas de todas estas maneras.

¿Apoyan los detalles la oración que tiene la tesis?

Si todos los datos y detalles de tu informe apoyan la tesis, tu redacción estará enfocada y tendrá coherencia. La oración con la tesis expresa la conclusión a la que llegaste con tu investigación. Toda la información debe indicar a los lectores cómo llegaste a esa conclusión.

Para saber si toda la información sirve de apoyo a la oración con la tesis, pregúntate:

1. ¿Apoya la oración con la idea principal de cada párrafo la oración con la tesis?

2. ¿Apoyan todos los datos y detalles de un párrafo la idea principal de ese párrafo?

3. ¿He repetido información?

Práctica

Lee el siguiente párrafo. ¿Apoya la oración con la idea principal (subrayada) la oración con la tesis? ¿Apoyan todos los detalles la oración con la idea principal? Comenta tus respuestas con un compañero.

Oración con la tesis: el camino Western Trail supo ser la ruta más importante para el arreo de ganado desde el sur de Texas hacia el norte, pero los arrieros tuvieron que dejar de usar ese camino a causa de una enfermedad del ganado llamada fiebre de Texas.

<u>Los antiguos arreos de ganado iban a distintos lugares.</u> Algunos iban a California, donde el ganado valía más. Otros iban hacia el norte, a Kansas City. La ganadería disminuyó durante la Guerra Civil, pero luego se reactivó. El camino Western Trail se abrió en 1874, después de la guerra. El período principal de arreos de ganado se extendió solo unos veinte años.

Revisa la información de apoyo. ¿Apoyan las oraciones con la idea principal tu oración con la tesis? ¿Nos dicen todos los datos y detalles algo más sobre la idea principal del párrafo? Haz las revisiones que sean necesarias.

 **Revisar** la **organización**

Cuando revisas *la organización*, compruebas que el orden de los detalles sea el mejor para comunicar tus ideas y que el final de tu informe incluya una conclusión que se relacione con la tesis.

¿Cómo determino cuál es el mejor orden para los detalles?

Las oraciones bien organizadas se relacionan entre sí de manera lógica. En los párrafos intermedios, la oración con la idea principal está al inicio del párrafo. Cada oración que sigue debe relacionarse con la anterior.

Las oraciones estarán conectadas lógicamente si:

- ofrecen datos, detalles o explicaciones sobre la idea principal

- o nos dicen algo más sobre alguna palabra o idea clave de la oración anterior.

Revisión en acción

Antonio decidió que la oración que hablaba de una nueva raza de ganado debía estar después de la que hablaba de las miles de cabezas de ganado que había en el rancho, ya que la información sobre la raza nos dice más acerca de todas las reses del rancho.

> Después de la muerte de King, en 1885, Henrietta se convirtió en la
>
> nueva dueña. Juntos comenzaron a criar reses Santa Gertrudis, la primera
>
> nueva raza de ganado de los Estados Unidos (Moore III). Con la ayuda de su
>
> yerno, se encargó de supervisar 10,000 acres y miles de cabezas de ganado.

 Revisa la organización. Revisa tu informe para ver si necesitas cambiar de lugar ciertas ideas o detalles. Haz los cambios necesarios para mejorar la organización.

¿Da el párrafo final una conclusión al informe?

En el último párrafo, los lectores deben recordar la oración con la tesis y los detalles de apoyo. Para lograrlo puedes:

- agregar un último dato,

- mostrar cómo la persona o el evento aún nos afectan hoy en día, o

- resumir tus ideas con una frase como *para concluir*.

Una buena conclusión no debe incluir muchos detalles nuevos. Pregúntate si tu párrafo final incluye muchos detalles nuevos en vez de una conclusión. Si es así, traslada algunos de esos detalles, o todos, a los párrafos intermedios y escribe un nuevo párrafo final usando alguna de las ideas anteriores.

Revisa el último párrafo. Asegúrate de que resuma tus ideas y de que recuerde la oración con la tesis a los lectores. Traslada a los párrafos intermedios todos los detalles adicionales.

Revisión en acción

Antonio decidió que la primera oración de su párrafo final quedaba mejor en el último párrafo intermedio. También agregó detalles para que los lectores recordaran la oración con la tesis y la información de apoyo.

El 4 de enero de 1904, el tren hizo su primer viaje (Tanner 46).

Además, Henrietta donó tierras y dinero para construir los pueblos de Kingsville y Raymondville, iglesias, un hospital y una escuela. Cuando

Henrietta murió en 1925, el Rancho King era el más grande del mundo

sus donaciones que ayudaron a construir Texas y con el gran rancho creado gracias a su aporte,

("Henrietta"). Con ~~todo lo que hizo para ayudar a forjar Texas~~, fue una

ranchera admirable.

TEKS 4.15C

 **Revisar** el *desarrollo de las ideas*

Cuando revisas *el desarrollo de las ideas*, compruebas si le diste al público información suficiente para que tus ideas queden claras.

¿He incluido suficientes datos y detalles?

Sigue estos pasos para comprobar si incluiste información suficiente en tu informe:

- Lee el informe en voz alta a un compañero.
- Detente al final de cada párrafo y pregúntale si tiene alguna duda.
- Si te responde "sí", escribe la duda o pregunta para poder volver y revisar el párrafo.
- Si te responde "no", eso significa que has incluido datos y detalles suficientes para que tus ideas queden claras.

Práctica

Lee el siguiente párrafo. Luego escribe todas las preguntas que tengas. Comenta con un compañero qué información respondería tus preguntas.

El camino Western Trail tenía otros dos nombres. A veces lo llamaban camino Dodge City, porque la mayoría de los arreos terminaban en Dodge City, Kansas. El camino empezaba en Bandera, Texas. Se usaba para trasladar ganado desde los ranchos de Texas hacia el este, que era donde se encontraba la mayoría de los habitantes en esa época. Fue creado en 1874 por John T. Lytle, que era arriero, es decir, un hombre que arreaba ganado. Él quería trasladar 3500 cabezas de ganado cornilargo desde el sur de Texas hasta el fuerte Fort Robinson, en Nebraska.

Revisa

Revisa el desarrollo de las ideas. Sigue los pasos anteriores para que un compañero te ayude a revisar el desarrollo de las ideas. Agrega todos los datos o detalles que sean necesarios para que el público pueda entender tus ideas.

¿Están relacionadas mis ideas?

Puedes usar palabras de transición para indicar a los lectores cómo se conectan las ideas en tu informe. Usa palabras o frases de transición:

- para indicar cómo se relaciona una oración con la anterior.

porque	también	como resultado
además	asimismo	es por esto que

- para indicar una conclusión.

por lo tanto	por último	finalmente
para concluir	está claro que . . .	

- para enfatizar un punto.

otra vez	realmente	especialmente
de hecho	para repetir	por esta razón

Revisa

Comprueba que tus ideas se relacionan. Lee tu informe en voz alta y pide a un compañero que te diga cuando las ideas no parezcan estar relacionadas. Construye oraciones nuevas usando palabras de transición y léelas a tu compañero. Luego comenten qué transición es más efectiva. Asegúrate de usar una transición de conclusión en el párrafo final.

Revisión en acción

Antonio agregó una transición de conclusión a la última oración del párrafo final.

Cuando Henrietta murió el 31 de marzo de 1925, el Rancho King era el más grande del mundo ("Henrietta"). Con sus donaciones que ayudaron a construir Texas y con el gran rancho creado gracias a su aporte, *está claro que* ∧ ella fue una ranchera admirable.

Revisar la voz

Cuando revisas *la voz* en un informe de investigación, te aseguras de que el lector pueda escuchar lo que *tú* piensas acerca del tema y de los datos y detalles que encontraste durante tu investigación.

¿Capta el comienzo la atención del lector?

El comienzo captará la atención del lector si empiezas con un "gancho", es decir, una oración o un párrafo inicial que atrapa a los lectores y hace que quieran seguir leyendo. Un "gancho" debe sonar natural y mostrar por qué te interesa el tema.

Puedes crear una escena breve para el lector, usar una cita, presentar un dato interesante o hacer una pregunta.

Práctica

Decide con un compañero cuál de estas oraciones iniciales capta la atención del lector. Luego decidan qué técnica se usó: una escena, una cita, un dato o una pregunta.

1. Corre el año 1880 y un vaquero cubierto de polvo guía una manada de ganado cornilargo hacia el norte, a Dodge City, Kansas. Hasta donde alcanza la vista, la manada de 2,500 reses se despliega en todas las direcciones.

2. El camino Western Trail supo ser la ruta más importante para arrear el ganado de Texas hacia el norte, pero luego perdió popularidad.

3. Cuando en 1874 John T. Lytle abrió un nuevo camino para el traslado de ganado en Texas, ¿soñó que ese camino se convertiría en la más famosa ruta hacia el norte?

4. En 1881, un comerciante indicó: "Más de 300,000 reses pasaron frente a mi tienda. Viajaban por el espléndido camino Western Trail".

Revisa la voz en el comienzo de tu informe. Intenta comenzar con una escena breve, una cita, un dato interesante o una pregunta.

¿Expresa el final lo que pienso?

No olvides que el último párrafo resume tus ideas y recuerda a los lectores la oración con la tesis. También es una oportunidad para que expreses tu propia opinión sobre el tema. Puedes usar alguna de estas ideas:

■ **Muéstrale al lector por qué tu tema es importante.** Explica por qué escogiste el tema y qué fue lo que aprendiste. También puedes comentar de qué manera la persona o el evento de la historia de Texas sigue afectándonos hoy en día.

■ **Termina con una cita interesante.** Si durante la investigación encontraste una cita significativa, inclúyela en el final. Asegúrate de explicar cómo se relaciona con tu propia conclusión.

■ **Responde una pregunta.** Si comenzaste el informe con una pregunta, respóndela con tus propias palabras en el final.

Revisa el final. Asegúrate de que en el párrafo final aparezca tu propia opinión sobre el tema que escogiste. Si no es así, revísalo y utiliza alguna de las ideas anteriores.

Revisión en acción

Antonio revisó el final de su informe y le agregó una oración que expresara su propia opinión. Da una razón más de por qué cree que Henrietta es admirable y por qué el público debería pensar lo mismo.

> Cuando Henrietta murió en 1925, el Rancho King era el más grande del
> *Es asombroso que hoy, 80 años después, todavía sea el rancho más famoso del estado.*
> mundo ("Henrietta"). Con sus donaciones que ayudaron a construir Texas y
> con el gran rancho creado gracias a su aporte, está claro que fue una ranchera
> admirable.

Escritura en Texas

Revisar **cómo usar una lista de control**

Revisa

Comprueba tu revisión. Escribe los números del 1 al 9 en tu informe. Si puedes contestar "sí" a una pregunta, haz una marca junto al número. Si no es así, sigue trabajando en esa parte de tu informe.

Enfoque y coherencia

_____ **1.** ¿Está lo suficientemente enfocada la oración con la tesis?

_____ **2.** ¿Apoyan mis oraciones con la idea principal la oración que tiene la tesis?

_____ **3.** ¿Apoyan los datos y detalles mis oraciones con la idea principal?

Organización

_____ **4.** ¿Fluyen lógicamente las ideas al pasar de una a la otra?

_____ **5.** ¿Ofrece mi último párrafo un resumen en vez de ofrecer más detalles?

Desarrollo de las ideas

_____ **6.** ¿He incluido suficientes datos y detalles?

_____ **7.** ¿Es clara la forma en que están relacionadas mis ideas?

Voz

_____ **8.** ¿Capta el comienzo la atención del lector?

_____ **9.** ¿Expresa el final mi opinión?

Revisa

Escribe el texto en limpio. Cuando hayas revisado, escribe el texto en limpio para corregirlo. Acuérdate de revisar la página de obras citadas para incorporar los cambios hechos en el informe.

Corregir

¡En línea!

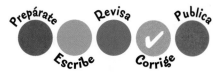

Prepárate · Escribe · Revisa · Corrige · Publica

Después de haber revisado, llega el momento de corregir. Al corregir, revisas tu redacción para asegurarte de que has respetado las normas de la gramática, la estructura de las oraciones, las convenciones mecánicas (uso de las letras mayúsculas y puntuación) y la ortografía. Estas normas son las "convenciones" de la escritura.

Claves para corregir

1. **Usa** un diccionario, un diccionario de sinónimos y la "Guía del corrector" que se encuentra al final del libro, si necesitas ayuda.

2. **Haz** las correcciones en el texto impreso, si usas una computadora. Luego introduce los cambios con la computadora.

3. **Vuelve a revisar** la gramática, la estructura de las oraciones, las convenciones mecánicas y la ortografía.

4. **Pide** a otra persona que también revise los errores en tu redacción.

Escritura en Texas **Corregir** para respetar las **convenciones**

Gramática

Al corregir la *gramática*, compruebas si has usado de forma correcta los sustantivos, los verbos y otros elementos gramaticales.

¿Uso preposiciones para expresar lugar, hora y dirección?

Las **preposiciones** son palabras que establecen una relación entre otras dos palabras. Las preposiciones permiten expresar el lugar, la hora y la dirección.

Lugar	bajo	contra	desde	en		entre	por	sobre	tras
Hora	a	de	desde	durante	entre	hacia	hasta	para	por
Dirección		hacia	para						

Las **frases preposicionales** están formadas por una preposición, un complemento (un sustantivo o un pronombre) y todas las palabras que modifican al complemento. (Consulta la página **466**).

Ejemplos **sobre la mesa**   **durante el día**   **hacia el sur**

Práctica de gramática

Con un compañero, lee las oraciones que están a continuación. Usa las pistas que están entre paréntesis para escoger una preposición que complete las oraciones. Luego lee a tu compañero una nueva oración en la que uses alguna de las preposiciones anteriores.

1. Almorzaremos _____ la cafetería. (lugar)
2. Ella ha estado esperando que llegues _____ la 1:00 p.m. (hora)
3. Dijo que iría _____ el norte. (dirección)

Corrige

Revisa las frases preposicionales. Revisa tu informe para encontrar sitios donde agregar información sobre lugar, hora y dirección. Corrige tu informe para agregar frases preposicionales.

¿Uso preposiciones para proveer suficientes detalles?

Las frases preposicionales proveen más detalles sobre los sustantivos y los verbos de tus oraciones. Con ellas se pueden responder preguntas sobre el *quién, qué, cuándo, dónde, por qué* y *cómo* de tus sustantivos y verbos.

detalle sobre un verbo **Hoy en la escuela aprendí <u>sobre ecología</u>.**

(La frase preposicional *sobre ecología* revela *qué* aprendió el escritor).

detalle sobre un sustantivo **Toma este plato <u>para tu sándwich.</u>**

(La frase preposicional *para tu sándwich* revela *por qué* se debería tomar el plato).

Las preposiciones pueden proveer otros detalles además de lugar, hora y dirección. Estas son algunas de esas preposiciones:

para	ante	sin	sobre
de	con	según	en

Corrige las frases preposicionales. **Lee en voz alta un párrafo de tu informe a un compañero. Pídele que te haga preguntas sobre tus sustantivos y verbos. Agrega frases preposicionales para proveer más detalles en esos sitios. Continúa revisando el resto del informe.**

Aprendizaje del lenguaje

Por turnos, lee con un compañero las siguientes oraciones y agrega una frase preposicional al final. La frase preposicional debe responder la pregunta que está entre paréntesis y modificar al sujeto o al verbo que está subrayado.

1. Lo <u>encontré</u> ayer. (¿dónde?)

2. Hice un rico <u>pastel</u>. (¿quién?)

3. Por favor, <u>ven</u> a mi casa. (¿cuándo?)

4. En el libro se dan <u>detalles</u>. (¿qué?)

5. Necesito un <u>lápiz</u>. (¿por qué?)

Escritura en Texas **Corregir** para respetar las **convenciones**

Convenciones mecánicas: Uso de las letras mayúsculas

Cuando enumeras tus fuentes en la página de obras citadas, debes usar correctamente las letras mayúsculas en los títulos. Aplica las siguientes sugerencias:

- Usa letra mayúscula inicial para la primera palabra de los títulos de libros, cuentos y ensayos.
- Usa letra mayúscula inicial para los nombres propios incluidos en los títulos.

Libro: ***Biografía de Henrietta King***
Ensayo, cuento o artículo de revista: **"Un hogar en la cordillera"**
Sitio web: **"Henrietta Chamberlain King"**

Corrección en acción

Antonio corrigió los títulos en su página de obras citadas. Usó letra mayúscula inicial para los nombres propios y cambió a letra minúscula inicial todas las palabras que no fueran la primera del título.

Tanner, Amy. *Biografía De Henrietta king.*

"Henrietta chamberlain king". *Biografías Harcourt Multimedia.*

Corrige

Corrige el uso de las letras mayúsculas en tu página de obras citadas. Asegúrate de usar letra mayúscula inicial para la primera palabra de los títulos de libros, cuentos y ensayos. No uses letra mayúscula inicial para el resto de las palabras, salvo que sean nombres propios.

Convenciones mecánicas: Estilo

Cuando corrijas la página de obras citadas, asegúrate de que las fuentes estén ordenadas alfabéticamente. Además, debes organizar la información de cada fuente como se muestra a continuación.

Libros: Autor (apellido, primer nombre). Título (en letra cursiva o subrayado). Lugar de publicación: editorial, fecha de publicación. Fuente impresa.

Revistas: Autor (apellido, primer nombre). "Título del artículo". Nombre de la revista (en letra cursiva o subrayado). Fecha (día, mes, año): Número de página del artículo. Fuente impresa (o Fuente del Internet).

Sitios web: Autor (si está disponible). "Título de la página (si está disponible)". Nombre del sitio (en letra cursiva o subrayado). Nombre de la institución patrocinadora, fecha de publicación (si está disponible). Fuente del Internet. Fecha en que se visitó el sitio web (día, mes, año).

Entrevistas: Entrevistado (apellido, primer nombre). Entrevista personal (o telefónica). Fecha (día, mes, año).

Corrección en acción

Antonio corrigió su página de obras citadas para escribir de forma correcta la información de una de las fuentes.

James Moore. "Un hogar en la cordillera". <u>Texas Standard</u>. Marzo de 2006: 110–116. ∧ Fuente impresa. ∧

Corrige el estilo en tu página de obras citadas. Asegúrate de haber incluido toda la información necesaria para cada fuente. Comprueba, además, que la información aparezca en el orden correcto.

Corregir **Cómo usar una rúbrica**

Corrige

¿Cómo sabes si has hecho un buen trabajo de corrección? Puedes usar los pasos y la rúbrica, o pauta de calificación, que están a continuación.

1. Comienza leyendo la descripción de la calificación de 3 puntos. Decide si tu ensayo debería obtener 3 puntos.

2. Si no es así, lee la descripción de la calificación de 4 puntos, luego la de la calificación de 2 puntos, y continúa hasta hallar la que mejor se ajuste a tu redacción.

3. Si tu calificación es menor que 3, vuelve a corregir la redacción para encontrar todos los errores en las convenciones.

Convenciones

 No tengo ningún error o casi ninguno en la gramática, la estructura de las oraciones, la puntuación, las convenciones mecánicas y la ortografía. El lector puede comprender todas mis palabras e ideas.

 Tengo errores pequeños en la gramática, la estructura de las oraciones, las convenciones mecánicas o la ortografía.

 Varios errores hacen que mi informe de investigación sea difícil de leer. Debo corregirlos.

 Debo corregir muchos errores en la redacción.

Crear el título

- Describe el tema: **El legado de Henrietta King a Texas**
- Sé creativo: **La asombrosa "King" de Kingsville**
- Usa palabras del informe: **Henrietta King: Una ranchera admirable**

Publicar

Cuando hayas terminado de corregir tu informe, escribe en limpio la versión final que vas a presentar. Puedes convertir tu informe en un discurso, agregar ilustraciones o gráficas, o publicar tu ensayo en el Internet.

Presentación

- Usa tinta azul o negra y escribe con letra clara. Puedes escribir en letra de molde o en cursiva, según cual sea tu mejor caligrafía.

- Escribe tu nombre en el extremo superior izquierdo de la primera página.

- Deja un renglón y escribe el título en el centro; deja otro renglón y comienza a escribir.

- Deja sangría en todos los párrafos y un margen de una pulgada a cada lado.

- Escribe tu apellido y el número de página en el extremo superior derecho de cada página después de la primera.

Prepara un discurso
Usa tu informe de investigación para preparar y dar un discurso. (Consulta las páginas 373 a 378 para encontrar más información).

¡En línea!
Sube al Internet tu informe de investigación para que otras personas lo lean.

Desarrolla un informe ilustrado
Haz ilustraciones referidas a tu tema o crea una cronología con las fechas importantes.

Publica

Escribe la versión final. Sigue las instrucciones de tu maestro o usa las pautas anteriores. (Si usas una computadora, consulta las páginas 44 a 46). Prepara la versión final en limpio.

Evaluar y analizar tu redacción

Dedica un tiempo a calificar y pensar en tu informe de investigación. En una hoja aparte, completa los inicios de oración que están a continuación. Para calificar tu redacción, consulta la rúbrica de calificación de las páginas 34 y 35.

Mi informe de investigación

1. La mejor calificación para mi informe de investigación es . . .

2. Es la mejor calificación porque . . .

3. La mejor parte de mi informe de investigación es . . .

4. La parte que aún debo mejorar es . . .

5. Lo más importante que aprendí acerca de escribir un informe de investigación es . . .

Dar un discurso

Se puede dar un buen discurso sobre cualquier tema. El discurso puede tratar de un tema que hayas investigado, de cómo hacer algo o de tu hobby más reciente, como practicar taekwondo, aprender a tocar el saxofón o construir un submarino a escala.

En este capítulo, aprenderás a dar un discurso sobre el tema de tu informe de investigación. Encontrarás sugerencias sobre cómo planificar tu discurso, cómo usar fuentes visuales y cómo lograr que el público experimente lo que explicas.

A continuación

- **Preparar el discurso**
- **Organizar el discurso**
- **Dar el discurso**

Preparar el discurso

Escribir un discurso no es lo mismo que escribir un informe. Al dar un discurso, usas más que palabras; también puedes usar el tono de voz, los gestos y las fuentes visuales. A continuación, encontrarás la manera de comenzar.

Reescritura en acción

En el comienzo del ensayo original que está a continuación ("Henrietta King: Una ranchera admirable", de las páginas 330 a 332), Antonio presentó datos para apoyar la oración con la tesis. Observa cómo, en el comienzo del discurso que reescribió, se añade un nuevo giro para captar la atención del público.

Ensayo original

> Algunas personas son famosas en la historia de Texas por criar ganado. Otras son famosas porque contribuyeron a construir ferrocarriles o a fundar pueblos. Henrietta King fue admirable porque contribuyó a forjar Texas de todas estas maneras.

Discurso

> ¿Qué tienen en común el famoso Rancho King, las ciudades de Kingsville y Raymondville y el primer ferrocarril a Brownsville? Todos ellos fueron creados gracias a una ranchera admirable llamada Henrietta King.

 Adapta el comienzo. Reescribe el comienzo de tu informe de investigación para añadir algún acontecimiento conmovedor y captar la atención del público.

Usar fuentes visuales

Después de escribir el comienzo del discurso, lee el ensayo completo y escoge las ideas principales y los detalles. (Haz una lista aparte o resáltalos en tu ensayo). El esquema que hiciste para tu informe de investigación (página **348**) puede ser útil. Decide luego qué fuentes visuales harán que los que te escuchen "vean" y comprendan los detalles. Estas son algunas opciones:

Gráficos	**Comparan ideas o explican los puntos principales.**
Mapas	**Muestran los lugares específicos de los que se habla.**
Objetos	**Permiten al público ver algo que es real.**
Fotografías	**Son útiles para que el publico vea de qué hablas.**
Carteles	**Muestran palabras, ilustraciones o ambas cosas.**
Transparencias	**Destacan palabras, ideas o elementos gráficos clave.**

Genera un plan de investigación para hallar fuentes visuales, como lo hiciste para tu informe de investigación. Sigue ese plan para hallar las fuentes visuales que sirvan para que los que te escuchen "vean" y comprendan los detalles de tu discurso. (Consulta las páginas **314** y **315**).

Recuerda que las fuentes visuales deben ser bastante grandes para que puedan verlas tus compañeros que están en el fondo del salón de clases. Las fuentes también deben ser coloridas. Los rótulos de las ilustraciones o gráficas deben ser breves y fáciles de leer.

 Haz una lista de ideas para las fuentes visuales. Después de hacer la lista, selecciona dos.

> *Mapa que muestra la ubicación de lugares clave mencionados en el ensayo
> * Fotografía de Henrietta King
> Mapa del Rancho King en la actualidad

Organizar el discurso

Ahora debes organizar los detalles principales de tu discurso en tarjetas de apuntes o en hojas de papel. Excepto en las tarjetas del comienzo y del final, que se escriben palabra por palabra, las frases cortas serán las que te recuerden qué decir y qué hacer.

Tarjetas de apuntes de ejemplo

COMIENZO   1
¿Qué tienen en común las ciudades de Kingsville y
Raymondville y el primer ferrocarri
todos construidos por una ranchera
Henrietta King. Fue una ranchera a
(Mostrar foto de King).

                           2
Nació en Missouri en 1832.
Madre murió; padre la envió a escuelas
del este; "aprendió buenos modales y
lenguas extranjeras".

                3
Se casó con el capitán de barco R. King;
se convirtió en la esposa de un ranchero.
Rancho cerca de Santa Gertrudis, TX;
primer rancho en TX. (Mostrar foto de

                     4
H. trabajó arduamente. Tuvo cinco
hijos; educó a ellos y a los niños de
trabajadores mexicano-estad
(poco común).
Valiente: durante la Guerra C
algodón del Sur a Inglaterra.
R. K. era buscado por el ejér
huyó del rancho. H. K. se que

FINAL   7
   Cuando Henrietta murió en 1925,
el Rancho King era el más grande del
mundo.
Mi encuesta muestra que ¡todavía es
el más famoso del estado! Con todo lo
que hizo por Texas y el gran rancho que
contribuyó a crear, King fue una ranchera
realmente admirable. (Mostrar la gráfica
con los resultados de la encuesta).

Crea las tarjetas de apuntes. Lee las tarjetas de esta página. Crea una tarjeta para cada paso de tu discurso. Escribe el comienzo y el final palabra por palabra.

Dar el discurso

Después de haber completado las tarjetas de apuntes, estarás listo para practicar y presentar el discurso.

Practicar el discurso

Practica el discurso varias veces. Usa las siguientes sugerencias y la lista de control que está al final de la página.

■ Practica en un lugar tranquilo y frente a un espejo, si es posible.

■ Practica frente a tus amigos o a tus padres. Escucha sus sugerencias.

■ Si es posible, haz un vídeo de tu discurso.

Dar el discurso

Al dar el discurso, recuerda las siguientes pautas.

■ Mira al público.

■ Ponte derecho.

■ Habla en voz alta, de forma clara y despacio.

Lista de control para practicar

Escribe los números del 1 al 7 en una hoja. Practica el discurso hasta que puedas responder "sí" a todas las preguntas.

_____ **1.** ¿Tengo una buena postura y me veo relajado?

_____ **2.** ¿Miro al público mientras hablo?

_____ **3.** ¿Se oye mi voz en el fondo del salón de clases?

_____ **4.** ¿Parezco interesado en el tema?

_____ **5.** ¿Hablo despacio y de forma clara?

_____ **6.** ¿Son lo bastante grandes mis fuentes visuales? ¿Son fáciles de comprender?

_____ **7.** ¿Señalo la información en mis fuentes visuales?

Sugerencias para hablar en público

Antes de dar el discurso . . .

- **Organiza todo.**
  Anota los puntos principales de tu discurso en tarjetas de apuntes y crea tus fuentes visuales.

- **Toma el tiempo de tu discurso.**
  Lee y habla en voz alta usando tus tarjetas de apuntes. Si el discurso es demasiado corto o demasiado largo, agrega o quita detalles para ajustar la duración.

- **Practica.**
  Cuanto más puedas recordar sin mirar tus apuntes, más fácil te resultará dar el discurso.

Mientras das el discurso . . .

- **Habla en voz alta.** Asegúrate de que todos te puedan oír.

- **Habla de forma clara y pausada.** Da tu discurso sin apresurarte.

- **Mira al público.** Conéctate con los que te escuchan.

- **Coloca las fuentes visuales donde todos puedan verlas.**
  Señala las cosas de las que hablas.

Después de dar el discurso . . .

- **Responde las preguntas.**
  Consulta si alguien tiene preguntas sobre el tema.

- **Recoge el material.**
  Recoge tus fuentes visuales y tarjetas de apuntes y vuelve a tu asiento.

 Practica y presenta. Practica el discurso una vez más con un amigo o un familiar. Después de presentar el discurso en el salón de clases, pide sugerencias a tu maestro o a tus compañeros.

Escritura de investigación
Presentación multimedia

La presentación multimedia es otra manera especial de presentar tu informe de investigación. Puedes preparar una proyección de diapositivas que presente la misma información usando una computadora, con texto en movimiento, ilustraciones y sonidos incluidos. En este capítulo aprenderás cómo hacerlo.

A continuación

- **Para comenzar**
- **Lista de control para la presentación**

Para comenzar

Tu presentación multimedia comienza con el informe de investigación que ya has escrito. Harás una lista de las ideas principales a partir de esa redacción y luego usarás un programa de computadora para crear las diapositivas, agregar gráficos e incluir sonidos.

Organízate. Consigue una copia de tu informe de investigación final para transformarlo en una presentación multimedia. Asegúrate de que tu computadora tenga el programa para mostrar diapositivas.

Crear las diapositivas

1 Busca las ideas principales.

Cada idea principal de tu informe o discurso debe tener su propia diapositiva. Para planificar tus diapositivas, haz un esquema como el que se muestra en la página 382.

2 Busca imágenes y sonidos para cada diapositiva.

Puedes buscar imágenes y sonidos en tu programa de computadora, en el Internet o en CD-ROM especiales. Pregunta a tu maestro dónde puedes hallar estos archivos multimedia.

Recopila tus ideas. Haz un diagrama de detalles como el siguiente para cada diapositiva. Escribe la idea principal para la diapositiva en el centro del diagrama. Luego agrega ideas de imágenes y sonidos alrededor.

3 **Diseña tus diapositivas.**

En todas las diapositivas, usa colores similares y la misma fuente, que a su vez sea fácil de leer.

4 **Crea tus diapositivas una por una.**

Haz que tus diapositivas sean atractivas y fáciles de leer. Colócalas en orden de manera tal que las ideas tengan sentido.

Mejorar tu presentación

Una presentación multimedia debe fluir con facilidad. Tu objetivo es hacer que la información sea clara e interesante. Debes practicar cómo pasar las diapositivas y hablar al mismo tiempo.

Ensaya tu presentación. Practica tu presentación frente a amigos y familiares. Pídeles comentarios y sugerencias. Puedes cambiar alguna parte que no esté clara.

Además, es importante que tus diapositivas no tengan errores. Revisa tus diapositivas cuidadosamente y pide a un amigo o a un adulto que también las revise.

Haz correcciones. Revisa todas las diapositivas para comprobar que no tengan errores en la gramática, la estructura de las oraciones, las convenciones mecánicas (uso de las letras mayúsculas y puntuación) y la ortografía.

Hacer una presentación multimedia

Hacer una presentación es muy similar a dar un discurso. Consulta el capítulo "Dar un discurso" (páginas 373 a 378) para obtener ayuda.

Presenta tu informe. Respira profundo, relájate y diviértete cuando des tu presentación. Esta es una oportunidad para demostrar cuánto trabajaste y para compartir información interesante.

Esquema de la presentación multimedia

Este esquema se basa en el informe "Henrietta King: una ranchera admirable" de las páginas 330 a 332. Cada caja representa una diapositiva del informe.

Henrietta King: una
ranchera admirable
(Portada)
Escuchar: música

Henrietta King (1832–1925)
contribuyó a forjar Texas.
Ver: foto de Henrietta King
Escuchar: "Texas, Our Texas" (comienzo)

Se convirtió en la esposa
de un ranchero al casarse
con Richard King, dueño del
primer rancho de Texas.
Ver: foto del Rancho King
Escuchar: grito de un vaquero

Educaba a sus hijos y a los hijos
de los trabajadores mexicano-
estadounidenses del rancho.
Ver: niños pequeños
Escuchar: el alfabeto recitado

Se convirtió en la dueña del
rancho después de la muerte
de King y crió la primera nueva
raza de ganado de los Estados
Unidos.
Ver: ganado Santa Gertrudis
Escuchar: sonidos de mugidos

Donó tierras para construir
un ferrocarril desde Corpus
Christi hasta Brownsville que
transportara ganado.
Ver: antigua locomotora

También donó tierras y
dinero para construir los
pueblos de Kingsville y
Raymondville.
Ver: fotos de ambos pueblos

Henrietta King
fue una ranchera
realmente
admirable.
Ver: otra foto de Henrietta King
Escuchar: "Texas, Our Texas"
(final)

Lista de control de la presentación

Usa esta lista de control para asegurarte de que tu presentación esté bien lograda. Cuando respondas las nueve preguntas con un "sí", entonces, ¡tu presentación estará lista!

Enfoque y coherencia

_____ **1.** ¿Presenta cada diapositiva una idea principal?

_____ **2.** ¿Apoyan el texto las fuentes visuales y los sonidos?

Organización

_____ **3.** ¿El comienzo presenta mi tema con claridad?

_____ **4.** ¿Están conectadas lógicamente y ordenadas de la mejor manera mis ideas?

Desarrollo de las ideas

_____ **5.** ¿He incluido suficiente información de apoyo?

_____ **6.** ¿Están conectadas mis ideas?

Voz

_____ **7.** ¿Capta el comienzo la atención del lector?

_____ **8.** ¿Son interesantes las imágenes y los sonidos?

Convenciones

_____ **9.** ¿Corregí todos los errores en la gramática, la estructura de las oraciones, las convenciones mecánicas y la ortografía de todas las diapositivas?

Las herramientas del lenguaje

Aprendizaje del lenguaje

Trabaja con un compañero. Lean los significados y respondan juntos las preguntas.

1. Si detienes a alguien mientras está haciendo o diciendo algo, lo estás interrumpiendo.
   ¿Qué podría interrumpirte cuando haces la tarea?

2. Si algo es eficaz, hace lo que se supone que debe hacer y lo hace bien.
   ¿Cuál es una manera eficaz de estudiar para una prueba?

3. Si algo es claro y definido, puede decirse que es específico.
   ¿Qué tipo específico de bebida es el que más te gusta?

4. Las personas que tienen una mente abierta aceptan nuevas maneras de pensar y de hacer las cosas.
   Nombra a alguien que conozcas y que creas que tiene una mente abierta.

Las herramientas del lenguaje
Hablar y escuchar

Hablar implica mucho más que pronunciar palabras. Todos sabemos que los loros pronuncian palabras, pero no dicen nada interesante. Sin embargo, cuando *tú* hablas, debes transmitir un mensaje claro a quienes te escuchan.

De la misma manera, escuchar implica mucho más que oír. Se suele decir: "¡Te oigo, pero no te escucho. . . la, la, la, la!". Cuando las personas realmente escuchan, prestan atención a lo que oyen.

Este capítulo mejorará tus destrezas para hablar y escuchar. . . ¡y hasta es probable que abra tu mente!

A continuación

- **Escuchar en clase**
- **Participar en un grupo**
- **Hablar en clase**

Escuchar en clase

Cuando el maestro te pide que escuches, sabes que eso implica mucho más que oír. Prestar atención a lo que escuchas es una de las mejores maneras de aprender. Si quieres aprender a escuchar mejor, sigue estas sugerencias:

1   **Ten claro tu propósito para escuchar.** ¿Estás aprendiendo algo nuevo, te están diciendo cómo llegar a algún lugar o estás repasando para una prueba?

2   **Escucha con atención.** Oír no es lo mismo que escuchar. Para oír, solo necesitas los oídos. Para escuchar, debes usar los oídos *y también* el cerebro. Debes pensar en lo que oyes.

3   **Toma apuntes de lo que oyes.** Piensa en lo que se está diciendo. Anota las ideas principales y los detalles importantes. También escribe las preguntas que te surjan.

4   **Haz preguntas.** Espera hasta que la persona termine de hablar. Luego haz preguntas específicas acerca de lo que no entendiste.

Toma de apuntes en acción

Cuando tomes apuntes, escribe las ideas principales con tus propias palabras, como en el siguiente ejemplo:

Apuntes de ejemplo

La electricidad y los imanes   9 de marzo

Los imanes pueden generar electricidad.
La electricidad puede servir como imán.

La electricidad y los imanes en el hogar
-motor del refrigerador   -timbre

Pregunta: ¿Hay electroimanes en los carros?

Participar en un grupo

Participar en un grupo implica cooperar con otras personas. Dos características importantes de la cooperación son el respeto por uno mismo y el respeto por los demás.

Destrezas de cooperación

En un grupo, te respetas a ti mismo cuando. . .

- sabes que tus ideas son importantes,
- compartes tus ideas con el resto del grupo y
- haces preguntas cuando no entiendes algo.

En un grupo, respetas a los demás cuando. . .

- escuchas y esperas tu turno para decir algo o hacer una pregunta,
- contestas preguntas para que los otros puedan comprender mejor,
- haces observaciones útiles y
- animas a todos a que participen.

No tengas miedo de hacer preguntas.

Práctica

Lee las siguientes situaciones y coméntalas con un compañero. Decide cuál de las destrezas anteriores serviría para que el grupo trabaje de una manera más eficaz en cada situación.

Situación 1
Se te ocurrió una idea que a nadie se le había ocurrido. No te atreves a hablar porque no estás seguro de que sea una buena idea.

Situación 2
Uno de los integrantes del grupo interrumpe todo el tiempo mientras los demás están hablando. Acaba de interrumpirte para hacer una pregunta.

Hablar en clase

Hablar en clase es un aspecto importante del aprendizaje. Las pautas que están a continuación te ayudarán a ti y a tus compañeros a hablar mejor.

■ **Presta atención.** Escucha lo que se está diciendo. Concéntrate en las ideas principales y en los detalles importantes que las apoyan para reconocer cuál es el sentido general de lo que se está diciendo.

■ **Concéntrate en el tema.** Piensa antes de hablar. Asegúrate de que tienes algo relevante para decir sobre el tema. Habla solamente sobre ideas principales y detalles importantes.

■ **Establece contacto visual.** Mira a tus compañeros cuando les hables.

■ **Espera tu turno.** Respeta a los demás. No interrumpas.

■ **Transmite un mensaje claro.** Expresa tus ideas con precisión y sin extenderte demasiado.

Responde amablemente las preguntas de los demás.

Practica tus destrezas para hablar. Toda la clase puede jugar a este juego. Todos deben tener la oportunidad de ser el estudiante que habla.

1 El estudiante que habla saca el tema de un sombrero (que ha preparado el maestro con anterioridad).

2 El estudiante habla durante un minuto sobre ese tema. Pierde su turno si cambia de tema, se detiene por más de cinco segundos o no establece contacto visual con su público.

3 Cuando todos los estudiantes hayan hablado, la clase debe votar para escoger el mejor discurso de un minuto.

Las herramientas del lenguaje
Aprendizaje del lenguaje

Si juegas al baloncesto, sabes que existe un vocabulario propio, o grupo especial de palabras, que se relaciona con ese deporte. Sin palabras como *gancho*, *tiro en suspensión*, *triple* y *rebote*, sería difícil jugar al baloncesto. La escritura también tiene un vocabulario propio.

El vocabulario relacionado con la escritura funciona de la misma manera. Si no conocieras el significado de *prepararse*, *desarrollar un borrador* y *revisar*, te resultaría difícil escribir un buen cuento o un informe convincente. En este capítulo, aprenderás todo lo que necesitas saber sobre el lenguaje de la escritura para que puedas hacer un excelente trabajo.

A continuación

- Estrategias del lenguaje
- Lenguaje del proceso de escritura
- Lenguaje de las características de la escritura
- Lenguaje de las formas de escritura

Estrategias del lenguaje

Cuando las personas hablan, oyes palabras nuevas. Aquí te damos algunas estrategias para clarificar, recordar y usar las palabras nuevas que oyes.

Pide ayuda con los significados

Piensa en las palabras que oyes. Si oyes alguna palabra que no entiendes, pregunta lo que quiere decir.

¿Qué puedes decir?: Carlos, acabas de mencionar la palabra *octogenario*. ¿Qué quiere decir *octogenario*?

 Inténtalo Pide a un compañero que diga una oración con una palabra que no conoces. Practica cómo preguntarle qué quiere decir esa palabra. Luego traten de descubrir juntos el significado. Intercambien los roles.

Usa el lenguaje académico

Piensa en las palabras que oyes. Si en la clase el maestro dice una palabra cuando da una instrucción y no sabes su significado, pregúntale qué quiere decir. Luego repite la palabra y úsala en una oración. Esto te ayudará a aprender su significado y a recordarla.

¿Qué oyes?: Escuchen la información que les daré acerca de un concepto importante.
¿Qué palabra repites?: concepto
¿Cómo puedes usarla?: La libertad es un concepto importante en la historia de los Estados Unidos.

 Inténtalo Cuando estés en clase, escucha con atención. Pide al maestro que te explique las palabras que no entiendas. Luego repite la palabra nueva y úsala en una oración.

Escucha las palabras clave

Si no entiendes todas las palabras, presta atención a las palabras más importantes, o palabras clave. Esto te permitirá entender las ideas principales de lo que están diciendo.

¿Qué oyes?: La tormenta fue muy fuerte. El árbol se derrumbó en la calle. Palabras clave: *tormenta, fuerte*

 Pide a un compañero que te cuente lo que hizo durante el día. Di cuáles son las palabras clave para demostrar que entendiste.

Parafrasea para referirte a una palabra que no conoces

Cuando no conozcas una palabra, emplea palabras que sí conozcas para referirte a algo. Luego pide a alguien que te clarifique el significado de la palabra que no conoces.

¿Qué puedes decir?: Guardé la leche en un lugar muy frío. ¿Cómo se llama ese lugar?
¿Qué responde tu compañero?: Refrigerador

 Piensa en un objeto del salón que no sepas cómo se llama. Emplea otras palabras para describir ese objeto a un compañero. Luego pídele que te diga cómo se llama.

Toma apuntes o haz dibujos

Puedes escribir las palabras nuevas y hacer dibujos de ellas para recordarlas mejor.

¿Qué oyes?: La rosa de los vientos forma parte de los mapas. Se puede dibujar y rotular un mapa con una rosa de los vientos.

 Escribe el vocabulario en un cuaderno destinado especialmente a ello. La próxima vez que oigas una palabra que quieras recordar, anótala en ese cuaderno. Agrega otras palabras que la definan o haz un dibujo.

Lenguaje del proceso de escritura

Lee los términos. Luego lee qué significan.

El primer paso del proceso de escritura es *prepararse*, es decir, planificar lo que vas a escribir. Durante la preparación, piensas cuál será el tema y quién será el público, las personas para las que escribes. A veces, puedes escoger el género, o forma de escritura. Otras veces, te lo indican. Una vez que conoces el tema, el público y el género, escribe una idea principal. Haz una lluvia de ideas sobre esa idea principal.

Cuando escribes un primer *borrador*, divides las ideas que surgieron durante la preparación en categorías o grupos. Luego puedes escribir párrafos sobre esos grupos de ideas. Cuando escribas, recuerda que debes tener en cuenta el público y el propósito de tu redacción.

Cuando *revisas*, te aseguras de que todo lo que escribiste apoye la idea principal. Comprueba si incluiste suficiente información, si la información está en el orden correcto y si usaste oraciones cortas y largas. Además, revisa que las palabras sean adecuadas para tu público. Luego pide la opinión de tu público, es decir, la reacción de tus compañeros o tu maestro.

Cuando *corriges*, buscas errores en la ortografía, la puntuación o el uso de las letras mayúsculas. Asegúrate de que todas tus oraciones tengan sentido. Corrige los errores que encuentres.

Redacta una versión final en limpio y *publica* tu trabajo.

Vocabulario: Proceso de escritura

desarrollar un borrador   corregir   prepararse
publicar   revisar

1 **Di la palabra.** Escucha a tu maestro mientras lee las palabras en voz alta. Luego repítelas. Algunas tienen combinaciones de consonantes. Una combinación de consonantes son dos o más consonantes que se pronuncian juntas. Los sonidos se unen y se escuchan uno tras otro, como *tr-* en *trabajo* o *pr-* en *princesa*. ¿Qué palabras de vocabulario poseen combinaciones de consonantes? Practica estas palabras con un compañero.

2 **Descubre el significado.** Trabaja con un compañero. Escribe las palabras que ya conoces en tu cuaderno de vocabulario. Haz una red de palabras con cada una de ellas. Comenta de qué manera las palabras que agregaste te ayudan a comprender la palabra principal.

3 **Aprende más.** Presta atención al maestro cuando explica el significado de las palabras y toma apuntes. Con un compañero, agrega más palabras y sus significados a tu red de palabras.

4 **Demuestra tu entendimiento.** Contesta las siguientes preguntas en tu cuaderno de vocabulario.
- ¿Qué haces primero: publicar o desarrollar un borrador?
- ¿Cuándo debes corregir los errores de ortografía: cuando corriges o cuando revisas?
- ¿Qué haces durante la preparación?

5 **Escríbelo y muéstralo.** Haz dibujos en tu cuaderno de vocabulario para recordar lo que significan las palabras nuevas. Por ejemplo, puedes dibujar un lápiz para el paso en el que debes desarrollar un borrador.

El proceso de escritura en acción

Aprendiste algunas palabras básicas sobre el proceso de escritura. ¡Ahora veamos el proceso en acción! Tu maestro te indicará cómo realizar cada paso del proceso. Usa estas preguntas para escribir.

Prepárate

1. ¿Qué es lo que más te gusta hacer?
2. ¿Qué es interesante de lo que te gusta hacer?
3. ¿Quién es tu público o quién podría leer tu redacción?
4. ¿Qué género, o forma de escritura, usarás para escribir tu redacción?

Desarrolla un borrador

1. ¿Cómo puedes dividir tus ideas en categorías o grupos?
2. ¿Cómo puedes organizar tus ideas en párrafos?
3. ¿Cómo puedes organizar tus párrafos para que apoyen la oración que contiene la tesis?

El proceso de escritura en acción

En estas páginas de la primera unidad del libro se muestra el proceso de escritura en acción.

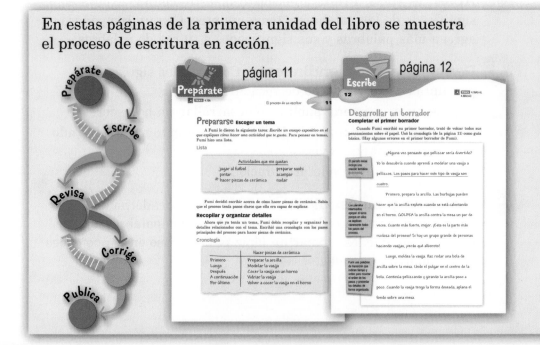

Revisa

1. ¿Apoyan todas las oraciones la oración temática?

2. ¿Hay alguna oración que deberías agregar o quitar?

3. ¿Amplían todas las oraciones y todos los párrafos las ideas expresadas en las oraciones y los párrafos anteriores?

4. ¿Escogiste las palabras adecuadas para tu público?

Corrige

5. ¿Respetaste todas las normas de la gramática y las convenciones mecánicas?

6. ¿Tienen sentido todas las oraciones?

7. ¿No hay ninguna palabra con errores de ortografía?

Publica

8. ¿Tuviste en cuenta las reacciones que recibiste para mejorar tu trabajo?

9. ¿Es tu redacción clara y fácil de leer?

Turnarse y comentar

Comenta con un compañero el paso del proceso que te resulta más difícil.

Ejemplo: Creo que el paso más difícil es _____.

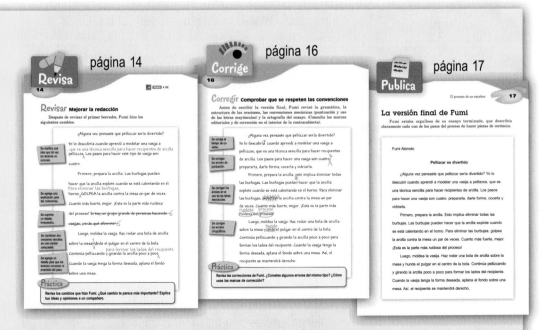

Lenguaje de las características de la escritura

Lee los términos. Luego lee lo que significan.

Enfoque y coherencia

Si tu redacción está enfocada, todas las oraciones apoyan la idea principal. Si tiene coherencia, las oraciones están conectadas entre sí. En conjunto, el enfoque y la coherencia permiten que tus ideas sean claras para el público.

Organización

Si tu redacción está organizada, u ordenada, se puede leer fácilmente desde el comienzo hasta el final. Cada oración está conectada con la oración anterior y la oración siguiente. Cada párrafo amplía lo que se dice en el párrafo anterior. Todas las oraciones deben contribuir a que el lector comprenda mejor la idea principal.

Desarrollo de las ideas

Desarrolla tus ideas en profundidad, o completamente, agregando detalles relevantes e interesantes. Cada oración debe ampliar el significado de la oración anterior. Agrega detalles para apoyar la idea principal.

Voz

Lo que escribes debe mostrar tus pensamientos y reacciones. Debe reflejar tu personalidad. Eso se llama la "voz" de la escritura. La voz permite que los lectores se interesen en lo que dices.

Convenciones

Las convenciones son las normas que se siguen para escribir. Comprueba que no haya errores en la gramática, la estructura de las oraciones, el uso de las letras mayúsculas, la puntuación, la ortografía y la elección de las palabras. Las redacciones que no tienen errores son más fáciles de leer.

Vocabulario: Características de la escritura

coherencia	convenciones	profundidad
enfoque	organización	voz

1 **Di la palabra.** Escucha y sigue la lectura mientras tu maestro lee las palabras en voz alta. Luego repítelas.

2 **Descubre el significado.** Trabaja con un compañero. Escribe las palabras que ya conoces en tu cuaderno de vocabulario. Enseña a tu compañero las palabras que no conoce. A su vez, pide a tu compañero que te explique las palabras que tú no conoces.

3 **Aprende más.** Escucha al maestro mientras explica el significado de las palabras. Trabaja con un compañero para expresar los significados de otra manera. Escribe la información nueva en tu cuaderno de vocabulario.

4 **Demuestra tu entendimiento.** Formula y responde las siguientes preguntas con tu compañero.
- ¿Cómo sabes que tu redacción está enfocada?
- ¿Cuáles son algunos ejemplos de convenciones de la escritura?
- ¿Es tu voz igual a la de otro compañero? ¿Por qué?

5 **Escríbelo y muéstralo.** En tu cuaderno de vocabulario, agrega la información que aprendiste sobre las palabras de vocabulario. Haz dibujos para dos de las palabras y explica la manera en que los dibujos se relacionan con las palabras.

Lenguaje de la escritura descriptiva

La escritura descriptiva es un tipo de escritura en la que se describe o se cuenta sobre un lugar o una experiencia. Un ensayo descriptivo tiene tres partes principales: un tema, detalles descriptivos y una conclusión. Observa el organizador gráfico donde se muestra cómo todas las partes se corresponden entre sí.

Organización de un ensayo descriptivo

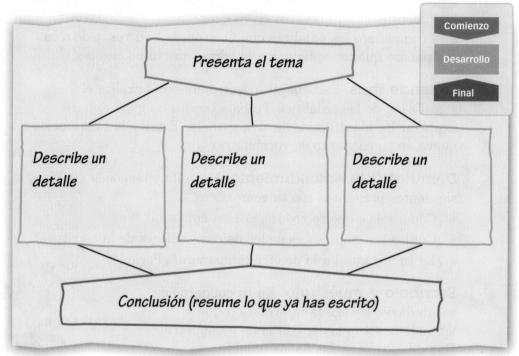

Comienzo

Desarrollo

Final

Presenta el tema

Describe un detalle

Describe un detalle

Describe un detalle

Conclusión (resume lo que ya has escrito)

Turnarse y comentar

Túrnate con un compañero para explicar dos partes importantes del organizador gráfico.

El organizador gráfico muestra que _____.

Vocabulario: Escritura descriptiva

describir	evento	sentidos
detalle	lugar	

1 Di la palabra. Escucha a tu maestro mientras lee las palabras. Repítelas. Con un compañero, busca una o más de las palabras en el salón de clases.

2 Descubre el significado. Trabaja con un compañero. Busca algunas de las palabras de vocabulario que están en los recuadros amarillos de las páginas **56** y **57**. Toma apuntes sobre las palabras que conoces. Consulta la redacción de ejemplo para descubrir el significado de las demás palabras.

3 Aprende más. Presta atención al maestro mientras explica el significado de las palabras. Trabaja con un compañero para revisar y ampliar los apuntes que escribiste antes. Escribe las dos palabras más difíciles en tarjetas y escribe su significado al dorso para recordarlas.

4 Demuestra tu entendimiento. Responde en tu cuaderno las preguntas que están a continuación. Tu maestro te dará las instrucciones. Cuando escuches las instrucciones, presta atención a las palabras específicas relacionadas con la tarea, como *párrafo* o *describe*.

- ¿Se refieren a eventos o a sentidos las palabras *tacto, gusto, olfato, oído* y *vista*?
- ¿Te refieres a un espacio o a un punto en el tiempo cuando describes un lugar?
- Escribe cinco palabras que describan el lugar donde te encuentras en este momento.

5 Escríbelo y muéstralo. En tu cuaderno, dibuja y escribe sobre un lugar que te guste. Luego rotula tu trabajo con algunas de las palabras de vocabulario.

Leer el ejemplo de escritura descriptiva

¿Qué sabes?

¿Has visto una cabaña alguna vez? ¿Cómo era por fuera y por dentro? Si nunca viste una, ¿qué has oído o leído sobre las cabañas? ¿Te gustaría vivir en una cabaña? Explica por qué.

Desarrollar el contexto

En los Estados Unidos, durante el verano, algunos niños van a acampar durante una semana o más. Un sitio para acampar es un lugar donde los niños pueden hacer actividades juntos y divertirse al aire libre. Algunos sitios para acampar quedan lejos de sus casas, de modo que los niños pasan la noche con otros niños en cabañas que se encuentran en el lugar.

Escuchar

Escucha al maestro o a un compañero mientras lee "Una cabañita en el bosque" en voz alta. Mientras escuchas, toma apuntes sobre el tema principal y los detalles descriptivos. Presta atención a la información sobre el tema y a los sentimientos del autor con respecto a la cabaña. Usa lo que sabes y lo que has leído para hacer deducciones o predicciones sobre el texto. Prepárate para responder las siguientes preguntas.

1. ¿Cómo se siente el autor con respecto a la cabaña?
2. Menciona tres partes de la cabaña que describe el autor.
3. ¿Qué sentidos usa el autor para crear una imagen?

Palabras descriptivas clave

frente a	cerca	sobre
arriba	al lado	

Observa las palabras del recuadro. Usa las palabras para describir la ubicación de los objetos del salón de clases con un compañero. Luego haz un dibujo de la ubicación de los objetos. Comenta tu dibujo con la clase usando esas palabras.

Sigue la lectura

Ahora te toca leer a ti. Sigue la lectura mientras el maestro o un compañero lee las páginas **56** y **57** en voz alta. Mientras lees, imagina la escena.

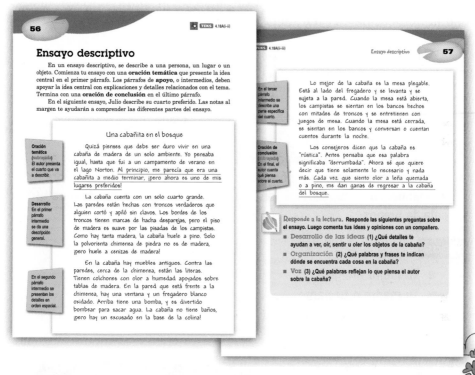

Después de la lectura

Escribe o dibuja en una hoja las respuestas a las siguientes preguntas sobre la redacción de ejemplo.

1. ¿Qué hay contra las paredes?
2. ¿Dónde se encuentra la chimenea?
3. ¿Cuál es la parte de la cabaña que más le gusta al autor? ¿Por qué? ¿Dónde se encuentra?

Luego vuelve a contar o resume el ensayo con tu compañero.

Lenguaje oral: Escritura descriptiva

Las personas que te escuchen o que lean tu redacción forman el **público**. Cuando hablas o escribes, es importante que escojas las palabras adecuadas para dirigirte a tu público. En una redacción, el **tono**, o la manera de escribir, debe adecuarse al público.

 Inténtalo Lee la siguiente situación. Luego escoge dos públicos de la lista. Comenta con un compañero cómo cambia la manera en que describes tu nueva sala de juegos según el público.

Situación

Tienes una gran idea para hacer una nueva "sala de juegos" en tu hogar. Debes describir cómo te la imaginas. Puedes hablar sobre imágenes, sonidos, sabores, aromas y texturas que escogiste para tu sala de juegos.

Públicos

- Tu mejor amigo
- Tu madre o tu padre
- Un reportero de un periódico

Comunicarse eficazmente

Cuando expresas opiniones, ideas o sentimientos puedes usar algunas palabras, una oración o algunas oraciones. Cuando usas más detalles para contar algo, el público entiende mejor tus opiniones, ideas y sentimientos.

Lee la pregunta y las tres respuestas que están a continuación. En el primer recuadro, hay solo tres palabras. En el segundo recuadro, hay una oración corta. El tercer recuadro contiene más detalles y responde mejor la pregunta.

¿Cómo describirías tu lugar favorito para estar con amigos?

cuarto amplio y bonito

Tiene un sillón.

En nuestro apartamento tenemos una cocina grande. Me gusta sentarme a la mesa que está en el medio de la cocina con mis dos mejores amigos. Allí siempre huele a pan horneado. Las paredes de la cocina son amarillas.

 Inténtalo Escribe algunas ideas para responder la pregunta en color azul anterior. Luego agrega detalles que ayuden a tu compañero a entender tus ideas. Por último, consulta tus apuntes para comentar con tu compañero las respuestas a las siguientes preguntas.

Estas son algunas ideas para comenzar.

1. ¿Qué sonidos escuchas en ese lugar?
2. ¿Cómo es el lugar?

Lenguaje de la escritura narrativa

Un relato personal cuenta una historia real y memorable sobre tu vida. Los ensayos narrativos tienen esta organización básica: un párrafo inicial, párrafos intermedios ordenados cronológicamente y un final.

Organización de un ensayo narrativo

Comienzo

Desarrollo

Final

El párrafo inicial presenta la experiencia inolvidable y la oración temática.

Los párrafos intermedios relatan la experiencia en orden cronológico e incluyen detalles sensoriales.

El final relata cómo se siente el autor o lo que aprendió.

Turnarse y comentar

Usa el organizador gráfico para comentar tus ideas sobre el propósito de una parte del ensayo narrativo con un compañero.

Ejemplo: El comienzo relata _____.

Vocabulario: Escritura narrativa

orden cronológico	**diálogo**	**memorable**
narración	**detalles sensoriales**	

1 **Di la palabra o la frase.** Escucha a tu maestro mientras lee las palabras en voz alta. Luego repítelas. Escucha y observa cómo tu maestro identifica estas palabras con materiales del salón de clases.

2 **Descubre el significado.** Algunas de las palabras de vocabulario aparecen junto a la redacción de ejemplo de las páginas **75** y **76**. Con un compañero, toma apuntes de las palabras que conoces. Consulta la redacción de ejemplo para descubrir el significado de las demás palabras.

3 **Aprende más.** Presta atención al maestro mientras explica el significado de las palabras o las frases. Con tu compañero, revisa y corrige los apuntes que escribiste antes. Escribe el significado de las demás palabras.

4 **Demuestra tu entendimiento.** Responde las siguientes preguntas en tu cuaderno. Tu maestro te dará las instrucciones. Escucha las instrucciones atentamente para asegurarte de que entiendes todas las consignas. Comenta tus respuestas con un compañero.

- ¿Por qué es importante usar detalles sensoriales en un ensayo narrativo?
- ¿Por qué crees que un relato personal debe tratar sobre algo memorable para ti?
- ¿Crees que sería confuso si una experiencia personal no se relatara en orden cronológico? ¿Por qué?

5 **Escríbelo y muéstralo.** Agrega imágenes o dibujos en tu diario que te sirvan para recordar el significado de las palabras. Si quieres, puedes agregar otro tipo de información. Por ejemplo, para **detalles sensoriales**, podrías escribir *vista* y otras palabras relacionadas con los sentidos.

Leer la narración de ejemplo

¿Qué sabes?

A continuación, leerás un ensayo narrativo de ejemplo sobre un niño que pasa un día especial con su padre. ¿Qué recuerdas sobre algún día especial? ¿Qué hiciste? ¿Qué hizo que ese día fuera tan especial? Comenta con un compañero lo que sucedió.

Desarrollar el contexto

Austin es la capital de Texas. Una de las atracciones turísticas más conocidas son los murciélagos que viven debajo de uno de los puentes de Austin. Las personas se reúnen al atardecer para observar el momento en que los murciélagos salen a cazar.

Escuchar

Escucha al maestro o a un compañero mientras lee en voz alta "Un día inolvidable". Mientras escuchas, toma apuntes sobre las personas en las que está enfocado el relato, qué están haciendo, cuándo lo hacen, dónde se encuentran y por qué ese día fue especial. Presta atención a los detalles sensoriales que te indican el aspecto, el olor, el sabor, el sonido o la textura de las cosas. Responde las siguientes preguntas con un compañero.

1. ¿Qué tipo de detalle sensorial es "refrescante té helado"?
2. ¿Qué ejemplos de diálogo hay en el relato?
3. ¿Cómo termina el relato?

Palabras clave: Orden cronológico

después	vino un poco después	cuando
al principio	de repente	entonces
de vez en cuando		

Observa las palabras y las frases del recuadro. Encontrarás estas palabras cuando leas la redacción de ejemplo. Con un compañero, usa las palabras para narrar o hablar sobre una experiencia memorable que hayas tenido.

Sigue la lectura

Ahora te toca leer a ti. Sigue la lectura mientras el maestro o un compañero lee las páginas **75** y **76** en voz alta. Mientras lees, piensa en lo que quieras preguntar sobre la redacción de ejemplo.

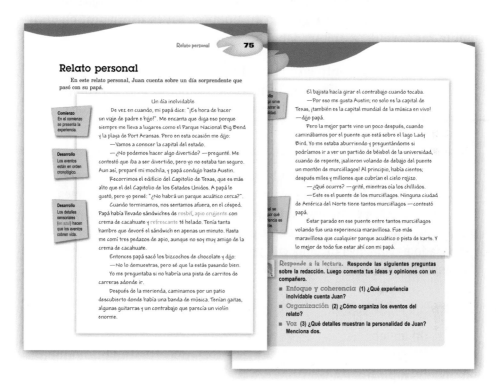

Después de la lectura

Copia la cronología que está a continuación en una hoja y complétala con los eventos clave del relato. Usa la cronología para resumir la redacción de ejemplo con un compañero o para responder las preguntas de un compañero.

Lenguaje oral: Escritura narrativa

Las personas que te escuchen o que lean tu redacción forman el **público**. Cuando hablas o escribes, es importante que escojas las palabras adecuadas para dirigirte a tu público. En la escritura, el **tono**, o la manera de escribir, debe adecuarse al público.

 Inténtalo Lee la siguiente situación. Luego escoge dos de los públicos que están al final de la página. Comenta con un compañero cómo cambian las palabras que escoges para tu redacción según el público.

Situación

Una narradora relató una historia en tu clase sobre la primera vez que fue a patinar. Primero tuvo problemas para ponerse los patines. Luego no sabía cómo frenar. Después descubrió cómo hacerlo y se divirtió muchísimo. Vuelve a contar la historia como si te hubiera pasado a ti. Incluye detalles que muestren cómo te sentías con respecto a los eventos.

Públicos

- Un amigo
- Un maestro
- Un hermano menor

Comunicarse eficazmente

Puedes narrar, describir o explicar algo de diferentes maneras. Puedes responder una pregunta con una palabra, algunas palabras, una oración o algunas oraciones. Las ideas pueden expresarse directamente o pueden estar implícitas o sugeridas.

Las narraciones incluyen detalles que ayudan al público a entender. Cuando usas más detalles para contar algo, tu público entiende mejor lo que quieres decir.

Ejemplo: ¿Qué experiencia contó la narradora?

patinar

▽

Contó una historia graciosa sobre la primera vez que fue a patinar.

▽

Tenía problemas para aprender a patinar. No podía ponerse los patines. Después no sabía cómo hacer para frenar. Finalmente, descubrió cómo hacerlo y se divirtió mucho.

Inténtalo Escoge una pregunta para comentar con un compañero. Escribe dos o tres ideas para responder la pregunta. Luego agrega detalles que ayuden a tu compañero a entender tus ideas. Finalmente usa tus apuntes mientras comentan las respuestas con tu compañero. Responde las preguntas que haga tu compañero.

Estas son algunas ideas para comenzar.

1. ¿Qué experiencia emocionante tuviste?
2. ¿Qué hizo que la experiencia fuera tan especial?

Lenguaje de la escritura expositiva

La escritura expositiva es un tipo de escritura en la que se explica algo. Por ejemplo, el escritor podría explicar algo de su interés o un pasatiempo favorito. Un ensayo expositivo tiene un párrafo inicial, párrafos intermedios y un párrafo final. Observa el organizador gráfico para ver cómo se relacionan todas las partes.

Organización de un ensayo expositivo

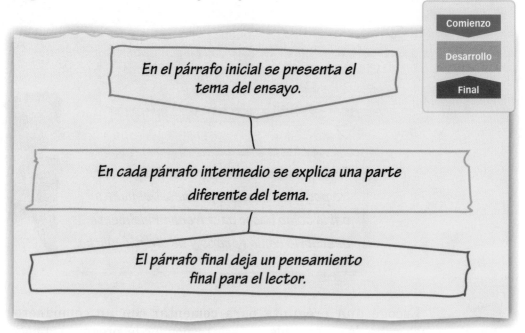

Comienzo

Desarrollo

Final

En el párrafo inicial se presenta el tema del ensayo.

En cada párrafo intermedio se explica una parte diferente del tema.

El párrafo final deja un pensamiento final para el lector.

Turnarse y comentar

Conversa con un compañero sobre dos partes importantes de este organizador gráfico.

Dos partes importantes del organizador gráfico son _____ y _____.

Vocabulario: Escritura expositiva

detalles	explicación	expositivo
dato	oración temática	opinión

1 Di la palabra o la frase. Presta atención al maestro mientras lee las palabras y las frases. Luego repítelas. Luego observa y escucha mientras tu maestro busca y lee las palabras en los materiales de la clase.

2 Descubre el significado. Trabaja con un compañero. Comenta las palabras o las frases que conoces y escribe lo que crees que significan. Incluye las ideas principales y los detalles importantes de cada palabra para entender el significado.

3 Aprende más. Presta atención al maestro mientras explica el significado de las palabras o las frases. Con un compañero, revisa y corrige los apuntes que tomaste antes. Recuerda incluir la idea principal y los detalles importantes del significado.

4 Demuestra tu entendimiento. Escribe en tu cuaderno las respuestas a las preguntas que están a continuación. El maestro te dará las instrucciones.

- ¿Cuál de las siguientes oraciones es un dato? Explica.

   Algunos estudiantes van a la escuela en el autobús escolar.
   Los autobuses escolares son la forma más fácil de viajar.
   Cuando viajo en un autobús escolar me mareo.

- ¿Qué dice la oración temática?
- ¿De qué manera apoyan los detalles la oración temática?

5 Escríbelo y muéstralo. En tu cuaderno de vocabulario, dibuja símbolos o haz dibujos para recordar lo que significan las palabras de vocabulario. También puedes escribir ejemplos para algunas de las palabras.

Leer el ejemplo de escritura expositiva

¿Qué sabes?

A continuación, leerás un ensayo expositivo de ejemplo sobre los carpinteros. ¿Qué sabes sobre los carpinteros? ¿Qué es lo interesante de su trabajo? ¿Qué cualidades debe tener un carpintero?

Desarrollar el contexto

Los carpinteros usan distintas herramientas para trabajar con la madera y otros materiales similares. Hay diferentes clases de carpinteros, como los carpinteros de casas, de muebles y de construcción. Generalmente aprenden el oficio mientras son aprendices de carpinteros más experimentados.

Escuchar

Escucha al maestro o a un compañero mientras lee "Con mis propias manos" en voz alta. Presta atención a las ideas principales y los detalles importantes sobre lo que hacen los carpinteros y las destrezas que necesitan. Esto te ayudará a entender el significado general del texto. Mientras escuchas, toma apuntes de las ideas principales y los detalles. Prepárate para responder las siguientes preguntas.

1. ¿Por qué el escritor sería un buen carpintero?
2. ¿Por qué el papá le dice que un carpintero tiene aserrín en la sangre?

Palabras de transición clave

también	además	por último
en primer lugar	entonces	en segundo lugar
en conclusión		

Observa las palabras del recuadro. Encontrarás algunas de las palabras cuando leas la redacción de ejemplo. Con un compañero, escoge un trabajo y usa las palabras del recuadro para describir lo importante e interesante que es. Luego decide cuál es la parte más interesante de ese trabajo.

Sigue la lectura

Ahora te toca a ti leer. Ve a las páginas 135 y 136 de este libro. Sigue la lectura mientras el maestro o un compañero lee la redacción de ejemplo en voz alta. Mientras lees, presta atención a las palabras de transición.

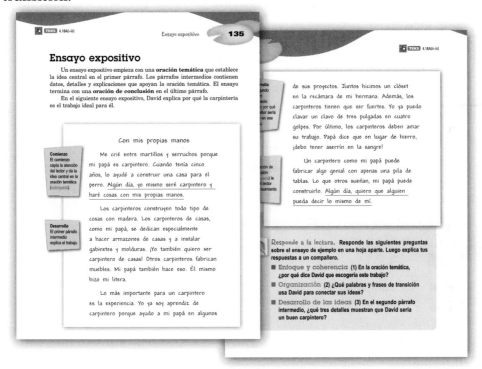

Después de la lectura

Copia el gráfico que está a continuación en tus apuntes. Complétalo y explica los puntos clave del ensayo. Usa el gráfico para resumir la redacción de ejemplo con un compañero.

Puntos clave	Apuntes
Lo que hacen los carpinteros:	1. 2.
Lo que necesitan los carpinteros:	1. 2. 3.

Lenguaje oral: Escritura expositiva

Las personas que te escuchen o que lean tu redacción forman el **público**. Cuando hablas o escribes, las palabras que escoges dependen del público. El **tono** debe adecuarse al público.

 Inténtalo   Lee la siguiente situación. Luego escoge dos de los públicos que están al final de la página. Comenta con un compañero cómo cambian las palabras que escoges según el público.

Situación

En la escuela de Guillermo se está votando al mejor maestro del año. Guillermo piensa que su maestra es la mejor. La Srta. Martínez trae insectos y plantas interesantes para que observen los estudiantes. También ayuda a los estudiantes a hallar por sí mismos las respuestas. Procura que los estudiantes se diviertan mientras aprenden. Explica por qué la maestra de Guillermo debe ser la maestra del año.

Públicos

- Tus compañeros
- El director
- Estudiantes de segundo grado

Comunicarse eficazmente

Cuando cuentas, describes o explicas algo, puedes usar una palabra, algunas palabras, una oración o algunas oraciones de distinta longitud. Cuando usas más detalles para responder una pregunta, el público entiende mejor lo que quieres decir.

Lee la pregunta y las respuestas que están a continuación. En el primer recuadro, hay una respuesta de una sola palabra. En los otros recuadros, el escritor incluye información más específica. El último recuadro es el que contiene más información.

Ejemplo: ¿Por qué la maestra de Guillermo es la mejor maestra de la escuela?

ayuda

La maestra de Guillermo ayuda a los estudiantes a aprender.

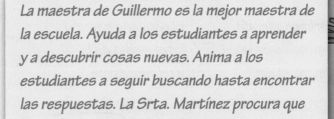

La maestra de Guillermo es la mejor maestra de la escuela. Ayuda a los estudiantes a aprender y a descubrir cosas nuevas. Anima a los estudiantes a seguir buscando hasta encontrar las respuestas. La Srta. Martínez procura que los estudiantes se diviertan mientras aprenden.

Inténtalo Escoge una pregunta para hablar con un compañero. Escribe algunas ideas para contestarla. Luego agrega detalles que permitan a tu compañero entender tus ideas. Usa tus apuntes para comentarlas. Contesta las preguntas de tu compañero.

A continuación hay algunas ideas para comenzar.

1. ¿Quién es el mejor maestro de tu escuela?
2. ¿Qué es lo que hace a un buen maestro?

Lenguaje de la escritura persuasiva

En un ensayo persuasivo se intenta convencer a otros de hacer o creer algo. Los ensayos persuasivos tienen la misma organización básica, que consiste en un párrafo inicial, párrafos intermedios y un párrafo final. En el párrafo inicial se pide al lector que se involucre o crea en algo. En los párrafos intermedios se dan razones y en el final se pide al lector que haga algo. Observa el organizador gráfico donde se muestra cómo se relacionan todas las partes.

Organización de un ensayo persuasivo

Comienzo

Desarrollo

Final

En el comienzo está la oración que establece la postura.

El primer párrafo intermedio da la primera razón.

El segundo párrafo intermedio da la segunda razón.

El último párrafo intermedio da la razón más importante.

En el párrafo final hay un llamado a la acción.

Turnarse y comentar

Conversa con un compañero sobre los párrafos intermedios de un ensayo persuasivo.

Los párrafos intermedios _____.

Vocabulario: Escritura persuasiva

llamado a la acción	**convencer**	**evento**
postura	**persuadir**	**razón**

1 **Di la palabra o la frase.** Presta atención al maestro mientras lee las palabras y las frases en voz alta. Luego repítelas.

2 **Descubre el significado.** Con un compañero, busca algunas de las palabras de vocabulario en los recuadros amarillos que están junto al ensayo de ejemplo de las páginas 195 y 196. Toma apuntes de lo que crees que significan esas palabras.

3 **Aprende más.** Presta atención al maestro mientras explica el significado de las palabras. Con un compañero, busca ejemplos de las palabras de vocabulario que están en el ensayo de ejemplo de las páginas 195 y 196.

4 **Demuestra tu entendimiento.** Responde en tu cuaderno las preguntas que están a continuación. El maestro te dará las instrucciones. Cuando escuches las instrucciones, presta atención a palabras como *primero* y *a continuación* para asegurarte de que entiendes todas las partes de la tarea.

- ¿Cuál es la mejor manera de persuadir a alguien de que haga algo?
- Explica por qué piensas que es mejor dejar la razón más importante para el final.
- ¿Tiene sentido terminar un ensayo persuasivo con un llamado a la acción? ¿Por qué?

5 **Escríbelo y muéstralo.** En tu cuaderno, agrega ilustraciones o dibujos que te ayuden a recordar el significado de las palabras. Puedes agregar palabras que conozcas que tengan un significado similar. Por ejemplo, para *persuadir*, podrías escribir *convencer*.

Leer el ejemplo de escritura persuasiva

¿Qué sabes?

A continuación, leerás un ensayo persuasivo de ejemplo sobre participar en un concurso de murales en el colegio. ¿Has hecho o visto un mural alguna vez? ¿Qué representaba?

Desarrollar el contexto

Los murales son cuadros grandes que se pintan en las paredes de los edificios. A veces los pinta un solo pintor. Otras veces los pinta un grupo de personas. Generalmente, los pintores expresan un mensaje o una idea mediante sus murales.

Escuchar

Escucha al maestro o a un compañero mientras lee "Hacer historia" en voz alta. Mientras escuchas, toma apuntes de las razones que el escritor da para persuadir, o convencer, a los estudiantes para que participen en el concurso, y los detalles que apoyan esas razones. Presta atención a las palabras clave, como las del recuadro, para identificar las razones y opiniones, o creencias, del escritor. Responde las siguientes preguntas con un compañero.

1. ¿Cuál es la postura del autor?
2. ¿Cuál es la razón más importante para el autor? ¿Cómo lo sabes?
3. ¿Cuál es el llamado a la acción que hace el autor?

Palabras clave

además	la primera razón	mural
hacer historia	la razón más importante	

Observa las palabras y las frases del recuadro. Las encontrarás cuando leas el ensayo de ejemplo. Usa las palabras para hablar con un compañero sobre un evento o una actividad escolar que se esté por hacer y en la que creas que los estudiantes deberían participar.

Sigue la lectura

Ahora te toca leer a ti. Sigue la lectura mientras el maestro o un compañero lee las páginas **195** y **196** en voz alta. Mientras lees, piensa en lo que el autor trata de persuadirte de que hagas.

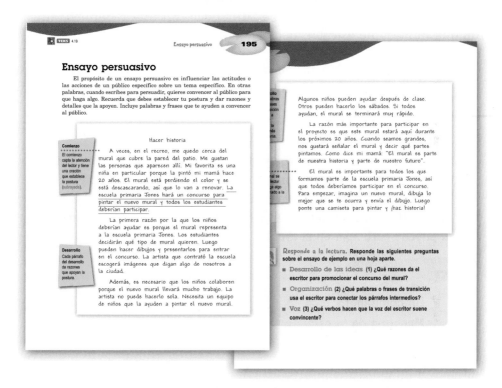

Después de la lectura

Copia el siguiente gráfico en tus apuntes para resumir las razones clave o las ideas principales del escritor que apoyen el proyecto del mural e incluye los detalles de apoyo. Comenta tus apuntes con un compañero.

	Razones clave	Detalles de apoyo
1.ª razón:		
2.ª razón:		
3.ª razón:		

Lenguaje oral: Escritura persuasiva

Las personas que te escuchen o que lean tu redacción forman el **público.** Cuando hablas o escribes, es importante que escojas las palabras adecuadas para dirigirte a tu público. En una redacción, el **tono,** o la manera de escribir, debe adecuarse al público.

 Inténtalo Lee la siguiente situación. Luego escoge dos de los públicos que están al final de la página. Comenta con un compañero cómo cambian las palabras que escoges según el público.

Situación

En tu ciudad se está organizando un evento de salto a la cuerda para recaudar dinero para los niños enfermos. Quien quiera saltar a la cuerda debe conseguir que cinco personas donen dinero para el evento. Da tres buenas razones para que las personas donen dinero y tú puedas participar en el evento.

Públicos

- Un compañero
- Maestros de tu escuela
- Empresarios de tu vecindario

Comunicarse eficazmente

Puedes expresar ideas, opiniones y sentimientos de maneras diferentes. Puedes usar una palabra, algunas palabras, una oración o algunas oraciones para responder una pregunta. Cuando das más detalles sobre algo, quien te escucha entiende mejor lo que quieres decir.

Lee la pregunta y las respuestas que están a continuación. En el primer recuadro hay una respuesta corta. Los otros recuadros incluyen más información. El último recuadro es el que contiene más información.

Ejemplo: ¿Por qué las personas deberían donar dinero para el evento?

niños enfermos

▽

Los niños enfermos necesitan ayuda.

▽

Deberíamos dar dinero porque hay muchos niños enfermos que necesitan ayuda. Sus padres no tienen suficiente dinero para pagar a los médicos que los atiendan. Si donas dinero, ayudarás a que estos niños se mejoren y tengan una vida larga y saludable.

Inténtalo Escoge una pregunta para comentar con un compañero. Escribe dos o tres ideas para responderla. Luego agrega detalles que permitan a tu compañero entender tus ideas. Por último, consulta tus apuntes mientras comentan las ideas con tu compañero.

A continuación, hay algunas ideas para comenzar.

1. ¿Por qué las personas deberían donar dinero para ayudar a los demás?

2. ¿De qué manera donar dinero ayuda a las personas necesitadas?

Lenguaje de las respuestas a la lectura

La respuesta a la lectura es un tipo de redacción en la que se demuestra que has comprendido algo que has leído: por ejemplo, un libro. Un ensayo de respuesta a la lectura se organiza con un comienzo, un desarrollo y un final. En la respuesta a la lectura de un libro, o reseña de un libro, se incluye el título, el autor y la razón por la que te gusta. Observa el organizador gráfico donde se muestra el propósito de cada una de las partes de la reseña de un libro.

Organización de una respuesta a la lectura

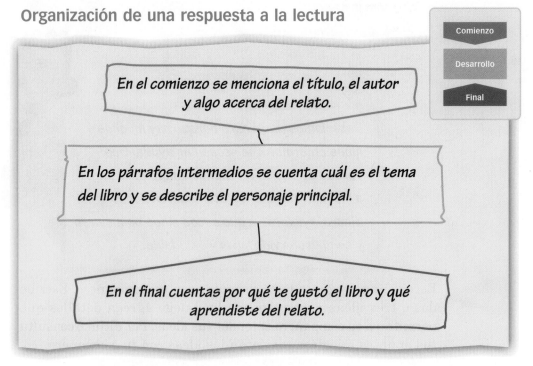

En el comienzo se menciona el título, el autor y algo acerca del relato.

En los párrafos intermedios se cuenta cuál es el tema del libro y se describe el personaje principal.

En el final cuentas por qué te gustó el libro y qué aprendiste del relato.

Comienzo

Desarrollo

Final

Turnarse y comentar

Comenta con un compañero el propósito de una de las partes del organizador gráfico.

El propósito del desarrollo es _____.

Vocabulario: Respuestas a la lectura

autor	reseña de un libro	personaje
ficción	título	

1 **Di la palabra o la frase.** Presta atención al maestro mientras lee las palabras o las frases. Luego repítelas. Observa y escucha mientras el maestro busca las palabras en el salón de clases y las lee.

2 **Descubre el significado.** Con un compañero, busca algunas de las palabras de vocabulario que están en los recuadros amarillos junto al ejemplo de reseña de un libro de las páginas **256** y **257**. Comenta las palabras que conozcas y escribe lo que crees que significan.

3 **Aprende más.** Presta atención al maestro mientras explica el significado de las palabras o las frases de vocabulario. Revisa y corrige tus apuntes anteriores con tu compañero. Escribe los significados de las palabras adicionales. Busca ejemplos de estas palabras en la reseña de un libro de las páginas **256** y **257**.

4 **Demuestra tu entendimiento.** Responde las preguntas que están a continuación en tu cuaderno de vocabulario. El maestro te dará las instrucciones. Cuando sigues instrucciones, presta atención a las palabras de acción, como *escribe*, y a las palabras de orden, como *después*. Estas palabras te indicarán qué hacer y cuándo hacerlo.

- ¿De qué manera podría ser útil la reseña de un libro?
- ¿Qué personajes del libro puedes mencionar?
- ¿Se dan opiniones en la reseña de un libro? ¿Por qué?

5 **Escríbelo y muéstralo.** En tu cuaderno de vocabulario, haz el dibujo de un libro con una ilustración en la cubierta. Usa palabras de vocabulario para rotular las partes de tu dibujo. Escribe oraciones con las demás palabras de vocabulario.

Leer el ejemplo de respuesta a la lectura

¿Qué sabes?

A continuación, leerás un ejemplo de reseña de un libro sobre una apuesta. ¿Alguna vez te han pedido que hagas algo como parte de una apuesta? ¿Qué hay de malo en aceptar una apuesta? ¿Por qué alguien estaría dispuesto a aceptar una apuesta?

Desarrollar el contexto

Las lombrices son maravillosas para los jardines. Rompen la tierra mientras se alimentan a través de ella. Las galerías que crean dejan que el aire y el agua penetren la tierra, lo que permite que las plantas sobrevivan.

¡Algunas personas comen lombrices! Las lombrices están compuestas, en su mayor parte, de proteínas. Sin embargo, a veces tienen parásitos que pueden enfermar a las personas que las comen.

Escuchar

Escucha al maestro o a un compañero mientras lee *Cómo comer lombrices fritas* en voz alta. Toma apuntes sobre lo que ocurre en el comienzo, en el desarrollo y en el final. Prepárate para responder las siguientes preguntas.

1. ¿Por qué Billy acepta la apuesta?
2. ¿Cómo describirías al personaje principal?
3. ¿Por qué Billy le agrada al escritor?

Palabras clave

decidido	coraje	rábano picante
personalidad	obstinación	
toneladas de salsa de tomate	¡puaj!	

Las palabras del recuadro se encuentran en el ejemplo de reseña de un libro. Usa las palabras para hablar con un compañero sobre las apuestas. Describe a una persona que podría aceptar una apuesta. ¿Qué apuestas sería mejor no aceptar? ¿Por qué?

Sigue la lectura

Ahora te toca leer a ti. Ve a las páginas **256** y **257**. Sigue la lectura mientras el maestro o un compañero lee la redacción de ejemplo en voz alta.

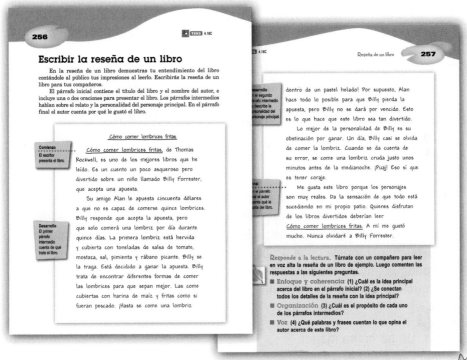

Después de la lectura

En una hoja aparte, escribe tus respuestas a las siguientes preguntas sobre la redacción de ejemplo.

1. ¿Qué cosa desagradable le pide Alan a Billy que haga?
2. ¿Por qué Billy cubre la lombriz con rábano picante?
3. ¿Cómo sabes que Billy es obstinado?

Comenta tus respuestas con un compañero. Háganse preguntas el uno al otro para comprender mejor sus respuestas. Agrega a tus apuntes las ideas principales y los detalles importantes de tu compañero.

Lenguaje oral: Respuestas a la lectura

Las personas que te escuchen o que lean tu redacción forman el **público.** Cuando hablas o escribes, es importante que escojas las palabras adecuadas para dirigirte a tu público. En una redacción, el **tono,** o la manera de escribir, debe adecuarse al público.

 Inténtalo Lee la siguiente situación. Escoge dos de los públicos que están al final de la página. Comenta con un compañero cómo cambian las palabras que escoges según el público. Piensa de qué manera la edad y la experiencia del público podría cambiar lo que dirías y la forma en que lo dirías.

Situación

Acabas de leer un libro sobre la vida en el futuro. El protagonista vive en una torre de apartamentos de una gran ciudad. Va a la escuela en un autobús volador. La escuela está al aire libre, bajo una cúpula de cristal. El personaje tiene problemas porque quiere hacer las cosas "a la antigua", como las hacemos en la actualidad. Debes explicar por qué te gustó el libro y qué aprendiste del relato.

Públicos

- Un hermano menor
- Un compañero
- Un abuelo

Comunicarse eficazmente

Puedes narrar, describir o explicar algo de maneras diferentes. Puedes usar una palabra, algunas palabras, una oración o algunas oraciones. Cuantos más detalles usas, mejor entiende el público lo que quieres decir.

Lee la pregunta y las respuestas que están a continuación. En el primer recuadro hay una respuesta de una sola palabra. En los otros recuadros se da más información. El último recuadro es el que contiene más información.

Ejemplo: ¿Cómo describirías el relato?

divertido

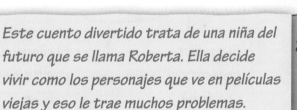

Este cuento divertido es sobre una niña del futuro.

Este cuento divertido trata de una niña del futuro que se llama Roberta. Ella decide vivir como los personajes que ve en películas viejas y eso le trae muchos problemas.

 Escoge una pregunta para comentarla con un compañero. Escribe dos o tres ideas para responder la pregunta. Agrega detalles que permitan a tu compañero entender tu respuesta. Por último, consulta tus apuntes para comentar tus respuestas a la pregunta. Mientras comentan, pregunta a tu compañero lo que desees saber sobre sus respuestas. Responde las preguntas que tu compañero te haga sobre tus respuestas.

A continuación, hay algunas ideas para comenzar.

1. ¿Qué es lo interesante de tu libro favorito? ¿Por qué es interesante?
2. ¿Cuál es la parte más importante de tu relato favorito?

Lenguaje de la escritura creativa

En la escritura creativa se cuenta una historia. Algunas narraciones son cuentos fantásticos sobre animales que hablan o sobre criaturas del espacio exterior. Otras son cuentos realistas o cuentos sobre cosas que podrían suceder. Todos los cuentos tienen un argumento que presenta un problema. En el final se muestra cómo se resuelve el problema y se cuenta cómo cambia el personaje principal. En el siguiente organizador gráfico se muestra qué hay en cada parte de un cuento.

Organización de un cuento

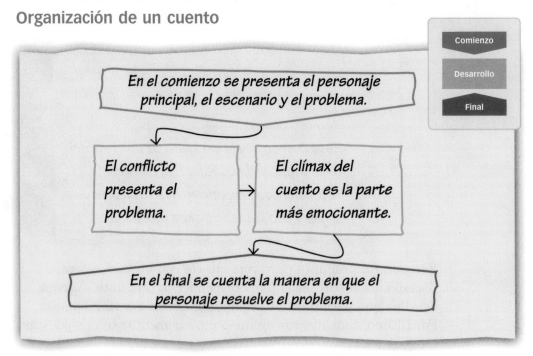

Comienzo

Desarrollo

Final

En el comienzo se presenta el personaje principal, el escenario y el problema.

El conflicto presenta el problema.

El clímax del cuento es la parte más emocionante.

En el final se cuenta la manera en que el personaje resuelve el problema.

Turnarse y comentar

Comenta con un compañero por qué seguir el organizador gráfico es importante para el argumento de un cuento.

Si omites el principio, _____.

Vocabulario: Escritura creativa

personaje	problema	conflicto
escenario	solución	

1 **Di la palabra o la frase.** Presta atención al maestro mientras lee las palabras o las frases en voz alta. Repítelas. Algunas palabras tienen combinaciones de consonantes. Una combinación de consonantes consiste en dos o más consonantes que se dicen juntas. Los sonidos se combinan y se puede oír cada sonido, como *dr-* en *dragón* o *pr-* en *primavera*. ¿Qué palabras de vocabulario tienen una combinación de consonantes? Practica cómo decir la palabra con un compañero.

2 **Descubre el significado.** Con un compañero, busca algunas palabras de vocabulario en los recuadros amarillos que están junto al cuento de ejemplo de las páginas **290** y **291**. Comenta las palabras que conozcas. Escribe apuntes o haz dibujos para mostrar el significado de las palabras.

3 **Aprende más.** Presta atención al maestro mientras explica el significado de las palabras o las frases de vocabulario. Con tu compañero, revisa y corrige tus apuntes anteriores. Escribe los significados de las palabras que no conocías.

4 **Demuestra tu entendimiento.** Escribe en tu cuaderno las respuestas a las preguntas que están a continuación. El maestro te dará las instrucciones. Presta atención a las palabras clave de las instrucciones, como *primero* y *acerca de*, para saber cómo seguir las instrucciones.

- ¿Cuál es el propósito del conflicto en un cuento?
- ¿Por qué cambia al final el personaje principal?

5 **Escríbelo y muéstralo.** En tu cuaderno de vocabulario, haz dibujos que te ayuden a recordar lo que significan las palabras. Puedes incluir más de una palabra en el mismo dibujo. Por ejemplo, podrías mostrar un *personaje* en un *escenario*.

Leer el ejemplo de escritura creativa

¿Qué sabes?

A continuación, leerás un cuento de ejemplo sobre una niña que pierde algo importante porque es desordenada. ¿Has perdido algo importante alguna vez? ¿Dónde lo buscaste? ¿Lo encontraste?

Desarrollar el contexto

En este cuento, el personaje principal está por hacer un viaje de estudios a un acuario. Un acuario es una especie de zoológico que se especializa en plantas y animales acuáticos. La mayor parte de los acuarios tienen tiburones, ballenas y también delfines. Algunos de los animales son adiestrados para que entretengan a los visitantes. Otros simplemente nadan por ahí. Se pueden ver pulpos, tiburones, peces y otras especies marinas.

Escuchar

Escucha al maestro o a un compañero mientras lee "Una lección sobre el desorden" en voz alta. Mientras escuchas, toma apuntes acerca de cuál es el problema de Jésica y de cómo intenta resolverlo. Busca detalles sobre el personaje y el escenario y observa cómo cambian. Prepárate para responder las siguientes preguntas.

1. ¿Cuál es el problema de Jésica?
2. ¿Cómo intenta Jésica resolver su problema?
3. ¿Cómo cambia Jésica al final del cuento?

Palabras clave

mochila	excursión	olvidadiza
desordenado	permiso	basura

Observa las palabras del recuadro. Encontrarás estas palabras cuando leas el cuento de ejemplo. Con un compañero, usa las palabras para hablar sobre cómo te sentirías si tuvieras el problema de Jésica.

Sigue la lectura

Ahora te toca leer a ti. Ve a las páginas **290** y **291**. Sigue la lectura mientras el maestro o un compañero lee la redacción de ejemplo en voz alta. Mientras lees, piensa en las preguntas que deseas hacer.

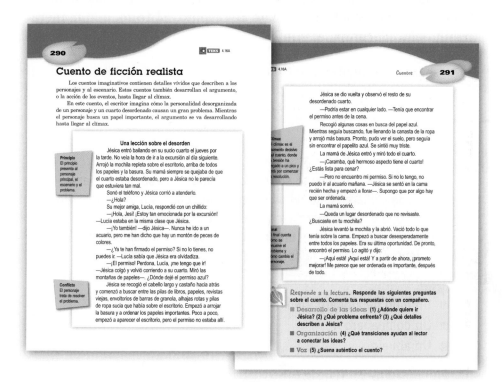

290   📘 TEKS 4.16A

Cuento de ficción realista

Los cuentos imaginativos contienen detalles vívidos que describen a los personajes y al escenario. Estos cuentos también desarrollan el argumento, o la acción de los eventos, hasta llegar al clímax.

En este cuento, el escritor imagina cómo la personalidad desorganizada de un personaje y un cuarto desordenado causan un gran problema. Mientras el personaje busca un papel importante, el argumento se va desarrollando hasta llegar al clímax.

Una lección sobre el desorden

Principio
El principio presenta al personaje principal, el escenario y el problema.

Jésica entró bailando en su sucio cuarto el jueves por la tarde. No veía la hora de ir a la excursión al día siguiente. Arrojó la mochila repleta sobre el escritorio, arriba de todos los papeles y la basura. Su mamá siempre se quejaba de que el cuarto estaba desordenado, pero a Jésica no le parecía que estuviera tan mal.

Sonó el teléfono y Jésica corrió a atenderlo.
—¿Hola?
Su mejor amiga, Lucía, respondió con un chillido:
—¡Hola, Jesi! ¡Estoy tan emocionada por la excursión!
—Lucía estaba en la misma clase que Jésica.
—¡Yo también! —dijo Jésica—. Nunca he ido a un acuario, pero me han dicho que hay un montón de peces de colores.
—¿Ya te han firmado el permiso? Si no lo tienes, no puedes ir. —Lucía sabía que Jésica era olvidadiza.
—¡El permiso! Perdona, Lucía, ¡me tengo que ir!
—Jésica colgó y volvió corriendo a su cuarto. Miró las montañas de papeles—. ¿Dónde dejé el permiso azul?

Conflicto
El personaje trata de resolver el problema.

Jésica se recogió el cabello largo y castaño hacia atrás y comenzó a buscar entre las pilas de libros, papeles, revistas viejas, envoltorios de barras de granola, alhajas rotas y pilas de ropa sucia que había sobre el escritorio. Empezó a arrojar la basura y a ordenar los papeles importantes. Poco a poco, empezó a aparecer el escritorio, pero el permiso no estaba allí.

Cuentos   **291**   📘 4.16A

Jésica se dio vuelta y observó el resto de su desordenado cuarto.

—Podría estar en cualquier lado. —Tenía que encontrar el permiso antes de la cena.

Recogió algunas cosas en busca del papel azul. Mientras seguía buscando, fue llenando la canasta de la ropa y arrojó más basura. Pronto, pudo ver el suelo, pero seguía sin encontrar el papelito azul. Se sintió muy triste.

La mamá de Jésica entró y miró todo el cuarto.
—¡Caramba, qué hermoso aspecto tiene el cuarto! ¿Estás lista para cenar?
—Pero no encuentro mi permiso. Si no lo tengo, no puedo ir al acuario mañana. —Jésica se sentó en la cama recién hecha y empezó a llorar—. Supongo que por algo hay que ser ordenada.

La mamá sonrió.
—Queda un lugar desordenado que no revisaste. ¿Buscaste en tu mochila?

Clímax — El clímax es el momento decisivo del cuento, donde la tensión ha llegado a un pico y comienza la resolución.

Jésica levantó la mochila y la abrió. Vació todo lo que tenía sobre la cama. Empezó a buscar desesperadamente entre todos los papeles. Era su última oportunidad. De pronto, encontró el permiso. Lo agitó y dijo:
—¡Aquí está! ¡Aquí está! Y a partir de ahora, ¡prometo mejorar! Me parece que ser ordenada es importante, después de todo.

Final — El final cuenta cómo se resuelve el problema y cambia el personaje.

Responde a la lectura. Responde las siguientes preguntas sobre el cuento. Comenta tus respuestas con un compañero.

■ **Desarrollo de las ideas** (1) ¿Adónde quiere ir Jésica? (2) ¿Qué problema enfrenta? (3) ¿Qué detalles describen a Jésica?

■ **Organización** (4) ¿Qué transiciones ayudan al lector a conectar las ideas?

■ **Voz** (5) ¿Suena auténtico el cuento?

Después de la lectura

En una hoja aparte, vuelve a contar el cuento. Asegúrate de incluir un comienzo que mencione los personajes, el escenario y los problemas. Luego comenta el desarrollo. Explica la manera en que Jésica intentó resolver su problema. A continuación, cuenta qué es lo que aprendió. Consulta tu resumen para responder las preguntas de un compañero.

PERMISO

Lenguaje oral: Escritura creativa

Las personas que te escuchen o que lean tu redacción forman el **público.** Cuando hables o escribas, piensa en cómo escoger las palabras adecuadas para que el público disfrute del cuento. El **tono,** o la manera de escribir, debe adecuarse al público.

Inténtalo Lee la siguiente situación. Luego escoge dos de los públicos que están al final de la página. Con un compañero, comenta cómo escogerías las descripciones, los detalles y el diálogo según el público.

Situación

Debes contar el cuento sobre dos amigos que suelen juntarse los fines de semana. Este fin de semana, los padres han planificado una actividad especial para ellos. Los amigos llevarán a cabo una búsqueda: buscarán juntos un premio que está escondido en algún lugar, dentro o cerca de la casa.

Públicos

- Un niño de kindergarten
- Un compañero
- Un abuelo

Comunicarse eficazmente

Cuando expresas opiniones, ideas o sentimientos, puedes usar una palabra, algunas palabras, una oración o algunas oraciones. Cuantos más detalles utilizas para responder una pregunta, mejor entiende el público tus opiniones, tus ideas o tus sentimientos.

Lee la pregunta y las respuestas que están a continuación. En el primer recuadro, hay una sola palabra. En los otros recuadros se da más información. El último recuadro contiene la mayor cantidad de información.

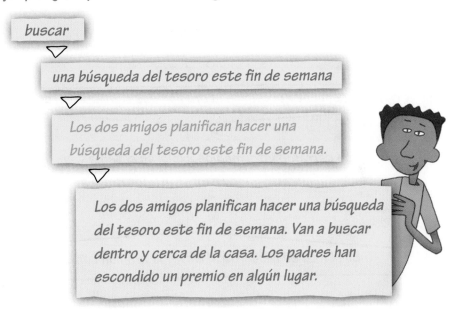

Ejemplo: ¿Qué planes tienen los amigos?

buscar

una búsqueda del tesoro este fin de semana

Los dos amigos planifican hacer una búsqueda del tesoro este fin de semana.

Los dos amigos planifican hacer una búsqueda del tesoro este fin de semana. Van a buscar dentro y cerca de la casa. Los padres han escondido un premio en algún lugar.

Inténtalo Escoge una pregunta para hablar con un compañero. Escribe dos o tres ideas para responder la pregunta. Agrega detalles que ayuden a tu compañero a entender tus ideas. Consulta tus apuntes para comentar tus respuestas a la pregunta con tu compañero.

A continuación, hay algunas ideas para comenzar.

1. ¿Sobre qué lugar imaginario escribirías un cuento?

2. ¿Qué cuento te gustaría escribir sobre tu actividad favorita?

Lenguaje de la escritura de investigación

Cuando investigas, averiguas más sobre un tema. Un informe de investigación es una forma de escritura en la que compartes lo que has aprendido sobre un tema. En el comienzo, explicas por qué escribes el informe; en los párrafos intermedios, das los detalles; y en el final, le recuerdas al lector tu conclusión. En el siguiente organizador gráfico, se muestran las partes que componen un informe de investigación.

Organización de la escritura de investigación

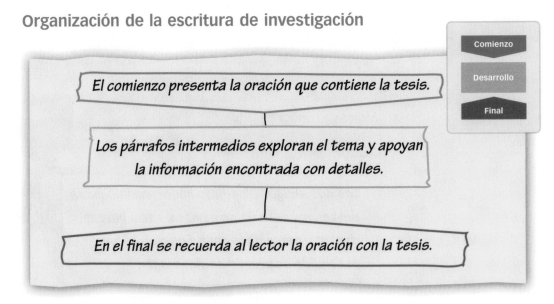

El comienzo presenta la oración que contiene la tesis.

Los párrafos intermedios exploran el tema y apoyan la información encontrada con detalles.

En el final se recuerda al lector la oración con la tesis.

Comienzo

Desarrollo

Final

Turnarse y comentar

Comenta con un compañero por qué es importante recordar al lector la oración que contiene la tesis en el final del informe.

Ejemplo: Recordar al lector la oración con la tesis en el final del informe es importante porque _____.

Vocabulario: Informe de investigación

conclusión	investigar	información
fuente	oración con la tesis	

1 **Di la palabra o la frase.** Sigue la lectura mientras tu maestro lee las palabras y la frase en voz alta. Repítelas en voz alta.

2 **Descubre el significado.** Con un compañero, busca algunas de las palabras de vocabulario que están en los recuadros junto al ejemplo de las páginas **330** a **332**. Comenta las palabras que conozcas y toma apuntes o haz dibujos para mostrar lo que crees que significan.

3 **Aprende más.** Presta atención al maestro mientras explica el significado de las palabras y la frase. Con un compañero, revisa y corrige tus apuntes anteriores. Escribe los significados de las palabras que no conocías.

4 **Demuestra tu entendimiento.** En tu cuaderno, escribe las respuestas a las preguntas que están a continuación. El maestro te dará las instrucciones. Presta atención a las palabras clave, como *escribe*. Las palabras clave te sirven para saber cómo seguir las instrucciones.
- ¿Por qué es importante que investigues un tema en profundidad?
- ¿Dónde puedes hallar fuentes para tu investigación?

5 **Escríbelo y muéstralo.** En tu cuaderno de vocabulario puedes agregar apuntes o dibujos para recordar el significado de las palabras. Por ejemplo, para la palabra *investigar*, podrías dibujar una persona que busca algo.

Leer el ejemplo de escritura de investigación

¿Qué sabes?

A continuación, leerás un informe de investigación de ejemplo acerca de una mujer que ayudó a construir el Rancho King. ¿Has visto un rancho alguna vez? ¿Crees que sería difícil de administrar? ¿Qué pasaría si tuvieras que llevar adelante un rancho tú solo?

Desarrollar el contexto

El suroeste de los Estados Unidos es famoso por sus enormes ranchos ganaderos. En estos ranchos, hay grandes cantidades de ganado que pastan en amplias extensiones de tierra. Algunos ranchos ganaderos existen desde hace cientos de años y son famosos en todo el país y en todo el mundo.

Escuchar

Escucha al maestro o a un compañero mientras lee "Henrietta King: Una ranchera admirable" en voz alta. Mientras escuchas, toma apuntes sobre Henrietta en una hoja aparte. Prepárate para responder las siguientes preguntas.

1. ¿Nació Henrietta en una familia de rancheros?
2. ¿Cómo se convirtió Henrietta en la dueña del Rancho King?
3. ¿Qué crees que sentía Henrietta por el Rancho King? ¿Por qué?

Palabras clave

Guerra Civil	famoso	admirable
vida de ranchera	yerno	10,000 acres

Observa las palabras del recuadro. Encontrarás estas palabras en el informe de investigación de ejemplo. Trabaja con un compañero y comenta algunas de las dificultades que un ranchero puede enfrentar. Comenta cómo enfrentarías estas dificultades.

Sigue la lectura

Ahora te toca leer a ti. Sigue la lectura mientras el maestro o un compañero lee las páginas **330** a **332** en voz alta. Mientras lees, piensa en cómo te sentirías si fueras Henrietta.

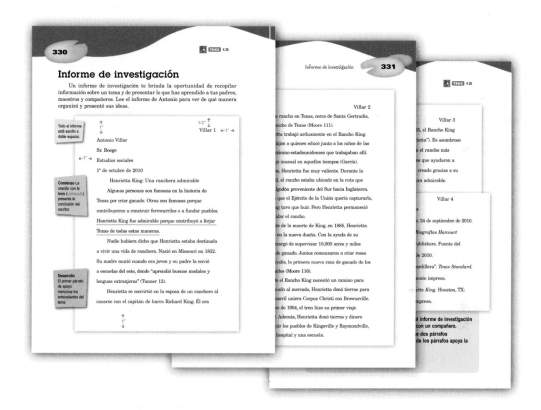

Después de la lectura

Copia el gráfico que está a continuación en una hoja aparte y complétalo con hechos de la vida de Henrietta King. Escribe la fuente de cada hecho en la columna correcta. Luego compara tu gráfico con el de un compañero. Completa la información que falte.

Hechos acerca de Henrietta King	Fuente

Lenguaje oral: Escritura de investigación

Las personas que te escuchen o que lean tu redacción forman el **público.** Cuando hablas o escribes, es importante que escojas las palabras adecuadas para dirigirte a tu público. El **tono,** o la manera de escribir, debe adecuarse al público.

Inténtalo Lee el tema de investigación que está a continuación. Escoge dos públicos de la lista. ¿Qué querría saber cada público sobre el tema si volvieras a relatarlo? Comenta con un compañero cómo cambian las palabras que escoges para tu redacción según el público.

Situación

Quieres escribir un informe de investigación acerca del Tiranosaurio rex, el rey de los dinosaurios. El T-rex vivió hace 65 a 68 millones de años. Era el carnívoro más grande de su hábitat. Vivía en lo que actualmente se conoce como la parte occidental de América del Norte. Podía medir más de 40 pies de largo y pesar hasta 7.5 toneladas.

Públicos

- Un niño de kindergarten
- Uno de tus padres
- Tu maestro de ciencias

Comunicarse eficazmente

Cuando respondes una pregunta puedes usar una palabra, algunas palabras, una oración o algunas oraciones. Cuantos más detalles usas para contar algo, mejor entiende el público lo que quieres decir.

Lee la pregunta y las respuestas que están a continuación. En el primer recuadro hay una sola palabra. Los otros recuadros dan más información. El último recuadro contiene la mayor cantidad de información.

Ejemplo: ¿Cómo era el tiranosaurio rex?

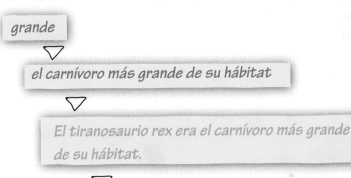

grande

el carnívoro más grande de su hábitat

El tiranosaurio rex era el carnívoro más grande de su hábitat.

El tiranosaurio rex era el carnívoro más grande de su hábitat. ¡Podía medir más de 40 pies de largo y pesar más de 7 toneladas! Vivía y cazaba en el oeste de América del Norte hace 65 millones de años.

Inténtalo Escoge una pregunta para comentar con un compañero. Escribe dos o tres ideas para responder la pregunta. Agrega detalles que ayuden a tu compañero a entender tus ideas. Luego usa tus apuntes para comentar las respuestas a las preguntas.

La siguiente es una idea para comenzar.

1. ¿Por qué es útil saber sobre animales que ya no existen?

Las herramientas del lenguaje
Cómo usar materiales de consulta

Cuando escribes o hablas, debes asegurarte de usar las palabras correctamente. Quizá te des cuenta de que usas mucho algunas palabras . . . ¡tal vez demasiado! Si buscas nuevas palabras con el mismo significado que algunas que ya conoces conseguirás que tu vocabulario sea más variado.

En este capítulo, aprenderás a usar materiales de consulta para ampliar tu vocabulario y mejorar tu escritura.

A continuación

- **Cómo usar un diccionario**
- **Cómo usar un diccionario de sinónimos**

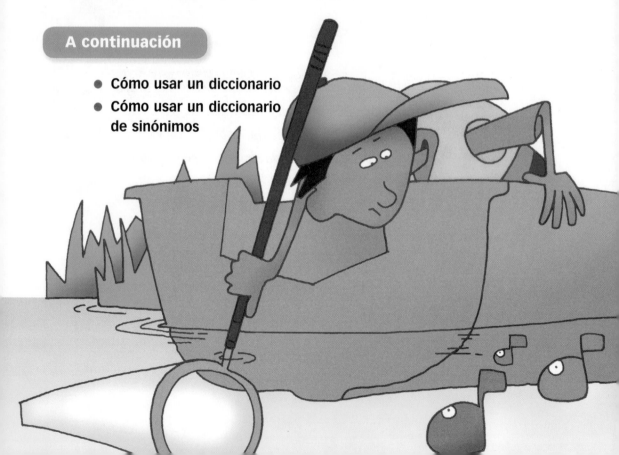

Cómo usar un diccionario

En un **diccionario** se definen palabras y se incluye otro tipo de información útil. Los diccionarios muchas veces tienen las siguientes características. (En el dorso de esta página encontrarás una página rotulada de un diccionario).

- **Palabras guía** Estas palabras se encuentran en la parte superior de cada página. Indican la primera y la última palabra de esa página.

- **Entradas** Las entradas son las palabras definidas en las páginas del diccionario. El significado más común suele ser el primero de la lista.

- **Género** Se indica el género de los sustantivos. Generalmente, el género aparece marcado con las abreviaturas *m.* (masculino) y *f.* (femenino).

- **Etimología** Para algunas palabras se incluye el origen de la palabra o los cambios que sufrió a través del tiempo.

- **Ortografía y letras mayúsculas** Si no sabes cómo se escribe una palabra, prueba con variantes posibles. Si una palabra comienza con letra mayúscula, escríbela con letra mayúscula cuando la uses.

- **Registro** El diccionario indica en qué situaciones se utilizan ciertas palabras; es decir, si la palabra es formal, informal, vulgar o despectiva.

- **Sinónimos** Se enumeran los sinónimos (palabras con significado igual o parecido). Es posible que también se enumeren los antónimos (palabras con significado opuesto).

- **Elementos gramaticales** El diccionario indica cómo se puede usar una palabra (*sustantivo, verbo, adjetivo,* etcétera).

- **Región** Indica en qué regiones geográficas se usan los términos definidos.

Práctica

Abre un diccionario en cualquier página y haz lo siguiente:

1. Busca una palabra que no conozcas. Escribe la primera definición.

2. Busca una palabra de la que no conozcas el registro. Con un compañero, busca en el diccionario el registro de la palabra.

3. Busca una ilustración que muestre algo que aún no sepas de una palabra. Enséñale el significado a un compañero.

Página de diccionario

Palabras guía ➝ **canguro** ➤ **canilla**

Entrada ➝ **canguro 1.** m. Mamífero marsupial, herbívoro, propio de Australia, Nueva Zelanda e islas adyacentes. Tiene las patas posteriores mucho más largas que las anteriores, con las que se traslada a saltos. **2.** com. Persona joven que cuida de los niños cuando sus padres no están.

Etimología

Etimología

canguro

Cuando el explorador James Cook llegó a Australia en 1770 y vio por primera vez a estos animales, creyó oír a los nativos llamarlos *kanguru*. Se supone que los indígenas decían "no entiendo". Del inglés *kangaroo* pasó al español como **canguro**.

canica f. Bola pequeña de barro, vidrio, etc., que usan los niños para jugar al "juego de las canicas", que consiste en hacerlas rodar por el suelo e introducirlas en un hoyo pequeño.

Sinónimos

Sinónimos

canica, bolita, bolinche

Un grupo de niños jugaba a las *canicas* en el parque. ▶ Compraron *bolitas* de vidrio. ▶ Los *bolinches* eran de distintos colores.

Género **caniche** m. Perro pequeño o mediano con abundante pelo rizado y orejas caídas.

Ortografía y letras mayúsculas
cánido 1. m. Se dice de los mamíferos carnívoros de la familia del perro y el lobo. **2.** m. pl. Familia de estos animales. ORTOGR. ESCR. con may. inicial.

Elemento gramatical
canijo, -a. *adj.* y *sust.* Se dice de la persona o el animal débil o enfermizo.

Registro / Región
canilla 1. f. Cada uno de los huesos largos de la pierna o del brazo. **2.** f. Cada uno de los huesos del ala del ave. **3.** f. coloq. *Am. Mer.* y *Cuba* Espinilla de la pierna. **4.** f. *Arg., Bol., Par.* y *Ur.* Grifo o llave. **5.** f. *Ec.* y *Méx.* Fuerza física. 6. f. *Ven.* Pan en forma de cilindro, estrecho y delgado.

Abreviaturas

adj.	adjetivo
adv.	adverbio
Am. Mer.	América Meridional
Arg.	Argentina
Bol.	Bolivia
coloq.	coloquial
com.	común en cuanto al género
despect.	despectivo
Ec.	Ecuador
f.	femenino
interj.	interjección
m.	masculino
Méx.	México
Par.	Paraguay
pl.	plural
prep.	preposición
sust.	sustantivo
Ur.	Uruguay
v.	verbo
Ven.	Venezuela
vulg.	vulgar

Cómo usar un diccionario de sinónimos

Un **diccionario de sinónimos** es un libro que contiene una lista de palabras con sus sinónimos. (Los sinónimos son palabras que tienen significados similares). También puede incluir una lista de antónimos (palabras con significado opuesto). Un diccionario de sinónimos sirve para...

- encontrar la palabra adecuada para una oración específica y
- evitar la repetición de una misma palabra.

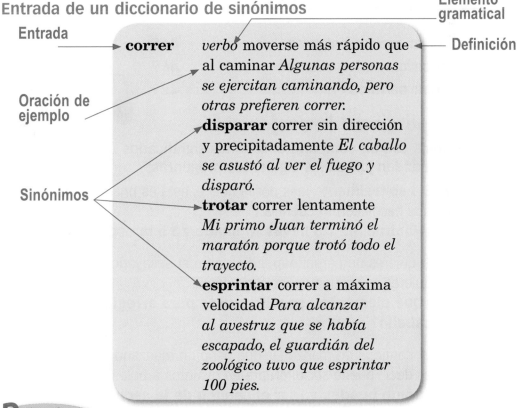

Entrada de un diccionario de sinónimos

Entrada

Elemento gramatical

Definición

Oración de ejemplo

Sinónimos

correr *verbo* moverse más rápido que al caminar *Algunas personas se ejercitan caminando, pero otras prefieren correr.*

disparar correr sin dirección y precipitadamente *El caballo se asustó al ver el fuego y disparó.*

trotar correr lentamente *Mi primo Juan terminó el maratón porque trotó todo el trayecto.*

esprintar correr a máxima velocidad *Para alcanzar al avestruz que se había escapado, el guardián del zoológico tuvo que esprintar 100 pies.*

Práctica

Con un compañero, busca en la entrada anterior el sinónimo correcto del verbo *corre* en la siguiente oración.

El perro <u>corre</u> para cualquier lado porque sabe que queremos atraparlo para bañarlo.

Gramática básica
y redacción

Aprendizaje del lenguaje

**Trabaja con un compañero. Lean los significados
y respondan juntos las siguientes preguntas:**

1. Si habitualmente lees por la noche, esta es una actividad
   que haces con frecuencia.
   ¿Habitualmente llevas tu almuerzo a la escuela?

2. Si quieres un cereal específico para el desayuno, lo que
   quieres es un tipo especial de cereal.
   **¿Qué elemento específico usas para arreglarte el
   cabello?**

3. La cantidad de manzanas que tiene un manzano puede variar,
   es decir, puede ser diferente en distintos árboles.
   **¿Cómo puedes variar el camino de la escuela a tu
   casa?**

4. Si tienes una imagen clara de algo, quiere decir que lo
   entiendes claramente.
   **¿Tienes una imagen clara de lo que se necesita para
   cuidar a un perro?**

Trabajar con las palabras

El español es sin duda un idioma en expansión: cada día crece más y se habla en más lugares. Es una lengua que tiene una gran riqueza y variedad. Se estima que hay alrededor de cuatrocientos millones de hispanohablantes en el mundo, distribuidos en más de veinte países. A pesar de esta enorme diversidad, habitualmente usamos solo un pequeño porcentaje de las palabras que existen en nuestra lengua. La cantidad de palabras que usamos depende del nivel de lectura y de aprendizaje que tengamos.

Existen ocho tipos de palabras diferentes que se conocen como **elementos gramaticales**: *sustantivos, pronombres, verbos, adjetivos, adverbios, preposiciones, conjunciones* e *interjecciones*. En este capítulo aprenderás sobre estos elementos.

Mini-índice

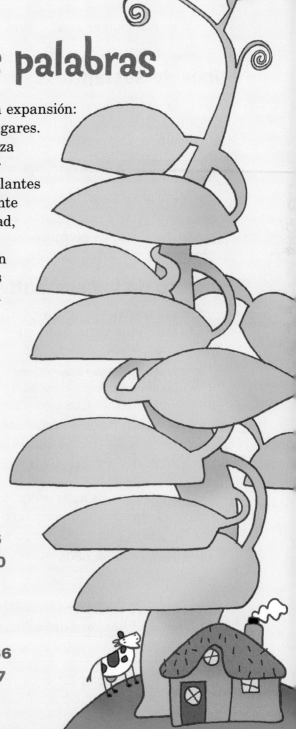

Cómo usar los sustantivos

Un **sustantivo** es una palabra que designa a una persona, un lugar, una cosa o una idea.

Tipos de sustantivos

Los **sustantivos propios** designan a alguien o algo específico. Se escriben con letra mayúscula inicial. Los **sustantivos comunes** no designan a alguien o algo específico. No se escriben con letra mayúscula inicial.

Sustantivos comunes	Sustantivos propios
niño, país, montaña	Sergio, México, Everest

Los **sustantivos compuestos** se forman a partir de dos o más palabras: *aguamarina, mediodía, abrelatas, pararrayos.*

Número de los sustantivos

Un **sustantivo singular** designa a una persona, un lugar, una cosa o una idea. Un **sustantivo plural** designa a más de una persona, lugar, cosa o idea.

Sustantivos singulares	Sustantivos plurales
maestro, mujer, canción	maestros, mujeres, canciones

Práctica de gramática

Copia los sustantivos de cada oración en una hoja aparte. Escribe una "C" para indicar que un sustantivo es común o una "P" si es propio. Si es singular escribe una "S" y, si es plural, "PL". Luego di a un compañero una oración que contenga sustantivos comunes y propios, y otra con sustantivos plurales y singulares.

Álamo: P, S   soldados: C, PL   México: P, S

1. Soldados de México tomaron por asalto El Álamo.
2. Solo 189 hombres defendieron la misión.

Escribe **AHORA** Con un compañero, escribe una oración en la que se usen correctamente sustantivos comunes y propios, singulares y plurales.

Género de los sustantivos

Los sustantivos pueden ser *masculinos, femeninos* e *invariables* o *de género común.*

Sustantivos femeninos: mujer, gallina, silla, pelota
....
Sustantivos masculinos: hombre, gallo, carro, cartón
....
Sustantivos de género común (tienen una forma única pero el referente puede ser masculino o femenino): el/la estudiante, el/la profesional, el/la psiquiatra, el/la periodista

Práctica de gramática

Escribe dos sustantivos femeninos, dos masculinos y dos de género común. Luego piensa en un ejemplo más de cada clase de sustantivo y díselo a un compañero.

Los sustantivos deben concordar en género y número con los artículos y los adjetivos que los acompañan. Sin embargo, cuando un sustantivo femenino empieza con *a* o *ha* tónicas, se usa el artículo "el" en lugar de "la" para evitar la pronunciación de dos *a* juntas, por ejemplo: *el agua.* En plural, se usa siempre el artículo femenino en estos casos, por ejemplo: *las aguas.*

Práctica de gramática

Para cada uno de los sustantivos que están a continuación, indica el artículo que debería acompañarlo: *el, la, los* o *las.* Luego piensa en un adjetivo que concuerde en género y número para cada uno.

Ejemplo: <u>el</u> hacha <u>afilada</u>

hacha   armas   alma   hada   áreas

¿Cómo puedo mejorar mi redacción con sustantivos?

Incluye sustantivos específicos

Algunos sustantivos son **generales**; por lo tanto, no le ofrecen al lector una imagen clara de la persona, el objeto, el lugar o la idea a la que hacen referencia. Otros sustantivos son **específicos**: designan personas, lugares o cosas en particular. Cuando usas sustantivos específicos tu redacción resulta más clara e interesante.

Sustantivos generales	fruta	edificio	abrigo	país	comida
Sustantivos específicos	manzana	Torre Eiffel	chaqueta	Italia	tacos

¿Cómo te das cuenta de si el sustantivo es lo suficientemente específico? Hazte esta pregunta: ¿Puedo crearme una imagen clara con ese sustantivo? Un sustantivo específico como *caniche* me ofrece una imagen más clara del animal que el sustantivo general *perro*.

Práctica

Vuelve a escribir las siguientes oraciones. Reemplaza los sustantivos generales que están subrayados por sustantivos específicos. Las preguntas que aparecen entre paréntesis te serán útiles para cambiar las palabras. Luego usa sustantivos específicos para conversar con un compañero sobre alguna comida que te guste.

■ Cuando oí el <u>sonido</u> me di vuelta enseguida. (*¿Qué sonido?*)
  ladrido

1. La abuela está cocinando <u>verduras</u>. (*¿Qué verduras?*)
2. Mi mamá me compró <u>ropa</u>. (*¿Qué tipo de ropa?*)
3. Marta dio un paseo en <u>bote</u> por el lago. (*¿Qué tipo de bote?*)
4. Tina derramó la <u>bebida</u> en la alfombra. (*¿Qué tipo de bebida?*)
5. A Franco le gusta arreglar <u>cosas</u>. (*¿Qué cosas?*)

Escribe al menos cinco oraciones sobre una actividad que te guste hacer. Usa sustantivos específicos en tu descripción.

Compara

A veces puedes expresar una idea de una forma más clara o atractiva si comparas dos sustantivos en un **símil** o una **metáfora**.

Símil: Un símil compara dos sustantivos con la palabra como.

Esas mariposas son como flores en el aire.

Metáfora: Una metáfora compara dos sustantivos sin usar la palabra como.

En nuestra ciudad, la estrella es el fútbol de la secundaria.

Al principio, tal vez te resulte difícil comparar, pero de esta forma puedes lograr que sea más divertido leer tus redacciones. Así que sigue intentándolo.

Práctica

Escribe los números del 1 al 5 en una hoja. Para cada una de las oraciones que están a continuación, indica cuáles son los sustantivos que se comparan y si la comparación es un símil o una metáfora. Luego piensa en otro ejemplo de símil y otro de metáfora y díselos a un compañero.

■ Los carros de carrera van juntos como peces.

carros y peces (símil)

1. Este libro es una puerta a otro mundo.
2. La pluma se movía de un lado a otro como una hoja en el viento.
3. La sopa caliente fue el mejor medicamento contra mi resfrío.
4. El quitanieves arrasó con todo lo que había en el suelo como una manada de elefantes.
5. Un amanecer hermoso es un regalo.

Escribe AHORA Escribe al menos dos comparaciones y léelas en voz alta a tus compañeros. Pídeles que digan si es un símil o una metáfora.

Desafío especial: En una hoja aparte, escribe cuatro comparaciones tomadas de libros, cuentos o artículos que hayas leído. Para cada una, indica: (1) dónde la encontraste, (2) qué dos sustantivos se comparan y (3) si la comparación es un símil o una metáfora.

Cómo usar los pronombres

Un **pronombre** es una palabra que se usa en lugar de un sustantivo. Un **antecedente** es la palabra a la que reemplaza el pronombre o a la que se refiere. (Consulta la página 610.1).

> María llamó por teléfono a su padre, pero él estaba durmiendo.
>
> (*padre* es el antecedente del pronombre *él*).
>
> Luis lo sabía pero no quiso alarmar a su madre. Luego ella se enteró por la radio.

Pronombres personales

Los **pronombres personales** son los pronombres más comunes.

Pronombres personales						
yo	tú	él/ella	nosotros/nosotras	ustedes	ellos/ellas
mí	ti	él/ella	nosotros/nosotras	ustedes	ellos/ellas

Persona y número de un pronombre

Los pronombres varían según la **persona** y el **número**.

Persona	Número: Singular	Plural
Primera persona (*la persona que habla*)	Yo **como.**	Nosotros **comemos.**
Segunda persona (*la persona a quien se habla*)	Tú **comes.**	Ustedes **comen.**
Tercera persona (*la persona sobre la que se habla*)	Él/Ella **come.**	Ellos/Ellas **comen.**

Práctica de gramática

Para cada número, escribe una oración en la que uses ese tipo de pronombre como sujeto. Subraya el sujeto en cada oración. Luego di a un compañero una nueva oración que tenga otro pronombre en tercera persona del singular.

■ tercera persona del plural   Ellos deberían hacer un castillo de nieve.

1. primera persona del singular
2. primera persona del plural
3. segunda persona del singular
4. tercera persona del singular

Pronombres en función de sujeto y de complemento

Un **pronombre en función de sujeto** se usa como sujeto de una oración.

Ella me contó historias divertidas. **Ellos me hicieron reír.**

Un **pronombre en función de complemento** se usa como complemento directo, complemento indirecto u objeto de una preposición en una frase preposicional.

El Sr. Juárez la ayudó. *(complemento directo)*

Martín me dio el regalo. *(complemento indirecto)*

Organizamos una fiesta sorpresa para él. *(complemento de una preposición)*

> Los pronombres en función de complemento tienen distintas formas.

Complemento directo: me, te, lo, la, nos, los, las
Complemento indirecto: me, te, le, nos, les, se
Complemento de una preposición: mí, ti, él, ella(s)/ellos, nosotros/as, ustedes

Observa las diferencias en los pronombres en función de complemento. Asegúrate de usar el pronombre correcto según el caso.

Práctica de gramática

Para cada número, escribe una oración con el tipo de pronombre que se describe y subráyalo. Luego piensa en otra oración en la que uses un tipo de pronombre y dísela a un compañero. Pídele que identifique qué tipo de pronombre es.

■ pronombre singular en función de sujeto

Ella vio llegar a la banda.

1. pronombre plural en función de complemento de una preposición

2. pronombre singular en función de complemento directo

3. pronombre singular en función de complemento indirecto

4. pronombre plural en función de complemento indirecto

5. pronombre plural en función de complemento directo

Pronombres posesivos

Los **pronombres posesivos** indican pertenencia.

Pronombres posesivos

mío(s)/mía(s), tuyo(s)/tuya(s), suyo(s)/suya(s), nuestro(s)/nuestra(s), suyo(s)/suya(s)

Pronombres reflexivos

Los **pronombres reflexivos** son pronombres que se refieren a la misma persona, cosa o animal que el sujeto.

Reflexivos en singular

me, te, se

Reflexivos en plural

nos, se

Yo nunca me **levanto temprano.**

(El pronombre reflexivo *me* se refiere al sujeto *Yo*).

Mis hermanos se **duermen enseguida.**

(El pronombre reflexivo *se* se refiere al sujeto *hermanos*).

> Observa que se usa el mismo pronombre (*se*) para la tercera persona del singular (*él/ella*), la segunda del plural (*ustedes*) y la tercera del plural (*ellos/ellas*).

Práctica de gramática

Vuelve a escribir cada oración usando el sujeto que está entre paréntesis y el pronombre reflexivo que corresponda. También deberás corregir el verbo.

■ Luis y Orlando se sentaron en el patio. (Mi hermano y yo)

Mi hermano y yo nos sentamos en el patio.

1. Carina se divirtió mucho en sus vacaciones. (Tú)
2. Me disfracé de vaquero para la fiesta. (Federico)
3. Mi primo y yo nos llevamos bien. (Lucía y Amparo)

¿Cómo puedo usar los pronombres de forma adecuada?

Comprueba el número de los pronombres

Cuando escribes oraciones, debes asegurarte de que los pronombres y sus antecedentes concuerden en número. Por ejemplo, si uno es singular, el otro también debe ser singular.

Yo **tengo buen carácter.** Me **llevo bien con todos.**

(El pronombre reflexivo *me* y su antecedente *Yo* están en singular).

Los médicos **dijeron que** se **ocuparían del caso.**

(El pronombre reflexivo *se* y el antecedente *médicos* están en plural).

Comprueba el género de los pronombres

Los pronombres de tus oraciones también deben concordar con sus antecedentes en género.

Las maestras **de la escuela hacen bien su trabajo y** ellas **lo saben.**

(El pronombre femenino *ellas* concuerda con su antecedente *maestras*).

Lisa **escribió un poema excelente.** Ella **aún no sabe que ganó el concurso.**

(El pronombre femenino *Ella* concuerda con su antecedente *Lisa*).

Nuestra casa es más grande que la de los Núñez, **pero** ellos **tienen un jardín hermoso.**

(El pronombre masculino *ellos* concuerda con su antecedente *los Núñez*).

Práctica de gramática

Escribe el pronombre correcto en las siguientes oraciones. Escribe también el antecedente al que se refiere el pronombre. Luego di a un compañero otra oración que tenga un pronombre reflexivo. Explica por qué es correcto.

■ Amira _____ apuró para no llegar tarde.

se, Amira

1. Los niños _____ reunieron en el patio.

2. Mamá, _____ aviso que el sábado tengo una fiesta de cumpleaños.

3. Isabel y yo tropezamos y _____ caímos.

4. Prueba la tarta. _____ encantará.

Escoger verbos

Un **verbo** expresa una acción o conecta el sujeto con otra palabra de la oración. Hay tres clases de verbos: verbos de acción, verbos copulativos y verbos auxiliares. (Consulta la página 616).

Verbos de acción

Los **verbos de acción** expresan lo que hace el sujeto. Usa verbos de acción específicos en tus oraciones para que resulten más interesantes y entretenidas para el lector.

Verbos de acción generales

Empezó una tormenta de nieve. El viento hacía mucho ruido y la nieve caía alrededor de la casa. Nos cubrimos con los edredones y bebimos té caliente.

Verbos de acción específicos

Una tormenta de nieve rugía afuera. El viento bramaba y la nieve se apilaba alrededor de la casa. Nos acurrucamos debajo de los edredones y saboreamos un té caliente.

Práctica

Escribe los números del 1 al 5 en una hoja. Deja dos o tres renglones entre los números. Estudia los pares de verbos de acción que están a continuación. Escribe el verbo más específico y una oración que contenga ese verbo. Luego di a un compañero una nueva oración sobre ti mismo en la que uses uno de los verbos de acción específicos que hayas escrito.

■ hablar   murmurar

   murmurar   Julia e Inés murmuraban por lo bajo.

1. susurrar   decir
2. azotar   golpear
3. comer   devorar
4. pensar   reflexionar
5. contemplar   mirar

Escribe AHORA

Escribe tres o cuatro oraciones acerca de algo divertido que hayas hecho con un amigo. Usa verbos de acción específicos en tus oraciones.

Verbos copulativos y auxiliares

Los **verbos copulativos** conectan el sujeto con un sustantivo o adjetivo que se encuentra en el predicado de la oración.

Verbos copulativos: *ser, estar, parecer.* (Consulta la página 616).

> **La pizza es mi plato preferido.** (El verbo copulativo *es* conecta el sujeto *pizza* con el sustantivo *plato*).
>
> **La salsa está picante.** El verbo copulativo *está* conecta el sujeto *salsa* con el adjetivo *picante*).

Los **verbos auxiliares** preceden al verbo principal y le dan un significado más específico.

Verbos auxiliares: *haber, estar.* (Consulta la lista completa de la página 616).

> **Laura está estudiando para una prueba.**
>
> (El verbo auxiliar *está* expresa una acción presente: *está estudiando*).
>
> **Ha aprendido muchas cosas interesantes.**
>
> (El verbo auxiliar *ha* contribuye a expresar una acción del pasado que tiene un resultado en el presente: *ha aprendido*).

> Palabras como **está, están, estaba** y **estaban** pueden ser verbos copulativos o auxiliares.

Práctica de gramática

Con un compañero, determina si los verbos subrayados son copulativos o auxiliares. Luego di a tu compañero otra oración que contenga uno de esos verbos copulativos o auxiliares.

■ Farley Mowat <u>ha</u> escrito varios libros sobre fauna silvestre.
  verbo auxiliar

1. *Los lobos no lloran* <u>es</u> su libro más conocido.

2. Mowat <u>había</u> vivido con lobos antes de escribir el libro.

3. Vio que los lobos <u>estaban</u> comiendo ratones.

4. Por lo tanto, cuando lo escribió, ¡<u>había</u> comido ratones, tal como lo hacen ellos!

Escribe **AHORA** Escribe una oración con cada uno de los siguientes verbos auxiliares: *había, estamos* y *han*.

Tiempos verbales

El **tiempo** de un verbo indica cuándo ocurre la acción. Los tiempos verbales pueden ser **simples** o **compuestos** y **regulares,** es decir, que siguen el modelo de su conjugación (amar, temer, partir) o **irregulares,** es decir, que alteran la raíz o la terminación. (Consulta la página **618**).

Tiempos simples del modo indicativo

El presente expresa una acción que está *ocurriendo en el momento en que hablamos* o una acción que *ocurre habitualmente*.
regular: Pedro colecciona maquetas. / irregular: Leo se mueve con ritmo.

El pretérito es el tiempo de lo ocurrido y terminado en el pasado.
regular: Anoche terminé la maqueta. / irregular: Le dije todo lo que sabía.

El imperfecto o pretérito imperfecto expresa una acción pasada en su desarrollo.
regular: Nina dormía plácidamente. / irregular: Iba distraído por la avenida.

El futuro expresa una acción que *ocurrirá más adelante*.
regular: Empezaré otra vez mañana. / irregular: El médico podrá verlo más tarde.

El condicional expresa una suposición o un deseo.
regular: Me gustaría hacer un avión. / irregular: En ese caso, diría que no.

Práctica de gramática

Con un compañero, identifica el tiempo de los verbos subrayados. Luego di tres oraciones con verbos regulares e irregulares en presente, pretérito, imperfecto y futuro.

1. Mi abuelo comenzó con su huerta hace muchos años.
2. El año pasado, plantó 12 hortalizas diferentes.
3. Para ayudar a mi abuelo, quito las malezas.
4. También riego la huerta.
5. El año que viene, agregaremos más espinaca, mi hortaliza favorita.

¿Cómo puedo usar los verbos de forma correcta?

Verbos: persona y número

Los sujetos y los verbos de tus oraciones deben concordar en número. Si el sujeto está en singular, el verbo debe ir en singular. Si el sujeto está en plural, el verbo debe ir en plural. Además, el sujeto y el verbo deben concordar en persona. El verbo debe ir en primera, segunda o tercera persona según la persona del sujeto.

Concordancia del sujeto y el verbo

En el gráfico que está a continuación se muestra cómo funciona la concordancia del sujeto y el verbo en oraciones completas y sencillas.

Sujeto en singular	Verbo en singular		Sujeto en plural	Verbo en plural
El Sr. King	nada		Los atletas	nadan
El Sr. King	corre		Los atletas	corren

El Sr. King nada **en la piscina.** (El sujeto *Sr. King* y el verbo *nada* están ambos en singular: concuerdan en número).

Los atletas corren **alrededor de la pista.** (El sujeto *atletas* y el verbo *corren* están ambos en plural: concuerdan en número).

Práctica de gramática

Escribe una oración sencilla para cada uno de los siguientes pares. Agrega un verbo para los dos últimos pares. Luego di a tu compañero una nueva oración sencilla y completa en la que uses correctamente la concordancia del sujeto y el verbo.

■ Elías   juega

Elías juega al vóleibol los sábados por la mañana.

1. hermano   come   4.   nosotros   _____
2. bomberos   practican   5.   tú   _____
3. Max   pide

 Escribe **AHORA**
Escribe un párrafo (que tenga al menos cuatro oraciones sencillas y completas) acerca de tu clase preferida. Asegúrate de que los verbos concuerden en número y persona con los sujetos.

Verbos regulares e irregulares

Como ya sabes, los **verbos regulares** son los que siguen el patrón o modelo propio de su conjugación, es decir, que se conjugan como *amar, temer* y *partir*. En cambio, los **verbos irregulares** son aquellos que no siguen un patrón y sufren cambios en la raíz o las terminaciones con respecto a la conjugación regular. (Consulta la tabla de conjugación de la página 622).

Tiempos compuestos del modo indicativo

Los **tiempos compuestos** incluyen el **perfecto** o **pretérito perfecto compuesto** y el **pretérito pluscuamperfecto.** Están formados por dos partes: una forma del verbo auxiliar **haber** y el **participio** del verbo principal. El **participio** del verbo puede ser regular o irregular.

El **perfecto** es un tiempo-puente entre el pasado y el presente. Expresa una acción desarrollada en el pasado que tiene un resultado en el presente.

regular: **No** ha comprado **nada para la cena. / irregular: Le** he dicho **que venga.**

El **pretérito pluscuamperfecto** expresa anterioridad respecto de una acción pasada. Se refiere a una acción pasada, anterior a otra, también pasada.

regular: **Atendí, pero ya** había cortado**. / irregular: Cuando llegó, ya se** había ido**.**

Práctica de gramática

Escribe una oración en la que uses el tiempo verbal que se indica a continuación. Recuerda que los tiempos compuestos se forman con el verbo auxiliar *haber.* Luego di a un compañero una nueva oración que contenga uno de los siguientes verbos y tiempos verbales compuestos. Dile si el verbo que usaste es regular o irregular.

■ hacer *(perfecto)* Mi tía ha hecho unas galletas deliciosas.

1. obtener *(pretérito pluscuamperfecto)*

2. decir *(perfecto)*

3. ir *(pretérito pluscuamperfecto)*

4. poner *(perfecto)*

5. escribir *(pretérito pluscuamperfecto)*

Concordancia del sujeto y el verbo en oraciones compuestas

Una **oración compuesta** tiene dos o más predicados verbales. Esos predicados verbales pueden tener un sujeto único o sujetos distintos, pero siempre debe haber concordancia en número y persona entre los verbos y el sujeto que les corresponda. Estas son las reglas principales para la concordancia del sujeto y el verbo en oraciones compuestas.

Regla 1: Cuando una oración compuesta tiene dos o más predicados verbales con un sujeto único, ambos predicados deben concordar con ese sujeto.

José **siempre** sabe **qué hacer y lo** hace.

(*José* es el sujeto único y está en tercera persona del singular, y los verbos *sabe* y *hace* también están en tercera persona del singular).

Mis amigos ríen **y** juegan **en los campos del parque.**

(*Mis amigos* es el sujeto único y está en tercera persona del plural, y los verbos *ríen* y *juegan* también están en tercera persona del plural).

Regla 2: Cuando una oración compuesta tiene dos o más predicados verbales con sujetos distintos, cada predicado debe concordar con el sujeto que le corresponde.

José **no** estaba **presente y** ellos decidieron **por él.**

(El sujeto *José* concuerda con el predicado *estaba* en tercera persona del singular y el sujeto *ellos* concuerda con el predicado *decidieron* en tercera persona del plural).

Práctica de gramática

> Consulta la página **457** para encontrar más información sobre la concordancia del sujeto y el verbo.

Escribe una oración compuesta (con más de un predicado verbal) para cada sujeto. Di a un compañero una nueva oración compuesta con la concordancia correcta del sujeto y el verbo.

■ Ana / yo *Ana bebe licuado de frutas y yo como pastel.*

1. libros
2. mi hermano / yo
3. Matías / Manuel
4. pelota

¿Cómo puedo mejorar el uso de los tiempos verbales en mi redacción?

Aprender los tiempos verbales y su uso te ayudará a escoger las formas verbales correctas en tu redacción. Vuelve a leer las páginas 456 y 458 para repasar las formas verbales antes de comenzar las actividades de Práctica.

Práctica

Trabaja con un compañero para identificar el tiempo verbal de los siguientes verbos subrayados y si se trata de verbos regulares o irregulares. Luego di a tu compañero tres oraciones en las que uses verbos regulares e irregulares en presente, pasado, futuro y perfecto.

- El tren ya ha llegado a la estación. perfecto

1. Pedro espera en el andén a su amigo Raúl.
2. La última vez, el tren de Raúl se retrasó 20 minutos.
3. Raúl siempre miraba por la ventanilla desde el tren al llegar a la estación.
4. Esta vez Pedro no veía a Raúl desde el andén.
5. Cuando el tren llegó a la estación, Raúl había ido al baño.
6. La próxima vez, Pedro estará más atento.

Cuánto más practiques el uso de los tiempos verbales, menos te costará usarlos correctamente.

Práctica

Escribe oraciones con los tiempos verbales que se indican. Luego di a un compañero una oración con uno de estos verbos y tiempos verbales.

- comenzar (*pretérito pluscuamperfecto*)
  Cuando llegamos, el partido ya había comenzado.

1. caminar (*presente*)
2. leer (*futuro*)
3. preparar (*imperfecto*)
4. conseguir (*perfecto*)
5. querer (*pretérito*)
6. venir (*presente*)

Describir con adjetivos

Un **adjetivo** es una palabra que describe un sustantivo o un pronombre.

Adjetivos calificativos

Los **adjetivos calificativos** predican cualidades o propiedades de los sustantivos a los que modifican.

Hay adjetivos calificativos que presentan formas diferentes para el masculino y para el femenino: **día sereno/noche serena**. Otros tienen una sola forma para los dos géneros: **personas inteligentes/niños inteligentes**.

Los **adjetivos gentilicios** indican la procedencia geográfica de personas o cosas o su nacionalidad: **una comida mexicana, un autor francés**.

Frases calificativas

Las **frases calificativas** están formadas por un adjetivo y una frase preposicional que lo modifica. Sirven para predicar cualidades o propiedades de los sustantivos a los que modifican.

El café estaba abarrotado de gente.

Fumar es perjudicial para la salud.

Mario se puso loco de contento cuando se enteró de la noticia.

Práctica de gramática

Agrega a cada uno de los sustantivos que están a continuación un adjetivo calificativo, un adjetivo gentilicio y una frase calificativa.

■ señora *elegante, italiana, vestida de domingo*

1. casa
2. comida
3. hombre

 Escribe AHORA

Escribe un párrafo (de al menos cuatro oraciones) sobre algo que te guste. Usa adjetivos calificativos y frases calificativas.

Formas de los adjetivos

Los adjetivos tienen tres formas: positiva, comparativa y superlativa.

Positiva	Comparativa	Superlativa
interesante	tan interesante como más/menos interesante que	muy interesante/ interesantísimo el más/el menos interesante

Los **adjetivos positivos** describen un sustantivo sin compararlo con otro.

Mi gata, Nina, es curiosa.

Las **formas comparativas** comparan un sustantivo con otro.

Mi gata, Nina, es tan curiosa como **mi perro Nico.** *(igualdad)*
Mi gata, Nina, es más curiosa que **mi perro Nico.** *(superioridad)*
Mi gata, Nina, es menos curiosa que **mi perro Nico.** *(inferioridad)*

Los **adjetivos superlativos** asignan el grado máximo de la cualidad que expresan o el grado máximo o mínimo de la cualidad a una o varias personas o cosas en relación con las demás de un conjunto determinado.

Mi gata, Nina, es muy curiosa. *(superlativo absoluto)*
Mi gata, Nina, es curiosísima. *(superlativo absoluto)*
Mi gata, Nina, es la más curiosa **de todas.** *(superlativo relativo)*
Mi gata, Nina, es la menos curiosa **de todas.** *(superlativo relativo)*

Práctica de gramática

Con cada uno de los adjetivos siguientes, escribe una oración en la que uses la forma del adjetivo indicada entre paréntesis. Luego di a un compañero dos nuevas oraciones que contengan las formas comparativa y superlativa.

■ hermoso *(forma superlativa)*

   La catedral es el edificio más hermoso que hay en la ciudad.

1. grande *(forma comparativa de superioridad)*

2. apasionante *(forma positiva)*

3. limpio *(forma superlativa relativa)*

4. sorprendente *(forma comparativa de igualdad)*

5. caro *(forma superlativa absoluta)*

6. malo *(forma superlativa relativa)*

¿Cómo puedo mejorar mi redacción con adjetivos?

Combina oraciones cortas

A veces, las ideas que se expresan en oraciones cortas pueden combinarse para formar una nueva oración mediante el uso de uno o más adjetivos. Las oraciones más largas pueden conectar tus ideas y lograr que tu redacción fluya de manera más natural.

Combinar con un adjetivo

Si se mueve el adjetivo *viejo* a la primera oración, se pueden combinar las dos oraciones cortas que están a continuación.

Oraciones cortas: **Ayer vi el granero de mi tío. El granero era** viejo.

Oración combinada: **Ayer vi el** viejo **granero de mi tío.**

Combinar con una serie de adjetivos

El siguiente grupo de oraciones cortas puede combinarse con una serie de adjetivos. (Una *serie* está compuesta de tres o más elementos seguidos: *rojo, blanco* y *azul*).

Oraciones cortas: **El granero se veía** sucio. **Era** apestoso. **Resultaba** aterrador.

Oración combinada: **El granero se veía** sucio, apestoso **y** aterrador.

Práctica

Trabaja con un compañero para combinar cada grupo de oraciones y formar una oración más larga. Para hacerlo, usa un adjetivo o una serie de adjetivos.

■ El patio estaba abarrotado de maquinaria. La maquinaria estaba oxidada.

El patio estaba abarrotado de maquinaria oxidada.

1. Un sendero conducía al corral. El sendero estaba abandonado.

2. En un tiempo, la granja estaba activa. Estaba bien mantenida. Estaba limpia.

3. Una cerca rodea el patio vecino. La cerca es baja.

4. El tío Germán aún tiene un caballo. El caballo es viejo. Es amigable.

Describir con adverbios

Un **adverbio** es una palabra que describe a un verbo, un adjetivo u otro adverbio. Un adverbio responde cuatro preguntas principales: *¿cómo?*, *¿cuándo?*, *¿dónde?* o *¿con qué frecuencia?*

Mañana **haremos vasijas de arcilla.** (*¿cuándo?*)

Tendremos que trabajar cuidadosamente. (*¿cómo?*)

Nos reunimos semanalmente. (*¿con qué frecuencia?*)

La clase es abajo, **en la antigua sala de arte.** (*¿dónde?*)

Formas de los adverbios

Los adverbios tienen tres formas: positiva, comparativa y superlativa.

Positiva	Comparativa	Superlativa
rápido	más/menos rápido	más rápido

Comparativo: **Jorge trabaja** más rápido **que yo.**

Superlativo: **Jorge es el que trabaja** más rápido **de todos mis amigos.**

Se pueden formar adverbios agregando el sufijo -*mente* a la forma femenina de un adjetivo, por ejemplo:

tranquila   tranquilamente

Aprendizaje del lenguaje **Piensa en dos oraciones que contengan formas comparativas y superlativas de adverbios y díselas a un compañero. Luego escribe un párrafo (de al menos cuatro oraciones) sobre la hora del almuerzo en tu escuela. Debes incluir al menos un adverbio comparativo y uno superlativo.**

¿Cómo puedo mejorar mi redacción con adverbios?

Combinar oraciones cortas

A veces las ideas que se expresan en oraciones cortas pueden combinarse para formar una oración más larga trasladando un adverbio de una oración a la otra. Las siguientes oraciones se pueden combinar moviendo el adverbio *velozmente* a la primera oración.

Oraciones cortas: **El venado atravesó el bosque corriendo. Corrió** velozmente.

Oración combinada: **El venado atravesó el bosque corriendo** velozmente.

Práctica

Escribe los números del 1 al 3 en una hoja. Combina cada par de oraciones moviendo un adverbio de una oración a la otra.

■ Seguí la pista. Me moví silenciosamente.

   Seguí silenciosamente la pista. *o* Seguí la pista silenciosamente.

1. La brisa hacía susurrar las hojas. Susurraban suavemente.
2. El venado miraba hacia delante. Miraba fijamente.
3. Después se detuvo. Se detuvo repentinamente.

Describir el verbo

Si usas adverbios específicos para modificar los verbos, lograrás que tu redacción sea más atractiva.

El venado se movió.   **El venado se movió** cautelosamente.

Práctica

Vuelve a escribir las oraciones dos veces. Usa un adverbio distinto para modificar el verbo en cada versión. Piensa en una oración nueva en la que uses al menos un adverbio y dísela a un compañero.

■ Karina tosía.

   Karina tosía fuertemente. Karina tosía constantemente.

1. Berni entró en la habitación.
2. Romina giró.
3. Samuel saludó.
4. El hombre roncaba.

Conectar con preposiciones

Las **preposiciones** son palabras que introducen frases preposicionales. Una preposición puede indicar lugar, tiempo, dirección u otros detalles.

Claudio se levantó a las ocho. (La preposición *a* introduce la frase preposicional *a las ocho*, que indica hora).

Saúl entró en la cocina. (La preposición *en* introduce la frase preposicional *en la cocina*, que indica lugar).

Identifica las frases preposicionales

Una **frase preposicional** está formada por una preposición, un complemento (un sustantivo o un pronombre) y todas las palabras que modifican al complemento. (Consulta la página **632** para ver una lista de las preposiciones más comunes).

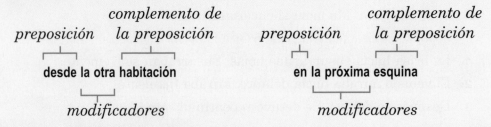

Práctica de gramática

En una hoja aparte, escribe la frase preposicional o las frases preposicionales que encuentres en las siguientes oraciones. Luego di a un compañero una oración nueva que tenga una frase preposicional. Comenta qué agrega esa frase a la oración.

■ Juan jugó al fútbol durante el recreo. *durante el recreo*

1. Vivo a la vuelta de la tienda.
2. La ardilla hizo un pozo bajo el taller.
3. Tavo saltó de la balsa y cayó en el agua.
4. Después de unos días, la arcilla del estante quedará seca.

 Escribe **AHORA** Escribe un párrafo de al menos cuatro oraciones sobre tu escuela. Usa al menos una frase preposicional en cada oración.

Conectar con conjunciones

Las **conjunciones** conectan palabras individuales o grupos de palabras.
> El camino es largo y estrecho.
> Jugamos al fútbol cuando salimos de la escuela o los sábados.

Tipos de conjunciones

Coordinantes

Las **conjunciones coordinantes** (y, pero, o, ni) conectan palabras, frases o claúsulas de una misma clase.
> Mimí y Lola forman un dúo de saxofonistas. *(palabras)*
> Hicimos el picnic después del partido pero antes de la tormenta. *(frases)*
> Juana fue caminando a la escuela y Luis fue en autobús. *(cláusulas)*

Disyuntivas

Las **conjunciones disyuntivas** suelen usarse en pares (o... o..., ni... ni...) para conectar palabras o grupos de palabras.
> Ni Linda ni Ana se ocuparán de cuidar a tu perro.

Subordinantes

Las **conjunciones subordinantes** (mientras, porque, si, aunque, a menos que) introducen cláusulas subordinadas en oraciones complejas. (Una cláusula subordinada no constituye una oración independiente ya que no expresa una idea completa por sí sola).
> A Ángel le gustan los martes porque va al club de fotografía.

(Para ver una lista más completa de conjunciones, consulta la página 634).

Aprendizaje del lenguaje Usa una conjunción disyuntiva en una oración para contarle a un compañero cómo es habitualmente una mañana de sábado para ti. Luego escribe tres o más oraciones sobre el mismo tema. Usa al menos una vez cada tipo de conjunción en tu redacción.

¿Cómo puedo usar preposiciones y conjunciones?

Agrega información

Las frases preposicionales son útiles para agregar detalles a las oraciones, por ejemplo, detalles que indican lugar, tiempo u hora, o dirección.

Oración sin frases preposicionales:

Ceci hizo una ensalada.

Oración con frases preposicionales:

Por la mañana, **Ceci hizo una ensalada** para el banquete.

Práctica de gramática

Con un compañero, amplía las siguientes oraciones agregando una o más frases preposicionales.

1. Caro trajo una bolsa de dormir.
2. Tomás vio un oso negro.
3. Las estrellas titilaban.
4. Dormimos en cabañas.

Conecta oraciones cortas

Las conjunciones conectan oraciones cortas y poco fluidas. Al combinar oraciones, tu redacción fluye con mayor naturalidad.

Dos oraciones cortas:

El hermano de Brian fue al cine. Brian se quedó en su casa.

Las dos oraciones combinadas:

El hermano de Brian fue al cine, pero **Brian se quedó en su casa.**

Práctica de gramática

Con tu compañero, combina los siguientes pares de oraciones usando las conjunciones que están entre paréntesis. Túrnense para hacer las combinaciones.

1. No podemos ir a nadar. El guardavidas no está. *(porque)*
2. Victoria leía un libro. María miraba una película. *(pero)*
3. Héctor juega al béisbol. Héctor juega al baloncesto. *(y)*
4. Pedro traerá la comida. Juana cocinará. *(o/o)*

Escribir oraciones eficaces

Mira a tu alrededor. ¿Ves paredes y ventanas? ¿Ves mesas y sillas? La mayoría de las cosas que ves han sido creadas por alguien. Ahora, observa las oraciones que estás leyendo. ¡Ellas también fueron creadas por alguien! Palabra por palabra, los escritores y los editores fueron creando cada oración de este libro.

Una buena redacción comienza con oraciones atractivas. Se unen oraciones de distinto tipo y longitud para construir ideas. Ya sea que desees construir un pequeño club de memorias o un inmenso castillo de sueños, en este capítulo aprenderás a crear las oraciones que necesitas para lograrlo.

Mini-índice

Escribir oraciones completas

¿Cómo puedo escribir oraciones completas?

Una **oración completa** es un conjunto de palabras que expresa una idea completa. Para ser completa, una oración debe tener un **sujeto** y un **predicado.** Recuerda que siempre debe existir una concordancia de número y persona entre el verbo y el sujeto. Dado que en español existe una terminación verbal distinta para cada persona, el sujeto puede no aparecer escrito en la oración. Aun así, seguirá siendo una oración completa.

Idea incompleta	Oración completa
Mi mejor amiga Lupe *(Falta el predicado).*	**Mi mejor amiga Lupe** *toca* **el piano.**
en un concierto *(Faltan tanto el sujeto como el predicado).*	**La semana pasada,** *tocó* **en un concierto.**

Práctica de gramática

Observa cada grupo de palabras. Si forman una oración completa, agrega la puntuación correcta y las letras mayúsculas. Si la idea está incompleta, agrega palabras para convertirla en una oración completa. Luego di a tu compañero una oración completa e identifica el sujeto y el predicado de tu oración.

■ después del concierto *Comeremos pizza después del concierto.*

1. asiento en la primera fila
2. Raji nos pidió que nos sentáramos con él
3. sombreros especiales para una canción
4. el director de la banda
5. la banda tocó mi canción preferida

 Escribe cinco oraciones completas sobre una vez que hayas asistido a un concierto o una obra de teatro. Asegúrate de que cada oración tenga un sujeto (expreso o no) y un predicado con concordancia correcta.

Núcleos del sujeto y del predicado

El **núcleo del sujeto** (en anaranjado) es un sustantivo o pronombre sin las palabras que lo modifican o describen. El **núcleo del predicado** (en azul) es el verbo solo, sin las palabras que lo modifican.

Núcleo del sujeto	Núcleo del predicado
Mi amiga Ana	vino a la fiesta.
Un nuevo estudiante	se presenta ante la clase.
Todos los antiguos miembros	saludaron a la Sra. García.
(Sujeto tácito)	Hablamos.

Puedes referirte al núcleo del predicado simplemente como "el verbo".

Práctica de gramática

Escribe en una hoja los núcleos del sujeto y del predicado de las siguientes oraciones. Si el sujeto es tácito, escribe "ST". Luego di a un compañero una oración completa. Comenta con él qué palabras son los núcleos del sujeto y del predicado.

■ Nuestra clase del cuarto grado visitó el edificio del congreso.
    clase, visitó

1. Nuestra maestra arregló una reunión con el senador.

2. El senador O'Reilly nos mostró la cámara del senado.

3. ¡Vimos al gobernador Sánchez!

4. La guía nos tomó fotos con el gobernador.

Escribe AHORA   Escribe cuatro o cinco oraciones acerca de un lugar importante que hayas visitado. Encierra en un círculo el núcleo del sujeto y subraya el núcleo del predicado en cada oración.

TEKS 4.20C

Sujetos y predicados compuestos

Un **sujeto compuesto** está formado por más de un núcleo. Observa que el verbo de la oración concuerda con el sujeto compuesto (en persona y número).

> **Sujeto compuesto**
>
> El Sr. Campos y la Sra. Estévez planearon **nuestras excursiones.**
> ....
> Burbujas y humo se formaron **en la botella.**

Un **predicado compuesto** está formado por más de un núcleo. Las oraciones que tienen predicados compuestos se llaman **oraciones compuestas.**

> **Predicado compuesto**
>
> Nuestra clase escribió e ilustró **un libro sobre mascotas.**
> ....
> Los estudiantes pesan y mezclan **los materiales.**

> En una oración con sujeto compuesto, el verbo va en plural.

Práctica de gramática

Copia las oraciones 1 a 5 en una hoja. Subraya los núcleos de los sujetos con una línea y los núcleos de los predicados con dos líneas. Luego dile a un compañero una oración con un sujeto compuesto y un predicado compuesto.

■ La maestra y los estudiantes observaban el líquido desbordante.

  La maestra y los estudiantes observaban el líquido desbordante.

1. El Sr. Huan tomó servilletas de papel y limpió la mesa.

2. Luego otra botella cayó y derramó líquido en el suelo.

3. María y Pablo tomaron más servilletas de papel.

4. Otros estudiantes y maestros entraron en el salón de clases y preguntaron sobre todo ese alboroto.

5. El Sr. Huan se rió y señaló nuestro sucio experimento.

Escribe **AHORA** **Escribe tres o cuatro oraciones sobre un proyecto de clase. Usa al menos un sujeto compuesto y un predicado compuesto en tus oraciones.**

Sujetos y predicados completos

El **sujeto completo** está formado por el núcleo del sujeto (sustantivo o pronombre) y todas las palabras que lo modifican. Recuerda que el sujeto puede ser tácito, es decir, puede no aparecer en la oración. El **predicado completo** está formado por el núcleo del predicado (verbo) y todas las palabras que lo modifican.

Sujeto completo	Predicado completo
¿Quién o qué está haciendo algo?	*¿Qué se está haciendo?*
Nuestra maestra	trajo dos jerbos a la escuela.
Los fuertes ronquidos del abuelo	no me dejan dormir.
El roble gigante	se cayó durante la tormenta.
Nuestro director y el profesor de música	actúan en el teatro comunitario.

Consulta las páginas 596 y 598 para obtener más información sobre sujetos y predicados.

Práctica de gramática

Copia las oraciones 1 a 5. En cada oración, haz una línea entre el sujeto completo y el predicado completo. Luego di una oración a un compañero e identifica el sujeto completo y el predicado completo.

■ Yo tuve un sueño extraño.

   Yo | tuve un sueño extraño.

1. Julieta y yo estábamos explorando la Antártida.
2. Ambas nos paramos sobre un iceberg.
3. Adorables pingüinitos nadaban a nuestro alrededor.
4. Unas focas graciosas nos empujaron al agua.
5. Mi madre me despertó.

 Escribe AHORA Escribe cuatro oraciones sobre algún sueño que hayas tenido. Luego haz una línea entre el sujeto completo y el predicado completo.

Solucionar problemas en las oraciones

¿Cómo me puedo asegurar de que mis oraciones sean correctas?

Comprueba que no haya fragmentos de oraciones en tu redacción. Un **fragmento** es una oración que está incompleta porque le falta el predicado o porque le faltan el predicado y el sujeto.

Fragmento	Oración
Nuestros familiares. *(Falta el predicado).*	Nuestros familiares le regalaron muñecos de peluche a mi hermanita.
Por todo su cuarto. *(Faltan el sujeto y el predicado).*	Los muñecos están por todo su cuarto.

Práctica de gramática

En los siguientes ejercicios, escribe "SC" si el conjunto de palabras es un sujeto completo o escribe "PC" si es un predicado completo. Revisa con un compañero cada conjunto de palabras y formen oraciones con un sujeto expreso completo y un predicado completo. Túrnense para leer las oraciones en voz alta.

> Leer las oraciones en voz alta te ayudará a decidir si son sujetos completos o predicados completos.

■ Comenzó su colección hace muchos años.

PC | María comenzó su colección hace muchos años.

1. La tía Susana.
2. Una pequeña jirafa de peluche.
3. Le trajo su primer muñeco de peluche.
4. Mi padre.

Escribe AHORA

Escribe cuatro oraciones sobre algo que te gustaría coleccionar. Comprueba que todas tus oraciones tengan sujetos y predicados completos.

Comprueba que no haya oraciones seguidas

Hay **oraciones seguidas** cuando dos oraciones aparecen seguidas sin puntuación o una palabra que las relacione. Puedes corregir oraciones seguidas formando dos oraciones o agregando una conjunción (*y, pero, o*) entre las dos oraciones.

Oración seguida	Corregida
El cielo se oscureció se vio un relámpago a lo lejos.	El cielo se oscureció. Se vio un relámpago a lo lejos. *(Forma dos oraciones).*
Se levantó viento comenzaron a caer unas gotas.	Se levantó viento y comenzaron a caer unas gotas. *(Agrega una conjunción).*

Práctica de gramática

Con un compañero, corrige las siguientes oraciones seguidas según las instrucciones que están entre paréntesis. Usa las conjunciones *y* y *pero*. Túrnense para leer las oraciones corregidas en voz alta.

■ Mi caballo comenzó a trotar yo iba a los saltos. *(Agrega una conjunción).*

  Mi caballo comenzó a trotar y yo iba a los saltos.

1. Mi amigo Martín cabalgó hasta alcanzarme luego mi caballo aminoró el paso. *(Forma dos oraciones).*

2. Intentamos que los caballos voltearan ellos querían ir en otra dirección. *(Agrega una conjunción).*

3. Finalmente, los caballos volvieron al establo es probable que tuvieran hambre y sed. *(Forma dos oraciones).*

Escribe *cuatro oraciones sobre un juego o deporte que te guste. Asegúrate de evitar las oraciones seguidas y de usar conjunciones.*

Presta atención a la concordancia del sujeto y el verbo

Una oración expresa una idea completa. El sujeto y el verbo siempre deben concordar en número. En una oración compuesta, el predicado tiene más de un verbo y todos los verbos deben concordar en número con el sujeto. Además, el sujeto y el verbo deben concordar en persona: si usas la primera persona del singular en el sujeto, el verbo debe estar en primera persona del singular.

Concordancia en singular	Concordancia en plural
Bruno **construye** pajareras.	**Los** niños **construyen** pajareras.
Mi perro **ladra** y **aúlla**.	**Nuestros** perros ladran y aúllan.
Yo hago **pan**.	Nosotros hacemos **pan**.

> La mayoría de los sustantivos que terminan en -s o -es son plurales, pero en los verbos estas terminaciones pueden aparecer tanto en singular (*amas, tienes*) como en plural (*amamos*).

Práctica de gramática

Escribe la forma correcta del verbo entre paréntesis para cada una de las siguientes oraciones sencillas. Luego di a un compañero una oración sencilla en la que la concordancia entre el sujeto y el verbo sea correcta y coméntala con él.

■ Mi <u>madre</u> (*decoras, decora*) la casa para las festividades. decora

1. <u>Ella</u> (*ponemos, pone*) las velas y las flores en las mesas.

2. Mi <u>hermano</u> y <u>yo</u> (*colgamos, cuelga*) las luces.

3. Mi <u>padre</u> (*dicen, dice*) que parece que daremos una fiesta.

4. Mis <u>amigos</u> (*piensan, piensa*) que es genial.

5. <u>Ellos</u> (*viene, vienen*) a ver lo que hemos hecho.

Escribe AHORA

Escribe cuatro oraciones sencillas sobre tu festividad preferida. Usa sujetos de distintas personas en singular y plural. Luego agrega otro verbo para convertirlas en oraciones compuestas. Asegúrate de que los verbos concuerden con los sujetos.

Concordancia del sujeto y el verbo con sujetos compuestos

La concordancia del sujeto y el verbo es más difícil cuando las oraciones sencillas tienen sujetos compuestos. Presta atención al sujeto compuesto y a la conjunción para decidir si debes usar un verbo en singular o en plural. Recuerda: el sujeto y el verbo deben concordar en persona y en número.

Sujeto compuesto	Predicado
Si se usa la conjunción *y*, el verbo debe ir en plural.	
El metal y **el vidrio**	**hacen obras de arte.**
Los soldadores y **los artistas**	**trabajan con estos materiales.**
Si se usa la conjunción *o* y los sujetos tienen distinto número, el verbo puede ir en singular o en plural.	
Bolitas de vidrio o **cuentas**	**decoran un collar.**
O los artistas o **el soldador**	**cierra/cierran la puerta del estudio.**

Práctica de gramática

Escribe la forma correcta del verbo entre paréntesis para cada una de las siguientes oraciones. Luego di a un compañero una oración con un sujeto compuesto que tenga la concordancia correcta del sujeto y el verbo y coméntala con él.

■ Ana y Susana *(visita, visitan)* la galería de arte de su ciudad.
    visitan

1. Las niñas y su madre *(va, van)* a la tienda a menudo.

2. Estatuillas y vasijas *(adorna, adornan)* los estantes.

3. Esos collares o esos pendientes *(es, son)* muy lindos.

4. Susana y su madre lo *(compró, compraron)* para el cumpleaños de la abuela.

Escribe cuatro oraciones sobre un lugar que te guste visitar. Usa al menos dos sujetos compuestos, uno con la conjunción *y* y otro con la conjunción *o*. Comprueba que los verbos concuerden con los sujetos compuestos.

Mejorar el estilo de las oraciones

¿Cómo puedo lograr que mis oraciones sean más variadas?

A continuación encontrarás cinco ideas para mejorar tu redacción haciendo que las oraciones sean más variadas.

1 Usa oraciones afirmativas, admirativas, imperativas e interrogativas.

2 Usa oraciones sencillas, compuestas y complejas.

3 Combina oraciones cortas.

4 Amplía las oraciones con frases preposicionales.

5 Toma como ejemplo las oraciones que escribieron otras personas.

Falta de variedad en las oraciones

Fui a una pista de carritos de carrera por primera vez. Fui el sábado. Estaba un poco nervioso cuando me subí al carrito. Era de color anaranjado brillante. El empleado me mostró cómo conducir el vehículo. Cuando me quise dar cuenta, ya estaba en la pista. ¡Me divertí muchísimo!

Mejorar la variedad en las oraciones

El sábado fui a una pista de carritos de carrera por primera vez. Estaba un poco nervioso cuando me subí al carrito, que era de color anaranjado brillante. Entonces el empleado me mostró cómo conducir el vehículo y, cuando me quise dar cuenta, ya estaba en la pista. ¡Me divertí muchísimo!

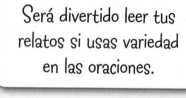

Será divertido leer tus relatos si usas variedad en las oraciones.

Usa oraciones afirmativas, admirativas, imperativas e interrogativas

Puedes hacer que tu redacción sea más variada usando los cuatro tipos de oraciones.

Tipos de oraciones

Afirmativa .	Se presenta un enunciado.	Mi prima siempre llega tarde.	Es el tipo de oración más común.
Interrogativa ¿?	Se hace una pregunta.	¿Estás listo?	Una pregunta atrae la atención del lector.
Imperativa . o ¡!	Se da una orden.	Bebe la leche.	Las órdenes aparecen con frecuencia en los diálogos y en las instrucciones.
Admirativa ¡!	Se muestra una emoción o un sentimiento intenso.	¡Uy, es muy tarde!	Estas oraciones ponen énfasis en algo.

Práctica

Escribe los números del 1 al 5 en una hoja. Rotula las oraciones como "AF" si son afirmativas, "INT" si son interrogativas, "IMP" si son imperativas o "AD" si son admirativas.

■ Deja de dar golpecitos con el lápiz. IMP

1. ¡Es tan molesto!

2. Deja el lápiz.

3. ¿Te diste cuenta de que lo estabas haciendo?

4. Debes estar pensando mucho.

5. ¿De qué trata tu relato?

Escribe AHORA **Escribe un párrafo sobre una visita al dentista o al médico. Usa al menos tres tipos distintos de oraciones. También trata de usar oraciones de distinta longitud.**

Usa oraciones sencillas, compuestas y complejas

Puedes mejorar el estilo de tu redacción usando distintos tipos de oraciones. Las oraciones pueden ser **sencillas, compuestas** o **complejas.**

Usa oraciones sencillas eficaces

Una **oración sencilla** enuncia una idea completa.

Oraciones sencillas

Un sujeto simple con un predicado simple	Luisa escribió **un informe sobre los marsupiales.**
Un sujeto compuesto con un predicado simple	Los canguros y los koalas transportan **a sus crías en bolsas.**

Práctica de gramática

Copia en una hoja aparte las oraciones 1 a 5. En cada oración, subraya una vez el núcleo del sujeto y dos veces el núcleo del predicado (verbo). Luego di a un compañero una oración sencilla.

■ Los canguros grises y los canguros rojos son más altos que los ualarús.

  Los canguros grises y los canguros rojos son más altos que los ualarús.

1. Algunos canguros pesan más de 150 libras.

2. Estos marsupiales caminan muy rápido.

3. Muchos canguros deambulan por las llanuras.

4. Los potoros y los ualabíes son canguros pequeños.

5. Las leyes australianas protegen a estos animales.

Escribe cuatro oraciones sencillas acerca de un animal que te resulte interesante. Luego busca un borrador de una redacción en la que estés trabajando y corrige el uso de las oraciones sencillas.

Escribe oraciones compuestas

Una **oración compuesta** está formada por dos o más predicados verbales. Se puede formar una oración compuesta combinando oraciones simples mediante una coma o una conjunción coordinante. (Consulta la página 530.3).

Oraciones compuestas

Mi hermano José se fue de excursión   **y**   me invitó a ir con él.

. . . .

La excursión fue agotadora,   **pero**   aprendimos mucho acerca de la naturaleza.

. . . .

Podríamos volver al mismo sitio   **o**   podríamos ir a un lugar distinto.

. . . .

Mi hermano quiere repetir la excursión   **,**   yo quiero conocer otro lugar.

Práctica de gramática

Combina los siguientes pares de oraciones en una hoja aparte. Usa la coma o la conjunción coordinante que se indica entre paréntesis. Luego di a un compañero una oración compuesta con una coma o una conjunción coordinante.

■ Quiero ser un niño explorador. Quiero estar en la tropa de mi hermano. *(y)*

   Quiero ser un niño explorador y quiero estar en la tropa de mi hermano.

1. Los niños exploradores hacen trabajo voluntario. También se divierten. *(pero)*

2. Podría trabajar en un proyecto de limpieza. Podría ser voluntario en un hogar de ancianos. *(o)*

3. Me gusta ayudar. Es una buena manera de hacer amigos. *(,)*

4. La tropa de mi hermano se reúne los martes. Todos trabajan en otros proyectos en otros momentos. *(pero)*

5. Nuestra tropa irá de campamento. Iremos a la reserva natural. *(o)*

 Escribe **AHORA**

Escribe dos oraciones compuestas acerca de las actividades que podrías hacer como voluntario en tu comunidad. Usa la puntuación correcta en tus oraciones.

Escribe oraciones complejas

Puedes combinar oraciones sencillas para formar una **oración compleja.** Una oración compleja tiene una cláusula independiente y una o más cláusulas subordinadas.

La **cláusula independiente** expresa un pensamiento completo y es por sí misma una oración. La **cláusula subordinada** no expresa un pensamiento completo ni es una oración por sí misma. Suele comenzar con una conjunción subordinante, como *cuando, porque* o *mientras.* (Consulta la lista de conjunciones subordinantes de la página **634**).

Oración compleja

Una cláusula independiente	+	Una cláusula subordinada
Tomo el autobús para ir a la escuela		cuando mamá no me puede llevar.

Una cláusula subordinada	+	Una cláusula independiente
Mientras la banda desfilaba,		nosotros aplaudíamos y gritábamos.

Práctica de gramática

Copia las siguientes oraciones complejas. Subraya la cláusula subordinada en cada oración. Luego piensa en otra oración compleja y dísela a un compañero.

■ Cuando Abe Lincoln era piloto de una barcaza, se fue a vivir a Illinois.

  Cuando Abe Lincoln era piloto de una barcaza, se fue a vivir a Illinois.

1. Al futuro presidente le gustaba la ciudad de New Salem porque estaba construida sobre la orilla del río Sangamon.

2. A medida que la ciudad crecía, Lincoln se dedicó al comercio.

3. Mientras Lincoln vivía en New Salem, también estudió leyes.

4. Lincoln se convirtió en capitán de milicia antes de mudarse.

5. Después de dejar New Salem, Lincoln se estableció en Springfield.

Escribe AHORA Revisa un párrafo o un ensayo corto que hayas escrito. Corrige tu redacción para que incluya oraciones sencillas, compuestas y complejas.

Concordancia del sujeto y el verbo en oraciones compuestas

Debe haber concordancia en persona y en número del sujeto y los verbos de las oraciones compuestas. Cuando un sujeto compuesto tiene núcleos que están en distinta persona, asegúrate de usar el verbo correctamente.

> **Oración compuesta**
>
> | **Oración sencilla** | **+** | **Oración sencilla** |
> |---|---|---|
> | Chuy va **a la escuela en bici,** | pero | sus amigos van **a pie.** |

Concordancia del sujeto y el verbo en oraciones complejas

También debe haber concordancia en persona y en número del sujeto y el verbo de la cláusula independiente y de la cláusula subordinada de una oración compleja.

> **Oración compleja**
>
> | **Cláusula independiente** | **+** | **Cláusula subordinada** |
> |---|---|---|
> | Nosotros **no** salimos **con paraguas** | | **cuando** el día está **soleado.** |

Práctica de gramática

Escribe la forma correcta del verbo entre paréntesis para cada una de las siguientes oraciones. Luego di a un compañero una oración compuesta y una oración compleja. Comenta la concordancia del sujeto y el verbo.

■ Yo *(paseo, paseamos)* al perro y ellos *(lavan, lava)* los platos.

    paseo, lavan

1. Mientras *(hacemos, hago)* nuestras tareas, *(silbamos, silba)*.
2. Me *(gusta, gustan)* limpiar, pero a Juan y a José no les *(gusta, gustan)*.
3. Mientras yo *(limpio, limpia)* la mesa, mamá *(secamos, seca)* el piso.
4. Mi hermana *(dobla, doblan)* la ropa limpia, mi hermano *(barro, barre)*.
5. Cuando terminamos, Juan y yo *(salimos, salgo)*.

 Escribe **AHORA** Escribe dos oraciones compuestas y dos complejas sobre algo que haces todos los días. Mantén la concordancia del sujeto y el verbo.

Combina oraciones cortas
Usa palabras y frases clave

Puedes combinar oraciones cortas moviendo una palabra o frase clave de una oración a otra.

Oraciones cortas	Oraciones combinadas
Carla escribe cartas. **Las cartas son largas.** *(La palabra clave está subrayada).*	**Carla escribe cartas largas.** *(Se movió el adjetivo largas a la primera oración).*
Guillermo dibuja tiras cómicas. **Las dibuja para el periódico.** *(La frase preposicional está subrayada).*	**Guillermo dibuja tiras cómicas para el periódico.** *(Se movió la frase preposicional a la primera oración).*

Práctica

Combina los siguientes pares de oraciones cortas en una hoja aparte. Mueve la palabra o frase clave de una oración a la otra.

■ Estefanía escribió una obra de teatro. La escribió para sus amigos.

Estefanía escribió una obra de teatro para sus amigos.

1. Su obra comienza durante una tormenta de nieve. La tormenta de nieve es fuerte.
2. Las niñas quedan atrapadas. Quedan atrapadas en un viejo granero.
3. Buscan herramientas. Buscan por todo el granero.
4. Una de las niñas encuentra un ovillo de cordel. El ovillo es grande.
5. El cordel les da una idea. Les da una idea para escapar.

Escribe AHORA Escribe un párrafo en el que describas la manera en que escapan del granero las niñas de las oraciones anteriores. No uses oraciones cortas y poco fluidas.

Usa una enumeración de palabras o frases

Puedes combinar las ideas de oraciones cortas usando una **enumeración de palabras o frases.** Todas las palabras o frases de una enumeración deben ser paralelas. Es decir, deben estar expresadas de la misma forma. (Consulta la página 530.1).

Oraciones cortas	Oraciones combinadas
La cabaña es acogedora. La cabaña es cómoda. También es cálida.	La cabaña es acogedora, cómoda y cálida.
Vemos partidos por televisión. Vemos partidos en el parque. También vemos partidos en la escuela secundaria.	Vemos partidos por televisión, en el parque y en la escuela secundaria.

Práctica

Combina los grupos de oraciones usando una enumeración de palabras o frases. (Quizá tengas que cambiar algunas palabras para formar las oraciones nuevas).

- En invierno ando en trineo. Esquío ladera abajo. También patino sobre el hielo.

  En invierno ando en trineo, esquío ladera abajo y patino sobre el hielo.

1. Mientras patino sobre el hielo puedo girar. Puedo ir hacia atrás. Puedo detenerme de repente.

2. A Ángela le gusta hacer figuras. A Mora le gusta hacer figuras. A Carla también le gusta hacer figuras.

3. Siempre siento el frío en mi cara. Lo siento en la punta de los dedos. También lo siento en los dedos de los pies.

4. Para entrar en calor, voy al refugio de la pista de patinaje. Para descansar, voy al refugio. Para comer algo, voy al refugio.

Escribe AHORA

Escribe tres oraciones para que un compañero las combine. Asegúrate de que tus oraciones se puedan combinar usando una enumeración de palabras o frases.

Combina oraciones con sujetos y predicados compuestos

A veces puedes combinar dos oraciones moviendo el sujeto o el predicado de una oración a otra. Así formas una oración nueva con un sujeto o predicado compuesto. Recuerda que la oración nueva debe tener la concordancia correcta del sujeto y el verbo. (Consulta la página **472**).

Oraciones cortas	Oraciones combinadas
María hace carteles para el festival de la escuela. Blanca también hace carteles.	**María y Blanca hacen carteles para el festival de la escuela.** *(Se forma un sujeto compuesto).*
Las niñas hicieron cinco carteles. Luego los colgaron.	**Las niñas hicieron cinco carteles y los colgaron.** *(Se forma un predicado compuesto).*

Práctica

Combina los siguientes conjuntos de oraciones cortas usando un sujeto o un predicado compuesto. (Quizá tengas que cambiar algunas palabras).

■ La Organización de padres organizó el festival. El Club de apoyo también lo hizo.

La Organización de padres y el Club de apoyo organizaron el festival.

1. Los estudiantes diseñaron los puestos. También los construyeron.

2. Lina vendió boletos para cada una de las actividades. Beatriz también vendió boletos.

3. Jugar a los bolos era una actividad popular. Encestar pelotas de baloncesto era popular. Lanzar aros también era popular.

4. Daniel pescó para ganar premios. Lanzó bolsas rellenas para ganar palomitas de maíz.

5. El Sr. Hernández se vistió de payaso. La Srta. Barros también lo hizo.

 Escribe AHORA Escribe dos conjuntos de oraciones cortas para que un compañero las combine. Asegúrate de que tus oraciones se puedan combinar usando un sujeto o un predicado compuesto.

Amplía las oraciones con frases preposicionales

Una frase preposicional puede agregarle información a una oración ya que expresa lugar, tiempo u hora, dirección o provee detalles. Las frases preposicionales comienzan con palabras como *sobre, debajo, en, a, de, con, fuera, dentro, para, por* y *hasta*. (Encontrarás más preposiciones en la página **632**).

> Las frases preposicionales proveen detalles a tus oraciones.

Frases preposicionales

Cristina saltaba sobre la cama.
Fuimos a almorzar con la abuela.
Encontré mi mochila dentro de una caja en el armario.

Práctica

Escribe los números del 1 al 5 en una hoja. Escribe las frases preposicionales que encuentres en cada una de las siguientes oraciones.

■ Todos los días el sol se mueve por el cielo.

  por el cielo

1. En la antigua Grecia, las personas creían que era un carruaje dorado.
2. Apolo conducía el carruaje de calor y luz.
3. Su hijo, Faetón, trató de conducir el carruaje a través del cielo.
4. Apolo advirtió a su hijo sobre el peligro.
5. Faetón soltó las riendas y cayó sobre la tierra.

Escribe AHORA

Piensa una o dos frases preposicionales que agreguen información a las siguientes oraciones. Escribe las nuevas oraciones en una hoja.

1. Carola juega al fútbol.
2. Ataja y lanza la pelota.
3. Carola ganó el último partido.
4. Su equipo practica.

Toma ejemplos

Puedes aprender mucho acerca de las oraciones estudiando y tomando como ejemplo el trabajo de tus autores preferidos. Esto implica seguir el patrón de palabras y la puntuación de un autor en tus propias oraciones.

Ejemplo de un profesional	Oración del estudiante
En un claro, vi un ciervo, delgado y silencioso, que me observaba.	Al pie de la escalera, observé un gatito, pequeño y atemorizado, que maullaba para pedir comida.

Pautas para tomar oraciones como ejemplo

- **Variar el comienzo de las oraciones**
  Intenta comenzar las oraciones con una frase o cláusula subordinada.

  Por más que se esfuerce, **Walnut no ve tan bien como los demás.**
  —*Ver más allá de los árboles,* de Michael Dorris

- **Alterar el orden los elementos**
  Puedes dar variedad a una oración alterando el orden lógico de las distintas partes que la conforman.

  Volverán las oscuras **golondrinas / en tu balcón** sus nidos a colgar.
  —*Rimas,* de Gustavo Adolfo Bécquer

- **Repetir una palabra**
  Puedes repetir una palabra o una frase para destacar una idea o un sentimiento específico.

  A los cerdos les gusta comer **y también les** gusta **estar la mayor parte del día echados pensando en volver a** comer.
  —*Babe, el cerdito valiente,* de Dick King-Smith

Práctica

Escribe tres oraciones propias tomando como ejemplo las oraciones anteriores. Intenta seguir el patrón de la oración original lo mejor que puedas.

Escribir párrafos

Un párrafo es un grupo de oraciones que cuentan algo acerca de un tema. La primera oración generalmente identifica el tema o la idea principal. Las demás oraciones dan detalles y datos sobre este tema.

A continuación se enumeran las cuatro razones principales para escribir un párrafo.

1. **Describir** a una persona, un lugar o un objeto
2. **Contar un relato** acerca de un evento o una experiencia
3. **Explicar** o dar información acerca de un tema
4. **Presentar** tu opinión acerca de algo

Mini-índice

Las partes de un párrafo

Un párrafo tiene tres partes principales. (1) Comienza con una **oración con la idea principal** que expresa la idea central. (2) El **cuerpo** contiene las oraciones secundarias que presentan detalles sobre la idea principal. (3) La **oración de conclusión** resume el mensaje del párrafo.

Oración con la idea principal

Cuerpo

Oración de conclusión

El misterio del rey Tutankamón

Los científicos todavía están tratando de resolver el misterio del rey Tutankamón. Se convirtió en rey de Egipto cuando tenía solo ocho años y murió cuando era apenas un adolescente. Durante años, los científicos se han preguntado cómo murió. Recientemente, observaron la momia de Tutankamón con una tomografía computarizada, que es un tipo especial de rayos X. Los científicos tomaron más de 1,700 fotos de los huesos y los órganos de la momia. Tenían la esperanza de que esas fotos especiales les mostraran qué le sucedió al joven rey. Los rayos X mostraron que el rey tenía una pierna quebrada, pero no había pistas acerca de la causa de su muerte. Quizá el misterio del rey Tutankamón nunca se resuelva.

Responde a la lectura. (1) ¿Cuál es la idea principal de este párrafo? (2) ¿Qué detalles piensas que son los más importantes? (3) ¿Qué indica el título acerca del párrafo?

Las partes en detalle

La oración con la idea principal

La **oración con la idea principal** le indica al lector de qué trata el párrafo. Una buena oración con la idea principal (1) establece el tema y (2) presenta una idea importante o un sentimiento sobre este tema.

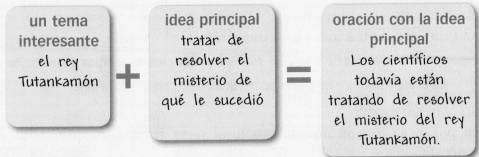

un tema interesante
el rey Tutankamón

+

idea principal
tratar de resolver el misterio de qué le sucedió

=

oración con la idea principal
Los científicos todavía están tratando de resolver el misterio del rey Tutankamón.

El cuerpo

Las oraciones del **cuerpo** u oraciones secundarias presentan detalles sobre el tema.

- **Usa detalles específicos.** Los detalles están resaltados (en azul) a continuación:

  Se convirtió en rey de Egipto cuando tenía solo ocho años y murió cuando era apenas un adolescente. **Durante años, los científicos** se han preguntado cómo **murió. Recientemente, observaron la momia de Tutankamón con** una tomografía computarizada, que es un tipo especial de rayos X. **Los científicos tomaron más de 1,700 fotos de** los huesos y los órganos **de la momia.**

- **Organiza las oraciones.** Pon las oraciones en el mejor orden posible *(orden cronológico, orden espacial, orden de importancia u orden lógico que lleve a una conclusión)*. (Consulta las páginas **494** y **495**). Las palabras de transición están resaltadas a continuación:

  Durante años, **los científicos se han preguntado cómo murió.** Recientemente, **observaron la momia de Tutankamón con una tomografía computarizada, que es un tipo especial de rayos X.**

La oración de conclusión

La **oración de conclusión** resume el mensaje del párrafo.

Quizá el misterio del rey Tutankamón nunca se resuelva.

Escribir oraciones con una idea principal convincente

Un buen párrafo comienza con una oración temática que contiene una idea principal o central convincente. A continuación encontrarás algunas ideas que pueden resultarte útiles para escribir una oración con una idea principal convincente. (Consulta más estrategias en la página 506).

Haz una lista

Haz una lista de las ideas que incluirás en el párrafo.

- Las pirámides, las esferas y los cubos **son ejemplos de cuerpos geométricos.**

- **La energía eléctrica se puede convertir en** calor, luz y movimiento.

Usa un número

Usa palabras que indiquen cantidad para contar de qué tratará el párrafo.

- **El gobierno del estado de Florida tiene** tres **poderes.**

- **Hay** varias **formas de resolver el problema de los malos hábitos alimenticios.**

Usa parejas de palabras

Usa parejas de conjunciones para conectar las ideas.

- No solo se precisa **una buena bicicleta,** sino también **un ciclista cuidadoso para evitar accidentes.**

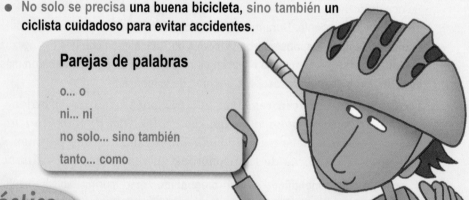

Parejas de palabras

o... o

ni... ni

no solo... sino también

tanto... como

Práctica

Vuelve a leer la información anterior. Luego usa cada una de las ideas presentadas para escribir tres oraciones temáticas con una idea principal o central.

Cómo usar detalles

Las oraciones del cuerpo (desarrollo) de un párrafo incluyen distintos tipos de detalles específicos: datos, razones y explicaciones. A menudo se agregan ejemplos para clarificar las ideas.

Los datos agregan información.

Idea principal: Ayer nuestra clase recibió a un visitante muy especial.

Datos: Su nombre es Carlos Gómez. Nació en 1925 y tiene 85 años.

Las razones responden la pregunta *¿por qué?*

Razón: Vino a explicarnos cómo era la vida en Houston, Texas, hace más de 80 años.

Ejemplos: Habló de los carros antiguos, de las ligas de béisbol de afroamericanos y de los juegos que jugaba cuando era niño.

Las explicaciones muestran algo.

Razón: Nos podía contar muchas cosas acerca de la historia de nuestro estado.

Explicación: Eso es lo que estuvimos estudiando este mes.

Ejemplo: El Sr. Gómez participó en la construcción del Astrodomo en 1965.

sugerencia

Relaciona los colores con los datos, las razones, los ejemplos y las explicaciones para ver cómo están ordenados los detalles en el siguiente párrafo:

Ayer nuestra clase recibió a un visitante muy especial. **Su nombre es Carlos Gómez. Nació en 1925 y tiene 85 años.** Vino a explicarnos cómo era la vida en Houston, Texas, hace más de 80 años. **Habló de los carros antiguos, de las ligas de béisbol de afroamericanos y de los juegos que jugaba cuando era niño.** Nos podía contar muchas cosas acerca de la historia de nuestro estado. **Eso es lo que estuvimos estudiando este mes. El Sr. Gómez participó en la construcción del Astrodomo en 1965.**

Organizar el párrafo

Las oraciones de un párrafo deben estar en orden para que el lector pueda seguir las ideas. A continuación encontrarás cuatro formas de organizar un párrafo.

Orden cronológico...

El orden cronológico presenta los detalles en el orden en que sucedieron. Se usan palabras de transición que indican tiempo, como *primero, después* y *luego.*

> **Primero**, lee cuidadosamente las instrucciones de la receta. A continuación, reúne todos los ingredientes. Luego toma un recipiente grande y las cucharas y tazas que necesitarás para medir. Por último, comienza a preparar la mejor de las mezclas de frutos secos.

■ El orden cronológico resulta adecuado para los párrafos narrativos y expositivos.

Orden espacial...

El orden espacial describe un tema de arriba abajo, de izquierda a derecha, de cerca a lejos, etc. Se usan palabras y frases de transición como *encima de, junto a* y *debajo de.*

> **En la ilustración, hay una yunta de bueyes** delante de **un carromato alto.** Sobre **el carromato, la cubierta blanca parece una vela. La caja del carromato que está** debajo de **la lona está hecha de madera gruesa.** En las esquinas, **hay cuatro ruedas grandes sujetas a la** parte inferior **de la caja.**

■ El orden espacial se usa para los párrafos descriptivos.

Práctica

Escribe un párrafo en el que cuentes cómo hacer algo que sepas hacer bien. Usa palabras de transición que indiquen tiempo para que tus instrucciones sean claras. Luego usa palabras de transición que indiquen tiempo para contarle a un amigo qué hiciste el último fin de semana.

Orden de importancia...

El orden de importancia cuenta el detalle más importante en primer o último lugar. Se usan palabras y frases de transición como *en primer lugar, además* y *lo más importante.*

> Todas las familias deberían tener un plan de emergencia a seguir en caso de incendio. En primer lugar, el plan asegura que todos sepan adónde ir en caso de que haya un incendio. Además, practicar el plan hará que tengas menos miedo si hay un incendio real. Lo más importante es que tener un plan de emergencia puede salvarte la vida.

■ El orden de importancia resulta adecuado para párrafos persuasivos y expositivos.

Orden lógico...

El orden lógico implica organizar los detalles de forma que tengan más sentido y lleven a la conclusión. Se usan palabras de transición como *en realidad, por ejemplo, también, además* y *en conclusión.*

> Los árboles son un tipo de vida vegetal muy importante. Los árboles le aportan belleza al paisaje y brindan refugio a los animales salvajes. Debido a su profundo sistema de raíces, los árboles también evitan la erosión del suelo y ayudan a almacenar agua. Además, algunos tipos de árboles proporcionan madera para construir casas y muebles. Otros árboles proveen alimentos y medicinas. En conclusión, deberíamos proteger a los árboles porque ellos nos benefician a todos.

■ Usa el orden lógico para la escritura persuasiva y expositiva.

Práctica

Escribe un párrafo en el que cuentes por qué es importante usar el cinturón de seguridad en los carros. Usa palabras de transición que indiquen orden lógico para llegar a tu conclusión. Luego usa palabras de transición que indiquen orden lógico para contarle a un compañero algo que piensas que es importante.

Pautas para escribir

Prepararse Escoger un tema

Puedes usar las instrucciones de esta página y la siguiente para escribir un párrafo. Tu maestro puede darte un tema general y tú debes seleccionar un tema específico para escribir. (Consulta las páginas 500 y 501).

1 Escoge un tema que te interese.

2 Asegúrate de que tu tema tenga la amplitud correcta.

Demasiado amplio:	Todo mi año escolar
Demasiado limitado:	Algunos minutos de esta mañana
Adecuado:	Mi primer día en cuarto grado

3 Escoge una forma de escritura, o género, y recopila los detalles.

Para párrafos descriptivos,	*recopila*	imágenes, sonidos, olores y sabores.
Para párrafos de relatos o de cuentos,	*responde*	¿quién? ¿qué? ¿cuándo? ¿dónde? y ¿por qué?
Para párrafos expositivos (que se atienen a los hechos),	*recopila*	datos y ejemplos importantes.
Para párrafos persuasivos,	*haz una lista*	de razones que expliquen tus opiniones.

4 Usa organizadores gráficos.

Escoge un diagrama de detalles, una cronología, un gráfico de los sentidos, un gráfico recordatorio de las cinco preguntas o un mapa del cuento para organizar los detalles. (Consulta las páginas 502 y 503).

5 Escribe una oración con la idea principal.

Una vez que hayas recopilado los detalles, trata de escribir una oración con la idea principal que establezca la idea central del párrafo. Luego piensa cuál es la mejor forma de organizar los detalles.

Desarrollar un borrador
Escribir el primer borrador

Cuando escribes el primer borrador, tu objetivo es poner todas tus ideas en el papel. Comienza con la oración con la idea principal. Luego agrega los detalles de apoyo (datos, razones, ejemplos y explicaciones) en las oraciones secundarias. Termina con una oración de conclusión que resuma el mensaje de tu párrafo.

Revisar Mejorar el párrafo

Hazte las siguientes preguntas. Luego haz los cambios en tu párrafo.

1 ¿Es clara mi idea principal? ¿Apoyan la idea principal todos mis detalles secundarios de apoyo?

2 ¿Organicé mis detalles en el mejor orden?

3 ¿Tengo suficientes detalles para que los lectores entiendan mis ideas?

4 ¿Parezco interesado en el tema?

5 ¿Uso sustantivos y verbos de acción específicos?

6 ¿Hay variedad en la longitud de mis oraciones?

Corregir
Comprobar que se respeten las convenciones

Comprueba cuidadosamente en el párrafo revisado que no haya errores en la gramática, el uso de las letras mayúsculas, la puntuación y la ortografía.

1 ¿Uso la puntuación y las letras mayúsculas correctamente?

2 ¿Uso las palabras correctas (*porque, porqué, por qué*)?

3 ¿Escribí todas las palabras sin errores de ortografía? ¿Usé la función de verificar la ortografía?

Práctica

Planifica y escribe un párrafo sobre alguna noticia. Repasa el párrafo de ejemplo de la página 490 y las pautas de las páginas 496 y 497.

Recursos para el escritor

Aprendizaje del lenguaje

Trabaja con un compañero. Lean los significados y respondan juntos las preguntas.

1. Algo es eficaz si hace lo que debe hacer.
   ¿Cómo sabes si el modo en que estudiaste para una prueba fue eficaz?

2. Cuando te expresas, demuestras o cuentas cómo te sientes.
   ¿Cuál es tu forma de expresarte preferida? ¿Por qué?

3. Un recurso es algo que puedes usar como ayuda o apoyo.
   ¿Cuál es un buen recurso para aprender el significado de una palabra?

4. Un toque personal es cualquier cosa que una persona le agrega a algo, como un cuarto, para que se vea o se sienta más a su gusto.
   ¿Tiene una tarjeta de cumpleaños hecha por uno mismo un toque personal? ¿Por qué?

Recursos para el escritor

¿Qué puede hacer una rana si necesita ayuda para su redacción? Las escuelas para ranas no existen, pero puede consultar las páginas de "Recursos para el escritor".

En este capítulo, encontrarás ayuda para hallar temas, organizar detalles, crear una voz atractiva, ampliar el vocabulario y mejorar las oraciones, entre otras cosas. Cuando tengas preguntas, consulta estas páginas para obtener respuestas.

Mini-índice

Aprenderás a...

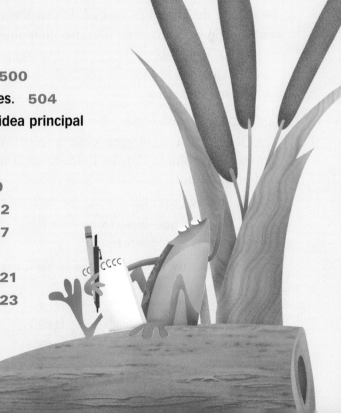

¿Cómo puedo hallar un buen tema para escribir?

Prueba una estrategia para seleccionar el tema

Las siguientes estrategias te ayudarán a generar ideas y seleccionar temas específicos sobre los que realmente quieras escribir.

Diagrama de detalles Para comenzar un diagrama de detalles, escribe el tema o la idea principal de tu tarea en el centro de la hoja. Luego escribe palabras o ideas relacionadas a su alrededor, enciérralas en un círculo y conéctalas con la idea principal. (Consulta el organizador gráfico en forma de red de la página **502**).

Escritura libre Con el tema general en mente, dedica de tres a cinco minutos a escribir libremente. No te detengas a hacer correcciones o buscar datos; solo dedícate a escribir. Mientras lo haces, es probable que halles uno o dos temas específicos que podrías usar.

Completar comienzos de oraciones Otra forma de hallar un tema es completar un comienzo de oración de todas las formas que se te ocurran. Asegúrate de que el comienzo de oración esté relacionado con tu tarea. A continuación encontrarás algunos ejemplos:

Recuerdo cuando...   Me entusiasma mucho...
Una cosa que sé es...   Acabo de aprender...
Me pregunto cómo...   La escuela es...

Lista de necesidades básicas de la vida

Observa la lista que está a continuación para hallar más áreas temáticas posibles. Usa la lista de necesidades básicas de la vida de la siguiente forma:

1. Escoge una categoría. *(escuela)*

2. Decide qué aspecto de este tema es más adecuado para tu tarea. *(artes interpretativas)*

3. Haz una lista de temas específicos posibles. *(danza y teatro)*

animales	escuela	ropa	deportes	alimentos
amigos	comunidad	familia	fe	medio ambiente
salud	computadoras	juegos	reglas	libros
películas	ciencias	ejercicio	dinero	televisión

¿Qué más puedo hacer para comenzar?

Usa una lista de temas de redacción

Los siguientes temas están organizados según las cuatro formas básicas de la escritura. Observa estas listas para hallar ideas relacionadas con tu tarea.

Escritura descriptiva

Personas: un vendedor, un maestro, un amigo, un vecino, tú mismo, un miembro de la familia, alguien a quien admires, un personaje histórico

Lugares: un cuarto, un garaje, una cueva, un cañón, un tejado, un callejón, el gimnasio, una tienda, una galería de arte, un río, la selva, una granja, un circo

Cosas: una mascota, un cuadro, un videojuego, un cajón con objetos en desuso, una fotografía, un objeto especial, un sitio web, un animal de peluche, un carro, un árbol

Escritura narrativa

Cuenta acerca de... meterse en problemas, perderse, recordar algo, ayudar a alguien, recibir una sorpresa, sufrir un susto, aprender a hacer algo

Escritura expositiva

Cómo... hacer un sándwich completo, cuidar una mascota, hacer malabares, ganar dinero, ponerse en forma, ser un buen amigo, hacer una dieta equilibrada, ensillar un caballo

Las causas de... la contaminación, la formación de óxido, los huracanes, las infecciones, el éxito en la escuela, la felicidad, los accidentes, los tornados, la erosión, las caries

Tipos de... música, avisos publicitarios, nubes, héroes, ropa, restaurantes, diversión, libros, juegos, animales, casas, vehículos, arte, gobiernos

La definición de... amistad, coraje, héroe, geología, libertad, amor, equipo, familia, compasión, fracaso, paz

Escritura persuasiva

Temas: reglas de la escuela, reciclaje, cascos (para bicicleta, patineta), cosas que deberían cambiar, causas para apoyar, motivos de queja, cosas que deben evitarse, la necesidad de algo en mayor o menor medida

¿Cómo puedo recopilar detalles para mi redacción?

Prueba con un organizador gráfico

Puedes usar un organizador gráfico para generar ideas y recopilar detalles para diferentes tipos de escritura.

Organizador gráfico en forma de red Una red o un diagrama de detalles te ayudarán a recopilar datos y generar ideas para informes, narraciones y poemas. Primero escribe el tema en el centro de la hoja. Luego escribe palabras o ideas relacionadas a su alrededor, enciérralas en un círculo y conéctalas con el tema.

Relato personal: Mi primer viaje en tren a la ciudad

- Nos levantamos temprano un sábado.
- El tren llegó tarde.
- El tren se detenía seguido.
- Mi viaje en tren
- Hicimos fila para comprar los boletos.
- Perdimos el tren de regreso.
- Papá nos fue a buscar.

Gráfico de detalles sensoriales Este organizador gráfico te ayudará a recopilar detalles descriptivos para informes de observación y otros tipos de escritura expositiva. En la parte superior de las columnas, escribe el nombre de los cinco sentidos. En cada columna, escribe detalles sensoriales relacionados con tu tema.

Ensayo expositivo: Tipos de transporte

Vista	Oído	Olfato	Gusto	Tacto
- avión brillante - autobús escolar amarillo	- carro ruidoso - chirrido de las ruedas de un tren	- gases del tubo de escape de un autobús	- agua salada que salpica desde un barco en movimiento	- vuelo en un globo de aire caliente

Cronología Las cronologías pueden ayudarte a organizar varios eventos en orden cronológico (temporal). Los relatos personales y los ensayos de instrucciones suelen estar organizados de esta forma. Para comenzar tu cronología, escribe el tema en la parte superior. Luego escribe los eventos o los pasos en orden, del primero al último.

Ensayo de instrucciones: Cómo hacer una piñata de papel maché

1. Mezcla dos tazas de harina y dos de agua en un recipiente grande.
2. Pasa tiras de periódico por la mezcla de harina y agua.
3. Coloca el papel impregnado de la mezcla sobre el molde.
4. Cuando el papel maché esté seco, decóralo con pintura.

Diagrama de Venn Puedes usar un diagrama de Venn para organizar tus ideas cuando debes comparar y contrastar dos temas. Escribe los detalles específicos de un tema en el área 1 y los detalles específicos del otro tema en el área 2. Escribe los detalles que ambos temas tienen en común en el área 3.

Escritura expositiva: Las manzanas contra las naranjas

¿Cómo puedo organizar los detalles de forma eficaz?

Ordena las ideas

Después de escoger el tema y recopilar los detalles, debes organizar la información. Primero decide un orden y luego haz un esquema. A continuación, encontrarás tres formas de ordenar la información.

Orden cronológico

Los detalles se explican en el orden en que ocurren *(antes, durante, después, etc.)*. El orden cronológico resulta adecuado para la escritura narrativa y expositiva.

> **El primer paso** al planificar una búsqueda de insectos es llamar a tus amigos y establecer un horario. **Luego** todos deben buscar un lápiz y un cuaderno. **También** puede resultar útil tener un libro acerca de las distintas clases de insectos. **Por último,** ¡sal a ver cuántos insectos puedes hallar!

Orden espacial

Los detalles se describen en el orden en que están ubicados *(arriba, detrás, debajo,* etc.)*. El orden espacial resulta adecuado para la escritura descriptiva y expositiva.

> Hay insectos a tu **alrededor** en tu jardín. Cuando miras **debajo** de las rocas o los troncos, los insectos salen disparados. **Sobre** la tierra en el tronco de un árbol, los insectos corren **hacia arriba** y **hacia abajo**. Los insectos voladores zumban **encima** de tu cabeza. Hay insectos en todos lados.

Orden de importancia

El detalle más importante aparece en el primer lugar o en el último *(lo más importante, lo mejor, lo más gracioso,* etc.)*. La escritura expositiva y la escritura persuasiva pueden organizarse de esta manera.

> **Para comenzar,** una búsqueda de insectos te permite estar al aire libre. **También** puedes divertirte con tus amigos y disfrutar de la naturaleza. Pero **lo mejor** es que puedes aprender mucho acerca de los cientos de insectos interesantes que te rodean todos los días.

Haz un esquema del tema

Después de haber decidido qué tipo de orden usarás, puedes hacer un esquema. Escoge varias ideas principales que apoyen tu tema. Debajo de cada idea principal, haz una lista de los detalles que la explican. Un **esquema del tema** contiene solo palabras y frases, mientras que un **esquema de oraciones** contiene pensamientos completos.

Esquema del tema

I. Problema de tranvías con parabrisas escarchados detectado por Mary Anderson en New York en 1903
  A. Viaje en tranvía un día de nieve
  B. Conductor que hace un esfuerzo para ver y se detiene a limpiar el parabrisas
II. Proyecto de un limpiaparabrisas en el interior del tranvía
  A. Brazo de madera con tiras de hule
  B. Brazo en el exterior conectado con una palanca en el interior
  C. Peso para sostener el brazo y resorte para volverlo a su lugar
III. Idea con poca aceptación
  A. Fracaso de otras soluciones
  B. Distracción para los conductores

Esquema de oraciones

I. En 1903 Mary Anderson detectó un problema en los parabrisas en New York.
  A. Viajó en tranvía un día de nieve.
  B. Vio que el conductor hacía un esfuerzo para ver y debía detenerse a limpiar la nieve del parabrisas.
II. Mary pensó que debía haber alguna manera de limpiar el parabrisas desde el interior del tranvía.

¿Cómo puedo escribir oraciones con una idea principal convincente?

Prueba una estrategia especial

Un buen párrafo comienza con una oración con una idea principal convincente. Una oración con una idea principal debe (1) mencionar el tema y (2) presentar un detalle o sentimiento al respecto. Las estrategias que están a continuación te ayudarán a escribir oraciones con ideas principales convincentes.

Usa un número

Usa palabras que indiquen cantidad para contar de qué trata el párrafo.

> Cuatro **fuerzas dan forma a la superficie de la Tierra una y otra vez.**

Crea una lista

Crea una lista de las cosas que incluirás en el párrafo.

> **No creímos que nuestro cachorro fuera capaz de** salir de su canasto, masticar un zapato y romper una lámpara **antes de que regresáramos a casa.**

Une dos ideas

Combina dos ideas usando una coma o una conjunción coordinante: *y, o, pero, sino, mas.*

> **Jaime quería levantarse temprano,** pero **nosotros queríamos dormir hasta tarde.**

> **Los exploradores nunca encontraron una ciudad de oro,** mas **sus aventuras los condujeron a nuevas tierras.**

Cita a un experto

Para darle un buen comienzo a tu párrafo, cita a alguien que sepa mucho sobre el tema.

> **Mi papá me cuenta que los carpinteros profesionales siempre dicen:** "Mide dos veces, corta una".

> "Para ser un buen entrenador de delfines tienes que amarlos", **explica la experta en delfines Susana Stanson.**

> "Si quieres ser un buen músico", **decía siempre mi profesora de piano, la Sra. Wright,** "debes practicar, practicar y practicar".

¿Qué formas puedo usar para mi redacción?

Prueba estas formas de escritura

Es muy importante hallar la forma, o género, apropiada para tu redacción. Cuando selecciones una forma, piensa para *quién* estás escribiendo (tu *público*) *y por qué* estás escribiendo (tu *propósito*).

Autobiografía	La historia de la vida del autor
Biografía	La historia de la vida de otra persona
Escritura descriptiva	Escritura en la que se usan detalles para ayudar al lector a imaginar de forma clara a una persona, un lugar, una cosa o una idea determinados (Consulta las páginas **50** a **67**).
Escritura expositiva	Escritura en la que se explica cómo hacer algo o en la que se presenta información (Consulta las páginas **128** a **181**).
Escritura persuasiva	Escritura en la que se intenta convencer al lector para que esté de acuerdo con el autor acerca de alguien o algo (Consulta las páginas **188** a **243**).
Informe de investigación	Ensayo bien organizado en el que se presenta información sobre un tema que ha sido investigado en profundidad (Consulta las páginas **329** a **372**).
Narración	Redacción en la que se cuenta una historia acerca de un evento o una experiencia. (Consulta las páginas **68** a **121**).
Poema	Redacción en la que se usa el ritmo, la rima e imágenes (Consulta las páginas **303** a **311**).
Reseña de un libro	Redacción en la que se presentan pensamientos e impresiones sobre un libro (Consulta las páginas **255** a **270**).
Respuesta	Redacción que es un resumen o una reacción a algo que el autor ha leído (una novela, un cuento corto, un poema, un artículo, etc.)

¿Cómo puedo crear una voz eficaz?

Procura que tu voz sea adecuada para el propósito

Tu redacción debe sonar adecuada para el propósito. Los cuatro propósitos básicos de la escritura son describir, narrar, explicar y persuadir.

Voz descriptiva

Una buena voz descriptiva suena *interesada*. Una manera de mejorar la voz descriptiva es seguir la regla "*muestra*, no *cuentes*".

- **Contar:** (El escritor cuenta sobre un ratón).

  El ratoncito entró en el cuarto.

- **Mostrar:** (El escritor nos muestra el ratón).

  Todos estábamos sentados a la mesa, comiendo y conversando. En un momento de silencio, escuché un chirrido que venía del otro lado del cuarto. Los demás no parecieron notarlo. Luego vi a Tasha, nuestra gata, levantar la cabeza y mirar en dirección al sonido. Entonces se agazapó. Fue en ese momento que descubrí al ratoncito en un rincón.

Voz narrativa

Una buena voz narrativa suena *natural* y *personal*. Tu escritura narrativa debe sonar como si le contaras la historia a un amigo.

- **Ni natural ni personal:**

  El tío Rafa vino de New York. Nos visitó la semana pasada. Siempre me sorprende. Me hace reír.

- **Natural y personal:**

  Cuando llegué a casa el miércoles pasado, la puerta de entrada estaba abierta. Llamé a mi mamá. Me contestó desde la cocina. ¡Después la puerta del armario crujió y se abrió de par en par! Di un salto hacia atrás y vi un bigote enorme. Mi tío Rafa de New York salió del armario. No podía dejar de reír. Me había sorprendido una vez más.

Voz expositiva

Una voz expositiva eficaz contiene *detalles* (específicos) interesantes.

- **Sin detalles interesantes:**

    Las montañas Rocosas se extienden a lo largo de la mayor parte de América del Norte. Las montañas Rocosas abarcan muchas cordilleras. El pico más alto se encuentra en Colorado.

- **Con detalles (específicos) interesantes:**

    Las montañas Rocosas se extienden a lo largo de casi 2,000 millas, desde el norte de México hasta el este de Alaska, pasando por la región occidental de los Estados Unidos y Canadá. Las montañas Rocosas abarcan más de 100 cordilleras. Con 14,433 pies, el monte Elbert, cerca de Leadville, Colorado, es el pico más alto de las montañas Rocosas.

Voz persuasiva

Una voz persuasiva suena *positiva*, no negativa.

- **Negativa:**

    Las reuniones del Club de Jóvenes de Bloomfield son aburridas. Tenemos que sentarnos y permanecer quietos y en silencio, y eso no es divertido. Alguien debería hacer algo al respecto.

- **Positiva:**

    Deberíamos tener más actividades en las reuniones del Club de Jóvenes de Bloomfield. Podríamos practicar nuestras destrezas de campamento y lectura de mapas para prepararnos para la excursión que haremos en el verano. Luego podríamos jugar a algunos juegos. Las reuniones podrían ser una buena oportunidad para realizar tareas útiles y divertirnos.

¿Cómo puedo "condimentar" mi estilo?

Usa algunas técnicas de escritura

Para desarrollar un estilo de redacción vívido, puedes usar algunos efectos especiales. Por ejemplo, puedes agregar diálogo a tus historias para que sean más personales y naturales. (Consulta la página 82). Experimenta con algunas de las siguientes técnicas en tus redacciones.

Detalles sensoriales Detalles que ayudan al lector a oír, ver, oler, saborear o tocar lo que se describe

La gatita de suave pelo negro ronroneaba bajito **mientras** se acurrucaba en mis brazos.

Exageración Manifestar algo que supera la realidad para dejar algo en claro (Resulta útil en la escritura descriptiva y narrativa).

La jirafa estiró el cuello por encima de las nubes **y vio el globo perdido.**

Expresión idiomática Usar una palabra con un significado distinto del habitual o del que aparece en el diccionario

Julián se levantó y dijo: "Me voy volando".

(Aquí *volando* significa "rápido").

Ramón dijo que compraría esa bicicleta con los ojos cerrados.

(Aquí *con los ojos cerrados* significa "con total confianza").

Metáfora Comparar dos cosas sin usar la palabra *como*

El carácter **de papá era** una olla en ebullición.

El crucero era un hotel flotante.

Personificación Atribuir cualidades humanas a seres inanimados

El viento susurra **entre los árboles.**

(El verbo *susurra* describe una actividad propia de los seres humanos).

Símil Comparar dos cosas usando la palabra *como*

Una limonada **fría me refresca tanto** como un chapuzón en la piscina.

En las competencias de atletismo, Sofía **corre** como una liebre.

¿Cómo puedo aprender a hablar sobre mi redacción?

Estudia algunos términos de escritura

Este glosario incluye términos que hacen referencia a partes importantes del proceso de escritura.

Detalles de apoyo	Detalles específicos que se usan para desarrollar un tema o darle vida a un relato
Diálogo	Conversación escrita entre dos o más personas
Estilo	La forma en que el autor combina palabras, frases y oraciones
Oración con la idea principal	La oración que expresa la idea central de un párrafo (Consulta la página **491**).
Oración temática	La oración que menciona la parte específica del tema en la que se concentrará el autor (Consulta la página **141**).
Propósito	La razón principal por la que se escribe algo describir narrar explicar persuadir
Público	Las personas que leen o escuchan tu redacción
Punto de vista	El ángulo, o perspectiva, desde el que se relata una historia (Consulta la página **298**).
Tema	La idea o el mensaje principal de una redacción, o el asunto específico de una redacción
Transición	Una palabra o una frase que conecta ideas en ensayos, párrafos y oraciones (Consulta las páginas **519** y **520**).
Voz	El tono o el sentimiento que un escritor usa para expresar ideas

¿Cómo puedo ampliar mis destrezas de vocabulario?

Usa el contexto

Para descifrar el significado de una palabra difícil, puedes observar las palabras que la rodean. A continuación encontrarás algunas formas de hacerlo:

- Estudia la oración que contiene la palabra, así como las oraciones que están antes y después.

  Chuck Yeager rompió la barrera del sonido en 1947. Ese año realizó el primer vuelo supersónico. **Hasta ese momento nadie había volado más rápido que el sonido.** (*Supersónico* **significa** "más rápido que el sonido").

- Busca las **partes de las palabras.** En el ejemplo anterior, *super-* es un prefijo que significa "por encima de" y *sónico* es una raíz que significa "sonido".

- Busca **sinónimos** (palabras que tienen el mismo significado).
  Mamá me dice aviador **porque quiero ser piloto.**
  (Un *aviador* es un "piloto").

- Busca **antónimos** (palabras con el significado opuesto).
  Sandra pensaba que el insecto era repulsivo, **pero a mí me parecía** hermoso. (La palabra *pero* indica que *repulsivo* es lo opuesto de *hermoso*. Por lo tanto, *repulsivo* significa "feo").

- Busca la **definición** de la palabra.
  Mi amigo Marcos tiene un erizo, **un animal pequeño parecido a un puercoespín.**

- Busca **palabras conocidas en una enumeración** con la palabra desconocida.
  ¿Es un Lhasa apso, **un caniche o un terrier?**
  (Un *Lhasa apso* es un perro pequeño).

Aprende acerca de las partes de las palabras

Palabras que comienzan con un prefijo

Las palabras están formadas por una **raíz** o palabra base y un afijo. Los **afijos** son partes que aparecen antes o después de la raíz.

Los **prefijos** son afijos que aparecen antes de la raíz o palabra base (el prefijo *pre-* significa "antes") y pueden cambiar el significado de una palabra. Por ejemplo, *agradable* significa "grato". Cuando le agregas el prefijo *des-*, que significa "no", la palabra que se forma, *desagradable*, significa "que no es grato". La mayoría de los prefijos son griegos o del latín.

Esta es una lista de prefijos comunes. En tus redacciones, comprueba haber deletreado correctamente las raíces y palabras base con afijos.

Prefijos griegos

ambi-, anfi- *(doble)*
- **ambidiestro** (que usa ambas manos con destreza)
- **anfibio** (que vive tanto en la tierra como en el agua)

anti- *(contra)*
- **anticongelante** (líquido que impide el congelamiento)
- **antibiótico** (sustancia que destruye las bacterias)

auto- *(por uno mismo)*
- **autobiografía** (redacción sobre uno mismo)
- **autonomía** (con gobierno propio)

Prefijos del latín

bi-, bis- *(dos)*
- **binocular** (que implica el uso de los dos ojos)
- **bimestral** (que dura dos meses)

des-, dis- *(no, lo opuesto de)*
- **despeinar** (lo opuesto de peinar)
- **disconforme** (que no está conforme)

ex- *(fuera)*
- **extraer** (sacar algo)

in-, im- *(sin, ausencia de)*
- **incómodo** (sin comodidad)
- **impaciente** (sin paciencia)

inter- *(entre)*
- **internacional** (entre dos o más naciones)

multi- *(mucho, muchos)*
- **multicultural** (que incluye muchas culturas)

pre- *(antes)*
- **preestreno** (antes del estreno para el público en general)

pos-, post- *(detrás de, después de)*
- **posoperatorio** (después de una operación)

trans-, tras- *(al otro lado, a través de)*
- **transoceánico** (al otro lado del océano)
- **trasplantar** (mover de un lugar a otro)

tri- *(tres)*
- **triángulo** (figura que tiene tres lados y tres ángulos)

Palabras que terminan con un sufijo

Los **sufijos** son los afijos que aparecen al final de la palabra. Un sufijo puede indicar qué elemento gramatical es una palabra. Por ejemplo, muchos adverbios terminan con el sufijo *-mente*. Si agregas el sufijo *-able*, que significa "posibilidad", a la palabra *confiar*, se forma *confiable*, que significa "en lo que se puede confiar". La mayoría de los sufijos son griegos o del latín. Esta es una lista de sufijos comunes. En tus redacciones, comprueba haber deletreado correctamente las palabras con sufijos griegos o del latín.

Sufijos griegos

-dromo *(carrera)*
autódromo (pista de carreras de automóviles)

-filo *(amante de)*
cinéfilo (amante del cine)

-fobia *(temor)*
aracnofobia (temor a las arañas)
fotofobia (fobia a la luz)

-ismo *(sistema, movimiento, actitud, deporte)*
impresionismo (movimiento artístico del siglo XIX)
ciclismo (deporte de carreras de bicicletas)

-ista *(partidario de, inclinado a, ocupación)*
taxista (persona que conduce un taxi)
imperialista (partidario del imperialismo)

-itis *(inflamación)*
otitis (inflamación del oído)

-ología *(estudio de, ciencia)*
biología (el estudio de los seres vivos)

-teca *(lugar en que se guarda algo)*
biblioteca (lugar en que se guardan los libros)

Sufijos del latín

-able *(posibilidad o capacidad)*
perdurable (que puede perdurar)
lavable (que se puede lavar)

-ancia *(forma sustantivos femeninos)*
tolerancia (acción y efecto de tolerar)
elegancia (cualidad de elegante)

-cida *(que mata)*
insecticida (que sirve para matar insectos)

-cultura *(cultivo, cría)*
agricultura (cultivo de la tierra)
apicultura (cría de abejas)

-ible *(posibilidad o capacidad)*
comestible (que se puede comer)
inconfundible (que no se puede confundir)

-voro *(que come o devora)*
herbívoro (que come hierbas)

Conocer las raíces

La **raíz** es la parte de una palabra que contiene el significado principal. Si conoces la raíz de una palabra difícil, quizá puedas descifrar su significado. Las palabras formadas únicamente por una raíz, sin prefijos ni sufijos, se llaman **palabras base**. La mayoría de las raíces son griegas o latinas.

Imagina que tu maestro dice: "No entendí lo que dijo el orador porque su voz era *inaudible*". Si sabes que el prefijo *-in* significa "no" y la raíz *audi-* significa "oír o escuchar", sabrás que tu maestro no oyó la voz del orador.

A continuación encontrarás otras raíces. En tus redacciones, comprueba haber deletreado correctamente las palabras con raíces griegas o latinas.

Raíces griegas

antropo- *(hombre)*
- **antropoide** (parecido al hombre)
- **antropología** (el estudio de los seres humanos)

bio- *(vida)*
- **biografía** (libro sobre la vida de una persona)

cardio- *(corazón)*
- **cardíaco** (del corazón)

cicl-, ciclo- *(círculo, rueda)*
- **ciclón** *(viento que se mueve en círculos)*
- **bicicleta** (vehículo de dos ruedas)

crono- *(tiempo)*
- **cronológico** (en orden de tiempo)

dactilo- *(dedo)*
- **dactilar** *(perteneciente a los dedos)*

demo- *(pueblo)*
- **democracia** (el gobierno del pueblo)

foto- *(luz)*
- **fotosíntesis** *(la acción de la luz sobre la clorofila)*

Raíces latinas

alter- *(otro)*
- **alternativa** (otra opción)

aster-, astro- *(estrella)*
- **asterisco** (símbolo con forma de estrella)
- **astronomía** (el estudio de los cuerpos celestes)

circun- *(alrededor)*
- **circundar** (rodear)

cosmos *(universo, mundo)*
- **cósmico** (relativo al universo)

dent- *(diente)*
- **dentadura** (conjunto de dientes, muelas y colmillos)
- **dentífrico** (pasta de dientes)

dic-, dict- *(decir, contar, pronunciar)*
- **dicción** (manera de pronunciar)
- **dictar** (decir algo en voz alta para que otro lo escriba)

Más raíces

Raíces griegas

geo- *(tierra, la Tierra)*
geografía (estudio de la superficie de la Tierra)

graf-, grafo- *(escritura)*
grafología *(el estudio de la escritura)*

metro- *(medida)*
centímetro (una unidad de medida)

-scopio *(instrumento para ver o examinar)*
microscopio (instrumento que se usa para observar objetos muy pequeños que no son perceptibles a simple vista)

tele- *(a distancia)*
televisor (aparato que transmite imágenes a distancia)

Raíces latinas

fract-, frag- *(romper)*
fracturar (romper)
fragmento (un trozo pequeño)

habit- *(vivir)*
habitante (persona que vive en un lugar)
habitar (vivir en un lugar)

leg- *(ley)*
legal (relativo a las leyes)
legisladores (las personas que crean las leyes)

mani-, manu- *(mano)*
manufacturar (elaborar a mano)

mar *(mar, océano)*
marino (relativo al mar)
marinero (persona que navega en el mar)

mov-, moción *(mover)*
móvil (capaz de moverse)
locomoción (movimiento de un lugar a otro)

nov- *(nuevo)*
innovar *(crear algo nuevo)*
renovar (hacer que algo quede como nuevo)

omni- *(todo, todos)*
omnipresente (que está presente en todos lados)
omnívoro (que come toda clase de alimentos)

ped-, pedi- *(pie)*
pedal (palanca para el pie)
peatón (persona que va a pie)

port- *(llevar)*
exportar (llevar a otro país)

scrib- *(escribir)*
escribano (persona que certifica un escrito)
manuscrito (escrito a mano)

rupt- *(romper)*
ruptura (acción y efecto de romper)

spec- *(ver)*
espectador (persona que ve algo)

¿Cómo puedo mejorar mis oraciones?

Estudia los patrones de oraciones

Usa distintos patrones de oraciones para crear oraciones más fluidas. A continuación, hay algunos patrones básicos.

1. Sujeto + Verbo de acción

    S   VA

Claudia caminó. (Algunos verbos de acción no necesitan un complemento directo para expresar un pensamiento completo).

2. Sujeto + Verbo de acción + Complemento directo

    S   VA   CD

Tadeo colecciona monedas. (Algunos verbos de acción necesitan un complemento directo para expresar un pensamiento completo).

3. Sujeto + Verbo de acción + Complemento directo + Complemento indirecto

    S VA   CD   CI

Mamá dio una manzana a Alicia.

4. Sujeto + Verbo de acción + Complemento directo + Complemento predicativo

    S   VA   CD   CP

La maestra Durán nombró a Alejandro tesorero.

5. Sujeto + Verbo copulativo + Sustantivo predicativo

    S   VC SP

Los palominos son aves.

6. Sujeto + Verbo copulativo + Adjetivo predicativo

    S   VC   AP

Los caballos Clydesdale son enormes.

En los patrones de arriba, el sujeto está antes del verbo. En los patrones de abajo, el sujeto está después del verbo.

    VC S AP

7. **¿Está él cansado?** (Pregunta)

    VA   S

8. **Huyen las hormigas.**

Practica los diagramas de oraciones

Hacer diagramas de oraciones puede ayudarte a ver la función de cada palabra dentro de las oraciones. Abajo encontrarás diagramas de las oraciones de la página 517.

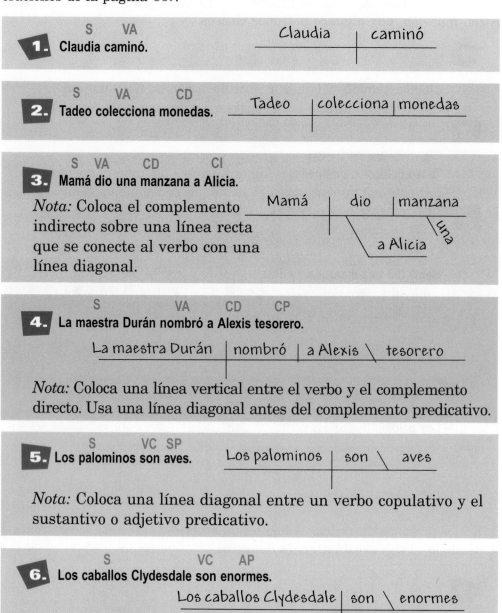

1. Claudia caminó.
   S   VA

   Claudia | caminó

2. Tadeo colecciona monedas.
   S   VA   CD

   Tadeo | colecciona | monedas

3. Mamá dio una manzana a Alicia.
   S   VA   CD   CI

   Nota: Coloca el complemento indirecto sobre una línea recta que se conecte al verbo con una línea diagonal.

   Mamá | dio | manzana
   una
   a Alicia

4. La maestra Durán nombró a Alexis tesorero.
   S   VA   CD   CP

   La maestra Durán | nombró | a Alexis \ tesorero

   Nota: Coloca una línea vertical entre el verbo y el complemento directo. Usa una línea diagonal antes del complemento predicativo.

5. Los palominos son aves.
   S   VC SP

   Los palominos | son \ aves

   Nota: Coloca una línea diagonal entre un verbo copulativo y el sustantivo o adjetivo predicativo.

6. Los caballos Clydesdale son enormes.
   S   VC AP

   Los caballos Clydesdale | son \ enormes

¿Cómo puedo conectar mis ideas?

Usa palabras de transición

Las palabras de transición se pueden usar para conectar oraciones y párrafos. Las listas de abajo muestran distintos grupos de palabras o frases de transición.

Palabras que indican ubicación:

a la derecha	adentro	bajo	dentro	junto a
a la vuelta (de)	afuera	cerca	detrás	por todo/a
a lo largo de	al lado (de)	contra	en	
a través de	arriba	debajo	encima	
abajo	atrás	delante	entre	

Mi panadería favorita está cerca de nuestro apartamento. A la vuelta de la esquina, está el café que le gusta a mamá.

Palabras que indican tiempo y orden:

a continuación	cuando	hasta	más tarde	segundo
antes	después de	hoy	mientras tanto	tan pronto como
aproximadamente	durante	luego	primero	tercero
ayer	finalmente	mañana	pronto	

Hoy vi escarcha en el césped. Ayer estaba cálido cuando fui a la escuela.

Palabras que indican comparaciones (semejanzas):

asimismo	del mismo modo	mientras que
como	igualmente	también

Las nubes del verano se veían como globos gigantes que volaban por el cielo.

Palabras que indican contraste (diferencias):

a pesar de	aunque	no obstante	por otro lado
aun cuando	de lo contrario	pero	sin embargo

Asegúrate de tener una dieta balanceada. De lo contrario, no tendrás suficientes vitaminas y minerales.

Palabras que ponen énfasis:

de hecho	una vez más	nuevamente	verdaderamente
especialmente	para enfatizar	por esta razón	

De hecho, de todas las maneras en las que puedes protegerte al andar en patineta, la más importante es usar el casco.

Palabras que agregan información:

además (de)	luego	también
finalmente	otro/a	una vez más
junto con	por ejemplo	y

El director se dio cuenta de que el árbol estaba seco y que habría que podarlo antes de la primavera.

Palabras que indican una conclusión:

como resultado	para concluir	por último
finalmente	por lo tanto	porque

Por último, escribe tu nombre al pie de la hoja y entrega el examen.

¿Cómo hago para que mi versión final se vea mejor?

Incluye diagramas y gráficas

Los **diagramas** son dibujos simples que incluyen rótulos.

■ Los **diagramas de líneas** te ayudan a ver de qué manera o en qué punto alguien o algo se relaciona con una situación (como en un árbol genealógico). Un diagrama de líneas también muestra cómo se organizan los datos en grupos.

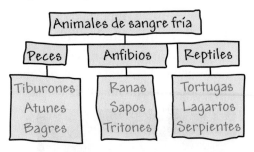

Las **gráficas** muestran información sobre cómo las cosas cambian a lo largo del tiempo o se relacionan unas con otras. La información que muestran incluye una serie de números.

■ Una **gráfica de barras** compara dos o más elementos en un momento determinado, como si fuera una fotografía. Las barras de la gráfica pueden organizarse horizontalmente en hileras o verticalmente en columnas.

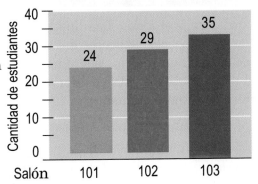

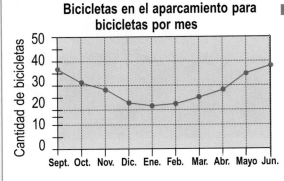

■ Una **gráfica lineal** se traza en una cuadrícula. La información que está al pie muestra períodos de tiempo iguales. El lado izquierdo muestra la cantidad de algo. La línea trazada indica cómo aumentó y disminuyó esa cantidad durante el período considerado.

Agrega imágenes

Las ilustraciones harán que tu versión final sea clara e interesante. Usa fotos de revistas o periódicos o descarga ilustraciones del Internet (si tienes permiso para hacerlo). Considera hacer tus propios dibujos o tomar tus propias fotografías para hacerlo más personal.

■ **Para informar...** Las ilustraciones pueden ayudar al lector a entender el tema, ya que añaden color y detalles interesantes al cuerpo de un informe o ensayo. También puedes usarlas para decorar la cubierta de un informe. La ilustración de abajo forma parte de un ensayo sobre cómo hacer búsquedas en el Internet.

Si no sabes cómo buscar en el Internet, aquí te explicamos cómo hacerlo. Enciende la computadora, toma el ratón y abre el navegador. Usa un motor de búsqueda, donde encontrarás mucha información para investigar.

■ **Para definir el tono...** Las ilustraciones pueden mostrarle al lector cuáles son tus sensaciones acerca del tema. La ilustración de abajo podría estar incluida en un informe sobre mascotas. Así el lector vería qué piensa el autor sobre los gatos. Observa cómo las palabras y la ilustración se relacionan perfectamente.

Muchos creen que los gatos son la mejor mascota. Son limpios y tranquilos. Se los puede dejar solos varios días con comida, agua y su caja sanitaria. A los gatos les gusta acurrucarse en la falda de las personas o estar cerca de ellas. Un gato suave que ronronea puede ser una muy buena mascota.

¿Cómo debo organizar mi escritura práctica?

Sigue las pautas para escribir una carta

Las **cartas informales** y las **cartas formales** están compuestas por las mismas partes básicas: *encabezamiento, saludo, cuerpo, despedida* y *firma*. Una carta formal incluye la *dirección del destinatario*.

Carta informal

El propósito de una carta informal es mantenerse en contacto con un amigo o familiar, por lo que en ella se usa lenguaje cotidiano. En cada párrafo se deja sangría. Las notas del costado explican cada una de las partes.

Encabezamiento
Dirección del remitente y fecha

Saludo
Un saludo seguido de dos puntos

Cuerpo
Párrafos con sangría y sin espacio entre sí

Despedida
Primera palabra con mayúscula; coma al final

Firma
Firma escrita a mano

Calle Main 712
Salina, KS 67402
15 de noviembre de 2010

Querida tía Mirta:

Muchas gracias por el regalo de cumpleaños que me enviaste. Ya leí la mitad del libro. Me hiciste entusiasmar con la autora, y ahora quiero leer todos sus libros.

Me encantan las historias de caballos. Papá dice que quizá tengamos un poni la próxima primavera. Sara, Daniel y yo estamos muy contentos, y es una suerte que tengamos un establo, ¡porque quizá podamos tener más de un poni!

Es una pena que no puedas venir a casa para el Día de Acción de Gracias. Estoy segura de que tu viaje a Florida será interesante, pero vamos a extrañar las historias que sueles contarnos durante la cena. Envíame una postal cuando visites los pantanos de Everglades.

Tu sobrina,
Julia

Carta formal

El propósito de una carta formal suele ser pedirle algo a alguien que no conoces. Por eso, en ella se usa lenguaje formal. No se deja sangría en los párrafos. Las notas del costado explican cada una de las partes.

Encabezamiento
Dirección del remitente y fecha

Dirección del destinatario
Nombre y dirección de la persona u organización

Saludo
Un saludo seguido de dos puntos

Cuerpo
Párrafos sin sangría y con doble espacio entre sí

Despedida
Primera palabra con mayúscula; coma al final

Firma
Firma manuscrita arriba del nombre impreso o escrito a máquina

Calle Horace 401
Burlington, TX 76570
21 de enero de 2010

Sr. Garrido, Director
Mascotas y Más
Avenida Tomike 1017
Burlington, TX 76570

Estimado Sr. Garrido:

En la clase de cuarto grado del Sr. Lombardi estamos estudiando los mamíferos. La clase me escogió para que organizara el material para nuestro estudio. Quisiera encargar dos hámsters: un macho y una hembra. También necesitamos una bolsa de aserrín y una caja de alimento para hámsters.

Si tiene algún libro sobre cómo criar hámsters, necesitamos uno. Por favor, comuníquese con la escuela primaria Burlington para saber quién se encargará de los gastos de nuestro proyecto.

Atentamente,

Daniela Martínez
Daniela Martínez

Sobre

Escribe las direcciones de la misma manera en los sobres de cartas formales y en los de cartas informales: todo con mayúsculas y sin signos de puntuación.

DANIELA MARTÍNEZ
CALLE HORACE 401
BURLINGTON TX 76570

SR GARRIDO, DIRECTOR
MASCOTAS Y MÁS
AVENIDA TOMIKE 1017
BURLINGTON TX 76570

Marcas editoriales y de corrección

Usa los símbolos y las letras que están a continuación para mostrar dónde y cómo corregir tu redacción. Tu maestro también puede usarlos para señalar errores en tu redacción.

Símbolo	Significado	Ejemplo	Ejemplo corregido
≡	Cambiar una letra minúscula por una mayúscula	Judy Blume escribió el libro *superfudge.*	Judy Blume escribió el libro *Superfudge.*
/	Cambiar una letra mayúscula por una minúscula	Peter Hatcher es el personaje Principal.	Peter Hatcher es el personaje principal.
⊙	Insertar (agregar) un punto	La vida de Peter está llena de problemas⊙	La vida de Peter está llena de problemas.
u *ort.*	Corregir la ortografía	Tiene un hermano manor llamado Fudge.	Tiene un hermano menor llamado Fudge.
	Borrar (quitar) o reemplazar	Fudge él es una verdadera peste.	Fudge es una verdadera peste.
∧	Insertar aquí	La mamá de Peter tendrá un bebé.	La mamá de Peter tendrá un bebé.
∧ ∧ ∧	Insertar coma, dos puntos o punto y coma	Dentro de poco, la familia se mudará.	Dentro de poco, la familia se mudará.
“ ”	Insertar comillas	La vida de Peter cambia “a la velocidad de la luz”.	La vida de Peter cambia “a la velocidad de la luz”.
¿ ? ¡ !	Insertar signos de interrogación o de admiración	¿Será el bebé molesto, al igual que Fudge?	¿Será el bebé molesto, al igual que Fudge?
∼	Intercambiar el lugar de letras o palabras	¿A Peter le gustará nueva su escuela?	¿A Peter le gustará su nueva escuela?
¶	Comenzar un párrafo nuevo	Peter se preocupa por todo.¶Si quieres saber más…	Peter se preocupa por todo. Si quieres saber más…

Guía del corrector

Aprendizaje del lenguaje

Trabaja con un compañero. Lean los significados
y respondan juntos las preguntas.

1. Una abreviatura es la forma reducida de una palabra.
   **¿Por qué querrías usar la abreviatura
   de una palabra larga en tu redacción?**

2. Si algo es frecuente, se ve a menudo u ocurre muchas veces.
   **¿Son los dibujos animados frecuentes en la
   televisión? Explica por qué.**

3. Si dos elementos están relacionados, de alguna manera
   están conectados.
   **¿De qué manera está el pan relacionado con la
   harina? Menciona otros dos elementos que estén
   relacionados.**

4. Si haces más de la cuenta, haces más de lo que es
   realmente necesario.
   **Habla sobre alguna vez en que hayas hecho más de la
   cuenta para ayudar a alguien.**

Corregir para respetar las convenciones mecánicas

Puntos

El **punto** se usa para finalizar las oraciones. Se usa también a continuación de las iniciales y de las abreviaturas, y como punto decimal.

527.1
Al final de una oración

Usa el punto al final de una oración que consista en una afirmación, una orden o un pedido.

Teo ganó la competencia de lanzamiento. (afirmación)

Tómale una fotografía. (orden)

Por favor, préstame tu gorra de béisbol. (pedido)

527.2
Después de una inicial

Usa el punto después de la inicial del nombre de una persona. (La inicial es la primera letra de un nombre).

B. B. King (músico de blues)

A. A. Milne (escritor)

527.3
Como punto decimal

Usa el punto como punto decimal y para separar los dólares de los centavos.

Roberto está seguro en un 99.9 por ciento de que el abono para el autobús cuesta $2.50.

527.4
En abreviaturas

Usa el punto después de una abreviatura. Estas se leen como la palabra completa que representan. (Consulta la página 566 para encontrar más información sobre las abreviaturas).

núm. Dra. págs. a. C. Atte. Sr.

Usa solo un punto si la abreviatura es la última palabra de la oración.

En las bibliotecas hay libros, revistas, etc.

Signos de interrogación

Los **signos de interrogación** se usan para abrir y cerrar una pregunta directa (u oración interrogativa). Algunas veces se usa un signo de interrogación de cierre entre paréntesis para mostrar duda (incertidumbre) acerca de la exactitud de un detalle.

528.1

En preguntas directas

Abre y cierra las preguntas directas con signos de interrogación.

¿Son más seguros los carros que tienen bolsas de aire?

No se usan signos de interrogación en las preguntas indirectas. (En una pregunta indirecta, mencionas una pregunta que has hecho tú u otra persona).

Le pregunté si los carros que tienen bolsas de aire son más seguros.

528.2

En preguntas de coletilla

Se usan signos de interrogación de apertura y de cierre cuando se agrega una pregunta corta al final de una afirmación. (Este tipo de preguntas se llaman *preguntas de coletilla*).

Este siglo termina en el año 2099, ¿no?

528.3

Para mostrar duda

Coloca un signo de interrogación de cierre entre paréntesis para mostrar que no estás seguro de que un dato sea correcto.

El barco llegó a Boston el 23(?) de julio de 1652.

Signos de admiración

Los **signos de admiración** se usan para expresar un sentimiento intenso. Pueden encerrar una palabra, una frase o una oración.

528.4

Para mostrar un sentimiento intenso

¡Sorpresa! (palabra)
¡Feliz cumpleaños! (frase)
¡Ya voy! (oración)

NOTA: No uses signos de admiración adicionales (¡¡¡Fantástico!!!) en tareas de redacción escolares ni en cartas formales.

Práctica

Puntuación de apertura y cierre

▶ **Escribe los signos de apertura y de cierre correctos (punto, signos de interrogación o signos de admiración) en las siguientes oraciones.**

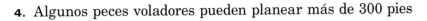

Ejemplo: ¡Vaya, mira eso!

1. Es lo que creo que es

2. Hay muchas clases de peces voladores

3. Puede un pez volar de verdad

4. Algunos peces voladores pueden planear más de 300 pies

5. Despliegan sus grandes aletas

6. Por supuesto, las aletas parecen alas

7. Por qué saltan fuera del agua

8. Tratan de escapar de otros peces que los quieren comer

9. Qué tan lejos van

10. En realidad, los peces voladores saltan fuera del agua y planean en el aire

Paso siguiente: Escribe una oración admirativa sobre una criatura fuera de lo común. Asegúrate de usar la puntuación correcta de apertura y cierre.

Comas

Las **comas** impiden que se confundan las palabras y las ideas. Le indican al lector dónde hacer una pausa para que el texto sea más fácil de leer y de entender.

530.1
Para separar elementos de una enumeración

Coloca comas entre las palabras, frases o cláusulas de una enumeración. (Una enumeración está constituida por tres o más elementos seguidos). No se incluye una coma entre el último elemento de la enumeración y la conjunción *y*.

A Ana le gusta la pizza con salchichón, piña y aceitunas. (palabras)

En el verano leo cuentos de misterio, ando en bicicleta y juego baloncesto. (frases)

530.2
Cuando se omite el verbo

Debes colocar una coma en lugar del verbo cuando lo omitas porque lo has mencionado antes o porque se sobreentiende.

Mario trajo la comida. César, los refrescos.

530.3
En oraciones compuestas

Usa coma en oraciones compuestas cuando las cláusulas no estén unidas por una conjunción coordinante como *y, o, pero*.

Los niños cantaban, las niñas bailaban.

Usa una coma delante de las conjunciones que unen las oraciones incluidas en una oración compuesta en los siguientes casos:

Delante de oraciones coordinadas adversativas introducidas por *pero, aunque, sino (que)*.

Puedes llevarte mi cámara de fotos, pero ten mucho cuidado.

Delante de oraciones consecutivas introducidas por *así que, de manera que*, etc.

Prometiste decírselo, así que ahora no puedes echarte atrás.

Se puede usar la coma antes de la *y* o la *o* cuando conectan elementos que ya tienen una conjunción.

Cenamos y bailamos, y después regresamos a casa.

Se usa coma antes de la *y* que conecta dos oraciones coordinadas cuando el sujeto de la segunda se puede confundir con el complemento de la primera.

Luis y Ale estudiaban con Lucas, y Sonia leía con su primo.

Práctica

Comas 1

■ En oraciones compuestas
■ Cuando se omite el verbo

Escribe la palabra o las palabras detrás de las cuales la coma es necesaria. También escribe la coma.

Ejemplo: Trajeron un grupo de vacas a Houston así que mi papá decidió llevarnos a verlas.

Houston,

1. En la entrada nos dijeron: "Quienes tengan boletos por aquella puerta".

2. Vimos las vacas pero no eran lo que esperábamos.

3. No eran vacas de verdad sino que eran estatuas.

4. Algunas personas opinaban otras las miraban en silencio.

5. Yo decía que eran horribles; mi hermanita que eran hermosas.

6. Fuimos a buscar refrescos con mi papá y mi hermana y mi mamá nos esperó en la puerta.

7. Disfruté mucho del paseo y de la compañía y volví a casa con una sensación agradable.

Paso siguiente: Escribe dos oraciones compuestas para explicar qué pensaron las vacas sobre su visita a Houston. (Escribe como si las vacas estuvieran vivas y pudieran hablar). Asegúrate de usar las comas de forma correcta.

Comas...

532.1
Para separar frases y cláusulas introductorias

Usa una coma para separar una frase larga o una cláusula que antecede a la parte principal de la oración.

> Después de revisar mis rodilleras, **comencé a practicar.**
>
> (frase)
>
> Si practicas con frecuencia, **patinar es fácil.** (cláusula)

En general, no es necesario colocar una coma cuando la frase o la cláusula está después de la parte principal de la oración.

> **Patinar es fácil** si practicas con frecuencia.

Generalmente, tampoco necesitas la coma después de una frase inicial corta.

> Pronto **descubrirás que tienes muchas ganas de practicar.**
>
> (La coma no es necesaria después de *Pronto*).

532.2
En direcciones

Usa comas para separar las diferentes partes de una dirección. (*No* uses coma entre la calle o avenida y el número).

> **Mi familia vive en la calle Gran Vía número 114, Madrid, código postal 28005, España.**

532.3
Para escribir números

Coloca comas entre cientos, miles, millones y mil millones.

> **Como el carro de Julio ya recorrió 200,000 millas, él intenta venderlo por $1,000.**

No uses coma en un número cuando este sea el número de una calle, el código postal o un año. Además, puedes escribir los números en millones y miles de millones de esta manera: 7.5 millones, 16 mil millones.

> **Brasil tiene 184 millones de habitantes.**

Práctica

Comas 2

■ Para separar frases y cláusulas introductorias
■ Para escribir números correctos

En las oraciones siguientes, escribe el número que necesita una coma o la palabra detrás de la cual es necesaria una coma. También escribe la coma.

Ejemplo: En los Alpes hay muchos picos con más de 10000 pies.

10,000

1. Cuando la gente vivía allí muchos años atrás no existían los teléfonos.

2. Para comunicarse los vecinos cantaban al estilo tirolés.

3. El canto tirolés probablemente comenzó hace más de 1500 años.

4. Sin palabras para cantar el verdadero cantor tirolés sencillamente entonaba diferentes notas.

5. ¡Imagina cómo era llamar a un vecino en el Mont Blanc, a 15771 pies de altura!

6. Con el eco que devuelven las montañas el cantor tirolés produce un sonido asombroso.

Paso siguiente: Escribe una oración sobre un sonido asombroso que hayas escuchado. Comienza con una frase o una cláusula introductoria y usa las comas de forma correcta.

Comas...

Usa comas para separar una palabra, una frase o una cláusula que interrumpa el pensamiento principal de una oración.

Podrías, por ejemplo, llevar a pasear al perro en lugar de mirar televisión.

Esta es una lista de palabras y frases que puedes usar para interrumpir pensamientos principales.

por ejemplo	**seguramente**	**por otra parte**
sin embargo	**en realidad**	**de hecho**

PRUEBAS: Usa una de estas pruebas para comprobar si una palabra o frase interrumpe un pensamiento principal:

1. Elimina la palabra o la frase. El significado no debe cambiar.
2. Mueve la palabra o la frase a otro lugar de la oración. El significado no debe cambiar.

Usa una coma para separar una interjección o una exclamación débil del resto de la oración.

¡Ah, mira ese amanecer!

¡Eh, nos levantamos temprano!

Si la interjección expresa un sentimiento intenso, se pueden usar signos de admiración para encerrarla.

¡Ay! Baja la velocidad.

Las siguientes palabras se usan con frecuencia como interjecciones.

ay	**ah**	**caramba**
eh	**puaj**	**oh**
ojalá	**vaya**	**huy**

Usa comas para separar del resto de la oración los sustantivos que funcionan como vocativos (que sirven para dirigirse o nombrar al interlocutor).

José, algunas computadoras no necesitan teclado.

Ya lo sé, María. Responden a la voz.

Práctica

Comas 3

■ Para dirigirse a alguien
■ Para separar digresiones

Vuelve a escribir las oraciones e inserta comas donde sean necesarias.

Ejemplo: —Kevin ¿te gustaría ir al cine hoy? —preguntó la tía Mabel.

—Kevin, ¿te gustaría ir al cine hoy? —preguntó la tía Mabel.

1. —¡Claro que sí tía!

2. —Podríamos por ejemplo ir a ver la película del espacio.

3. —¿Es esa la que dan en el cine del museo tía Mabel? En realidad justo estaba pensando en ir allí.

4. —Kevin yo me refería a los cines del centro comercial.

5. —Tía ¿sabes si venden palomitas de maíz en esos cines?

6. —La última vez que fuimos si haces memoria sí tenían palomitas de maíz.

Paso siguiente: Escribe dos oraciones sobre una salida al cine. Usa una digresión en una de ellas y un sustantivo que funcione como vocativo para dirigirse a alguien en la otra. Usa las comas de forma correcta.

Comas...

536.1
Para separar adjetivos de igual función

Usa comas para separar dos o más adjetivos que tengan igual función.

> **Pablo parecía triste, desilusionado.** (Los adjetivos *triste* y *desilusionado* están separados por una coma porque tienen igual función).

> **Dos enormes ojos lo contemplaban fijamente.** (Los adjetivos *dos* y *enormes* no están separados por una coma porque no tienen igual función).

PRUEBAS: Usa una de las siguientes pruebas para decidir si los adjetivos cumplen igual función.

1. Cambia el orden de los adjetivos. Si la oración sigue siendo clara, los adjetivos tienen igual función.
2. Coloca la palabra *y* entre los adjetivos. Si la oración es clara, los adjetivos tienen igual función.

> **NOTA:** No debes usar coma entre el sustantivo y el adjetivo cuando son contiguos.

536.2
Para separar frases explicativas y aposiciones

Usa una coma para separar frases explicativas del resto de la oración. (*Explicativa* significa "que explica").

> **Sonia, al regresar de Florida, trajo regalos para todos.**

Usa comas para separar aposiciones. Una aposición es una palabra o frase que es otra manera de nombrar al sustantivo o pronombre que la precede. (Consulta la página 602.5).

> **El Sr. Paz, nuestro maestro de ciencias, dice que el sol es una fuente de energía importante.**

> **La energía solar y la energía eólica, dos fuentes de energía no contaminantes, se deberían usar más.**

536.3
En las cartas

Coloca una coma detrás del saludo de despedida en las cartas.

> **Cariños,   Atentamente,**

Práctica

Comas 4

■ Para separar aposiciones
■ En las cartas

Escribe el número de línea donde encuentres una palabra detrás de la cual se necesita una coma. Escribe las palabras y coloca las comas.

Ejemplo: 1 Le escribí al tío Teo el hermano
          2 de mi madre para contarle
          3 sobre mi nueva mascota.

1. tío Teo,

2. el hermano de mi madre,

11 de octubre de 2010

1 Querido tío Teo:

2   Me regalaron una iguana una clase de lagarto para mi

3 cumpleaños. Tina una querida amiga fue quien me la regaló.

4 Me encanta mi nueva mascota. Le puse de nombre Rocky.

5   La papada de Rocky un pliegue de piel debajo de su

6 garganta se agranda cada vez que me ve. Eso es normal en las

7 iguanas. Rocky es un animal herbívoro. Por eso lo alimentamos

8 con verduras y frutas.

9   Me gustaría que lo conocieras pronto.

10   Cariños

11   Juliana

Paso siguiente: Imagina que eres el tío Teo y escribe una carta breve como respuesta a la de Juliana.

Rayas

La **raya** se usa para señalar el cambio de interlocutor en un diálogo y para introducir los comentarios del narrador a las intervenciones de los personajes en textos narrativos. No debe confundirse la raya (—) con el guión (-), que es más corto y tiene otras funciones.

538.1
Para indicar el cambio de interlocutor en un diálogo

Al reproducir un diálogo de forma escrita, coloca una raya antes de la intervención de cada uno de los interlocutores, sin mencionar sus nombres. No debes dejar espacio de separación entre la raya y el comienzo de cada intervención. Observa que las intervenciones de cada uno de los interlocutores se escriben en líneas distintas y llevan sangría.

> —¿Quién llamó?
>
> —La abuela.
>
> —¿Qué dijo?
>
> —Que te espera el domingo.

La intervención de un interlocutor puede estar precedida por una frase introductoria con dos puntos.

> La maestra sonrió y le dijo:
>
> —Obtuviste la calificación más alta.

538.2
Diferencia con los guiones

El guión es un signo distinto de la raya, y tiene también distintas funciones: dividir las palabras al final del renglón; unir los elementos que forman las palabras compuestas; unir los años inicial y final de un período; y separar el día, el mes y el año cuando se escribe una fecha. (Consulta la página **544** para obtener más información sobre los usos de los guiones).

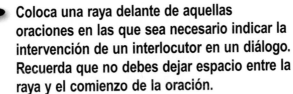

Práctica

Uso de la raya en el diálogo 1

■ Para indicar el cambio de interlocutor en un diálogo

▶ **Coloca una raya delante de aquellas oraciones en las que sea necesario indicar la intervención de un interlocutor en un diálogo. Recuerda que no debes dejar espacio entre la raya y el comienzo de la oración.**

Ejemplo: Te compré un regalo.

—Te compré un regalo.

1. No es mi cumpleaños.

2. El tío Jaime sonrió y sacudió la cabeza.

3. No tiene que ser tu cumpleaños para que yo te haga un regalo.

4. El envoltorio del paquete era una bolsa atada con un lazo.

5. Mientras Carlos abría la bolsa, la sonrisa del tío Jaime era cada vez más grande.

6. Carlos no tenía idea de qué podía ser.

7. ¡Son peces!

8. Los peces que estaban en la bolsa con agua no eran muy grandes.

9. ¿Te gustan?

10. ¡Sí! Y te prometo que voy a cuidarlos.

11. Estoy seguro de que lo harás bien, Carlos.

Paso siguiente: Vuelve a escribir las oraciones anteriores en una hoja aparte. Cuando llegues al final del renglón, separa la última palabra con un guión y pasa al renglón siguiente para practicar la diferencia de longitud entre el guión y la raya.

Rayas...

En las narraciones, debes delimitar con rayas los comentarios que intercales en las intervenciones de tus personajes.

Coloca una sola raya delante del comentario si las palabras del personaje no continúan inmediatamente después del comentario y allí finaliza la oración o el párrafo.

> **—No sé cómo pudo suceder ——murmuró la mujer, angustiada.**

Observa que no debes dejar espacio entre la raya y el comienzo del comentario. En cambio, debes dejar un espacio antes de la raya.

Coloca dos rayas, una de apertura y una de cierre si, tras el comentario, el discurso del personaje continúa.

> **—Mañana hablaremos ——dijo su padre con gesto serio——. Supongo que tendrás una buena explicación.**

Observa que la raya va unida, sin dejar espacio, al comentario intercalado. En cambio, debes dejar un espacio antes y después de la raya.

Si en cualquiera de los casos anteriores, necesitas usar un signo de puntuación detrás del comentario, ya sea coma o punto, deberás colocarlo detrás de la raya de cierre del comentario sin dejar un espacio.

> **—Sí ——respondió Nicolás——, saldremos por la mañana.**

Práctica

Uso de la raya en el diálogo 2

■ Para introducir comentarios del narrador en diálogos de textos narrativos

Coloca rayas para delimitar los comentarios del narrador en el siguiente diálogo. Recuerda usar los espacios correctamente.

Ejemplo: —¡Parece que va a nevar! gritó la vaca Carla.

     —¡Parece que va a nevar!
     —gritó la vaca Carla.

1. —No lo creo respondió la vaca Beti. Es demasiado temprano.

2. —Por si acaso, ¿dónde pusiste mis guantes, Rosa? insistió Carla.

3. —Ni siquiera los vi contestó la tercera de las vacas.

4. —¡Ay, no! se alarmó Carla. ¡Las hebillas de mis botas están oxidadas!

5. —Estás exagerando dijo en tono aburrido Beti, como lo haces siempre a esta altura del año.

6. —Les digo que está por nevar repitió Carla sin amilanarse. Necesitarán sus gorros y sus bufandas.

    Las otras vacas no dijeron nada. Pero al rato sucedió algo:

7. —¡Beti! exclamó Rosa. ¡Esta vez Carla tenía razón!

    Así es que, esa misma tarde, las tres vacas salieron a disfrutar de la primera nieve en su viejo trineo a motor.

Paso siguiente: Escribe un diálogo (de al menos cuatro intervenciones) entre animales que hablen como los humanos. Usa correctamente las rayas para introducir comentarios.

Comillas

Las **comillas** se usan para encerrar las citas textuales, para mostrar que las palabras se usan de manera especial y para la puntuación de algunos títulos.

542.1
Para citas textuales

Coloca las comillas para transcribir citas textuales.

> Dijo el testigo: "Vi a un hombre saltar la cerca".

542.2
Colocación de la puntuación

Coloca los puntos y las comas que siguen al texto citado *después* de las comillas.

> El segundo verso dice: "Es una flor al viento delicada".

Coloca los signos de interrogación y admiración *dentro* de las comillas cuando forman parte de la cita textual.

> El náufrago gritó "¡Tierra, tierra!" al divisar el archipiélago.

Colócalos *fuera* de las comillas cuando puntúen la oración principal y no la cita textual.

> ¿Oíste que en la radio dijeron: "Se esperan tormentas fuertes durante el fin de semana"?

542.3
Para la puntuación de títulos

Encierra entre comillas los títulos de canciones, poemas, cuentos cortos, capítulos de libros y los títulos de artículos de enciclopedias, revistas y fuentes electrónicas. (Consulta la pagina 550.1 para encontrar información sobre otras clases de títulos).

> "¡Oh, Susana!" (canción)
>
> "El gato con botas" (cuento corto)
>
> "Muchacho local gana la competencia" (artículo de periódico)
>
> "Las moscas" (poema)

(Consulta la página 560.2 para encontrar información sobre el uso de las letras mayúsculas en títulos).

542.4
En palabras especiales

Las comillas se pueden usar para distinguir una palabra que se usa de manera especial.

> La reina prefería vender las sillas reales antes que verlas "destronadas".

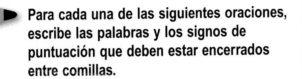

Comillas

- Para citas textuales
- Para la puntuación de títulos

Para cada una de las siguientes oraciones, escribe las palabras y los signos de puntuación que deben estar encerrados entre comillas.

Ejemplo: Estoy leyendo el capítulo
Castillos en el aire, de
Mujercitas.

"Castillos en el aire",

1. El capítulo comienza así: Una calurosa tarde de septiembre...

2. Lola había descubierto el libro *Mujercitas* en el artículo de una revista, titulado Grandes libros para los niños.

3. También había oído a un locutor de radio decir: Recomiendo *Mujercitas* especialmente a las niñas.

4. La canción favorita de Lola, Bongo Bop, se oía fuerte en la radio.

5. El conductor del programa la había presentado de esta forma: A pedido de nuestros oyentes, oiremos Bongo Pop.

6. Mientras escuchaba la radio, Lola investigaba para escribir un poema llamado Leer con ritmo.

7. El papá de Lola le sugirió otro título: Leer al compás.

8. Lola le agradeció y leyó el primer verso en voz alta: Suenan tambores.

Paso siguiente: Escribe dos oraciones en las que incluyas una cita textual y un título entre comillas.

Guiones

El **guión** se usa para dividir una palabra al final de un renglón. También se usa para unir los elementos de una palabra compuesta.

544.1

Para dividir una palabra

Coloca un guión cuando no te quede más espacio en el renglón y debas dividir una palabra. Las palabras solo se pueden dividir en sílabas (*ex-plo-ra-dor*). Las siguientes son algunas pautas para dividir las palabras:

- No es posible dividir palabras de una sílaba (*juez, más, gol*).
- No debes separar una sílaba de una sola letra del resto de la palabra (*ale-gría*, no *a-legría* ni *alegrí-a*).
- No dividas las abreviaturas (*Dr., Sr., Sra.*).

544.2

En palabras compuestas

Usa el guión para unir los elementos que forman palabras compuestas.

    teórico-práctico   **árabe-israelí**

544.3

Entre los años inicial y final de un período

Coloca un guión entre el año inicial y el final de un acontecimiento, de un proceso o de la vida de una persona, para indicar el transcurso del tiempo.

    la Primera Guerra Mundial (1914-1918)

    Jorge Luis Borges (1899-1986)

544.4

En la notación de fechas

Usa el guión para separar el día, el mes y el año cuando escribes una fecha.

    7-8-2012

Práctica

Guiones

- ■ Para dividir una palabra
- ■ En palabras compuestas

En una hoja aparte, divide correctamente las palabras que estén mal divididas o agrega un guión entre los elementos de las palabras compuestas.

Ejemplo: A Delia le encanta hacer piruetas difíciles con su pat-ineta.

       pati-neta

1. Su patineta es muy especial porque se la trajo su a-buelo de Alemania.

2. Su abuelo le habló de un antiguo conflicto franco alemán.

3. A casi todos los niños de la familia les gusta hacer dep-ortes.

4. Luis, el hermano mayor de Delia, es el único que prefi-ere leer y resolver cálculos a salir a andar en patineta o jugar al fútbol.

5. De mayor, Luis quiere estudiar una especialidad físico química.

6. Sabe tanto sobre esta materia que la semana pasada el maestro lo invitó a que diera una clase teórico práctica frente a sus compañeros y fue todo un éxito.

Paso siguiente: Imagina que las palabras *doctor, abrelatas, presidente* y *emoción* están al final de un renglón, en distintas oraciones. Escribe cada palabra dividida y coloca un guión en el lugar correcto.

Dos puntos

Los **dos puntos** se usan para presentar una enumeración o una cita, o antes de una intervención en un diálogo. También se usan en cartas y para introducir ejemplos.

546.1
Para presentar una enumeración

Para presentar una lista o enumeración que sigue a una oración completa.

> **Para construir casas, se pueden usar los siguientes materiales:** máquinas, armazones, cemento y arena.

Cuando introducen una enumeración, los dos puntos generalmente aparecen después de palabras como *lo siguiente, estas cosas, a saber*.

> **El día de limpieza hago muchas cosas, a saber:** barrer el piso, limpiar el espejo del baño y sacar la basura.

> **NOTA:** No se deben usar dos puntos después de un verbo ni después de una preposición.

546.2
Para introducir citas y diálogos

Usa los dos puntos antes de una cita textual en un informe formal, un ensayo o una noticia. También debes usarlos antes de una intervención en un diálogo.

> **El presidente Lincoln concluyó el discurso de Gettysburg con estas famosas palabras:** "...que el gobierno del pueblo, por el pueblo y para el pueblo no desaparecerá de la Tierra".

> **Y Ramón respondió:**
> **—No deberías preocuparte más.**

546.3
En las cartas

Se usan los dos puntos después del saludo en una carta.

> **Estimado Sr. Pérez:**
> **Querida abuela:**

546.4
Entre los números en la expresión de la hora

Coloca dos puntos entre las partes de un número que indica la hora.

> **7:30 a. m.   1:00 p. m.   12:00 p. m.**

Práctica

Dos puntos

■ Entre los números en la expresión de la hora
■ En las cartas

Escribe el número de renglón en el que falten los dos puntos o haya una palabra que deba ir seguida por ese signo. Agrega los dos puntos en el lugar correcto.

Ejemplo:
1 El jueves pasado
2 el Sr. Húguez sacó su
3 contenedor de reciclaje
4 a las 1000 a. m.

4. 10:00

1 Sr. Gerente de Reciclarte

2   El jueves pasado saqué mi contenedor de reciclaje

3 antes de las 1000 a. m., pero no lo recogieron. Por

4 favor, avísenme si cambió el horario en el que pasan a

5 recoger los contenedores.

6 Atentamente,

7 Víctor Húguez

8 Estimado Sr. Húguez

9   Hemos cambiado el horario de recolección a

10 las 800 a. m. Lamentamos que no haya recibido

11 la carta en la que informábamos sobre el cambio

12 de horario. La enviamos el lunes pasado a las

13 900 a. m.

14 Atentamente,

15 Reciclarte

Paso siguiente: Escribe una carta breve para acordar un horario con alguien. Usa los dos puntos correctamente en el saludo y el horario.

Punto y coma

A veces el **punto y coma** cumple una función parecida a la de la coma. En otros casos, funciona de forma similar a un punto e indica una pausa más prolongada.

548.1
Para unir dos cláusulas independientes

Puedes unir dos cláusulas independientes con un punto y coma cuando no hay una conjunción coordinante (como *y* o *pero*) entre ellas. (Consulta la página **600.2** para obtener más información sobre las cláusulas independientes).

> En el futuro, es posible que algunas ciudades se levanten en el suelo marino; otras quizá floten como si fueran islas.

> La idea de tener ciudades flotantes es grandiosa; sin embargo, el mar me marea.

NOTA: Las cláusulas independientes pueden funcionar como oraciones separadas.

548.2
Para separar grupos en una enumeración que contiene comas

Usa el punto y coma para separar una serie de frases que ya contienen comas.

> Cruzamos el arroyo; sacamos la comida, las cámaras y los periódicos de los bolsos; finalmente nos tomamos un descanso. (La segunda frase tiene comas).

Puntos suspensivos

Los **puntos suspensivos** (tres puntos seguidos con un espacio al final) se usan para mostrar que un enunciado está incompleto y también para indicar una actitud de duda, temor o inseguridad en un diálogo.

548.3
Para indicar un enunciado incompleto

Usa puntos suspensivos para indicar la omisión de una o más palabras en un enunciado.

> No recuerdo qué más dijo...

548.4
Para indicar duda, temor o inseguridad

Usa los puntos suspensivos para indicar duda, temor o inseguridad en un diálogo.

> —Debería decírselo, pero... ¿cómo? —grité.

Práctica

Punto y coma, y puntos suspensivos

▶ En las siguientes oraciones, escribe la palabra o las palabras que deberían estar seguidas de punto y coma o de puntos suspensivos. Escribe también el punto y coma o los puntos suspensivos.

Ejemplo: Nuestra familia viajó en carro desde Atlanta hasta New York fue un viaje realmente muy largo. York;

1. Cerramos la casa empacamos nuestro equipaje, juguetes y comida en la cajuela luego salimos a la ruta.

2. Mamá leía el mapa para encontrar el mejor camino ¡hasta que se perdió por no seguir los carteles!

3. Empezamos el viaje en Atlanta atravesamos algunos estados de la región sureste y los estados atlánticos centrales de Maryland, Pennsylvania y New Jersey finalmente cruzamos el puente para llegar a la ciudad de New York.

4. Pudimos ver los rascacielos de New York mucho antes de llegar recuerdo haberme asombrado porque los edificios eran altísimos nunca había visto algo así

5. La primera noche estábamos todos muy cansados llegamos al hotel y nos fuimos a dormir.

6. Al día siguiente estábamos listos para recorrer la ciudad el primer lugar que visitamos fue el Central Park.

Paso siguiente: Escribe oraciones compuestas sobre algo que pudiera suceder en un viaje. Usa el punto y coma para unir las cláusulas independientes y puntos suspensivos para indicar duda o inseguridad.

Letra cursiva y subrayado

La **letra cursiva** es un tipo de letra con una forma levemente inclinada, como por ejemplo en esta palabra: *niña*. Se usa para algunos títulos y palabras especiales. Si estás escribiendo en una computadora, debes usar cursiva o itálica. Si escribes a mano, debes subrayar las palabras que deberían estar en cursiva.

550.1
En títulos

Usa la letra cursiva (o el subrayado) para los títulos de libros, obras de teatro, poemas muy largos, revistas y periódicos; para los títulos de programas de televisión, películas (videos y DVD) y álbumes de música (casetes y CD); también para los nombres de embarcaciones y aeronaves. (Consulta la página **542.3** para obtener más información sobre otras clases de títulos).

El dador de recuerdos. . . El dador de recuerdos (libro)

National Geographic. . . National Geographic (revista)

Cenicienta. . . Cenicienta (película)

Dance on a Moonbeam. . . Dance on a Moonbeam (CD)

Los Angeles Times. . . Los Angeles Times (periódico)

Titanic. . . Titanic (embarcación)

Discovery. . . Discovery (nave espacial)

550.2
Para palabras especiales

Usa la letra cursiva (o el subrayado) para los nombres científicos y para las letras o palabras sobre las que se habla o que se usan de un modo especial.

El nombre científico de la caléndula es *Tagetes*.

La palabra *amigo* tiene diferentes significados para cada persona.

Signos de puntuación

,	Coma	( )	Paréntesis	—	Raya
""	Comillas	.	Punto	¡!	Signos de admiración de apertura y cierre
:	Dos puntos	;	Punto y coma		
-	Guión	...	Puntos suspensivos	¿?	Signos de interrogación de apertura y cierre

Práctica

Letra cursiva y subrayado

■ En títulos

En las siguientes oraciones, escribe las palabras que deberían estar en letra cursiva y subráyalas.

Ejemplo: Los primeros hombres en la Luna, un libro de H. G. Wells, fue llevado al cine.

<u>Los primeros hombres en la Luna</u>

1. La película El patito feo está basada en un cuento de Hans Christian Andersen.

2. La película El cuervo se basa en un poema de Edgar Allan Poe.

3. La revista All the Year Round fue la primera en publicar obras de Charles Dickens.

4. Mi papá escribe críticas cinematográficas en el diario de nuestra ciudad, el Smithville Call.

5. A Javier le gustó la banda sonora de una película que acababa de ver y se compró el CD Shark Tale.

6. Matilda es un libro de Roald Dahl que también tiene una versión cinematográfica.

Paso siguiente: Escribe una oración en la que incluyas el título de tu libro o tu película favoritos. Subraya lo que deba ir en letra cursiva.

Rayas

La **raya** se usa para encerrar frases aclaratorias o incisos en una oración. También se usa para encerrar comentarios en una cita textual.

552.1 **Para insertar frases aclaratorias**	La raya puede usarse para encerrar frases aclaratorias. Se coloca una raya de apertura y otra de cierre que van unidas a la frase aclaratoria, pero se deja un espacio antes de la raya de apertura y después de la raya de cierre. **Entre los participantes del concurso —eran más de cien— solo había cinco hombres.**
552.2 **Para encerrar comentarios en una cita textual**	Usa la raya para encerrar un comentario dentro de una cita textual. **"Es muy importante —señaló el maestro— que revisen la ortografía antes de imprimir la redacción".**

Paréntesis

Los **paréntesis** se usan para incluir información adicional en una oración o para clarificar una idea.

552.3 **Para agregar información**	Usa los paréntesis cuando quieras agregar información o cuando necesites clarificar una idea. **Sin darme cuenta dejé las llaves del carro de mi mamá (una camioneta azul) en el asiento delantero.** **Cinco de los estudiantes hicieron la música de fondo (un coro en tono bajo) en la interpretación del cantante.**

Práctica

Rayas y paréntesis

▶ **En cada oración, indica si usarías paréntesis o rayas para encerrar las palabras subrayadas.**

Ejemplo: Un grupo grande de hormigas rojas <u>la principal plaga sureña</u> se fue a Amarillo.

       paréntesis

1. Una hormiga grande dijo: "Quiero escalar la torre Chase <u>sus 374 pies completos</u>".

2. Otras hormigas querían conocer Cadillac Ranch <u>muestra de arte en las afueras de Amarillo</u>.

3. Las hormigas fueron a ambos lugares: a Cadillac Ranch <u>creado por los miembros del grupo de arte Granja de Hormigas</u> y también al zoológico de Amarillo.

4. En Cadillac Ranch, miraron los carros <u>todos pintados de colores llamativos</u> y luego almorzaron.

5. También vieron el cañón Palo Duro, que <u>¿se lo pueden creer?</u> tiene temperaturas superiores a los 100 grados en verano.

6. Más tarde, fueron al museo Caballos cuarto de milla <u>sede del Salón de la Fama de los Caballos cuarto de milla</u>.

Paso siguiente: Escribe un párrafo de al menos cuatro oraciones en el que cuentes a un amigo una visita que hayas hecho a otra ciudad. Incluye al menos una oración en la que uses las rayas para introducir una frase aclaratoria.

Uso de las letras mayúsculas

554.1
Sustantivos propios

Escribe con **letra mayúscula** inicial los sustantivos propios. Un sustantivo propio designa a una persona, lugar, cosa o idea específica.

California	Daniel
las montañas Rocosas	Navidad

554.2
Nombres de personas

Comienzan con letra mayúscula los nombres de personas, así como también las iniciales que representan esos nombres.

José Manuel Pérez	Gabriela Mistral
E. E. Cummings	Sacagawea

554.3
Abreviaturas

Comienzan con letra mayúscula las abreviaturas de los títulos que acompañan a los nombres de personas.

Dra. Juana Estévez   Dir. Li Tam   Lic. Roberto Sánchez

NOTA: No se deben usar mayúsculas para los títulos cuando están completos (cuando no son abreviaturas): *la doctora, el director, el licenciado Roberto Sánchez.*

Busca abreviaturas en un periódico. Identifícalas y léelas correctamente.

También se escriben con mayúscula los acrónimos y las iniciales (palabras formadas por las letras iniciales de distintas palabras).

OMS (Organización Mundial de la Salud)

MERCOSUR (Mercado Común del Sur)

554.4
Organizaciones

Comienzan con letra mayúscula los nombres de las organizaciones, asociaciones o grupos.

Organización de las Naciones Unidas
Partido Demócrata
San Antonio Spurs
Asociación Internacional de Trabajadores

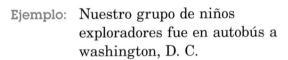

Uso de las letras mayúsculas 1

- Sustantivos propios
- Abreviaturas
- Organizaciones

En las siguientes oraciones, escribe con letra mayúscula la palabra o las palabras que correspondan.

Ejemplo: Nuestro grupo de niños exploradores fue en autobús a washington, D. C.

Washington

1. El sr. rodríguez, el encargado del grupo, nos acompañó.

2. Pasamos por un puente que cruza la bahía chesapeake.

3. El conductor del autobús nos llevó a la casa blanca.

4. María, una guía de la compañía viaje capital, se encontró con nosotros allí.

5. Ella acababa de terminar el recorrido con un grupo de personas de canadá.

6. Nos llevó al monumento a thomas jefferson.

7. En el almuerzo, comimos unos sándwiches que preparó la sra. juana.

8. El encargado del grupo nos dijo: "La próxima vez, iremos a la asociación de navegantes y subiremos a un bote".

Paso siguiente: Escribe un párrafo breve sobre un viaje que hayas hecho o que te gustaría hacer. Incluye al menos un sustantivo propio, una abreviatura y el nombre de una organización.

Uso de las letras mayúsculas...

556.1
Nombres comunes para designar personas

Escribe con letra mayúscula inicial los sustantivos comunes que se usan para designar a una persona en lugar del nombre propio.

> **El** Manco **de Lepanto escribió** *Don Quijote de la Mancha*.
> *(Manco se usa aquí en lugar de Miguel de Cervantes Saavedra).*

556.2
Apodos, sobrenombres, seudónimos

Escribe con letra mayúscula inicial los apodos, sobrenombres o seudónimos que reemplazan nombres de personas.

> Pancho **Villa**

Si hay un artículo antes de un apodo, un sobrenombre o un seudónimo, debes escribirlo con minúscula.

> **el** Greco

556.3
Fiestas y feriados

Comienzan con letras mayúsculas los nombres de fiestas y feriados.

> **Día de la Independencia**
>
> **Navidad**
>
> **Día de Acción de Gracias**
>
> **Pascuas**

556.4
Nombres oficiales

Comienzan con letras mayúsculas los nombres de empresas y productos comerciales oficiales (es decir, nombres de marcas).

> **Supermercado Ahorro   Rica-Cola   pasta dental Sonrisa**
>
> **NOTA:** No escribas con letra mayúscula los sustantivos que acompañan al nombre del producto, como *pasta dental*.

Práctica

Uso de las letras mayúsculas 2

- ■ Apodos, sobrenombres, seudónimos
- ■ Fiestas y feriados

En las siguientes oraciones, escribe con letra mayúscula inicial las palabras que correspondan.

Ejemplo: El martes pasado, festejamos la nochebuena con el abuelo tito.

Nochebuena, Tito

1. Cristina, a quien llamamos cariñosamente pepita, vivió en España.

2. Estuvimos en Canadá para año nuevo y había mucha nieve.

3. En México se celebra el día de muertos en el mes de noviembre.

4. El maestro nos llevó a ver una obra de teatro del bardo de Avon.

5. Le preguntamos a pipo si quería venir con nosotros.

6. Juana la loca era hija de la reina Isabel la católica.

7. Mamá dijo que tenía que ir a ver a lalo.

8. Mamá hizo las compras el día anterior al día de san valentín.

Paso siguiente: Escribe un párrafo breve sobre cómo celebra las fiestas tu familia. Usa correctamente las letras mayúsculas cuando menciones a personas, fiestas y feriados, y sobrenombres.

Uso de las letras mayúsculas...

Escribe con letra mayúscula inicial los nombres de lugares que son sustantivos propios.

Planetas y cuerpos celestes...... **Tierra, Júpiter, la Vía Láctea**

Continentes......... **Europa, Asia, América del Sur, Oceanía**

Países...............**India, Haití, Grecia, México, Jordania**

Estados........................**Texas, Virginia, Delaware**

Provincias.............. **Alberta, Manitoba, Buenos Aires**

Ciudades.................. **La Habana, Houston, Portland**

Condados....... **el condado de Wayne, el condado de Dade**

Masas de agua........ **la bahía de Hudson, el mar Egeo, el río Saskatchewan, el golfo de México, el océano Atlántico**

Accidentes geográficos.............**Apalaches, las montañas Rocosas**

Lugares públicos............ **Museo de Arte Contemporáneo**

Calles y carreteras........**calle Sol, carretera Interestatal 10, avenida Central**

Edificios................. **el Pentágono, el Teatro Oriental, el Empire State**

Monumentos........ **la Torre Eiffel, la Estatua de la Libertad**

Escribe con letra mayúscula inicial las palabras que nombran regiones específicas del país. (También se usan letras mayúsculas si hay adjetivos que modifican al sustantivo y son parte del nombre del lugar).

Gran parte de la población de los Estados Unidos vive en la Costa Este. (*Costa Este* es una región del país).

el lejano Oeste

No se deben usar letras mayúsculas en palabras que solamente indican dirección.

el sur **de Brasil**   **el viento del** norte

Si sigue hacia el oeste, **encontrará el océano.**

Práctica

Uso de las letras mayúsculas 3

■ Nombres de lugares

▶ **En las siguientes oraciones, escribe con letra mayúscula inicial las palabras que correspondan.**

Ejemplo: Con mi familia, hicimos un viaje por los grandes lagos.

Grandes Lagos

1. Salimos desde casa, en la ciudad de traverse city, michigan.

2. Mi mamá y mi papá nos llevaron hacia el sur en carro, bordeando la costa del lago hasta llegar a chicago.

3. Vimos la torre willis mientras atravesábamos la ciudad.

4. La ruta recorría la costa del lago michigan hasta llegar a wisconsin.

5. Si hubiéramos viajado más hacia el norte, habríamos llegado hasta canadá.

6. En cambio, fuimos hacia el este y pasamos por el parque nacional hiawatha.

7. Nos encantó cruzar por el puente mackinac.

8. Tomamos la carretera interestatal 75, que se cruza con la carretera que conduce a casa.

Paso siguiente: Escribe algunas oraciones sobre un viaje que te gustaría hacer. Indica dónde iniciarías tu viaje y hasta dónde llegarías.

Uso de las letras mayúsculas...

560.1

Eventos y documentos históricos

Escribe con letra mayúscula inicial los eventos y documentos históricos.

la Primera Guerra Mundial   **la Reforma**

el Pacto de Varsovia   **el Tratado de Versalles**

560.2

Títulos de libros, cuentos, ensayos, etc.

Escribe con letra mayúscula inicial la primera palabra de los títulos de libros, cuentos, ensayos, canciones y películas.

Cien años de soledad (libro)

"**El milagro secreto**" (cuento)

Teoría de la novela (ensayo)

"**Rapsodia bohemia**" (canción)

"**La princesa y el sapo**" (película)

NOTA: Solo la primera palabra lleva mayúscula inicial. Las demás se escriben con minúscula, a menos que sean nombres propios: *Las aventuras de Tom Sawyer*.

Escribe con letra mayúscula inicial los sustantivos y adjetivos que forman parte del nombre de periódicos y revistas.

El País   **Revista de Aeromodelismo**

560.3

Primera palabra de una oración

Escribe con letra mayúscula inicial la primera palabra de todas las oraciones.

Mañana tenemos el primer partido de baloncesto.

Escribe con letra mayúscula inicial la primera palabra de una cita directa.

Jamir gritó: "Hagan circular la pelota".

Con letra mayúscula inicial	Sin letra mayúscula inicial
Francia, América.	francés, americano
Segunda Guerra Mundial, el Sabio (apodo)	la guerra, un hombre sabio
Dr. Basualdo	el doctor
Año Nuevo (como fiesta)	el nuevo año
Escuela Primaria Wells	la escuela primaria local
el Sur (región del país).	el sur (punto cardinal)

Práctica

Uso de las letras mayúsculas 4

■ Eventos y documentos históricos

■ Títulos de libros, cuentos, ensayos

En las siguientes oraciones, escribe con letra mayúscula inicial las palabras que correspondan.

Ejemplo: Nuestra clase leerá un libro llamado *los primeros habitantes norteamericanos*.

Los

1. Después de ese libro, leeremos el ensayo "la revolución mexicana".

2. Lucía escribió un cuento y le puso como título "las elecciones en texas".

3. El maestro dijo: "Mañana leerán... ¡la constitución de Texas!".

4. Juan leyó un libro sobre historia local que se llama *los pioneros del país libre*.

5. A fin de mes, nuestra clase visitará el monumento a los soldados de la guerra mexicano-estadounidense.

6. Luego llevaremos a escena una obra de teatro que escribió Jimena y que está basada en los eventos de la batalla de san jacinto.

Paso siguiente: En este último tiempo, ¿has leído algún libro, cuento o ensayo sobre algún evento histórico importante? Escribe dos oraciones sobre él. Usa correctamente las letras mayúsculas cuando menciones títulos, eventos históricos y documentos históricos.

Plurales

562.1

Plurales regulares con -s

La mayoría de los plurales se forman agregándo una *-s* al sustantivo en singular.

Los sustantivos que llevan *-s* para formar el plural son los que terminan en vocal átona (no acentuada).

globo - globos	**carta** - cartas
bate - bates	**mundo** - mundos

También llevan *-s* final los sustantivos que terminan en las vocales *a, e* y *o* tónicas (acentuadas).

sofá - sofás	**café** - cafés
dominó - dominós	**papá** - papás

562.2

Plurales regulares con -es

Los sustantivos que llevan *-es* para formar el plural son los que terminan en consonante o en *y*.

pared - paredes	**pintor** - pintores
árbol - árboles	**rey** - reyes

También llevan *-es* final los sustantivos que terminan en *i* o *u* tónicas.

iraquí - iraquíes	**hindú** - hindúes

Algunos sustantivos cambian el acento ortográfico cuando se transforman en plural.

camión - camiones	**cardumen** - cardúmenes

562.3

Plurales irregulares con -ces

Los sustantivos terminados en *-z* cambian la *z* por *c* al convertirse en plural.

lápiz - lápices	**vez** - veces
cicatriz - cicatrices	**disfraz** - disfraces

Práctica

Plurales 1

- ■ Plurales con -*s* y -*es*
- ■ Plurales con -*ces*

Escribe el plural de las siguientes palabras.

Ejemplo:　taco

tacos

1. ají
2. cajón
3. capataz
4. dulce
5. alemán
6. tamal
7. buey
8. soledad
9. estación
10. altavoz

11. esposa
12. mitad
13. pez
14. té
15. brisa
16. alcaucil
17. dúo
18. explosión
19. cerezo
20. tabú

Paso siguiente:　Escoge dos sustantivos de la lista anterior. Escribe una oración con el plural de cada uno.

Plurales...

564.1
Plurales irregulares con -s o -x

En los sustantivos que terminan en -*s* o -*x* que son palabras graves o esdrújulas no se produce variación al formar el plural. Podemos distinguir si se trata de un sustantivo singular o plural por el artículo que acompaña a la palabra.

el análisis - los análisis   **el virus -** los virus

la crisis - las crisis   **el oasis -** los oasis

564.2
Plurales irregulares con -s o -es

Algunos sustantivos terminados en *i* o *u* acentuadas forman su plural con -*s*.

menú - menús

popurrí - popurrís

Otros admiten tanto el plural en -*s* como en -*es*.

jabalí - jabalís/jabalíes

bambú - bambú/bambúes

564.3
Plurales de frases con dos sustantivos

En las frases compuestas por dos sustantivos, solamente se pone en plural el primero.

conceptos **clave**   palabras **base**

Práctica

Plurales 2

- ■ Plurales irregulares
- ■ Plurales de frases con dos sustantivos

▶ **Escribe la forma plural correcta de los sustantivos que están subrayados en las siguientes oraciones.**

Ejemplo: Me encantan los <u>cumpleaños</u>.

cumpleaños

1. En la casa de mi abuela había dos <u>sofá cama</u>.

2. Subrayé las <u>palabra clave</u> en el texto.

3. Los médicos usan <u>bisturí</u> para operar.

4. Los protagonistas de la película eran dos <u>hombre rana</u>.

5. En el restaurante había dos <u>menú</u>: uno para niños y otro para adultos.

6. El árbol de mi abuela tiene unas <u>raíz</u> gigantes.

7. Martina tenía <u>canesú</u> de distintos colores para sus muñecas.

8. Suelo ir al teatro todos los <u>miércoles</u>.

9. Mamá siempre me recuerda que no hay que meter las <u>nariz</u> donde no se debe.

10. Los esquimales viven en <u>iglú</u> porque es la mejor vivienda para el frío.

Paso siguiente: Escribe dos oraciones en las que incluyas la forma plural de los sustantivos *brindis* y *maniquí*.

Abreviaturas

Una **abreviatura** es una forma reducida de una palabra o una frase.

566.1
Abreviaturas comunes

La mayoría lleva punto detrás y muchas de ellas se escriben con letras mayúsculas. Las abreviaturas de unidad de medida no llevan punto (*kg*). Cuando la redacción es formal, *no* debes abreviar los nombres de medida. Tampoco debes usar símbolos (%, &) en lugar de palabras. Las abreviaturas se leen como si fueran la palabra completa que representan.

NOTA: Las siguientes abreviaturas pueden usarse tanto en una redacción formal como informal:

Sr.	Sra.	Srta.	Dr.		Dra.	Cap.
Lic.	a. C.	d. C.	a. m.		p. m.	P. D.

566.2
Acrónimos

Un **acrónimo** está formado por las primeras letras de las palabras de una frase. Los acrónimos se pronuncian como una palabra y las letras no se separan con puntos.

ONU (**O**rganización de las **N**aciones **U**nidas)

MERCOSUR (**M**ercado **C**omún del **S**ur)

566.3
Iniciales

Las **iniciales** son similares a los acrónimos, pero las letras que las forman se pronuncian por separado (no como una palabra).

TV (**t**ele**v**isión)   D. F. (**D**istrito **F**ederal)

CD (*compact disc*)   C. P. (**c**ódigo **p**ostal)

Abreviaturas comunes

a. C.	antes de Cristo	**ej.**	ejemplo	**km/h**	kilómetros por hora
a. m.	ante merídiem (antes del mediodía)	**etc.**	etcétera	**l**	litro
Atte.	atentamente	**gral.**	general	**oz**	onza
Bco.	banco	**h**	hora	**p. m.**	post merídiem (después del mediodía)
Cía.	compañía	**kg**	kilogramo		
d. C.	después de Cristo	**km**	kilómetro	**pág.**	página

Práctica

Abreviaturas 1

■ Abreviaturas comunes, acrónimos e iniciales

▶ **En las siguientes oraciones, escribe la palabra o las palabras que representan las abreviaturas subrayadas.**

Ejemplo: La <u>Lic.</u> Paula Pájaro era miembro de <u>la</u> Liga para la Defensa de los Pájaros Pequeños.

licenciada

1. La <u>Sra.</u> Pájaro se tomó un tiempo libre de su trabajo para ayudar a pequeños pájaros.

2. "Los pájaros que pesan menos de una <u>oz</u> no deberían estar al sol", señaló.

3. Hoy, justo antes del mediodía, fue al <u>Bco.</u> Capital.

4. Usó su <u>cód.</u> de seguridad, retiró dinero y compró una sombrilla.

5. Sostuvo la sombrilla sobre el nido y llevó una <u>TV</u> portátil para calmar a los pequeños.

6. "Mi marido, el <u>Dr.</u> Pájaro, protegerá el nido mañana", les dijo.

7. "Es uno de los mejores observadores de aves de los <u>EE. UU.</u>".

8. La Lic. Pájaro siempre termina sus cartas de la misma manera:
"<u>Atte.</u>,
Paula Pájaro, amante de las aves".

Paso siguiente: Escribe una oración en la que uses al menos dos abreviaturas y léela en voz alta a tu compañero. Luego lee la oración de tu compañero.

Abreviaturas...

568.1
Abreviaturas
de direcciones

Puedes usar las abreviaturas de direcciones cuando escribes la dirección del destinatario en una carta formal o cuando escribes el sobre. Recuerda poner punto detrás. (Consulta también las páginas 523 y 524). Recuerda que no debes utilizar estas abreviaturas en oraciones.

En una carta:

Av. de la Paz N.º 26,
Chimalistac, México D. F.
(C. P. 01070)

En un sobre:

C. GOLFO DE GABES N.º 29
TACUBA, MÉXICO D. F.
(C. P. 11410)

En oraciones:

Javier vive en la avenida de la Paz número 26, Colonia Chimalistac, Distrito Federal de México, código postal 01070. Su antigua dirección era calle Golfo de Gabes número 29, Tacuba, Distrito Federal de México, código postal 11410.

Símbolos o abreviaturas postales de los estados de los Estados Unidos

Alabama	AL	Idaho	ID	Missouri	MO	Pennsylvania	PA
Alaska	AK	Illinois	IL	Montana	MT	Rhode Island	RI
Arizona	AZ	Indiana	IN	Nebraska	NE	South Carolina	SC
Arkansas	AR	Iowa	IA	Nevada	NV	South Dakota	SD
California	CA	Kansas	KS	New Hampshire	NH	Tennessee	TN
Colorado	CO	Kentucky	KY	New Jersey	NJ	Texas	TX
Connecticut	CT	Louisiana	LA	New Mexico	NM	Utah	UT
Delaware	DE	Maine	ME	New York	NY	Vermont	VT
District of		Maryland	MD	North Carolina	NC	Virginia	VA
Columbia	DC	Massachusetts	MA	North Dakota	ND	Washington	WA
Florida	FL	Michigan	MI	Ohio	OH	West Virginia	WV
Georgia	GA	Minnesota	MN	Oklahoma	OK	Wisconsin	WI
Hawaii	HI	Mississippi	MS	Oregon	OR	Wyoming	WY

Abreviaturas de direcciones

Avenida	Av.	Carretera	Ctra.	Estado	Edo.	Plaza	Pza.
Barrio	Bo.	Distrito Postal	D. P.	Norte	N	República	Rep.
Bulevar	Blv.	Departamento	Depto.	Número	N.º	Sur	S.
Calle	C.	Diagonal	Diag.	Oeste	O	San	S.
Código Postal	C. P.	Dirección	Dir.	Paseo	P.º	Santa	Sta.
Ciudad	Cdad.	Este	E	Provincia	Prov.	Sin número	s. n., s/n.

Práctica

Abreviaturas 2

■ Abreviaturas de direcciones

▶ **Escribe las siguientes direcciones usando abreviaturas.**

Ejemplo: calle Tacuba número 1,
Centro, Distrito Federal de
México, código postal 06000

C. Tacuba N°. 1, Centro
México D. F. (C. P. 06000)

1. avenida Rivadavia número 5353,
Buenos Aires, código postal 1406GLB

2. paseo de la Reforma sin número,
Distrito Federal de México, código postal 06068

3. avenida Insurgentes Sur número 3579,
Tlalpan, Distrito Federal de México, código postal 14020

4. diagonal 74 número 867,
La Plata, código postal 1900

5. plaza de la Constitución número 1,
Centro, Distrito Federal de México, código postal 06068

6. avenida Libertador San Martín sin número,
Parque General San Martín, Mendoza, código postal 5500

Paso siguiente: Escribe tu propia dirección como si escribieras la
parte superior de una carta. Luego intercambia
las direcciones con un compañero. Identifica las
abreviaturas que escribió tu compañero y léelas
en voz alta.

Mejorar la ortografía

Palabras agudas, graves y esdrújulas

El **acento prosódico** es la mayor fuerza con que se pronuncia una sílaba dentro de una palabra. La sílaba sobre la que recae este acento se llama **sílaba tónica**. Según el lugar que ocupe la sílaba tónica, las palabras se clasifican en agudas, graves, esdrújulas o sobresdrújulas. El **acento ortográfico** (´) es la representación gráfica del acento prosódico.

570.1 Palabras agudas

Las **palabras agudas** son aquellas que llevan acento prosódico en la última sílaba. Llevan acento ortográfico las palabras agudas terminadas en -*n*, -*s* o vocal.

> can<u>ción</u>   com<u>pás</u>   ca<u>fé</u>   par<u>tí</u>

No llevan acento ortográfico las palabras agudas que no terminan en -*n*, -*s* o vocal.

> ca<u>lor</u>   a<u>bril</u>   ho<u>tel</u>   sa<u>lud</u>

570.2 Palabras graves

Las **palabras graves** son aquellas que llevan acento prosódico en la penúltima sílaba. Llevan acento ortográfico las palabras graves que no terminan en -*n*, -*s* o vocal.

> <u>ár</u>bol   <u>ál</u>bum   <u>ú</u>til   <u>lá</u>piz

No llevan acento ortográfico las palabras graves terminadas en -*n*, -*s* o vocal.

> <u>me</u>sa   cal<u>men</u>   <u>pa</u>sas   <u>ro</u>to

570.3 Palabras esdrújulas

Las **palabras esdrújulas** son aquellas que llevan acento prosódico en la antepenúltima sílaba. Siempre llevan acento ortográfico.

> es<u>drú</u>jula   <u>sí</u>laba   <u>mí</u>ralo   <u>mú</u>sica
>
> <u>dá</u>melo   es<u>pé</u>rame   te<u>lé</u>fono   <u>sá</u>bado

Práctica

Ortografía

■ Palabras agudas
■ Palabras graves
■ Palabras esdrújulas

En las siguientes oraciones, identifica las palabras que tengan errores de acentuación. Sigue las reglas de la página 570.

Ejemplo: Federico recibio una carta de Francisco.

recibió

1. Francisco y Federico son buenos amígos desde que se conocieron.

2. ¿No son adorábles?

3. Francisco intenta ahorrar dinero para comprarle un regálo a Federico.

4. Les gusta salír a correr en parques y campos.

5. A veces salen a patinár juntos.

6. Patinan en un parque que es más grande que la mayoria de los países.

7. Federico parece cansado, pero Francisco tiene una gran sonrísa dibujada en el rostro.

8. —¡Tomemonos un descanso y comamos unas manzanas! —exclama Federico.

9. Es asombróso: Federico siempre tiene hambre.

10. —Yo tambien necesito descansar —contesta Francisco.

Paso siguiente: Ten en cuenta las reglas de acentuación y corrige la ortografía en un párrafo que hayas escrito anteriormente.

Acento diacrítico

El **acento diacrítico** se usa cuando dos palabras de una sílaba son iguales en cuanto a su forma pero tienen distinta función gramatical y distinto significado.

572.1
tú, tu

Tú lleva acento ortográfico cuando funciona como pronombre personal: ¿Tú **crees que vendrá?**

Tu **no** lleva acento ortográfico cuando funciona como adjetivo posesivo: Tu **lápiz está sobre la mesa.**

572.2
él, el

Él lleva acento ortográfico cuando funciona como pronombre personal: Él **me dijo la verdad.**

El **no** lleva acento ortográfico cuando funciona como artículo. El **teléfono sonaba sin cesar.**

572.3
te, té

Te **no** lleva acento ortográfico cuando funciona como pronombre personal: Te **llamé ayer.**

Tampoco lleva acento ortográfico cuando funciona como sustantivo y se refiere a la letra *t*: La te **es una consonante.**

Té lleva acento ortográfico cuando funciona como sustantivo y se refiere a la bebida: **Martín se sirvió un** té.

572.4
se, sé

Se **no** lleva acento ortográfico cuando funciona como pronombre personal: Se **reía sin parar.**

Sé lleva acento ortográfico cuando funciona como verbo. *Sé* puede representar dos formas de los verbos *saber* y *ser*.
Sé **la respuesta.** (*saber*)
Sé **más cordial con tu tía.** (*ser*)

572.5
mí, mi

Mí lleva acento ortográfico cuando funciona como pronombre personal: ¿Esto es para mí?

Mi **no** lleva acento ortográfico cuando funciona como adjetivo posesivo o como sustantivo (nota musical).
Este es mi **lápiz.** (adjetivo posesivo)
El mi **es la tercera nota de la escala musical.** (sustantivo)

Práctica

Acento diacrítico 1

■ tú, tu; **él, el**; te, té; **se, sé**; mí, mi

▶ **En las siguientes oraciones, escoge la opción correcta que aparece entre paréntesis y escríbela.**

Ejemplo: El verano pasado *(mí, mi)* tía me regaló una granja de hormigas.

mi

1. La tía Marta la trajo de Canadá especialmente para *(mí, mi)*.

2. Me la regaló un día que vino a tomar el *(te, té)* con mi madre.

3. —Aquí tienes *(tú, tu)* regalo de cumpleaños —me dijo.

4. Ahora *(se, sé)* mucho de hormigas.

5. —¡*(Tú, Tu)* tendrás que ocuparte de las hormigas!

6. Mi padre *(sé, se)* pasa tanto tiempo ayudándome a cuidarlas que a veces le tengo que recordar la hora.

7. ¡A *(el, él)* le encanta la granja de hormigas!

8. *(Él, El)* próximo lunes llevaré mi granja a la escuela. ¡A mis amigos les va a encantar!

Paso siguiente: Escribe dos oraciones en las que uses dos de las palabras que aparecen en la lista de la parte superior de esta página. Intercambia las oraciones con un compañero y distingue el significado o función de sus palabras según el acento diacrítico.

Acento diacrítico...

574.1
sí, si

Sí lleva acento ortográfico cuando funciona como adverbio de afirmación o como pronombre reflexivo.

Sí, sírveme más jugo, por favor. (adverbio)

Solo piensa en sí **mismo.** (pronombre)

Si **no** lleva acento ortográfico cuando funciona como conjunción o sustantivo (nota musical).

Si quieres venir conmigo, avísame. (conjunción)

La obra está compuesta en si **bemol.** (sustantivo)

574.2
dé, de

Dé lleva acento ortográfico cuando es una forma del verbo *dar*.

Dé las gracias a los que ayudaron.

De **no** lleva acento ortográfico cuando funciona como preposición o sustantivo (letra *d*).

Fui a la casa de **mi abuela.** (preposición)

La de **es una consonante.** (sustantivo)

574.3
aún, aun

Aún lleva acento ortográfico cuando se puede reemplazar por "todavía": **Aún no terminé la tarea.** (*todavía*)

Aun **no** lleva acento ortográfico cuando equivale a "hasta", "incluso" o "siquiera": **No tengo tanto, ni** aun **la mitad.** (*siquiera*)

Te prestaré $5, y aun **$10, si los necesitas.** (*hasta*)

574.4
Demostrativos

Los demostrativos *este, ese, aquel* (y sus femeninos y plurales) pueden llevar acento ortográfico cuando funcionan como pronombres y existe riesgo de malinterpretar la oración.

Dijo que esta **mañana vendrá con él.** (adjetivo)

Dijo que ésta **mañana vendrá con él.** (persona de sexo femenino)

574.5
Interrogativos y exclamativos

Qué, quién, dónde, cuándo, cómo, cuánto, cuál, por qué llevan acento ortográfico cuando funcionan como interrogativos o exclamativos: **¿Cuándo viene la abuela? ¡Qué hermoso día!**

No llevan acento ortográfico en oraciones afirmativas:

Te aviso cuando **llegue. Me dijo** que **estaba enfermo.**

Práctica

Acento diacrítico 2

■ **sí, si; dé, de; aún, aun; demostrativos;** interrogativos y exclamativos

▶ **Escoge la palabra correcta de la pareja de palabras que está entre paréntesis y escríbela.**

Ejemplo: Un oso, *(aun, aún)* bien alimentado, come durante el verano para prepararse para el invierno.

aun

1. *(Éste, Este)* oso comió muchos dulces y engordó muchos kilos.

2. Una vez se comió 20 pasteles *(de, dé)* nata.

3. El guardabosques me dijo que no le *(de, dé)* comida a ningún animal ni deje comida en el bosque.

4. ¿*(Como, Cómo)* se me ocurriría darle comida? ¡Podría explotar!

5. *(Sí, Si)* se sentara sobre mí, ¡no podría respirar!

6. Cuando llegó el guardabosques para ahuyentarlo, el oso *(aún, aun)* seguía comiendo.

7. Tampoco dejó de comer *(cuando, cuándo)* llegaron más guardabosques.

8. ¡*(Que, Qué)* oso más goloso!

Paso siguiente: Escribe el final de esta historia. Usa dos o más de las palabras de la lista de la parte superior de esta página. Luego explica a un compañero la función gramatical y el significado que tienen en cada caso.

Acentuación de verbos conjugados

576.1
Pretérito

Los verbos en pretérito llevan acento ortográfico en la última sílaba de la primera y de la tercera persona del singular.

Yo	amé	temí	partí
Tú	**amaste**	**temiste**	**partiste**
Él/Ella	amó	temió	partió

576.2
Imperfecto

■ Verbos terminados en *-ar*.

La primera persona del plural lleva acento ortográfico en la antepenúltima sílaba.

amábamos   tocábamos   bailábamos   cantábamos

■ Verbos terminados en *-er* e *-ir*.

La *i* de las terminaciones *-ía, -ías, -íamos, -ían* siempre lleva acento ortográfico.

Yo	temía	partía
Tú	temías	partías
Él/Ella	temía	partía
Nosotros/as	temíamos	partíamos
Ustedes	temían	partían
Ellos/Ellas	temían	partían

576.3
Condicional

La *i* de las terminaciones *-ía, -ías, -íamos, -ían* siempre lleva acento ortográfico.

Yo	amaría	temería	partiría
Tú	amarías	temerías	partirías
Él/Ella	amaría	temería	partiría
Nosotros/as	amaríamos	temeríamos	partiríamos
Ustedes	amarían	temerían	partirían
Ellos/Ellas	amarían	temerían	partirían

Práctica

Acentuación de verbos conjugados 1

■ Pretérito ■ Imperfecto ■ Condicional

Observa los verbos subrayados en las siguientes oraciones. Escribe una "C" si están acentuados correctamente. Si no es así, vuelve a escribirlos.

¡Me comería dos platos!

Ejemplo:　Una vez por mes, el Sr. Alce
salia a cenar con su esposa.

salía

1. Se ponían sus ropas más elegantes e iban a un restaurante.
2. —¿Podriamos sentarnos aquí? —le preguntó una vez el Sr. Alce al camarero.
3. —Me gustaría ver el arroyo mientras cenamos —dijo la Sra. Alce.
4. —Por supuesto —respondió el camarero. Luego cerro la puerta.
5. —Seria lindo ver algún ciervo —dijo la Sra. Alce.
6. —¡Hay tantos platos que querria probar! —dijo el Sr. Alce.
7. —No sé qué podríamos comer —le dijo su esposa.
8. El Sr. Alce ordeno al camarero entrantes, varios platos y postres.
9. Después de la cena, el Sr. Alce notó que su silla hacía ruido.
10. —Cariño, creo que comi demasiado —dijo.

Paso siguiente: Escribe dos oraciones con alguno de los tiempos verbales de la lista de arriba y pon los acentos apropiadamente. Luego explica a un compañero el patrón de acentuación que llevan.

Acentuación de verbos conjugados...

578.1
Futuro

En el tiempo futuro, todas las personas, excepto la primera persona del plural, llevan acento ortográfico en la última sílaba.

Yo	amaré	temeré	partiré
Tú	amarás	temerás	partirás
Él/Ella	amará	temerá	partirá
Nosotros/as	**amaremos**	**temeremos**	**partiremos**
Ustedes	amarán	temerán	partirán
Ellos/Ellas	amarán	temerán	partirán

578.2
Pretérito pluscuamperfecto

La *i* de las terminaciones *-ía, -ías, -íamos, -ían* del verbo auxiliar *haber* siempre lleva acento ortográfico.

Yo	había	amado/temido/partido
Tú	habías	amado/temido/partido
Él/Ella	había	amado/temido/partido
Nosotros/as	habíamos	amado/temido/partido
Ustedes	habían	amado/temido/partido
Ellos/Ellas	habían	amado/temido/partido

578.3
Perfecto

El perfecto o pretérito perfecto compuesto no lleva acento ortográfico en ninguna de las personas. Se forma con el presente del verbo auxiliar *haber (he, has, ha, hemos, han)*, que no va acentuado, y el participio del verbo que se conjuga *(amado, temido, partido)*, que tampoco lleva acento ortográfico.

Yo	**he**	amado/temido/partido
Tú	**has**	amado/temido/partido
Él/Ella	**ha**	amado/temido/partido
Nosotros/as	**hemos**	amado/temido/partido
Ustedes	**han**	amado/temido/partido
Ellos/Ellas	**han**	amado/temido/partido

Práctica

Acentuación de verbos conjugados 2

■ Futuro ■ Pretérito pluscuamperfecto ■ Perfecto

En cada oración, escoge la palabra correcta de la pareja de palabras que está entre paréntesis y escríbela.

Ejemplo: Aquel hombre *(habia, había)* trabajado como vaquero muchos años.

había

1. Su caballo también se *(había, habia)* cansado.
2. "¡Se *(ha, há)* cansado de tanta arena y tanto calor!", me dijo el hombre cuando le pregunté por qué el caballo no quería caminar.
3. "Hasta ahora, creo que nunca *(había, habia)* comido sin sentir que masticaba arena".
4. En las próximas vacaciones *(visitaré, visitare)* el desierto con mi padre.
5. ¡No sé si *(podre, podré)* soportarlo!
6. El antiguo vaquero me dijo que nunca *(había, habia)* pasado tantísimo calor y que nunca más lo *(hará, hara)*.
7. Después de hablar con ese antiguo vaquero, me di cuenta de que en mi vida *(hé, he)* tenido mucha suerte.
8. ¡Mi padre y yo nunca *(hémos, hemos)* sufrido el calor del desierto!

Paso siguiente: Imagina que el vaquero no fuese tan protestón. Escribe tres oraciones con verbos conjugados en futuro, pretérito pluscuamperfecto y perfecto desde un punto de vista más positivo. Asegúrate de poner los acentos apropiados a los verbos conjugados.

Diptongo y hiato

Las vocales se clasifican en abiertas (*a, e, o*) y cerradas (*i, u*). Según cómo se combinen, pueden producirse distintos fenómenos en las palabras, los cuales influyen en cómo se separan en sílabas las palabras.

580.1 Diptongo

Se llama **diptongo** a la unión, en una misma sílaba, de dos vocales cerradas, de una abierta con una cerrada o de una cerrada con una abierta.

bien (dos vocales cerradas)

pai-sa-je (vocal abierta con una cerrada en la sílaba *pai*)

pia-no (vocal cerrada con una abierta en la sílaba *pia*)

La *h* no impide la formación del diptongo.

ahi-ja-do

La *y*, empleada al final de la palabra, tiene el mismo sonido de la vocal *i*. Se la considera vocal cerrada y forma diptongo.

vi-rrey

580.2 Hiato

No hay diptongo cuando se encuentran dos vocales abiertas.

te-a-tro

No hay diptongo cuando la vocal cerrada lleva acento.

pa-ra-í-so

No hay diptongo cuando se repite una vocal cerrada.

fri-í-si-mo   **le-er**

En estos casos, las vocales están en **hiato**, porque cada una forma una sílaba distinta.

Diptongos

ai	baile	iu	ciudad
au	pausa	oi	Zoilo
ei	reinado	ou	Souza
eu	terapeuta	ua	cuaderno
ia	piano	ue	muelle
ie	ciego	ui	cuidado
io	oficio	uo	inocuo

Práctica

Diptongo y hiato

■ Diptongo   ■ Hiato

Observa las palabras subrayadas. Escribe el número del renglón en el que aparece la palabra y, al lado, una "D" si tiene un diptongo o una "H" si tiene un hiato.

Ejemplo: 1 Antes de su famosa carrera,

2 la <u>liebre</u> y la tortuga

3 estaban conversando.

2. D

1 —¿Has <u>oído</u>? Todos esperan que yo gane la carrera

2 —dijo la liebre mientras se acariciaba su <u>suave</u> pelaje gris.

3 —¿Se curó al fin tu pie dolorido? Podría hacer que

4 <u>pierdas</u> la carrera —le contestó la tortuga.

5 —¡Ni lo sueñes! Durante la carrera tendré tiempo de

6 hacer una <u>pausa</u> y dormirme una <u>siesta</u> —dijo la liebre en

7 un tono fanfarrón mientras la tortuga se <u>reía</u>—. Cuando

8 todo esto termine, pásate un día por aquí y te enseñaré un

9 par de trucos para ganar una carrera.

10 —Tienes los tenis mal <u>puestos</u> —dijo la tortuga

11 pausadamente. La liebre sonrió.

12 —Gracias, amiga. No me gustaría lastimarme una

13 <u>pierna</u> por correr con los tenis mal puestos.

14 —Debes aprender a preparate —le dijo la tortuga.

15 Más tarde, cuando la tortuga pasaba a la liebre, supo

16 que <u>ganaría</u> la carrera.

17 —No hay que cantar victoria antes de <u>tiempo</u> —pensó

18 la tortuga al cruzar la meta con una gran sonrisa.

Paso siguiente: Escribe dos oraciones sobre esta historia. Usa al menos dos palabras con diptongo y dos con hiato. Luego deletrea las palabras y explica a un compañero por qué tienen diptongo o hiato.

Guía del corrector para mejorar la ortografía

Consulta esta guía para corregir la ortografía durante el proceso de escritura.

Ten paciencia. Tener buena ortografía lleva tiempo y práctica. Aprende las reglas ortográficas básicas.

Revisa la ortografía con un diccionario o una lista de palabras que suelen escribirse con errores.

Busca en el diccionario el significado de las palabras. Conocerlo te ayudará a usarlas y escribirlas correctamente.

Busca en el diccionario la etimología de las palabras. Conocer el origen de una palabra te servirá para recordar cómo se escribe.

Estudia la palabra en el diccionario. Imagina la palabra mentalmente y escríbela. Luego revisa la ortografía con el diccionario. Repite estos pasos hasta que puedas escribirla correctamente.

Crea un diccionario de ortografía. Incluye todas las palabras que sueles escribir con errores en un cuaderno especial.

A

	aguja	amparo	aquí	asiento
	ahogar	análisis	araña	áspero
abajo	aislar	andar	árbol	asteroide
abandonar	ají	anexo	archivo	atajo
accidente	alabar	ángel	arcilla	aterrizaje
acción	albahaca	ángulo	arena	atravesar
acerca	alcance	anillo	arete	audaz
ácido	alcohol	anochecer	argumento	ausente
aclaración	alegría	Antártida	árido	autobiografía
acoger	alergia	anteayer	aritmética	auxilio
acontecer	alivio	anticipar	armadura	avance
actriz	almeja	año	armonía	avenida
adentro	almohada	apacible	arrecife	aventura
adverbio	alumbrar	apellido	arreglo	avión
aéreo	alza	aplauso	arriba	axila
África	amable	apoyo	arroz	ayudar
agallas	amasar	aprecio	artículo	azar
agencia	ambulancia	apresurar	ascenso	azúcar
agua	amistad	aproximar	asfixiar	azul

B

bacteria
bahía
balanza
balneario
bandera
bañar
base
beber
beneficio
beso
biblioteca
bienvenido
billete
biología
bisabuelo
bizcocho
blanco
bloque
blusa
bolso
bomba
bordar
bosque
bóveda
bravo
brazalete
brazo
brújula
buey
buzo

C

caballo
cabeza
cacahuate
caer
cafetería
calabaza
calendario

cálido
calle
calzado
cámara
cambiar
campaña
cancelar
canción
candidato
cangrejo
caña
caparazón
carácter
caravana
carbón
cáscara
castaño
categoría
cazar
cebolla
celebrar
célula
ceniza
centavo
céntimo
cera
cerradura
cesar
cesto
cicatriz
ciclo
ciempiés
científico
cigüeña
círculo
civilización
clasificación
clavar
climático
coartada
cobardía
cobrar
cohete
colectivo

combinar
comercial
comienzo
compañía
concierto
conclusión
condición
conexión
confianza
congelar
congruente
consciente
consejo
conservar
constitución
contagiar
contradecir
contribución
convencer
conversación
cordón
corrección
corteza
cósmico
coyote
cráneo
creer
cronológico
cruzar
cuádruple
cualesquiera
cuarzo
cúbico
cubrir
cuervo
culebra
curiosidad
curva

D

danza
daño

deber
decena
décimo
defectuoso
definitivo
deliberar
delicadeza
democracia
denominador
denuncia
depósito
derivar
desactivar
desarrollar
descenso
desconocido
describir
desprecio
desvelar
dibujo
dieciséis
dígito
dirección
disciplina
disfraz
diversión
doblar
doméstico
donación
dramatización
dueño
dulzura

E

eclipse
edificio
eficiente
elástico
elección
elevar
embarazada
emisión

empezar
encabezamiento
encajar
encender
encerrar
endurecer
enloquecer
enredar
enseñar
entregar
entretenimiento
envío
erizo
errar
erupción
esbelto
escalón
escándalo
escarabajo
escena
esclavitud
escoba
escocés
escoger
escribir
esforzar
espárrago
espíritu
estable
estructura
evolución
excusar

F

fábula
fácil
falso
fantasía
farmacia
fase
fastidio
favorable

felicidad
fenómeno
fértil
fibra
filosofía
física
flexible
florería
fórmula
forzar
fósforo
fracción
freír
fuerza
función

G

galería
ganancia
ganso
garantía
garganta
gatillo
generación
género
geografía
gimnasia
glándula
globo
gobierno
grabación
graduación
gravedad
grúa
guante
guerra
guía
guitarra
gusano
gustoso

H

haber
hábil
hablar
hacer
hallar
hambre
harina
hechizo
hélice
hembra
herbívoro
héroe
hervir
hidrógeno
hielo
homenaje
horario
hoyo
hueso

I

idea
identificación
ídolo
igualdad
iluminación
ilusión
imaginación
impaciente
imperativo
impresión
inaugurar
inclusive
incómodo
independencia
indígena
inhóspito
inmóvil

inscribir
insolencia
intención
invitación

J

jabón
jardín
jinete
joven
joya
juego
juicio
justicia
juzgar

K

karate
kilo
kilómetro
kiosco

L

labio
lágrima
lámpara
lanza
lápiz
lavar
lazo
lección
lenguaje
libertad
ligero
lobo
longitud
luciérnaga
luz

M

máquina
maravilla
máscara
mayoría
mazo
mecer
médico
membrana
merecer
mestizo
meteorito
mezcla
microbio
milímetro
millón
minoría
misión
modesto
moho
molécula
monarquía
monstruo
mostaza
mover
mozo
mudanza
músculo
música

N

nacimiento
nación
nariz
nativo
naturaleza
náufrago
nave
necesario
negativo

Neptuno
neumático
niebla
niño
nivel
nombre
notable
noventa
nube
núcleo
número

O

obedecer
objeto
obra
ocasión
océano
oficial
olvido
once
operación
oportunidad
óptica
opuesto
oración
original
ortografía
oxígeno

P

paciencia
país
pájaro
pantalla
paquete
parabrisas
parálisis
parásito

paseo
pavo
peinado
película
penúltimo
perejil
período
pez
pieza
plástico
poesía
político
porcelana
posesión
precio
presa
principio
proceso
protección
pueblo

Q

quebrar
queja
queso
quieto
quinto
quitar

R

rabia
raíz
rasgo
ratón
raya
razón
rebelde
recambio
rechazar

recipiente
reconocer
reflexivo
régimen
rehén
reír
reloj
revelar
robar
romance
ruina
rumbo

S

sabio
sacrificio
salchicha
saliva
salvar
sargento
satisfacción
sauce
seguir
seguridad
sembrar
semicírculo
sensación
sentimiento
señal
serio
servir
sésamo
sexta
siembra
significado
silbido
símbolo
sincero
situación
sobrecarga

sobrevivir
sociedad
soldado
solución
sombra
sorpresa
soviético
suba
subdividir
subjuntivo
subsuelo
suceder
sujetar
superficie
suroeste
suspiro
sustancia
sustracción
susurro
sutil

T

tabla
taller
tambor
tapiz
tardanza
tarjeta
tatuaje
taza
tejido
televisión
temperatura
tendencia
tercer
térmico
termómetro
terraza
tesis
testimonio

tijera
títere
tiza
todavía
torcer
toser
transformar
tubo

ubicación
último
único
unicornio
unión
universo
urbano
usual
utensilio
uva

vacaciones
vacío
valioso
vegetales
vehículo
visitante
vista
volumen
voluntario
voz

Y

yarda
yema
yo

xilofón
xilografía

zanahoria
zapato
zona
zoológico
zumo

Cómo usar la palabra correcta
Palabras base y raíces con afijos

586.1
Raíz

La **raíz** es el elemento que contiene el significado principal de una palabra. A partir de una raíz, se puede formar una familia de palabras: un conjunto de palabras con significados relacionados.

sol (raíz)

solcito   solar   soleado   solear   asolear

(familia de palabras; todas contienen el significado *sol*)

586.2
Palabras base

Las palabras formadas solo por una raíz se denominan **palabras base**.

ver   poner   decir   traer

586.3
Afijos

Un **afijo** es una o más letras al principio o al final de una raíz que le agregan significado o modifican su función gramatical. Si las letras van al principio de la raíz, como *ex-*, *pre-* o *pos(t)-*, se trata de un **prefijo**.

prever proponer posponer exponer predecir extraer

Si las letras van al final de la raíz, como *-able* o *-ible*, se trata de un **sufijo**.

visible   agradable

A una misma raíz se le puede agregar más de un afijo.

extraíble (prefijo *ex-* + raíz *traer* + sufijo *-ible*)

invisible (prefijo *in-* + raíz *ver* + sufijo *-ible*)

imprevisiblemente (prefijo *im-* + prefijo *pre-* + raíz *ver* + sufijo *-ible* + sufijo *-mente*)

NOTA: Cuando se agregan uno o más afijos a una raíz, esta puede sufrir cambios en su ortografía. Por ejemplo, observa en los ejemplos anteriores el cambio de *ver* por *vis*.

Práctica

Palabras base y raíces con afijos

- Raíz
- Palabras base
- Afijos

En las siguientes oraciones, indica si la palabra subrayada es una palabra base o una raíz con afijos. Identifica los prefijos y los sufijos.

Ejemplo: El viaje parecía <u>interminable</u>.

raíz con afijos; prefijo *in-*, sufijo *-able*

1. El concurso de pastelería en el que participaba se hacía en otra <u>ciudad</u>.

2. Mi hermano pensaba que mi pastel de chocolate era <u>invencible</u>, pero yo no estaba tan segura.

3. Cuando llegamos, vimos los pasteles <u>expuestos</u> en largas mesas con manteles blancos.

4. Yo esperaba la decisión del jurado <u>impacientemente</u>.

5. Por <u>fin</u> llegó el momento del veredicto.

6. Un miembro del jurado <u>extrajo</u> el nombre del ganador de un sobre.

7. Salté de alegría al oír mi nombre. ¡Fue un momento <u>inolvidable</u>!

Aprendizaje del lenguaje: Escribe cuatro palabras base. Luego toma esas raíces y agrégales todos los afijos que puedas para cambiar su significado o su función. Por último deletrea las palabras base y las raíces con afijos a un compañero.

Raíces griegas

Conocer el significado y la ortografía de las raíces griegas te permitirá reconocer las palabras que las contengan y deletrearlas correctamente.

588.1
tele- (distante, a lo lejos)

Las telecomunicaciones han cambiado la manera en que se relacionan las personas.

588.2
foto- (luz)

El maestro repartió fotocopias para todos.

588.3
graf(o)- (escribir)

El telégrafo fue inventado en el siglo XIX.

588.4
metro- (medida)

El médico le tomó la temperatura con un termómetro.

588.5
hiper- (exceso)

Fuimos a hacer compras al hipermercado.

588.6
biblio- (libro)

Juan tomó prestado un libro de la biblioteca de la escuela.

588.7
bio- (vida)

Eva está leyendo una biografía de Lincoln.

588.8
geo- (tierra)

La geología es una ciencia que estudia el globo terrestre.

Práctica

Raíces griegas

■ tele-; **foto-;** graf(o)-; **metro-;** hiper-; **biblio-;** bio-; **geo-**

▶ **Indica qué palabra contiene una raíz griega o más en las siguientes oraciones.**

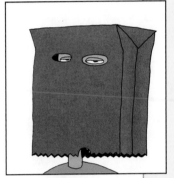

Ejemplo: Juanito salió corriendo a atender el teléfono.

teléfono

1. Esperaba un llamado de su tío Héctor, que es fotógrafo.

2. El tío le había prometido a Juanito que le conseguiría bibliografía de su interés.

3. Juanito estaba ansioso por leer más libros de biología.

4. También le interesa mucho la geografía.

5. Es un niño hiperactivo que tiene muchos pasatiempos.

6. Cuando el tío Héctor le dijo que pasaría por su casa a llevarle los libros, tomó el tiempo con un cronómetro.

7. Mientras esperaba, se le ocurrió hacerle una broma al tío Héctor: lo esperaría con una bolsa de papel biodegradable en la cabeza.

8. Luego le escribió una nota de agradecimiento con su mejor caligrafía.

Aprendizaje del lenguaje: Piensa en otras palabras que tengan estas raíces griegas y escribe oraciones con ellas. Asegúrate de deletrearlas correctamente. Puedes usar un diccionario como ayuda.

 4.22D(iii)

Sufijos griegos

Conocer el significado y la ortografía de los sufijos griegos te permitirá reconocer las palabras que los contengan y deletrearlas correctamente.

590.1
-ismo (sistema, actitud, deporte)

Julio practica atletismo desde niño.

590.2
-ología (ciencia o estudio)

Mi padre es dentista. Se dedica a la odontología.

590.3
-scopio (instrumento para examinar)

Observamos las estrellas con un telescopio.

590.4
-ista (inclinación, ocupación)

Jacinta proviene de una familia de artistas.

590.5
-sis (enfermedad)

La tuberculosis es una enfermedad infecciosa.

590.6
-fobia (temor)

Quienes sufren de claustrofobia tienen miedo a permanecer en lugares cerrados.

590.7
-itis (inflamación)

El médico le diagnosticó hepatitis al paciente.

590.8
-teca (lugar donde se guarda algo)

En la hemeroteca se pueden consultar periódicos y revistas.

Práctica

Sufijos griegos

■ -ismo; **-ología**; -scopio; **-ista**; -sis; **-fobia**; -itis; **-teca**

▶ **Agrega el sufijo de origen griego que corresponda para completar las palabras subrayadas en las siguientes oraciones.**

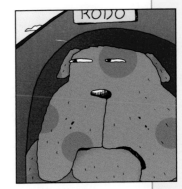

Ejemplo: Cuando sea mayor, quisiera dedicarme a la <u>bio   </u>.

logía

1. La rama que más me interesa es la <u>zoo   </u>.

2. Aunque también me gustaría ser <u>deport   </u>.

3. Mi deporte preferido es la natación, pero ahora no puedo ir a nadar porque tengo <u>ot   </u>.

4. Me la diagnosticó un médico <u>especial   </u> cuando mi mamá me llevó al hospital porque me dolían los oídos.

5. Ya me estoy recuperando y no he perdido mi <u>optim   </u>.

6. Ahora ocupo mi tiempo libre leyendo en la <u>biblio   </u> y paseando a mi perro Rodo.

7. A Rodo no le gusta nada el agua. ¡Creo que tiene <u>hidro   </u>!

8. Sí compartimos con Rodo la afición por los insectos: él los observa en el césped y yo, con mi <u>micro   </u>.

Aprendizaje del lenguaje: Piensa en otras palabras que tengan sufijos griegos y escribe oraciones con ellas. Asegúrate de deletrearlas correctamente. Puedes usar un diccionario como ayuda.

 TEKS 4.22D(ii)

Raíces latinas

Conocer el significado y la ortografía de las raíces latinas te permitirá reconocer las palabras que las contengan y deletrearlas correctamente.

592.1
rupt-/rum- (romper)

No interrumpan a sus compañeros cuando están hablando.

592.2
spec- (ver)

Fuimos a un espectáculo de música y danza.

592.3
scrib- (escribir)

En la Antigüedad los escribas se dedicaban a copiar textos.

592.4
port- (llevar)

El tren es un medio de transporte eficaz.

592.5
dic(t)- (decir, contar, pronunciar)

El maestro dictó la tarea.

592.6
duc- (guiar)

El conductor del camión se detuvo en la carretera.

592.7
omni- (todo)

Los animales omnívoros comen todo tipo de alimentos.

592.8
form- (forma)

La modista reformó un vestido.

592.9
nov- (nuevo)

Nos enteramos de la novedad por la radio.

Práctica

Raíces latinas

■ rupt-/rum-; **spec-**; scrib-; **port-**; dic(t)-; **duc-**; omni-, **form-**; nov-

▶ **Escribe la palabra que contenga alguna de las raíces latinas de la página 592.**

Ejemplo: El dragón se observaba en el espejo.

espejo

1. Se sentía bello y renovado.

2. Había sufrido una transformación en su personalidad.

3. Eso ocurrió gracias al dictamen que lo convirtió en "Dragón del año".

4. Desde entonces, se creía omnipotente.

5. Lo habían transportado en una carroza por toda la aldea.

6. Fue un espectáculo impresionante.

7. Los dragones de la región formaban largas filas para saludarlo.

8. Definitivamente, la distinción lo condujo a la fama.

9. Ahora piensa en escribir un libro.

10. No hay nada que interrumpa su felicidad.

Aprendizaje del lenguaje: Escribe un párrafo breve que contenga al menos cuatro palabras con las raíces latinas que aprendiste. Asegúrate de deletrearlas correctamente.

Sufijos del latín

Conocer el significado y la ortografía de los sufijos del latín te permitirá reconocer las palabras que los contengan y deletrearlas correctamente.

594.1
-bundo
(tendencia)

Vimos la película *La dama y el* vagabundo.

594.2
-able (posibilidad,
capacidad,
cualidad)

Nuestro vecino es muy amable.

594.3
-ible (posibilidad,
capacidad,
cualidad)

Nos divertimos mucho en la excursión. Fue un día increíble.

594.4
-idad (cualidad)

Mi hermano tiene una gran capacidad para memorizar poemas.

594.5
-ancia (forma
sustantivos)

La arrogancia no es precisamente una virtud.

594.6
-áneo (forma
adjetivos)

Mi madre es especialista en literatura contemporánea.

594.7
-ción (forma
sustantivos)

Esa fábrica se dedica a la producción de alimentos envasados.

594.8
-or (agente)

El inspector subió al tren y revisó los boletos de todos los pasajeros.

Práctica

Sufijos del latín

■ -bundo; **-able;** -ible; **-idad;** -ancia; **-áneo;** -ción; **-or**

Escribe la palabra que contenga alguno de los sufijos del latín de la página 594.

Ejemplo: La lluvia me pone meditabundo.

meditabundo

1. Mi hermanito Leo es un niño sensible y amable.

2. Dice que escribir es su vocación.

3. Tiene una gran habilidad para la literatura.

4. Su constancia para la lectura es asombrosa.

5. Le gustan los autores estadounidenses y también los foráneos.

6. Yo pienso que se convertirá en un gran escritor.

7. Me encantan los cuentos que escribe, porque tienen mucha acción.

8. Además, le da mucha importancia a los detalles.

Aprendizaje del lenguaje: Escribe dos oraciones usando las palabras *escritor* y *agradable*. Asegúrate de deletrearlas correctamente. Luego di a un compañero dos oraciones que tengan otras dos palabras con sufijos de la lista.

Comprender las oraciones

Una **oración** expresa una idea completa. Generalmente tiene un sujeto y un predicado. Una oración empieza con letra mayúscula y termina con un punto o puede empezar y terminar con signos de interrogación o de admiración.

Partes de una oración

596.1
Sujeto

El **sujeto** es la parte de la oración (un sustantivo o un pronombre) que dice quién o qué está haciendo algo.

> Marisa **cocinó una fuente de lasaña.**

El sujeto también puede ser la parte de la que se habla.

> Ella **es una cocinera maravillosa.**

NOTA: No es necesario que haya un sujeto expreso. El verbo del predicado y el contexto dan la clave para identificar el sujeto tácito.

596.2
Núcleo del sujeto

El núcleo del sujeto es el sujeto sin las palabras que lo describen o modifican.

> La hermana **menor de Marisa ayuda en la casa.**

596.3
Sujeto completo

El sujeto completo es el núcleo del sujeto junto con todas las palabras que lo describen.

> La hermana menor de Marisa **ayuda en la casa.**

596.4
Sujeto compuesto

El sujeto compuesto tiene dos o más núcleos unidos por una conjunción.

> Marisa **y su** hermana **armaron el rompecabezas.**

Pasta
Tomate
Cebolla
Hongos
Aceite de oliva
Pimientos
Especias

Práctica de gramática

Partes de una oración 1

■ Sujeto

▶ **Escribe el sujeto completo de cada oración.**

Ejemplo: Mark Twain nació en Missouri en 1835.

Mark Twain

1. Su nombre real era Samuel L. Clemens.

2. Durante aproximadamente cinco años, su trabajo fue conducir barcos en el río Mississippi.

3. El primer cuento de Mark Twain fue publicado en 1865.

4. "La célebre rana saltarina del distrito de Calaveras" es un cuento divertido.

5. Twain y su esposa se mudaron a Hartford, Connecticut, en 1870.

6. El público disfruta de los cuentos fantasiosos de Mark Twain.

7. Su libro más famoso es *Las aventuras de Huckleberry Finn*.

8. Muchas fotos de Twain lo muestran vestido de traje blanco.

Aprendizaje del lenguaje: Escribe dos oraciones en las que describas tu libro preferido a un compañero. Subraya el sujeto completo de cada oración. Luego di a un compañero una nueva oración. Juntos identifiquen el sujeto completo.

Partes de una oración...

598.1
Predicado

El **predicado** es la parte de la oración que contiene el verbo. El predicado puede mostrar acción al indicar qué hace el sujeto.

> Marisa preparó mi pastel de cumpleaños.

El predicado también puede decir algo acerca del sujeto.

> Ella es es una gran cocinera.

598.2
Núcleo del predicado

El núcleo del predicado es el verbo sin ninguna de las palabras que lo modifican.

> Marisa preparó el pastel ayer.

598.3
Predicado completo

El predicado completo es el verbo junto con todas las palabras que lo modifican o completan.

> Marisa preparó el pastel ayer.

> Ella siempre hace pasteles para su familia y sus amigos.

598.4
Predicado compuesto

El predicado compuesto tiene dos o más verbos. Recuerda que cuando una oración tiene dos o más verbos, es una oración compuesta.

> Ella decoró el pastel y lo escondió en una caja.

598.5
Modificadores

Un modificador es una palabra (un adjetivo o un adverbio) o un grupo de palabras que describen otra.

> Mi familia organizó una fiesta sorpresa. (*Mi* modifica a *familia; una* y *sorpresa* modifican a *fiesta*).

> Se escondieron detrás de la puerta y esperaron en silencio. (*Detrás de la puerta* modifica a *se escondieron; en silencio* modifica a *esperaron*).

Práctica de gramática

Partes de una oración 2

■ Predicado

▶ **Escribe el predicado completo de cada oración. Luego subraya el núcleo del predicado (el verbo o los verbos).**

Ejemplo: Un perro llamado Chatarra
vive en la ciudad.

<u>vive</u> en la ciudad

1. Chatarra come mucho.

2. Devora prácticamente cualquier cosa.

3. Busca sobras de comida detrás de los cubos de basura.

4. Algunas personas arrojan comida en la acera o en el parque.

5. Chatarra la encuentra como si fuera un detective.

6. Algunas de esas personas persiguen a Chatarra.

7. Chatarra tiene suerte y escapa siempre.

8. Su comida favorita son los sándwiches.

9. Le encantan los sándwiches viejos con pan duro y queso rancio.

10. ¡Chatarra tiene muy mal gusto!

Aprendizaje del lenguaje: Escribe dos oraciones sobre un perro. Subraya el predicado completo de cada oración. Luego di a un compañero una nueva oración. Juntos identifiquen el predicado completo.

Partes de una oración...

600.1
Cláusulas

Una **cláusula** es un grupo de palabras que tiene un sujeto y un predicado. Una cláusula puede ser independiente o subordinada.

600.2
Cláusulas independientes

Una cláusula independiente expresa una idea completa y puede funcionar como oración independiente.

> **Yo voy a la escuela en bicicleta.**

> **Santiago va en carro con su papá.**

600.3
Cláusulas subordinadas

Una cláusula subordinada no expresa una idea completa y no puede funcionar como una oración independiente. Las cláusulas subordinadas suelen empezar con conjunciones subordinantes como *cuando* o *porque*. (Consulta la página **634.2**).

> **cuando no llueve**

Algunas cláusulas subordinadas empiezan con pronombres relativos como *quien* o *que*. (Consulta la página **614.1**).

> **que trabaja cerca de la escuela**

Una cláusula subordinada debe estar unida a una cláusula independiente. El resultado es una oración compleja.

> **Yo voy a la escuela en bicicleta cuando no llueve.**
> **Santiago va en carro con su papá,**
> **que trabaja cerca de la escuela.**

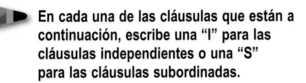

Práctica de gramática

Partes de una oración 3

■ Cláusulas

En cada una de las cláusulas que están a continuación, escribe una "I" para las cláusulas independientes o una "S" para las cláusulas subordinadas.

Ejemplo: el caballero cansado no vio al
búho que tenía en el hombro

I

1. porque estaba dormido

2. el caballero Gordon solía quedarse despierto hasta muy tarde

3. cuando estaba de guardia

4. lo que hacía que se quedara dormido

5. el búho no quería estar solo

6. la armadura del caballero Gordon estaba fría

7. antes de que saliera el sol

8. porque el búho permaneció en silencio

9. el caballero nunca vio a su nuevo amigo

Aprendizaje del lenguaje: Escoge una cláusula subordinada y una cláusula independiente de la lista anterior. Combínalas para escribir una oración compleja. Luego di a un compañero una nueva oración compleja y comenten por qué razón es compleja. Agrega la puntuación correcta.

Partes de una oración...

602.1
Frases

Una **frase** es un grupo de palabras relacionadas. La mayoría de las frases no pueden funcionar como oraciones independientes porque *no* contienen un predicado.

602.2
Frases nominales

Una frase nominal no tiene predicado. Un sustantivo y los adjetivos que lo describen forman una frase nominal.

el estudiante nuevo

602.3
Frases verbales

Una frase verbal no tiene sujeto. Incluye un verbo principal y uno o más verbos auxiliares: **podría haber escrito**
NOTA: Las frases verbales pueden funcionar como oraciones independientes porque se puede deducir el sujeto por las características del verbo y por el contexto.

602.4
Frases preposicionales

Una frase preposicional empieza con una preposición. No tiene sujeto ni predicado. Puede proveer detalles importantes a la oración o expresar lugar, hora o tiempo, o dirección. (Consulta la página **632**).

sobre George Washington

602.5
Frases apositivas

Una frase apositiva sirve para nombrar de otra manera al sustantivo o pronombre que la antecede.

George Washington, el primer presidente estadounidense
NOTA: Si combinas estas frases, forman una oración completa.

El estudiante nuevo podría haber escrito sobre George Washington, el primer presidente estadounidense.

Práctica de gramática

Partes de una oración 4

■ Frases

▶ **Identifica las frases subrayadas. Escribe "N" para las frases nominales, "V" para las frases verbales, "P" para las frases preposicionales y "A" para las frases apositivas.**

Ejemplo: Cecilia llamó a sus dos mejores
amigos, <u>Marita y Andrés</u>.
A

1. —¿Qué podemos hacer <u>para divertirnos</u>? —preguntó Cecilia.

2. —Podríamos <u>poner</u> un puesto de venta de limonada —sugirió Marita.

3. —Traeré <u>la vieja mesa de madera</u> que usamos el año pasado —dijo Cecilia.

4. —Traeré la lata que Cecilia guarda <u>debajo de la cama</u> —dijo Andrés.

5. La lata, <u>la alcancía de Cecilia</u>, tenía un rótulo que decía "cinco centavos".

6. Los tres amigos prepararon una gran cantidad <u>de limonada</u>.

7. —<u>Vamos a tener</u> que vender mucha limonada para llenar esa lata —dijo Andrés.

8. —Todo lo que necesitamos son <u>algunos buenos clientes</u> —dijo Cecilia.

Aprendizaje del lenguaje: Escribe dos oraciones sobre un buen amigo. Usa al menos una frase preposicional en cada oración para proveer detalles. Luego di a un compañero una oración sobre ti mismo en la que uses una frase preposicional para expresar lugar, hora o tiempo, o dirección.

Cómo usar los elementos gramaticales
Sustantivos

Un **sustantivo** es una palabra que nombra a una persona, un lugar, una cosa o una idea.

Tipos de sustantivos

604.1
Sustantivos propios

Un sustantivo propio designa a una persona, un lugar, una cosa o una idea de modo específico. Los sustantivos propios se escriben con letra inicial mayúscula.

Roberta Fischer   Parque Millenium   *Shrek*   el Gran Cañón

604.2
Sustantivos comunes

Un sustantivo común designa a una persona, un lugar, una cosa o una idea de modo *no* específico. Los sustantivos comunes no se escriben con letra mayúscula.

mujer   parque   película   garganta

604.3
Sustantivos concretos

Un sustantivo concreto designa una cosa que puedes captar mediante alguno de los cinco sentidos. Los sustantivos concretos pueden ser comunes o propios.

revista   rosa   la Estatua de la Libertad   chocolate

604.4
Sustantivos abstractos

Un sustantivo abstracto designa una cosa sobre la que puedes pensar pero que no puedes ver, oír ni tocar.

amor   democracia   verdad   lealtad

604.5
Sustantivos compuestos

Un sustantivo compuesto lo forman más de una palabra.
trabalenguas (se escribe en una sola palabra)
hombre rana (se escribe en dos palabras)

604.6
Sustantivos colectivos

Un sustantivo colectivo designa a un grupo de algún tipo.

Personas: **ejército   equipo   clan   familia**
Animales: **manada   bandada   cardumen   jauría**
Cosas: **manojo   tanda   colección   racimo**

Práctica de gramática

Sustantivos 1

■ Sustantivos comunes y propios
■ Sustantivos compuestos

▶ **En la siguientes oraciones, indica si el sustantivo subrayado es común o propio. Si la palabra es un sustantivo compuesto, agrega una "C" junto a la respuesta.**

Ejemplo: Paula quería buscar estrellas de mar al sol del <u>mediodía</u> en la playa.

común, C

1. <u>Paula</u> se divirtió mucho jugando en la arena con su hermano, Simón.

2. Como el sol estaba muy fuerte, debieron resguardarse bajo el <u>quitasol</u>.

3. —¡Vamos al agua! —exclamó <u>Simón</u>.

4. Se pusieron sus <u>salvavidas</u> porque ninguno de ellos sabía nadar.

5. Antes de volver a <u>casa</u>, Simón y Paula le dieron de comer a una gaviota.

6. —Me encanta venir a la playa <u>Swift</u> —dijo Paula.

Aprendizaje del lenguaje: Escribe dos oraciones acerca de un lugar que te guste visitar que contengan sustantivos comunes y propios. Luego di a un compañero otra oración acerca de ese lugar. Decidan juntos si los sustantivos de la oración son comunes o propios.

Sustantivos...

Número de los sustantivos

606.1
Sustantivos singulares

Un sustantivo singular designa una sola persona, un solo lugar, una sola cosa o una sola idea.

habitación**papel****compañero****esperanza**

606.2
Sustantivos plurales

Un sustantivo plural designa más de una persona, un lugar, una cosa o una idea.

habitaciones**papeles**

compañeros**esperanzas**

Género de los sustantivos

606.3
Género de los sustantivos

El género de los sustantivos puede ser femenino, masculino e invariable o de género común.

Femenino: **madre, hermana, mujeres, vaca, silla**

Masculino: **padre, hermano, hombres, toro, carro**

De género común: **pianista, dentista, estudiante**

Práctica de gramática

Sustantivos 2

- Número de los sustantivos
- Género de los sustantivos

▶ **Identifica los sustantivos subrayados en cada oración con una "F" si son femeninos, con una "M" si son masculinos y con una "C" si son de género común. Luego escribe una "S" si son singulares y una "P" si son plurales.**

Ejemplo: A mi <u>hermana</u> Carina le gusta mucho trepar.

F, S

1. Carina se sube a las barras trepadoras en el <u>parque</u>.

2. <u>Papá</u> siempre le dice que tenga cuidado.

3. Aunque ella es buena <u>estudiante</u>, no le hace mucho caso a papá.

4. Un día se trepó a las <u>ramas</u> más altas de un árbol.

5. Por <u>desgracia</u>, Carina se quedó atascada.

6. Llamó a unos <u>niños</u> que jugaban cerca de allí.

7. Los niños les avisaron a sus <u>mamás</u>, y ellas llamaron a los bomberos.

8. Enseguida llegó un gran <u>camión</u> rojo.

9. Un <u>bombero</u> puso una gran escalera y ayudó a Carina a bajar.

10. ¡Lo importante es que ahora <u>Carina</u> será más obediente!

Aprendizaje del lenguaje: Escribe una oración sobre una experiencia personal que contenga sustantivos singulares y plurales. Luego di a un compañero una nueva oración sobre esa experiencia. Decidan juntos si los sustantivos son singulares o plurales.

Sustantivos...

Usos de los sustantivos

Un sustantivo puede ser el sujeto de una oración. (El sujeto es la parte de la oración que realiza una acción o sobre la que se habla).

José se escapó de la abeja.

El sustantivo tiene función de predicativo cuando está a continuación de alguna de las formas del verbo "ser", "estar" o "parecer" y vuelve a nombrar el sujeto.

El libro es una novela fantástica.

Complemento directo: El complemento directo es la palabra que nos dice *qué* o *quién* recibe la acción del verbo. El complemento directo completa el significado del verbo.

Nadia gastó todo su dinero. (*¿Qué* gastó Nadia? El verbo *gastó* no sería claro sin el complemento directo, *dinero*).

Complemento indirecto: El complemento indirecto nombra a la persona *a quien* o *para quien* se dirige la acción.

Juan envió una carta a Nadia. (*¿A quién* se envió una carta? La carta fue enviada *a Nadia*, el complemento indirecto).

Complemento de una preposición: El complemento de una preposición es parte de una frase preposicional. (Consulta la página **632**).

Nadia puso la carta en el estante. (El sustantivo *estante* es el complemento de la preposición *en*).

Práctica de gramática

Sustantivos 3

■ Usos de los sustantivos

Identifica si los sustantivos subrayados en las oraciones cumplen función de sujeto o de predicativo.

Ejemplo: Cierto día, un pingüino llamado
Pablo salió a dar un paseo solo.

sujeto

1. Pablo era un aventurero.

2. Una tormenta se desató mientras paseaba, y Pablo se perdió.

3. Las montañas cercanas desaparecieron en la tormenta.

4. La nieve que caía parecía una cortina blanca.

5. ¡Pablo no podía siquiera ver las aletas frente a sus ojos!

6. —Soy un pingüino perdido —gimió.

7. Sus binoculares estaban empañándose.

8. Los pies de Pablo comenzaron a congelarse.

9. Justo entonces, su mamá y su papá aparecieron.

10. ¡Eran dos padres aliviados!

Aprendizaje del lenguaje: Busca dos sustantivos que funcionen como complemento de una preposición en las oraciones anteriores. Escribe una oración para terminar la historia de Pablo que contenga un sustantivo como complemento de una preposición. Luego di a un compañero una nueva oración sobre Pablo en la que uses un sustantivo como complemento de una preposición.

Pronombres

Un **pronombre** es una palabra que se usa en lugar de un sustantivo.

610.1
Antecedentes

El antecedente es el sustantivo al que se refiere o reemplaza el pronombre. Todos los pronombres tienen un antecedente.

> **El** perro **tiene una caseta nueva. Él está muy contento.**
>
> (*Perro* es el antecedente del pronombre *él*.)

Género y número de los pronombres

610.2
Pronombres singulares y plurales, femeninos y masculinos

Los pronombres pueden ser singulares o plurales.

> **Yo tomé la patineta y me fui con Leandro.**
>
> **Nosotros íbamos al parque para patinar.**

Los pronombres pueden ser femeninos o masculinos.

> **Ellas salieron apuradas pero él esperaba tranquilo.**

Persona de los pronombres

La *persona* indica si el antecedente del pronombre es quien habla, a quien se habla o sobre quien se habla.

610.3
Pronombres de primera persona

Un pronombre de primera persona se usa en lugar del nombre de la persona que habla.

> **Melina dijo:"Yo quiero un helado de frambuesa".** (*Yo* reemplaza al nombre *Melina*, la persona que habla).

610.4
Pronombres de segunda persona

Un pronombre de segunda persona nombra a la persona a la que se habla.

> **Ana, ¿decidiste qué sabor quieres tú?** (*Tú* reemplaza al nombre *Ana*, la persona a la que se habla).

610.5
Pronombres de tercera persona

Un pronombre de tercera persona se usa para nombrar a la persona o cosa sobre la que se habla.

> **Matías dijo que él quería helado de chocolate. Ese era su favorito.** (*Él* hace referencia a *Matías*, la persona sobre la que se habla, y *ese* hace referencia a *helado*, la cosa sobre la que se habla).

Práctica de gramática

Pronombres 1

■ Antecedentes
■ Género y número de los pronombres

▶ Escribe el antecedente de cada pronombre subrayado en el párrafo siguiente. Luego indica si el pronombre es singular o plural y femenino o masculino.

Ejemplo: Se presentaba el equipo local de béisbol; el público lo alentó desde el principio.

equipo, singular, masculino

(1) Laura miró a su compañero y él tomó el bate. (2) Ella era la mejor bateadora del equipo de béisbol Los Fanáticos. (3) Tamara y Agustín aplaudieron cuando la vieron. (4) Laura estaba concentrada y no los vio. (5) Laura pensó: "¡Ojalá mis amigos estén aquí! Ellos siempre me apoyan". (6) Cuando Laura bateó un cuadrangular, el público la aplaudió con fuerza... ¡porque habían ganado!

Aprendizaje del lenguaje: Haz de cuenta que estuviste en el festejo en el estadio. Di a un compañero una oración sobre el festejo en la que uses un pronombre y un antecedente. Luego busca pronombres y antecedentes en un párrafo o un ensayo que hayas escrito. Asegúrate de que concuerden en género y número y que el antecedente siempre sea claro. Corrige los errores que encuentres.

Pronombres...

Usos de los pronombres

612.1

Pronombres en función de sujeto

Un pronombre en función de sujeto se usa como sujeto de una oración.

> Yo **sé contar buenos chistes.**

> Ellos **divierten mucho al público.**

612.2

Pronombres en función de complemento

Un pronombre en función de complemento se usa como complemento directo, como complemento indirecto o como complemento de una preposición.

> El señor Echeverría lo **hizo de corazón.** (complemento directo)

> El señor Echeverría nos **regaló un libro de matemáticas.** (complemento indirecto)

> Hice una tarjeta de Navidad para ti. (complemento de la preposición)

612.3

Pronombres posesivos

Un pronombre posesivo indica a quién o a qué pertenece algo.

> El libro es mío. **Esas canicas son** suyas.

> **NOTA:** No debes confundir los pronombres posesivos, que siempre aparecen solos, con los adjetivos posesivos, que acompañan a un sustantivo: *Quiero mi libro.*

Usos de los pronombres personales

	Pronombres singulares			Pronombres plurales		
	Pronombres en función de sujeto	Pronombres posesivos	Pronombres en función de complemento	Pronombres en función de sujeto	Pronombres posesivos	Pronombres en función de complemento
Primera persona	yo	mío(s)/ mía(s)	me/mí	nosotros	nuestro(s)/ nuestra(s)	nosotros/ nos
Segunda persona	tú	tuyo(s)/ tuya(s)	te/ti	ustedes	suyo(s)/ suya(s)	ustedes/ les
Tercera persona	él/ella	suyo(s)/ suya(s)	lo/la/ le/se	ellos/ ellas	suyo(s)/ suya(s)	los/las/ les/se

Práctica de gramática

Pronombres 2

■ Usos de los pronombres

En las siguientes oraciones, indica si el pronombre subrayado funciona como sujeto o como complemento o si es un pronombre posesivo.

Ejemplo: Mi hermana y <u>yo</u> disfrutamos salir en invierno.

pronombre en función de sujeto

1. Ya todos tienen sus abrigos, gorros y bufandas. Nos pondremos los <u>nuestros</u>.

2. Después <u>nosotros</u> salimos y esperamos a que la nieve comience a caer.

3. Cuando vemos los primeros copos de nieve, <u>los</u> tratamos de atrapar.

4. Cuando atrapo alguno, grito: "¡Es <u>mío</u>!".

5. A mi hermana le gusta atraparlos con la lengua. ¡Y <u>los</u> atrapa!

6. ¡<u>Ella</u> siempre atrapa alguno!

7. Después de un rato, <u>le</u> da mucho frío y su nariz se pone roja.

8. A veces, papá <u>nos</u> prepara un rico chocolate caliente.

Aprendizaje del lenguaje: Escribe dos oraciones sobre una de tus actividades favoritas. Usa al menos un pronombre como sujeto, un pronombre como complemento y un pronombre posesivo. Luego di a un compañero tres oraciones nuevas. Comenten si los pronombres funcionan como sujeto o como complemento o si son pronombres posesivos.

Pronombres...

Tipos de pronombres

614.1
Pronombres relativos

Un pronombre relativo conecta una cláusula subordinada con otra palabra de la oración. Pronombres relativos: *que* (puede estar precedido por artículo o preposición), *cual(es)* (puede estar precedido por *el/los, la/las, lo*), *quien(es), cuyo(s)/cuya(s)*

Los estudiantes que quieran formar parte de la banda deben hablar con Carlos.

614.2
Pronombres interrogativos

Un pronombre interrogativo hace una pregunta. Pronombres interrogativos: *qué, quién(es), cuál(es), cuánto(s)/cuánta(s)*

¿Quién tocará el teclado?

614.3
Pronombres demostrativos

Un pronombre demostrativo señala a un sustantivo sin nombrarlo. Pronombres demostrativos: *esto, eso, aquello, este, ese, aquel,* y sus femeninos y plurales *esta(s), estos, esa(s), esos, aquella(s), aquellos*

¡Esa es una idea estupenda!

NOTA: Cuando estos demostrativos se usan antes de un sustantivo, no son pronombres sino adjetivos. Cuando pueden confundirse con un adjetivo demostrativo, se escriben con acento ortográfico: *Trajeron ésas verdes manzanas.* (*Ésas* se refiere a personas de sexo femenino; no es adjetivo).

614.4
Pronombres indefinidos

Un pronombre indefinido se refiere a personas o cosas que no se mencionan o no se conocen.

Nadie podrá filmar el ensayo.

614.5
Pronombres reflexivos

Un pronombre reflexivo se refiere a la misma persona, cosa o animal que el sujeto: **Carlos se lava las manos.**

Personas	Pronombres singulares	Pronombres plurales
Primera persona	me	nos
Segunda persona	te	se
Tercera persona	se	se

Práctica de gramática

Pronombres 3

- Pronombres interrogativos
- Pronombres demostrativos
- Pronombres reflexivos

Identifica los pronombres subrayados en los párrafos siguientes. Escribe el número de renglón y luego anota "I" si son interrogativos, "D" si son demostrativos o "R" si son reflexivos.

Ejemplo:
1 <u>Este</u> debía ser
2 un día precioso.

1. D

1   ¿<u>Qué</u> sucede aquí? Hay sol, pero llueve. De golpe, comienza
2   a llover, luego para, y luego empieza otra vez. "¿Qué puede
3   causar <u>eso</u>?", <u>me</u> pregunto. No creo que <u>estos</u> sean chaparrones
4   comunes.

5   ¡Qué suerte que traje paraguas! ¿<u>Cuál</u> de <u>estos</u> debería
6   usar? Quisiera saber de <u>quién</u> será el rojo con margaritas.

7   Acabo de notar que la isla en la que estoy posado se mueve.
8   ¿<u>Cómo</u> puede pasar <u>esto</u>? ¿Y si les pregunto a las ballenas que
9   veo por aquí? Al parecer, ellas <u>se</u> divierten mucho. Sus chorros
10 salen disparados al cielo como si fueran fuentes, y <u>estos</u> se
11 parecen mucho a la lluvia que ha estado molestándome.

12 Un momento… ¡Quizá deba preguntar <u>quién</u> está causando
13 la lluvia!

Aprendizaje del lenguaje: Escribe otras dos preguntas que podría haber hecho el pájaro. Usa un pronombre interrogativo y un pronombre reflexivo. Luego di a un compañero una nueva oración en la que uses un pronombre reflexivo.

Verbos

Un **verbo** indica una acción o une el sujeto a otra palabra de la oración. El verbo es la palabra principal del predicado.

Tipos de verbos

616.1
Verbos de acción

Los verbos de acción indican lo que está haciendo el sujeto.

> **El viento** sopla **fuerte.**

> **Me** puse **la camisa.**

616.2
Verbos copulativos

Los verbos copulativos unen el sujeto (expreso o tácito) con un sustantivo o un adjetivo del predicado de la oración. (Consulta el gráfico que está a continuación).

> **El carro** es **un convertible.** (El verbo *es* une el sujeto *carro* con el sustantivo *convertible*).

> **El carro nuevo** parece **veloz.** (El verbo *parece* une el sujeto *carro* con el adjetivo *veloz*).

616.3
Verbos auxiliares

Los verbos auxiliares se ubican antes del verbo principal y le dan un significado más específico.

> **Leo** había **escrito en su diario.** (El auxiliar *había* hace referencia a una acción anterior a otra acción en el pasado).

> **Leo** estaba **escribiendo en su diario cuando su mamá entró en la habitación.** (El verbo *estaba* hace referencia a una acción continua en el pasado).

Verbos copulativos

ser, estar, parecer, semejar, ponerse, resultar, yacer, encontrarse, sentirse, volverse, quedarse

Verbos auxiliares

haber, ser, estar, poder, deber, tener, ir, andar, seguir, querer

Práctica de gramática

Verbos 1

■ Verbos de acción, verbos copulativos y verbos auxiliares

▶ **En las siguientes oraciones, indica si el verbo subrayado es un verbo de acción, un verbo copulativo o un verbo auxiliar.**

Ejemplo: Superpoderoso <u>sobrevuela</u> la ciudad.

verbo de acción

1. Él <u>es</u> el superhéroe más poderoso de la región.

2. Para atrapar a los delincuentes, Superpoderoso <u>usa</u> su vista biónica.

3. "<u>Han sido</u> arrestados", dijo Superpoderoso a un reportero.

4. También declaró: "<u>Debemos</u> hacer todo lo posible para combatir el delito".

5. Cuando los delincuentes ven a Superpoderoso, <u>tiemblan</u> de miedo.

6. <u>Parecen</u> nerviosos.

7. Saben que nadie lo <u>ha</u> vencido.

8. Los ciudadanos <u>son</u> afortunados por contar con él.

Aprendizaje del lenguaje: Escribe una oración sobre un superhéroe y encierra en un círculo el primer verbo. Trabaja con un compañero para indicar si se trata de un verbo de acción, un verbo copulativo o un verbo auxiliar. Luego di otras dos oraciones a tu compañero. En una oración usa un verbo de acción y en la otra, un verbo copulativo.

Verbos...

Tiempos verbales simples

El tiempo de un verbo indica cuándo ocurre la acción. Los tiempos simples de verbos regulares e irregulares son *presente, pasado (imperfecto* y *pretérito), futuro* y *condicional.* (Consulta la página 456).

618.1
Presente

El presente de un verbo expresa una acción (o un estado) que *está ocurriendo ahora* o que *ocurre habitualmente.*

> **Escribo una carta.**   **Soy estudiante de cuarto grado.**

618.2
Imperfecto o pretérito imperfecto

El imperfecto es un tiempo pasado que expresa una acción mientras transcurre, *en su desarrollo.* No interesa el principio y el fin de la acción.

> **Martín iba lentamente por el parque.**
> **Mi gata dormía plácidamente.**

618.3
Pretérito

El pretérito es un tiempo pasado que expresa una *acción cumplida.* Es el tiempo de lo ocurrido en el *pasado* y que está *terminado.*

> **Ayer fueron a El Paso.**   **Visité Dallas en 2004.**

618.4
Futuro

El futuro expresa lo que ocurrirá *más adelante.*

> **El sábado iré al cine. Mañana compraré las entradas.**

618.5
Condicional

El condicional expresa un deseo o una suposición, o se refiere a una acción futura en relación con el pasado.

> **Me gustaría salir a pasear.** (deseo)
>
> **Dijo que saldría a las cuatro.** (acción futura en relación con el pasado)

Práctica de gramática

Verbos 2

■ Tiempos verbales simples

Escribe el tiempo de los verbos subrayados en las siguientes oraciones (presente, imperfecto, pretérito, futuro o condicional). Indica también si el verbo es regular o irregular con una "R" o una "I".

Ejemplo: La gallina quiere cruzar la carretera.

presente, I

1. Esta mañana cruzó la carretera.

2. Pronto volverá a cruzar la carretera.

3. La hierba del otro lado de la carretera siempre se veía más verde.

4. Se detuvo al lado de la carretera para pensar.

5. "Ayer vine a este lado", pensaba la gallina.

6. "Si hoy vuelvo al otro lado, ¿tendré ganas de volver a este lado mañana?", se preguntaba.

7. Sabe que tiene que decidirse pronto.

8. ¡Otra vez perdería todo el día al lado de la carretera!

Aprendizaje del lenguaje: Escribe una oración en la que uses un tiempo en pasado para contar qué decidió hacer la gallina. Luego di a un compañero otras dos oraciones en la que uses dos tiempos verbales distintos. Usa verbos regulares e irregulares. Pide a tu compañero que identifique el tiempo verbal en cada caso y que diga si el verbo es regular o irregular.

Verbos...

Tiempos verbales compuestos

Los tiempos compuestos de verbos regulares e irregulares se forman con el verbo auxiliar *haber* y el participio del verbo principal.

620.1
Perfecto o pretérito perfecto compuesto

El perfecto es un *tiempo-puente entre el pasado y el presente.* Expresa una acción desarrollada en el pasado que tiene un resultado en el presente.

> **Ya** he escrito **veinte páginas.**
> Hemos jugado **al fútbol toda la tarde.**
> **Juan** ha terminado **la tarea.**

620.2
Pretérito pluscuamperfecto

El pretérito pluscuamperfecto expresa *anterioridad respecto de una acción pasada.* Se refiere a una acción pasada anterior a otra, también pasada.

> **Cuando me llamaste, todavía no** había vuelto**.**
> **Estaba triste porque no** había ido **a su fiesta.**
> **Mi tía me regaló una pelota para mi cumpleaños. El año pasado me** había regalado **un rompecabezas.**

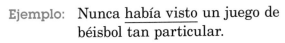

Verbos 3

■ Tiempos verbales compuestos

En las siguientes oraciones, indica si los verbos subrayados están conjugados en perfecto o pretérito pluscuamperfecto. Indica también si el verbo es regular o irregular con una "R" o una "I".

Ejemplo: Nunca <u>había visto</u> un juego de béisbol tan particular.

pretérito pluscuamperfecto, I

1. Mi hermano me <u>había dicho</u> que el equipo La Manada era muy bueno, pero no me imaginé que fueran tan divertidos.

2. Cuando llegué al estadio, algunos espectadores ya <u>habían llegado</u>, pero faltaba una hora para que empezara el juego.

3. Los jugadores todavía no se <u>habían cambiado</u>; estaban precalentando.

4. —Esos rumiantes nos <u>han ganado</u> dos veces seguidas, ¡pero esta vez no se quedarán ni con los puntos ni con los pastizales más tiernos! —gritaba el líder de La Manada.

5. —Esos terneros recién <u>han empezado</u> a jugar; no saben lo que es enfrentarse a un equipo como el nuestro —decían los simpatizantes del otro equipo.

6. —<u>He entrenado</u> mucho para llegar a este momento —declaró el capitán de La Manada.

7. —Es hora de que lo demuestres, porque hasta ahora no <u>has hecho</u> nada —le contestó uno de sus contrincantes.

Aprendizaje del lenguaje: Escribe cuatro oraciones sobre el partido de béisbol que contengan verbos regulares e irregulares en perfecto y pretérito pluscuamperfecto. Luego di a un compañero otras dos oraciones en las que uses estos dos tiempos verbales.

Verbos...
Formas de los verbos

Conjugación de verbos regulares

Presente	Imperfecto	Pretérito	Futuro	Condicional	Perfecto	Pretérito Pluscuamperfecto
amo/	amaba/	amé/	amaré/	amaría/	he amado/	había amado/
temo/	temía/	temí/	temeré/	temería/	temido/	temido/
parto	partía	partí	partiré	partiría	partido	partido
amas/	amabas/	amaste/	amarás/	amarías/	has amado/	habías amado/
temes/	temías/	temiste/	temerás/	temerías/	temido/	temido/
partes	partías	partiste	partirás	partirías	partido	partido
ama/	amaba/	amó/	amará/	amaría/	ha amado/	había amado/
teme/	temía/	temió/	temerá/	temería/	temido/	temido/
parte	partía	partió	partirá	partiría	partido	partido
amamos/	amábamos/	amamos/	amaremos/	amaríamos/	hemos amado/	habíamos amado/
tememos/	temíamos/	temimos/	temeremos/	temeríamos/	temido/	temido/
partimos	partíamos	partimos	partiremos	partiríamos	partido	partido
aman/	amaban/	amaron/	amarán/	amarían/	han amado/	habían amado/
temen/	temían/	temieron/	temerán/	temerían/	temido/	temido/
parten	partían	partieron	partirán	partirían	partido	partido
aman/	amaban/	amaron/	amarán/	amarían/	han amado/	habían amado/
temen/	temían/	temieron/	temerán/	temerían/	temido/	temido/
parten	partían	partieron	partirán	partirían	partido	partido

Conjugación de verbos irregulares

Los verbos irregulares no siguen el modelo de conjugación de *amar, temer* y *partir* en algunas de sus formas. A continuación se dan algunos ejemplos.

IR: voy, vas, va, vamos, van, iba, ibas, íbamos, iban, fui, fuiste, fue, fuimos, fueron

SER: soy, eres, es, somos, son, era, eras, éramos, eran, fui, fuiste, fue, fuimos, fueron

TENER: tengo, tienes, tiene, tenemos, tienen, tuve, tuviste, tuvo, tuvimos, tuvieron, tendré, tendrás, tendrá, tendremos, tendrán, tendrán, tendría, tendrías, tendría, tendríamos, tendrían, tendrían

PODER: puedo, puedes, puede, pueden, pude, pudiste, pudimos, pudieron, podré, podrás, podrá, podremos, podrán, podría, podrías, podríamos, podrían

PARTICIPIOS IRREGULARES: escrito (escribir), roto (romper), vuelto (volver), abierto (abrir), dicho (decir), cubierto (cubrir), muerto (morir), puesto (poner)

Práctica de gramática

Verbos 4

■ Conjugación de verbos regulares e irregulares

Escribe el tiempo de los verbos subrayados en las siguientes oraciones (presente, imperfecto, pretérito, futuro, condicional, perfecto o pretérito pluscuamperfecto). Indica también si la forma es regular o irregular con una "R" o una "I".

Ejemplo: Ayer mi tía Tamara y su amigo me <u>llevaron</u> al parque.

pretérito, R

1. He <u>visto</u> muchos parques, pero ninguno me gustó tanto como este. ¡<u>Ha sido</u> un paseo hermoso!

2. La tarde estuvo muy soleada, a pesar de que por la mañana <u>había llovido</u>.

3. Cuando llegamos, me <u>encontré</u> con Marina, una compañera de la escuela. No me <u>había dicho</u> que estaría allí.

4. Mientras Marina y yo <u>íbamos</u> de aquí para allá en el parque, mi tía y su amigo <u>preparaban</u> algo para comer.

5. —<u>Buscaré</u> un regalo para mi tía —le dije a mi amiga.

6. —En este parque <u>crecen</u> muchas margaritas —me dijo ella—. ¿<u>Quieres</u> que juntemos algunas?

7. <u>Fuimos</u> a buscar una margarita y se la dimos a mi tía.

8. Le gustó tanto que prometió que <u>volveríamos</u> al parque la próxima semana. ¡Marina <u>dice</u> que también <u>vendrá</u>!

Aprendizaje del lenguaje: Escribe un párrafo breve sobre una salida que hayas disfrutado en familia. Usa todos los tiempos verbales que aprendiste, tanto los simples como los compuestos e incluye formas regulares e irregulares. Muestra tu trabajo a un compañero.

Adjetivos

Los **adjetivos** son palabras que modifican un sustantivo o un pronombre. Indican las cualidades, las propiedades o la cantidad de las palabras a las que describen. (Consulta las páginas 461 a 463).

624.1
Artículos

Las palabras *un, una, unos, unas, el, los, la, las* son artículos. Los artículos van delante del sustantivo para anunciar su género y número y para indicar si ya es conocido o no el sustantivo que se nombra.

> **Pedro se compró** un **carro.** (El artículo *un* es masculino y singular y no se refiere a un objeto determinado o conocido).
>
> **El carro es rojo.** (El artículo *el* es masculino y singular y se refiere a un objeto determinado).

624.2
Adjetivos calificativos y frases calificativas

Los adjetivos calificativos señalan cualidades o propiedades de los sustantivos a los que modifican.

> **Fue un día** hermoso **y una noche** inolvidable.
>
> **Estuvimos en una zona** desértica.

Las frases calificativas están formadas por un adjetivo y una frase preposicional que lo modifica.

> **Ya eres** mayor de edad. **El teatro estaba** lleno de gente.

624.3
Adjetivos predicativos

Los adjetivos predicativos se ubican después de los verbos copulativos y describen a los sujetos. (Consulta la página 517).

> **Las manzanas son** jugosas. **Parecen** deliciosas.

624.4
Adjetivos posesivos

Los adjetivos posesivos señalan pertenencia o posesión. Los adjetivos posesivos son los siguientes: *mi(s), tu(s), su(s), nuestro(s), nuestra(s)*.

> **Creo que este es** su **sombrero.   No, es** mi **sombrero.**

624.5
Adjetivos demostrativos

Los adjetivos demostrativos señalan el lugar en que se halla el objeto o persona nombrada. Los adjetivos demostrativos son *este, ese, aquel* y sus femeninos y plurales.

> **Me llevaré** estos **libros.   Ese abrigo es mío.**
>
> **NOTA:** Cuando estas palabras aparecen solas, sin un sustantivo que los acompañe, funcionan como pronombres: *Aquellos eran gigantes.*

Práctica de gramática

Adjetivos 1

■ Adjetivos calificativos y frases calificativas
■ Adjetivos demostrativos

▶ **En las siguientes oraciones, indica si las palabras o frases subrayadas son adjetivos calificativos, frases calificativas o adjetivos demostrativos.**

Ejemplo: ¡Ese pastel se ve delicioso!

adjetivo demostrativo

1. Estábamos <u>muertos de hambre</u> y justo llegó mi tía.

2. Traía un <u>enorme</u> pastel de chocolate.

3. Miguel se puso <u>loco de contento</u> cuando la vio entrar.

4. Enseguida lo cortamos en porciones <u>pequeñas</u> y lo repartimos entre todos. . . o casi todos.

5. —<u>Esa</u> niña no comió pastel —dijo mi tía.

6. Entonces abrió el refrigerador <u>repleto de comida</u> y sacó otro pastel.

7. <u>Aquel</u> pastel era más grande que el primero y tenía pasas.

8. Todos queríamos probar ese otro pastel tan <u>apetitoso a la vista</u>.

Aprendizaje del lenguaje: Escribe una oración sobre una comida que te guste. Usa adjetivos que le permitan al lector ver, oler y saborear esa comida. Luego di a un compañero una nueva oración en la que uses al menos un adjetivo calificativo y una frase calificativa.

Adjetivos...

626.1
Adjetivos indefinidos

Los adjetivos indefinidos indican de manera aproximada (no exacta) la cantidad o número del sustantivo al que modifican.

A muchos estudiantes les encanta el verano.

Hay algunos días lluviosos y pocos días aburridos.

Formas de los adjetivos

626.2
Adjetivos positivos

La forma positiva de un adjetivo describe a un sustantivo sin compararlo con otro sustantivo. (Consulta la página 462).

Este libro es interesante.

626.3
Adjetivos comparativos

La forma comparativa de un adjetivo compara dos personas, lugares, cosas o ideas.

Este libro es tan interesante como el otro. (igualdad)

Este libro es más interesante que el otro. (superioridad)

Este libro es menos interesante que el otro. (inferioridad)

626.4
Adjetivos superlativos

La forma superlativa de un adjetivo asigna el grado máximo de la cualidad que expresan o el grado máximo o mínimo de la cualidad de una o varias personas o cosas en relación con las demás de un conjunto determinado.

El libro es muy interesante.   El libro es interesantísimo.

Este es el libro más interesante que he leído.

(*el/la más* + adjetivo)

Este es el libro menos interesante que he leído.

(*el/la menos* + adjetivo)

626.5
Formas irregulares de los adjetivos

Las formas comparativas y superlativas de algunos adjetivos son palabras completamente diferentes. No es necesario agregar otras palabras como *más* o *menos*.

Positivo	Comparativo	Superlativo
bueno	mejor	mejor/óptimo
malo	peor	peor/pésimo

NOTA: Es incorrecto usar *más* y *menos* con las formas *mejor* y *peor*.

Práctica de gramática

Adjetivos 2

■ Adjetivos positivos, comparativos y superlativos

En las siguientes oraciones, indica si el adjetivo subrayado es positivo, comparativo o superlativo.

Ejemplo: Muchos deportistas <u>entrenados</u> participaron en la competencia en la laguna.

positivo

1. El público era <u>más numeroso</u> que el que había asistido a la competencia anterior.

2. "Demostraré que soy el <u>mejor</u>", pensó Franco, un gran saltador.

3. Héctor era un <u>muy buen</u> corredor.

4. —Elías es <u>más rápido</u> que yo —dijo Héctor.

5. —Federico es el corredor <u>más rápido</u> de todos —agregó Luis.

6. —Solo quiero terminar en una posición <u>mejor</u> que la que obtuve la última vez —confesó Héctor.

7. En la competencia de salto, Franco dio <u>el más alto</u> y obtuvo el primer premio.

8. Todos los que participaron hicieron un <u>gran</u> esfuerzo.

Aprendizaje del lenguaje: Escribe dos oraciones sobre un juego o un deporte que practiques con tus amigos. Usa algunos de los adjetivos comparativos y superlativos irregulares que aparecen en la página 626. Luego di a un compañero otras dos oraciones en las que uses adjetivos comparativos y superlativos.

Adverbios

Los **adverbios** son palabras que modifican (describen) al verbo o a otros adverbios. También pueden modificar adjetivos. (Consulta también las páginas 464 y 465).

El equipo de béisbol practica incansablemente.

(*Incansablemente* modifica al verbo *practica*).

Anoche los jugadores durmieron muy **profundamente.**

(*Muy* modifica al adverbio *profundamente*).

La práctica de ayer fue especialmente **larga.**

(*Especialmente* modifica al adjetivo *larga*).

Tipos de adverbios

628.1 Adverbios de tiempo

Los adverbios de tiempo indican *cuándo, con qué frecuencia* o *durante cuánto tiempo*.

Máximo bateó primero. (cuándo)

Su equipo juega semanalmente. (con qué frecuencia)

Estuvo primero brevemente. (durante cuánto tiempo)

628.2 Adverbios de lugar

Los adverbios de lugar indican *dónde*.

Cuando el lanzamiento cayó afuera, **el bateador miró** atrás.

—¡Pégale ahí! **—indicó el entrenador señalando el campo.**

628.3 Adverbios de modo

Los adverbios de modo indican *de qué manera* se realiza una actividad.

Máximo esperaba ansiosamente **el siguiente lanzamiento.**

Máximo giró el bate enérgicamente, **pero erró el tiro.**

628.4 Adverbios de intensidad

Los adverbios de intensidad dicen *en qué grado* se manifiesta una cualidad o estado.

El receptor estaba totalmente **sorprendido.** (con cuánta intensidad)

Casi **no pudo ver la pelota.** (con cuán poca intensidad)

NOTA: Muchos adverbios terminan en *-mente*, pero no todos. Palabras como *tan, nunca, muy* y *siempre* son adverbios comunes.

Práctica de gramática

Adverbios 1

■ Para modificar verbos, otros adverbios y adjetivos

En las siguientes oraciones, escribe la palabra a la que modifica el adverbio subrayado. Di si la palabra es un verbo, un adjetivo o un adverbio.

Ejemplo: Siempre recuerdo cuando fui al circo.

recuerdo, verbo

1. Mi tío Tito nunca dejaba de ir al circo cuando este venía a la ciudad.

2. Prometió que me llevaría si yo me portaba muy bien.

3. Fuimos alegremente hasta el parque de diversiones.

4. Los elefantes actuaron primero.

5. El público aclamaba incesantemente.

6. Los leones y los tigres rugían ferozmente en sus jaulas.

7. Un acróbata caminó muy despacio sobre la cuerda floja por encima de una gran red.

8. Un payaso pintado simpáticamente nos sonrió con alegría.

Aprendizaje del lenguaje: Escribe una oración en la que uses un adverbio para describir un número de un circo. Encierra en un círculo el adverbio y dibuja una flecha hasta la palabra a la que modifica. Luego di a un compañero una nueva oración que tenga un adverbio. Comenta si el adverbio modifica a un verbo, a otro adverbio o a un adjetivo.

630

Adverbios...

Formas de los adverbios

630.1
Adverbios positivos

La forma positiva de un adverbio no se usa para comparaciones. (Consulta la página 464).

Máximo escucha atentamente **las órdenes del entrenador.**

630.2
Adverbios comparativos

La forma comparativa de un adverbio compara cómo se hacen dos cosas. La comparación se forma agregando las palabras *tan...como y más/menos...que.*

Máximo escucha más atentamente que **su primo las indicaciones del entrenador.**

Máximo batea tan lejos como **su primo.**

630.3
Adverbios superlativos

La forma superlativa de un adverbio expresa el significado de este en su mayor intensidad. La forma superlativa puede ser absoluta, que se logra agregando *muy* delante del adverbio positivo, o agregando los sufijos *-ísimo* o *-ísima* a la raíz del adverbio positivo.

Máximo se concentra muy brevemente **antes de batear.**

En el último partido, Máximo corrió rapidísimo.

La forma superlativa también puede ser relativa, que se logra agregando *más/menos... que.*

En el próximo partido, quiere batear más fuerte que **nunca.**

630.4
Formas irregulares de los adverbios

Las formas comparativa y superlativa de algunos adverbios son palabras diferentes.

Positivo	Comparativo	Superlativo
bien	mejor	mejor
mal	peor	peor

NOTA: Asegúrate de no usar *más* y *menos* con las formas comparativas y superlativas de *bien* y *mal.* Es incorrecto decir *más mejor* y *menos peor.* (Consulta la página 626.5).

Práctica de gramática

Adverbios 2

■ Adverbios comparativos y superlativos

▶ **Escoge la forma comparativa o superlativa del adverbio de la pareja de palabras que está entre paréntesis según corresponda y escríbela.**

Ejemplo: Mi perro Bosco aprende *(más rápido, rapidísimo)* que cualquier otro perro de su clase.

    más rápido

1. Durante las clases se sienta *(muy tranquilamente, más tranquilamente)* que el perro de mi amigo.

2. El maestro de la escuela de obediencia dice que Bosco trabaja *(mejor, muchísimo)* que cualquier mascota de la escuela.

3. De todos los "compañeros" de la escuela de obediencia, Bosco es el que recibe recompensas *(más frecuentemente, menos frecuentemente)*.

4. Puede correr *(más rápido, rapidísimo)*.

5. De todos los niños que conocen a Bosco, mi vecina Carina es quien juega con él *(seguidísimo, más seguido)*.

Aprendizaje del lenguaje: Escribe una oración sobre algo para lo que eres bueno. Usa un adverbio comparativo y un adverbio superlativo. Luego usa adverbios comparativos y superlativos para decir a un compañero dos nuevas oraciones sobre tu destreza.

Preposiciones

Las **preposiciones** son palabras que introducen frases preposicionales. Las preposiciones muestran relaciones de lugar, tiempo u hora, dirección u otros detalles entre las palabras en una oración. (Consulta también las páginas 466 y 468).

Los gatos hacen lo que quieren en nuestra casa.

632.1

Frases preposicionales

Las frases preposicionales están formadas por una preposición, un complemento de la preposición (un sustantivo o un pronombre que va después de la preposición) y todas las palabras que modifican al complemento.

Lulú salió corriendo hacia la puerta de entrada. (*Hacia* es la preposición y *puerta* es el complemento de la preposición. *La* y *de entrada* modifican a *puerta*).

Lalo observa desde el cajón del escritorio **y luego se esconde** en él. (El sustantivo *cajón* es el complemento de la preposición *desde* y el pronombre *él* es el complemento de la preposición *en*).

NOTA: Si en una oración una de las palabras de la siguiente lista de preposiciones no tiene complemento, entonces no funciona como preposición en esa oración. Puede ser un adverbio o una conjunción.

Preposiciones

a	con	durante	hasta	según
ante	contra	en	mediante	sin
bajo	de	entre	para	sobre
cabe	desde	hacia	por	tras

Práctica de gramática

Preposiciones

En las siguientes oraciones, escribe la frase preposicional y subraya la preposición.

Ejemplo: El Imperio romano se fundó en Italia hace muchos años.

<u>en</u> Italia

1. El imperio pronto se expandió por gran parte de Europa.

2. Los romanos vivían sin las herramientas modernas.

3. Medían el tiempo con relojes de sol y relojes de agua.

4. Los relojes de agua tenían una cantidad fija de agua que fluía de una parte a otra del reloj.

5. La mayoría de los romanos no tenían caballos, así que iban hasta las ciudades cercanas caminando.

6. Los romanos acaudalados que tenían dos casas iban a caballo de un lugar a otro.

7. Las personas que vivían cerca del mar solían viajar en barco.

8. Las personas que vivían durante la época del Imperio romano apreciaban el arte, la lectura y la escritura.

Aprendizaje del lenguaje: Escribe dos oraciones sobre cómo piensas que sería vivir durante el Imperio romano. Subraya las frases preposicionales que uses. Luego di a un compañero una oración nueva que tenga una frase preposicional. Indica si esta expresa lugar, hora o tiempo, o dirección o si provee detalles.

Conjunciones

Las **conjunciones** son palabras que conectan entre sí a otras palabras o grupos de palabras.

634.1
Conjunciones coordinantes

Una conjunción coordinante conecta palabras u oraciones del mismo nivel: dos o más palabras, frases o cláusulas.

El río es ancho y **profundo.** (palabras)

Podemos pescar por la mañana o **por la tarde.** (frases)

El río corre velozmente por el valle y **luego se bifurca al llegar a la pradera.** (cláusulas)

634.2
Conjunciones subordinantes

Las conjunciones subordinantes suelen usarse para introducir las cláusulas subordinadas en oraciones complejas.

El viaje se demoró cuando **comenzó una tormenta de nieve.**

A menos que **la nieve cesara, debíamos permanecer en la ciudad.**

NOTA: Los pronombres relativos también se pueden usar para conectar cláusulas. (Consulta las páginas 600.3 y 614.1).

634.3
Conjunciones disyuntivas

Las conjunciones disyuntivas se usan para expresar una alternativa entre varias posibilidades.

O **la nieve** o **el viento pueden hacer que el viaje sea peligroso.**

Ni **los aviones** ni **los autobuses podían circular en la tormenta.**

Conjunciones comunes

Conjunciones coordinantes
y/e, pero, o/u

Conjunciones subordinantes
cuando, si, como, porque, de manera que, pues, puesto que, a pesar de, a menos que, mientras, aunque

Conjunciones disyuntivas
o/o, ni/ni, ya (sea)/ya (sea), (o) bien/(o) bien

Práctica de gramática

Conjunciones

■ Conjunciones coordinantes
■ Conjunciones subordinantes
■ Conjunciones disyuntivas

Escribe la conjunción o las conjunciones de las siguientes oraciones. Para cada conjunción, escribe "C" si es coordinante, "S" si es subordinante o "D" si es disyuntiva.

Ejemplo: A nuestro gato le gusta correr y jugar en el patio.

y, C

1. No le importa si hay sol o si está nublado.

2. El gato se sienta o junto a la puerta o junto a la ventana y maúlla hasta que lo dejamos entrar.

3. Cuando lo dejé salir hoy más temprano, subió a un árbol.

4. Ya sea que ha trepado muy alto, ya sea que no tan alto, ahora no puede bajar.

5. Parece o asustado o con frío; sus pelos están de punta.

6. O bien podemos traer una escalera o bien podemos pedirle ayuda a alguien.

7. Podríamos llamar al departamento de bomberos, pero rescatar gatos no es realmente su trabajo.

8. Mientras nos preguntábamos qué hacer, el gato bajó por su cuenta.

Aprendizaje del lenguaje: Escribe una oración que contenga un par de conjunciones disyuntivas de la página 634. Luego di a un compañero una oración nueva que tenga un par diferente de conjunciones disyuntivas.

Interjecciones

Las **interjecciones** son palabras o frases que expresan una emoción intensa. Se usan los signos de admiración o la coma para separar las interjecciones del resto de la oración.

¡Ah, mira esas montañas!

¡Vaya! ¡Qué grata sorpresa!

Guía rápida: Elementos gramaticales

Sustantivos Palabras que nombran a una persona, un lugar, una cosa o una idea (**Beatriz, oficina, cartelera, confusión**)

Pronombres Palabras que se usan en lugar de los sustantivos (**yo, mí, se, las/los, quien, cual, aquello, suyo, algunos**)

Verbos Palabras que expresan una acción o un estado (**corra, salto, es, son**)

Adjetivos Palabras que describen a un sustantivo o un pronombre (**alta, tranquilo, tres, valiente, ordenado**)

Adverbios Palabras que describen a un verbo, a otro adverbio o a un adjetivo (**temprano, fácilmente, rápido, muy**)

Preposiciones Palabras que muestran relaciones e introducen frases preposicionales (**a, de, sobre, desde, hasta**)

Conjunciones Palabras que conectan a otras palabras o grupos de palabras entre sí (**y/e, o/u, aunque, porque**)

Interjecciones Palabras (separadas por comas o por signos de exclamación) que muestran emoción o sorpresa (**ah, oh, ¡vaya!**)

Práctica de gramática

Repaso de los elementos gramaticales

Escribe el elemento gramatical subrayado en cada una de las siguientes oraciones.

sustantivo   pronombre   verbo
preposición   conjunción   interjección
adjetivo   adverbio

(1) Una <u>anguila</u> no es un tipo de serpiente acuática, sino un pez. (2) Como todos los demás peces, las anguilas <u>respiran</u> a través de branquias y tienen escamas y aletas. (3) Sin embargo, a diferencia de la mayoría de los peces, las anguilas no tienen aletas en la parte <u>posterior</u> del cuerpo.

(4) Las crías de las anguilas <u>se llaman</u> "angulas". (5) ¡Lo único que <u>ellas</u> quieren hacer es comer, comer y comer! (6) No ven muy bien, <u>pero</u> tienen un buen sentido del olfato. (7) Comen por la noche <u>y</u> descansan durante el día.

(8) La anguila más <u>grande</u> es la anguila morena. (9) ¡Algunas <u>de</u> estas anguilas pueden llegar a medir 11 pies de largo! (10) Tienen <u>dientes</u> afilados que usan para comer otros peces. (11) Una anguila morena <u>posiblemente</u> llegaría a los treinta años de edad.

(12) Las anguilas son peces <u>sabrosos</u> con muchas proteínas. (13) A los japoneses y europeos <u>les</u> encanta comerlas. (14) Los colonos norteamericanos solían comerlas <u>frecuentemente</u>. (15) Pero personas como yo dirían "<u>¡Puaj!</u>" si vieran una anguila en el menú.

Credits

Text:
Texas Essential Knowledge and Skills copyright © Texas Education Agency

Photos:
P.7, 638 ©Ingram Publishing/Getty Images; 317, 523 (top) ©Photodisc/Getty Images; 402 Don Couch/HRW Photo; 408, 420 HMH Collection; 414, 523 (bottom) ©Comstock/Getty Images; 426 ©Stockbyte/Getty Images; 432 Harcourt School Publishers; 438 ©Digital Vision/Getty Images.

Conocimientos y destrezas esenciales en Texas (TEKS) para las Artes del Lenguaje

Los TEKS son las destrezas que tienes que aprender en cuarto grado. En la primera columna de la tabla siguiente se enumeran los TEKS para las Artes del Lenguaje en español. En la segunda columna se indica en qué páginas del programa *Fuente de escritura para Texas* se enseñan esas destrezas.

⬛ ⭐ **(TEKS) 4.15** Expresión escrita/Proceso de escritura

Los estudiantes utilizan los elementos del proceso de escritura (planificar, desarrollar borradores, revisar, corregir y publicar) para componer un texto. Se espera que los estudiantes:

A	planifiquen un primer borrador seleccionando un género apropiado para expresar el significado deseado a un público y generen ideas a través de una variedad de estrategias (ej., lluvia de ideas, organizadores gráficos, diarios);	páginas 5-6, 11, 24, 27, 53, 58-59, 71, 78-81, 115, 123, 126, 131, 138, 142, 175-176, 183, 186, 191, 198-199, 202, 235, 245, 248, 253, 258-260, 273, 277, 281, 285, 292-294, 299, 300, 305, 334-335, 496-497, 502-503, 507
B	desarrollen borradores categorizando ideas y organizándolas en párrafos;	páginas 6, 53, 60-62, 79, 81, 142, 145-148, 175, 177, 186, 192, 198, 200, 202, 204-208, 261-264, 278, 348, 350-353
C	corrijan la coherencia, la organización y el uso de oraciones sencillas y compuestas en los borradores, y para el público;	páginas 5, 7, 14-15, 22-23, 25-26, 62, 72, 90-93, 117, 119, 132, 150-153, 158, 160, 177, 192, 210-213, 216, 218, 237, 265, 275, 279, 283, 287, 296, 301, 307, 356-360, 364, 480-482, 497
D	corrijan la gramática, las convenciones mecánicas y la ortografía en los borradores utilizando una rúbrica desarrollada por el maestro; y	páginas 29-30, 100-101, 104, 160-161, 164, 177, 192, 220-221, 223-224, 266, 366-368, 370, 570-571, 582-585
E	revisen el borrador final después de revisar las reacciones de sus compañeros y del maestro, y publiquen las redacciones para un público específico.	páginas 5, 7, 15, 40-42, 62, 91, 98, 105, 158, 164-165, 218, 225, 265, 275, 279, 307, 371

*Páginas del *Libro del estudiante*
*Páginas del *Libro de destrezas*
*Páginas de la *Guía de ortografía*

⊞ TEKS 4.16 Escritura/Textos literarios

Los estudiantes escriben textos literarios para expresar sus ideas y sentimientos sobre personas, eventos e ideas reales o imaginarias. Se espera que los estudiantes:

A escriban cuentos imaginativos que desarrollen el clímax de un argumento y que contengan detalles de los personajes y del escenario; y

páginas 290-298, 300-302

B escriban poemas que expresen detalles sensoriales utilizando las convenciones de la poesía (ej., el ritmo, la métrica, los patrones de los versos).

páginas 304-311

⊞ TEKS 4.17 Escritura

Los estudiantes escriben acerca de sus propias experiencias. Se espera que los estudiantes escriban acerca de experiencias importantes y personales.

páginas 28, 70-72, 78, 85-88, 120-121, 123, 126

⊞ TEKS 4.18 Escritura/Textos expositivos e instructivos

Los estudiantes escriben textos expositivos e instructivos o textos relacionados con empleos para comunicar ideas e información a públicos específicos con propósitos específicos. Se espera que los estudiantes:

A creen composiciones breves que:
  (i) establezcan una idea central en una oración temática;
  (ii) incluyan oraciones secundarias que apoyen con datos sencillos, detalles y explicaciones; y
  (iii) contengan una oración de conclusión;

páginas 12-13, 52, 54, 56-57, 60-62, 65, 67, 130-132, 135-136, 141-142, 144-148, 150-151, 154-158, 176-177, 186, 282, 491-493

B escriban cartas que utilicen el lenguaje apropiado para el público y el propósito (ej., una nota de agradecimiento a un amigo) y que utilicen las convenciones apropiadas (ej., fecha, saludo, despedida); y

páginas 240-242, 272, 274, 277-278, 523-524

C escriban respuestas a textos literarios o expositivos y demuestren entendimiento utilizando pruebas del texto.

páginas 252-254, 256-264, 268-270, 272-274, 276-278, 280-282, 284-286

*Páginas del *Libro del estudiante*
*Páginas del *Libro de destrezas*
*Páginas de la *Guía de ortografía*

⭐ TEKS 4.19 Escritura/Textos persuasivos

Los estudiantes escriben textos persuasivos para influenciar las actitudes o acciones de un público específico, sobre temas específicos. Se espera que los estudiantes escriban ensayos persuasivos para públicos apropiados que establezcan una postura y utilicen detalles que la apoyen.

páginas 190-192, 195-196, 198-202, 204-208, 211-212, 214-215, 226, 235-237, 248

⭐ TEKS 4.20 Convenciones del lenguaje oral y escrito/Convenciones

Los estudiantes entienden la función y el uso de las convenciones del lenguaje académico al hablar y escribir. Los estudiantes continúan aplicando los estándares previos con mayor complejidad. Se espera que los estudiantes:

A utilicen y entiendan la función de los siguientes elementos gramaticales en el contexto de la lectura, la escritura y la oratoria:

   (i) los verbos regulares e irregulares (los tiempos pasado, presente, futuro y perfecto del modo indicativo);

   (ii) los sustantivos (singulares/plurales, comunes/propios);

   (iii) los adjetivos (ej., calificativos, incluyendo frases calificativas: vestido de domingo) y sus formas comparativas y superlativas (ej., más que, la más);

   (iv) los adverbios (ej., frecuencia: usualmente, a veces; intensidad: casi, mucho);

   (v) las preposiciones y las frases preposicionales para expresar lugar, hora, dirección o para proveer detalles;

   (vi) los pronombres reflexivos (ej., me, te, se, nos);

   (vii) las conjunciones disyuntivas (ej., o/o, ni/ni); y

   (viii) las palabras de transición que indiquen tiempo y orden y las transiciones que indiquen una conclusión;

páginas 12, 25, 80, 93, 100-101, 146-147, 163, 220-221, 361, 366-367, 446, 452-453, 456, 458, 460-462, 464-468, 487, 494-495, 519-520, 562-565, 602-607, 614-615, 618-635

páginas 53-56, 89-92, 137-138, 145, 148, 163-164, 171-178, 182-188, 193-198

B usen el sujeto completo y el predicado completo en una oración; y

páginas 473-474, 486, 596-599

páginas 83-84, 119-120

C usen oraciones completas, tanto sencillas como compuestas, con la concordancia correcta del sujeto y el verbo.

páginas 102, 161, 457, 459, 470, 472, 476-477, 483, 486

páginas 107-114, 119-120

*Páginas del *Libro del estudiante*
*Páginas del *Libro de destrezas*
*Páginas de la *Guía de ortografía*

⊞ TEKS 4.21 Convenciones del lenguaje oral y escrito/Caligrafía, uso de letras mayúsculas y signos de puntuación

Los estudiantes escriben de manera legible y usan correctamente las letras mayúsculas y los signos de puntuación en sus composiciones. Se espera que los estudiantes:

A escriban de manera legible en letra cursiva o letra de molde como sea apropiado;	páginas 7, 22, 62, 105, 117, 165, 177, 225, 237, 266, 371 páginas 3-6
B utilicen letras mayúsculas para: (i) eventos y documentos históricos; y (ii) la primera palabra de los títulos de libros, cuentos y ensayos;	páginas 29, 64-65, 224, 254, 368, 560-561 páginas 49-52
C reconozcan y utilicen los signos de puntuación, incluyendo las comas en oraciones compuestas; dos puntos, punto y coma, puntos suspensivos, guión y raya; e	páginas 162, 223, 481, 530-531, 538-541, 544-549, 552-553 páginas 7-8, 10-11, 21-24, 27-35, 39-46, 129-132
D identifiquen y lean abreviaturas (ej., Sr., Atte.).	páginas 103, 527, 554-555, 566-569 páginas 57-58

⊞ TEKS 4.22 Convenciones del lenguaje oral y escrito/Ortografía

Los estudiantes deletrean correctamente. Se espera que los estudiantes:

A escriban, con mayor precisión, el uso de los acentos, incluyendo: (i) las palabras que tengan acento prosódico u ortográfico en la última sílaba (palabras agudas) (ej., feliz, canción); (ii) las palabras que tengan acento prosódico u ortográfico en la penúltima sílaba (palabras graves) (ej., casa, árbol); y (iii) las palabras que tengan un acento ortográfico en la antepenúltima sílaba (palabras esdrújulas) (ej., último, cómico, mecánico);	páginas 570-571 página 61 páginas 2-13, 58-59
B deletreen palabras con hiatos y diptongos (ej., le-er, rí-o; quie-ro, vio);	páginas 580-581 páginas 42-47, 60-61
C deletreen palabras bases y raíces con afijos (ej., ex-, pre-, post-, -able);	páginas 513, 515-516, 586-587 páginas 69-70 páginas 20-25

*Páginas del *Libro del estudiante*
*Páginas del *Libro de destrezas*
*Páginas de la *Guía de ortografía*

D deletreen palabras con:

   (i)   raíces griegas (ej., tele-, foto-, grafo-, metro-);

   (ii) raíces latinas (ej., spec, scrib, rupt, port, dict);

   (iii) sufijos griegos (ej., -ología, -fobia, -ismo, -ista); y

   (iv) sufijos del latín (ej., -able, -ible, -ancia);

páginas 514-516, 588-595
páginas 71-78
páginas 26-41

E distingan el significado o la función de una palabra basada en el acento diacrítico (ej., dé, de; tú, tu);

páginas 572-575
página 61
páginas 14-19

F pongan acentos apropiadamente al conjugar los verbos en los tiempos pretérito, imperfecto, perfecto, condicional y futuro (ej., corrió, jugó, tenía, gustaría, vendrá); y

páginas 101, 576-579
página 61
páginas 48-57, 60-61

G utilicen patrones y reglas ortográficas y fuentes impresas y electrónicas para determinar y verificar la ortografía correcta.

páginas 62-68
páginas 2-13, 14-19, 48-57

⭐ TEKS 4.23 Investigación/Plan de investigación

Los estudiantes formulan preguntas abiertas de una determinada investigación y desarrollan un plan para responderlas. Se espera que los estudiantes:

A generen temas de investigación sobre intereses personales o al tener una lluvia de ideas con otros, escojan un tema y formulen preguntas abiertas acerca del tema principal de la investigación; y

páginas 6, 67, 138-139, 314, 334-336

B generen un plan de investigación para recopilar información relevante (ej., encuestas, entrevistas, enciclopedias) acerca de la pregunta de la investigación principal.

páginas 67, 314, 337, 375

*Páginas del *Libro del estudiante*
*Páginas del *Libro de destrezas*
*Páginas de la *Guía de ortografía*

TEKS 4.24 Investigación/Recopilación de fuentes

Los estudiantes determinan, localizan y exploran todas las fuentes relevantes para responder a una pregunta de investigación y sistemáticamente registran la información recopilada. Se espera que los estudiantes:

A sigan el plan de investigación para recopilar información de varias fuentes informativas, tanto orales como escritas, incluyendo:

(i) las encuestas iniciadas por el estudiante, las inspecciones actualizadas o llevadas a cabo en su sitio y las entrevistas;

(ii) los datos de expertos, los textos de consulta y las investigaciones a través del Internet; y

(iii) las fuentes visuales de información (ej., mapas, cronologías, gráficas) donde sean apropiadas;

páginas 65, 67, 139-140, 199, 215, 314-318, 320-321, 338-344, 375

B utilicen las técnicas de examinar la lectura rápidamente o de escanear para identificar datos al revisar las características del texto (ej., letra resaltada en negritas, letra cursiva);

páginas 140, 181, 314, 323, 325, 343-344

C tomen apuntes sencillos y clasifiquen las pruebas en sus respectivas categorías o en un organizador;

páginas 65, 180-181, 314, 315, 325-328, 338-345

D identifiquen el autor, el título, la editorial y la fecha de publicación de las fuentes de información; y

páginas 314, 319, 322, 354

E distingan entre el parafraseo y el plagio e identifiquen la importancia de citar fuentes de información que sean válidas y fidedignas.

páginas 314-316, 321, 324-325, 327-328, 337, 339-344, 352

TEKS 4.25 Investigación/Síntesis de información

Los estudiantes clarifican preguntas de investigación y evalúan y sintetizan la información recopilada. Se espera que los estudiantes mejoren el enfoque de la investigación como resultado de consultar fuentes fidedignas (ej., bibliotecarios y expertos del tema).

páginas 315, 346, 353

*Páginas del *Libro del estudiante*
*Páginas del *Libro de destrezas*
*Páginas de la *Guía de ortografía*

⬛ (TEKS) 4.26 Investigación/Organización y presentación de ideas

Los estudiantes organizan y presentan sus ideas y su información de acuerdo al propósito de la investigación y de su público. Se espera que los estudiantes lleguen a conclusiones a través de una explicación breve y utilicen apuntes para crear una página de obras citadas, incluyendo el autor, el título, la editorial y la fecha de publicación de cada fuente de información citada.

páginas 315, 330-332, 340-341, 343-345, 347-348, 350-354, 364

*Páginas del *Libro del estudiante*
*Páginas del *Libro de destrezas*
*Páginas de la *Guía de ortografía*

Índice

Con este **índice** podrás hallar información específica en el libro. Las entradas en cursiva son palabras de la sección "Cómo usar la palabra correcta". Los recuadros de colores contienen información que usarás con frecuencia.

662